# EXPOSICIÓN DE LAS POLÍTICAS DEL GOBIERNO USA SOBRE LA VIDA EXTRATERRESTRE:

# LOS RETOS DE LA EXOPOLÍTICA

# EXPOSICIÓN DE LAS POLÍTICAS DEL GOBIERNO USA SOBRE LA VIDA EXTRATERRESTRE:

# LOS RETOS DE LA EXOPOLÍTICA

Michael E. Salla, Ph.D.

www.ExopoliticsInstitute.org
Kealakekua, Hawaii, USA

Exposición de las Políticas del Gobierno USA sobre la Vida Extraterrestre: Los Retos De La Exopolítica



Publicado por el Instituto de Exopolítica
PO Box 2199
Kealakekua, HI 96750
USA

ISBN: 978-0-9822902-2-4

Impreso en los Estados Unidos de América

Diseño de Portada, Angelika S. Whitecliff

Sitio web del Autor: www.Exopolitics.Org

Sitio web del Editor: www.ExopoliticsInstitute.Org

# CONTENIDO

# Tablas e Ilustraciones

# RESPALDOS

"En este libro, el Dr. Michael Salla aborda el núcleo central del reto de la exopolitica – preparar al gran público para la revelación de la política secreta del gobierno sobre los extraterrestres. Nosotros, el público, estamos de suerte, el Dr. Salla ha escrito un libro monumental, basado en pruebas, que establece de manera firme a la exopolitica como la nueva ciencia del espacio exterior, que dibuja las relaciones entre nuestra civilización humana y otras civilizaciones inteligentes en el Universo. Su documentación de los programas secretos del gobierno con humanos y ET que los relacionan a su vez con el Proyecto Manhattan II – un proyecto financiado con fondos de la CIA de su presupuesto negro con tecnología de Nuevas Energías de los ET y programas de pruebas genéticas de agricultura, es un servicio profundo. El análisis del Dr. Salla de los errores inherentes en la política de fuerza de Rockefeller – Kissinger en el enfoque sobre la sociedad extraterrestre hace más transparente el complejo militar – industrial. El Dr. Salla distingue acertadamente entre éticos y no-éticos extraterrestres y concluye que es el verdadero secreto de los acuerdos con los Extraterrestres no-éticos que amenaza nuestro orden constitucional y la soberanía humana. El Dr. Salla apoya una prohibición de la colocación de armas en el espacio, concluyendo que la revelación y no el armamento espacial es la solución para unas relaciones saludables con las civilizaciones extraterrestres. Este extenso libro proporciona una primera historia del desarrollo de la exopolitica, y de sus contribuidores destacados. El Dr. Salla plantea posibles caminos para el Primer Contacto – desde los "diabólicos ET" de operaciones de Bandera Falsa, a una genuina intervención en la Tierra de una federación galáctica sobre dimensional. Este libro será una referencia estándar en la exopolitica en muchas décadas futuras. "

Alfred Lambremont Webre, J.D. Autor de
Exopolitica: Política, Gobierno y la Ley en el Universo

"Cualquier funcionario público o ciudadano privado que desee 'abrir un libro sobre OVNI / pruebas extraterrestres' debería abrir primero el libro de Salla. Crea una perspectiva histórica tanto de los retos como de la necesidad de revelación. Y lo que es más importante, resalta los requisitos básicos para captar, y no ignorar, al público en este proceso de cambio de paradigma."

Jeff Peckman, Director, Campaña de la Comisión de Asuntos Extraterrestres, www.extracampaign.org

"El Dr. Michael Salla ha escrito una revelación definitiva y rompedora sobre la realidad histórica de la diplomacia extraterrestre. Él esboza la profunda penetración de los extraterrestres en el gobierno, el ejército, las empresas, y la sociedad. El lector descubre que preguntas claves iniciales de la diplomacia – quienes son nuestros vecinos y cómo vivimos juntos - han sido respondidas. Según Salla, se han desarrollado protocolos, entrenado a profesionales, aprobado presupuestos y rota la seguridad nacional a través de canales escondidos. Este libro es una llamada al electorado a conocer esta historia con el fin de ejercitar sus derechos constitucionales, inalienables."

Rebecca Hardcastle, Ph.D. autora de *Exoconsciousness: Your 21st. Century Mind* o Exoconsciencia: Tu Mente del Siglo 21

Meticulosamente documentado, profundamente investigado e intensamente interesante, *Revelación de la Política del Gobierno US. sobre la Vida Extraterrestre*. Escrito por el Dr. Michael Salla revela un pedazo histórico de las pruebas que dibujan cómo los USA. Han estado implementando y creando políticas relativas a la presencia extraterrestre sin el conocimiento del Congreso, el gran público y el Sistema de Seguridad Nacional. Va más allá del estudio de los OVNI a demostrar de forma creíble que alguien está preparando o ha preparado el Contacto. Este libro de convierte en el último apoyo para la disciplina de Exopolitica una contribución importante en este campo.

Paola Harris, M. Ed. Reportera gráfica/Investigadora. Autor de *Exopolitics: ¿How does one speak to a ball of light?* Exopolitica: ¿Cómo se habla a una bola de luz?

"Michael Salla continua expandiendo la consciencia social y política de un planeta de seres en la necesidad desesperada de una visión. Su representación de la realidad actual y su visión del futuro se convertirá en una histórica pieza maestra y un despertar para nuestras especies. Michael cuenta una historia profunda acerca de nosotros y teje un tapiz de cosas a venir con aquellos que viven más allá de las estrellas. Atrévase a leerlo y pondérelo."

Victor Viggiani, M. Ed. Director de Exopolitica Canada

Hay dos lugares dónde se puede aprender acerca del Embargo de la Verdad en relación a los extraterrestres y su interacción con este planeta; el primero es estar en el Complejo Militar Industrial; (si se puede entrar) el segundo es leer "Challenges of Exopolitics" (el reto de la Exopolítica) por el Dr. Michael Salla. Este libro es una revelación de proporciones cósmicas que ilustran 60 años de secretismo por los Servicios de Inteligencia Militar. Estos incluyen acuerdos con los ET sin la supervisión del congreso, el despilfarro de los Ingresos por impuestos en operaciones Negras y un embargo de la verdad que evita que los informes de prensa se haga eco de estos casos de elevada importancia de avistamientos de OVNI y contactos de los ET con humanos. En consecuencia, el planeta Tierra ha sido privado de una voz planetaria; dividida y gobernada por las Elites. El libro del Dr. Salla contiene testimonios por whistleblowers, todos con conocimiento de primera mano de la realidad chocante. Este libro es potente, un logro soberbio – y finalmente la verdad está fuera."·

Neil Gould - Fundador de exopolítica Hong Kong

"El nuevo libro de Michael Salla suscita el que sea probablemente el asunto más importante aunque el más ignorado y malentendido entre los que se enfrenta hoy la Humanidad. Analiza sistemáticamente, sobre la base de una serie de documentos oficiales y testimonios personales de testigos, el sistema y los métodos diseñados por algunas de las potencias bajo el liderazgo de los USA, para tratar y responder a la revelación de una presencia extraterrestre masiva, tecnológicamente avanzada desde la Segunda Guerra Mundial.

Al hacerlo, el autor expone incidentalmente algunos de los factores importantes pero desconocidos de la Guerra Fría, el aparentemente injustificable crecimiento del complejo militar industrial en los USA y por último la mayor crisis económica que ahora se cierne sobre América, y el mundo. Parece, a la luz de la investigación de Salla, que más de 1 trillón (millón de millones) de US$ al año han sido desviados de forma encubierta de la economía USA por la CIA y el Pentágono de los presupuestos de defensa oficiales, en parte para financiar programas ambiciosos y extraordinariamente complejos, al estilo del Proyecto Manhattan, para la ingeniería inversa de la tecnología ET y para construir un sistema de defensa planetario. Esto ha sido realizado por un desconocido, no elegido, no supervisado gobierno "profundo" que opera mayoritariamente fuera de la ley y del marco constitucional a nivel internacional patrocinando un gran número de proyectos "negros" , conocidos de otra forma como Programas de Acceso Especial o Acceso Controlado, sin ningún miramiento de la estabilidad presupuestaria o de la salud de la economía civil que parece por la misma haber estado vaciada durante años.

La tesis mantenida por Salla proporciona razones convincentes para creer en la existencia de este secreto del gobierno, largamente sospechado que ha sido acusado de haber realizado varias acciones de largo alcance en el suelo americano y en el exterior tales como los asesinatos de JFK u RFK y los ataques de "bandera falsa" del 11-S en New York y Washington. El autor cita y discute muchos testimonios que alegan que el gobierno secreto de loa USA ha llegado a acuerdos con ciertos visitantes Extraterrestres que han conseguido una influencia dominante e indebida sobre él. Propone una política alternativa de revelación, apertura, debate público y escrutinio para tratar con el reto Extraterrestre en una forma global cooperativa, en oposición a los métodos secretos, arbitrarios e ilegales hasta ahora. Este libro no sólo nos muestra la bomba de relojería que ya está haciendo tic tac bajo nuestra actual civilización. También nos da un método sensible para desarmar la bomba."

Come Carpentier de Gourdon, Convocante del Consejo Editorial, *World Affairs Journal*.

"El Dr. Michael Salla dice en este nuevo libro que el mayor reto de los practicantes de la exopolitica es presentar la verdad de la vida extraterrestre y las asociadas políticas públicas a un público mayoritariamente no preparado. Con su detallado análisis de las pruebas de tratados secretos que fueron firmados con ciertos ET, queda claro que el gobierno constitucional legítimo ha sido subvertido en América, y que esta cultura de gobernación secreta continúa dañando nuestros derechos fundamentales y se desparrama como un cáncer. El Dr. Salla también nos ofrece soluciones a este problema a través de la educación y un proceso de "verdad y reconciliación". Este nuevo libro es un paso adelante para la investigación exopolitica y la aplicación práctica."

Thomas Hansen, Ph. D. Fundador y ex Presidente de la Fundación Cambio de la Paz

El último libro del Dr. Michael Salla Revelación de las Políticas del Gobierno USA sobre la Vida Extraterrestre es una potente revelación acerca de los secretos más oscuros de América encerrados con identificables civilizaciones extraterrestres y su efecto en nuestra cultura y nuestra libertad. Los americanos han sido ayudados tecnológicamente; mientras han estado impedidos espiritual e intelectualmente por los compromisos inconstitucionales negociados entre nuestro gobierno y los alienígenas.

Pionero corajudo, el Dr. Salla es un erudito instruido que se ha dedicado a descubrir la verdad en esta búsqueda para preservar la Constitución de los USA y su espíritu de libertad e igualdad.

El Dr. Salla identifica algunas de las agencias más importantes incluyendo la CIA, DoD, NSA, las Administraciones Presidenciales, los servicios militares, empresas privadas y Programas de acceso Especial como cómplices en este encubrimiento bien financiado e ilegal. Los líderes gubernamentales, empresariales y militares que conocen estos programas, mantienen el nivel de secretismo, coerción y compartimentalización que desafía la detección.

Con un análisis bien formulado, claramente presentado y sus educados comentarios, el Dr. Salla da unos datos factuales y fiables que prueban que miles de millones de US$ de los que pagan impuestos y recursos han sido canalizados a estos proyectos secretos durante más de 60 años. Hay la probabilidad de que se hayan producido abusos a humanos indefensos y llevados a cabo en instalaciones conjuntas subterráneas ET-militares en América y otras partes. El Dr. Salla nos trae la verdad de estas prácticas inhumanas con referencias históricas bien documentadas.

Dando esperanzas y entendimiento a sus lectores, explora las conclusiones positivas relativas a nuestra responsabilidad como ciudadanos de la Tierra para auto educarnos en preparación para el primer contacto con civilizaciones extraterrestres humanitarias que quieren genuinamente ayudar a la gente de la Tierra. Estos extraterrestres que no han participado en tratados secretos con los gobiernos del mundo son civilizaciones galácticas que están dedicadas a mantener el bienestar de la humanidad. Estas son las que damos la bienvenida ya que empezamos una nueva era de comunicación honesta con integridad sobre la Tierra.

Este es un libro magníficamente documentado y meticulosamente indexado. Un libro de referencia para muchos de los casos extraños y secretos que hemos estudiado e intentado entender. El Dr. Salla no toma sabia y fascinantemente a través de una eventual visita con extraterrestres humanitarios y las subsiguientes implicaciones en el mundo de nuestra mutua amistad.

Joan Ocean, MS. Directora Ejecutiva. Dolphin Connection International, USA

## Dedicación

*Para Angelika,*
*Vivo cada día en gratitud por la amistad, el amor, la sabiduría, y el maravilloso espíritu de aventura que aportas a mi vida.*

## Otros libros por Michael E. Salla, Ph. D.

*Exposing U.S. Government Policies on Extraterrestrial Life: the Challenge of Exopolitics* (Exopolitics Institute, 2009)

*Exopolitics: Political Implications of the Extraterrestrial Presence* (Dandelion Books, 2004)

*The Hero's Journey Towards a Second American Century* (Greenwood Press, 2002)

Co-Editor, *Essays on Peace* (Central Queensland University Press, 1995)

Co-Editor, *Why the Cold War Ended* (Greenwood Press, 1995)

*Islamic Radicalism, Muslim Nations and the West* (Indian Ocean Center for Peace Studies, 1993)

# Prefacio a la edición española

La necesidad de una edición en español de *La Exposición de las Políticas del Gobierno de los USA sobre Vida Extraterrestre* se puso de manifiesto en la Cumbre de Exopolítica Europea celebrada en Barcelona, España, del 25 al 26 de julio 2009. Muchos de los participantes de habla española mostraron un deseo fuerte de comprender lo que las políticas del gobierno de Estados Unidos han aplicado en secreto sobre los ovnis y vida extraterrestre. Muchos ya sabían cómo las políticas de Estados Unidos en el escenario mundial enmascaran agendas ocultas que han servido a grupos de intereses oscuros basados en el mundo corporativo. El contenido de mi libro expone muchas de estas agendas ocultas y poderosos grupos de interés que están profundamente involucrados en el fenómeno de los ovnis y vida extraterrestre.

Poco después de reconocer la necesidad de una traducción al español, serendipitis intervino rápidamente y se me acercó Paco 'Francesc' Casas i Ros que se ofreció a traducir la versión del Inglés. Inmediatamente reconoci el papel que la serendipitis estaba jugando,acepte la oferta de Paco. Este libro es un producto de sus esfuerzos de traducción diligente. Trabajó con dedicación para que emerja la verdad sobre las políticas de los EE.UU. y otros gobiernos que han aplicado en secreto a la vida extraterrestre, y para que esto se revelará al mundo de habla española. Eso no significa necesariamente estar de acuerdo con todas las opiniones expresadas en este libro, pero significa su deseo para que el lector determine cuánta verdad está detrás del material encontrado en este libro. Doy mi más sincero agradecimiento a Paco por su dedicación a revelar la verdad detrás del fenómeno extraterrestre, y por su servicio desinteresado, que hizo posible que esta edición española se haya realizado.

Por último, deseo dar las gracias a Manuel Roberto por su ayuda en la prueba de leer esta versión en español, y por su propio apoyo para lograr que el mundo de habla española conozca la verdad oculta detrás del fenómeno extraterrestre.

Michael E. Salla, M.A., Ph.D.
Kealakekua, Hawai, 14 de febrero 2010

## Reconocimientos

Han pasado cinco años desde mi último libro *Exopolitics: Political Implications of the Extraterrestrial Presence* (2004), que presentó mi investigación inicial sobre la prueba de vida extraterrestre, y ayudó a introducir el nuevo campo de la exopolitica. Para aquellos que están familiarizados con my sitio web y artículos, reconocerán que este libro ofrece un conjunto más matizado de análisis que el ofrecido en mi primer libro. Esto ha sido posible por muchos whistleblowers llenos de coraje que han dado la cara para dar su testimonio y/o proporcionar pruebas de las políticas del gobierno de los US. sobre la vida extraterrestre. A todos, yo y el mundo les debemos profunda gratitud.

En algunos casos, he sido afortunado de poder contactar directamente y entrevistar a estos individuos. Esto me ha ayudado a evaluar con más precisión la importancia de sus testimonios. Estoy especialmente agradecido a Paola Harris, M. ed. Quien mantiene una de las redes personales más extensas del mundo de whistleblowers y testigos del fenómeno extraterrestre, por presentarme a muchos de estos valientes individuos, y/o compartir sus ideas. También estoy muy agradecido al Dr. Steven Greer, Bill Ryan y Kerry Cassidy por sus trabajos pioneros en traer muchos testimonios de whistleblowers al gran público. Colectivamente estos testimonios constituyen una herramienta valiosísima para todos los que estamos interesados en probar la profundidad de las políticas gubernamentales en lo que concierne a la vida extraterrestre.

Estoy my agradecido a muchos whistleblowers, investigadores, 'gente que tuvo experiencias' y colegas de todo el mundo que han compartido conmigo sus propios testimonios, ideas y / o los frutos de su propia investigación. En particular, deseo dar las gracias (todos de los USA a menos que indique otra cosa): Haktan Akdogan (Turquia); Maurizio Baiata (Italia); Steven Basset; Wesley Bateman; Al Bielek; Mike Bird (Canada); Dan Burisch; Art Campbell; Grant Cameron (Canada); James Courant; alex Collier, David Coote; Philip Corso Jr. Paul Davids; Robert Dean (C.S.M. U.S. Army, ret.); Richard Dolan, M.A. ; Robert Fleischer (Alemania); Neil Freer, Neil Gould (Hong Kong) James Gilliland, Come Carpentier de Gourdon (India); Charles Hall, William

Hamilton III, Dr.Thomas Hansen; Dra. Rebecca Hardcastle: Paul Hellyer; Richard C. Hoagland: J. Antonio Huneeus (Chile); Dr. Lynne D.Kitei; Ed Komarek; Dr. Scott Jones (Comandante, Marina US ret.); Eric Julien; John Kuhles (Holanda); Manuel Lamiroy, Lic. Juris. (Sud Africa), Jon Lear, Melinda Leslie; Dr. Joe Lewels; Antonello Lupino, Laurea (Italia); Jim Marrs; Joan Ocean M. Sc. ; Luis Fernando Mostajo Maertens (Bolivia); Jaime Maussan (México); Shirely MacLaine; Steve Moreno; Clay y Shawn Pickering, Mary Rodwell (Australia); Robert Salas (Capitán, USAF ret.); Dr. Richard Sauder; Luca Scantamburlo (Italia); Clifford Stone (ret. Ejérci US.), Wendelle Stevens (Tte. Coronel USAF ret.) Victor Viggiani, M.Ed. ; Dr. Thomas Valone; Donald Ware (Tte. Coronel USAF ret.) Alfred Webre, J.D. ; Dr. Robert Wood (McDonell Douglas); Ryan Wood; y también aquellos que eligieron permanecer en el anonimato.

Por lo que respecta a la producción de este libro, estoy agradecido a Jack Davies (dec.), Mike Schaefer y Dana Tomasina por identificar errores y/o pruebas leyendo versiones anteriores de capítulos individuales de este libro. Estoy también agradecido a Jean Ocean por su ayuda en sacar un buen puñado de errores en la versión final. Gracias especiales a Jeff Peckman quien leyó todo el manuscrito, pulió muchos errores, e hizo muchas sugerencias positivas para su mejora. Sentidas gracias a Hugh Matlock que aparte ayudarme a leer las pruebas, proporcionó una generosa hospitalidad, estimulación intelectual, sugerencias editoriales y del entorno de investigación para completar muchos de los capítulos de este libro.

Mis gracias más profundas van a Angelika S. Whitecliff sin la cual este libro no habría sido posible. Ella me ayudó en editar muchos capítulos, creó el diseño de la cubierta y me ayudó en momentos críticos del proceso de producción. Pero lo que es más importante, durante los cinco años en que este libro se ha estado haciendo, ha apoyado sin descanso mi investigación, con gran inteligencia, amor e inspirado consejo.

# Introducción

El dia 8 de Julio de 1947 el Campo Aéreo Militar de Roswell (AAF Army Air Field) emitió un comunicado de prensa que decía que un platillo volador se había estrellado cerca de la ciudad de Roswell, New México. Aquello generó un interés instantáneo en todo el mundo. Mientras el interés de los medios de comunicación crecí, otro comunicado de prensa fue emitido, esta vez por una autoridad de mayor rango de las Fuerzas Aéreas de los USA que indicaba que el comunicado anterior era erróneo. Era sólo un globo meteorológico y no un platillo volador. Sesenta años más tarde, una declaración jurada por Walter Haut, eL Oficial de Información Pública responsable del Comunicado de Prensa inicial, reveló que la verdad acerca del presunto estrellamiento de un vehículo extraterrestre en Roswell. Haut decía que el fue llevado personalmente a uno de los hangares de Roswell por el Comandante de la Base, Col. William Blanchard, donde vio parte de los restos de un vehículo extraterrestre y los cuerpos de dos entidades extraterrestres.

Respecto a los comunicados contradictorios, Haut reveló que se reunió un grupo en la mañana del 8 de julio en donde comandantes de la propia base y de la base cercana de Forth Worth, Texas, discutieron como tratar el creciente interés del público y la prensa del siniestro en DOS lugares. Haut revela que el Gral. Roger Ramey diseñó una estrategia para mantener alejado al público y la prensa de los dos lugares. Ramey aprobó un comunicado señalando a otro lugar más remoto y menos importante, y retractándose luego del anuncio del globo meteorológico que apareció en los medios el día 8 de Julio y en la mañana del 9. Aquella estrategia tuvo éxito en mantener alejada la historia del platillo volador de los titulares de los periódicos, y confundiendo al público y la prensa que habían sido testigos o estaban investigando los hechos.

La declaración jurada de Haut es una prueba palpable de que oficiales de alto rango tenían en su poder evidencias físicas de vida y tecnología extraterrestre y que habían aprobado un conjunto de medidas gubernamentales para mantener el secreto al público. Su testimonio de los hechos en Roswell revela que oficiales de la seguridad nacional de los USA habían aprobado en secreto medidas que tendrían la más alta consideración de secreta. Más de 60 años más tarde después del comunicado inicial revelando la verdad acerca del platillo volador estrellado en Roswell, las políticas gubernamentales concernientes a la vidas extraterrestre continúan manteniéndose en alto secreto y encubierto bajo un nube de engaños de controversia y desinformación.

El testimonio de Haut es un relato de testigo presencial de lo ocurrido en Roswell. Más significativo es la revelación de que evidencia física de vida extraterrestre se oculta al público sobre la base de seguridad nacional. Considerando los testimonios de Haut y otros eventos similares que se refieren a vida extraterrestre, yo pido por tanto al lector que haga una pausa y considere la siguiente pregunta: ¿aceptaría los relatos de testimonios visuales de individuos con credibilidad aunque no hubiera evidencia física o documentación que apoyara sus reclamaciones? La respuesta a esta pregunta determina a menudo el veredicto del jurado en un juicio. También determina la utilidad de este libro para Ud. Muchas de la pruebas que presento comprenden testimonios visuales de individuos que yo creo que son muy creíbles. Los testimonios visuales están en la categoría más persuasiva de evidencias disponible en el sub dominio de la ciencia política que yo ayudé a crear la que llamamos exopolitica. [2]

La exopolitica es el estudio de los actores políticos, las instituciones, y procesos asociados con la vida extraterrestre. Así como la exobiología estudia la biología de la vida extraterrestre encontrados en la Tierra o en alguna otra parte del Universo, la exopolitica estudia la política concerniente de la vida extraterrestre bien sea encontrada o de visita en la Tierra o encontrada en otra parte, o existente en el Universo. Los procesos institucionales, políticas y decisiones tomadas para tratar con la vida extraterrestre han ocurrido la mayoría en comités i agencias gubernamentales secretas. Presuntamente, "las mejores mentes" han discutido problemas supuestamente demasiado complejos y perturbadores para el gran público.

La justificación principal para la no revelación de la evidencia que confirma la existencia de vida extraterrestre es que los agentes políticos de los USA creen simplemente que el público no está preparado. El primer oficial encargado del Proyecto Blue Book, un oficial investigador de los OVNI, de la USAF, Cap. Edward Ruppelt explicó por qué la USAF decidió no dar a conocer la conclusión del informe final de 1948 que decía que los OVNI eran probablemente de origen extraterrestre.[3] De acuerdo con el general Hoyt Vandenberg, antiguo Jefe de Estado Mayor de la USAF, la revelación de la verdad acerca de la vida extraterrestre "causaría una estampida"[4]. Esta opinión tuvo eco en el estudio en 1961 del Instituto Brookings encargado por la NASA en nombre del Congreso de los USA. El "Informe Brooking" el efecto social devastador de cualquier anuncio que confirmara la existencia de vida extraterrestre: "de todos los grupos, de científicos o de ingenieros, podría ser muy devastador el descubrimiento de criaturas relativamente superiores".[5] Esta visión era también compartida por políticos de otras naciones ilustrada por comentarios por Margaret Thatcher ex primer ministro de la Gran Bretaña, en 1997. Respondiendo a la pregunta acerca de los OVNI y tecnología extraterrestre Thatcher dijo en privado a un respetable investigador británico: "Ud. debe tener los hechos y Ud. no puede contarlo al público."[6]

El primer reto que ha de afrontar la exopolitica es preparar al público general para la exposición de las políticas secretas del gobierno de los USA referentes a la vida extraterrestre. Esto requiere la revelación de pruebas que confirman la vida extraterrestre de forma que el público pueda participar de manera informada en debates públicos sobre las apropiadas políticas del gobierno. Otro aspecto de este reto es persuadir a los agentes políticos que la revelación extraterrestre es la política más sensible a tomar a pesar del riesgo que plantea en términos de una pérdida de la confianza del público en las instituciones de gobierno.

Revelando la verdad acerca de la vida extraterrestre debe tener en cuenta la capacidad del público para integrar los aspectos más perturbadores de la evidencia relativos a la presencia extraterrestre y a la política gubernamental asociada. Esto requiere exponer las acciones y políticas de las entidades del "gobierno en la sombra" que han manejado en secreto los asuntos extraterrestres. Además, las autoridades del "gobierno en la sombra" deben reconocer sus errores en el manejo de estos asuntos. Estas dificultades al exponer la existencia de vida extraterrestre y la política del gobierno asociada configuran lo que yo llamo "el reto de la exopolitica".

Este reto que afronta la exopolitica al exponer las políticas del gobierno sobre la vida extraterrestre no puede ser subestimado. La exopolitica es una disciplina relativamente joven dedicada a estudiar las implicaciones políticas de la vida extraterrestre y presentar esta información al público en general de forma que lleve a adoptar decisiones bien documentadas y democráticas. Esto requiere que la información relevante sobre la vida extraterrestre entre en la arena pública y por tanto pueda ser discutida de un modo desapasionado y objetivo para informar completamente el debate público. Tal debate ha de llevar a unas decisiones políticas bien informadas y responsables acerca de la respuesta humana a una abierta presencia extraterrestre. El público general debe estar preparado para la verdad concerniente la presencia extraterrestre, y las políticas públicas que han sido secretamente elaboradas para responder a esta presencia, sin detenerse a cuan compleja y perturbadora sea esta verdad. La diseminación de la verdad acerca de las políticas del gobierno secreto acerca de la vida extraterrestre exige fe en el proceso democrático, y en la capacidad de los ciudadanos ordinarios para tratar esta compleja realidad que se le ha ocultado durante décadas.

La completa revelación de la vida extraterrestre visitando la tierra sacudirá las ilusiones que se han forjado muchos americanos y ciudadanos de otras naciones por lo que respecta a la naturaleza de nuestros gobiernos, sus sistemas socioeconómicos religiones, la historia de la Humanidad, y la vida en el Universo. La revelación completa forzará a pensar de nuevo sus valores fundamentales, y los papeles que sus élites políticas en "proteger a la sociedad" de un futuro incierto que incluye seres extraterrestres con tecnologías y destrezas muy superiores a la de los humanos de la Tierra. La pérdida probable de la confianza del público y la fe en las instituciones gubernamentales es sin duda un riesgo para aquellos designados a implementar políticas de seguridad nacionales en relación a la vida extraterrestre.

La revelación completa de la vida extraterrestre no será fácil. Los abogados de la exopolitica necesitan revelar la evidencia abrumadora de la presencia extraterrestre secreta que ha afectado fundamentalmente a la vida en nuestro planeta. La mayoría de ciudadanos, representantes elegidos e incluso los líderes militares de mayor rango han negado el acceso por la "necesidad de saber" a información relevante. Finalmente, comités elegidos secretamente necesitan ser persuadidos que la revelación extraterrestre representa a largo plazo ventajas que superan las posibles pérdidas a corto plazo.

Este libro está dedicado al más importante reto de la exopolitica, exponer la verdad sobre la vida extraterrestre y la consiguiente política pública secreta para un gran público en general no preparado. Es la esperanza que la determinación de exponer esta información persuadirá a los actores políticos secretamente elegidos que la revelación completa de la vida extraterrestre tiene ventajas estratégicas desde la perspectiva de la seguridad y la economía nacionales. La completa revelación de la vida extraterrestre debe convertirse en un proceso público viable que promueva la paz global y la armonía. El público en general necesita jugar un papel constructivo en el proceso de decisión hacia la consecución de políticas públicas correctas en lo que respecta a la vida extraterrestre.

Este libro trata sucesivamente una buena cantidad de políticas gubernamentales de los USA implementadas secretamente para tratar la vida extraterrestre. Este libro está dividido en cuatro partes. La Parte A presenta la evidencia por lo que respecta a los acuerdos entre las autoridades del gobierno en la sombra y las civilizaciones extraterrestres. Resume el alcance de las actividades perturbadoras y la información que dio lugar a los primeros retos para la exopolitica. La Parte B resume las respuestas críticas a las políticas del gobierno en la sombra que contribuyeron a los retos a la exopolitica. El objetivo es resumir los cambios específicos que fueron necesarios realizar en como los gobiernos respondían a la vida extraterrestre. La Parte C introduce el concepto de exopolitica y como ha desarrollado una forma de examinar la políticas públicas respecto a la vida extraterrestre. El objetivo aquí es es equipar al público con las herramientas conceptuales de forma que puedan contribuir a la toma de decisiones políticas respecto a la vida extraterrestre. La Parte D resume el significado de la percepción del público en lo concerniente a la vida extraterrestre, y cuan importantes son las actitudes del público en superar el reto que afronta la exopolitica. El objetivo es respaldar el desarrollo de una ciudadanía informada que pueda tratar de manera constructiva una presencia no declarada de presencia extraterrestre.

El material de este libro representará un profundo shock a muchos. Esto será especialmente así para los profesionales que han creído erróneamente que la veteranía, responsabilidad y el mérito determinan el acceso a los secretos más bien guardados en secreto sobre la seguridad nacional. El objetivo principal es preparar al público en general para la verdad acerca de la vida extraterrestre, y como un selecto grupo de agencias gubernamentales en los USA y en otras partes han implementado de manera secreta políticas públicas durante más de seis décadas. La esperanza es que la exposición de tal información inspirará al público en general a buscar la participación de manera informada en futuros debates públicos sobre las políticas apropiadas políticas públicas sobre la vida extraterrestre. Además, las agencias del gobierno en la sombra necesitan ser persuadidas del error estratégico de sus políticas actuales que requerirá una participación más drástica y más global del público. Es para aquellos preparados el alcanzar los retos a que se enfrenta la exopolitica y a los que se dirige este libro. Tú eres la clave para exponer los secretos de las políticas del gobierno de los USA en lo que concierne a la vida extraterrestre y la transformación de nuestro planeta.

Michael E. Salla, M.A., Ph.D
5 de Enero de 2009
Kona, HAwaii, USA

## NOTAS FINALES. INTRODUCCIÓN

[1] La declaración jurada por el Teniente Walter Haut es el capítulo final de Tom Carey y Donald Schmitt, W*itness to Roswell: Unmasking the 60 years Cover Up*. (Testigos de Roswell. Desenmascarando el encubrimiento de 60 años) (New Page Bokks, 2007). También disponible online en http:// roswellproof.homestead.com/haut.html # anchor_8.

[2] Yo argumenté primero que testigos visuales o testimonios de "whistleblowers" comprendían la categoría más persuasiva referente a la vida extraterrestre en un documento online de 2003 que fue luego revisado e incluido en mi libro. *Exopolitics: Political Implications of the Extraterrestrial Presence.* 7-9. (Exopolitica: Implicaciones Políticas de la Presencia Extraterrestre) (Dandelion Books, 2004). El documento aún está disponible online en: http:// Exopolitics.org/Study-paper1.htm. Yo discuto la evolución histórica del concepto de exopolitica en el capítulo nueve.

[3] Para discusión del informe llamado "Estimación de la Situación,", ver Michael D. Swords, "Project Sign and the Estimate of the Situation" ("Proyecto Sign y la Estimación de la Situación") *Journal of UFO Studies* 7 (2000). 27-64..

[4] Donald Keyhoe, *Aliens from Space: The Real story of Unidentified Objects* (Alienígenas del espacio: La Historia Real de los OVNI) (New American Library) 14.

[5] "Proposed Studies on the Implications of Peaceful Space Activities for Human Affairs" *The Brookings Institute* (1961): 225 ("Estudios Propuestos sobre las Implicaciones de Actividades Pacíficas del espacio para las actividades Humanas"). En todas partes el Informe Brooking discute el posible colapso de la civilización Occidental como resultado de tales anuncios. Para una visión general del Informe Brookings ir a http://www.enterprisemission.com/brooking.html.

[6] Georgina Bruni, *You Can't Tell the People : The Cover Up of Britain's Roswell* (No puedes decirlo a la gente: El encubrimiento del Roswell Británico) (Pan Books, 2001) 3.

# Parte A

## Cimientos de las Políticas del Gobierno de los Estados Unidos sobre la Vida Extraterrestre

La historia de las políticas secretas del gobierno estadounidense referentes a la vida extraterrestre en términos del alcance, como fueron implementadas, y las agencias del gobierno involucradas, han de ser sacadas a la luz. Esto dará motivación a la gente a participar de una manera informada en el futuro debate sobre las políticas apropiadas del gobierno. Sin embargo, algunas de ellas, concernientes a la vida extraterrestre son muy perturbadoras, y han de ser consideradas cuidadosamente al ser expuestas a la opinión pública. La preparación del público general para que los fundamentos históricos de la política gubernamental contemporánea sobre la vida extraterrestre es una manera fiable de iniciar el proceso de exposición. Hay muchas más pruebas que confirman la realidad histórica de la vida extraterrestre y las políticas secretas del gobierno asociadas con ella.

Los cuatro capítulos de la Parte A presentan la evidencia de los fundamento históricos de la políticas del gobierno norte americano sobre la vida extraterrestre. Mientras hay una prueba histórica sorprendente de que las civilizaciones extraterrestres han interactuado con la Humanidad durante milenios, me he concentrado en la era posterior a la Segunda Guerra Mundial. Este periodo es el mejor documentado y apoyado por testimonios visuales o entrevistas de testimonios y testigos. De forma significativa, la Internet ha permitido la amplia difusión de tales testimonios haciendo posible para los interesados leerlos o mirar las entrevistas de testigos. La evidencia disponible ayuda en gran manera en el desarrollo de un entendimiento preciso de la historia de las políticas secretas gubernamentales sobre la vida extraterrestre.

El primer capítulo presenta la evidencia de cantidad de reuniones históricas y acuerdos entre representantes del gobierno de los Estados Unidos y civilizaciones extraterrestres. Resume el alcance y la naturaleza de estos acuerdos, su implementación subsiguiente por el gobierno y sus aliados internacionales. El

Capítulo Dos discute la evidencia de bases conjuntas gobierno-extraterrestres y las focaliza en una supuesta base en Dulce, New México. El Presupuesto Negro utilizado para financiar estas bases y los proyectos de alto secreto relacionados con ellos es objeto de discusión en el Capítulo tres. El Capítulo Cuatro y último de la Parte A ofrece una panorámica de cómo el personal ha sido históricamente reclutado y entrenado para los proyectos relacionados con extraterrestres. Al final de la Parte A, el lector tendra ya una idea solida de cómo las políticas del gobierno sobre la vida extraterrestre se han desarrollado e implementado históricamente.

# Capitulo Uno

## El Alcance y la Naturaleza de los Acuerdos Secretos del Gobierno de los Estados Unidos con la Vida Extraterrestre

Un buen número de testigos creíbles han dado un paso al frente para revelar experiencias y evidencias de acuerdos secretos que involucran vida extraterrestre. Los testimonios de estos testigos apuntan a entidades quasi – gubernamentales extraídas del gobierno, el estamento militar y sectores empresariales que han implementado varios aspectos de tales acuerdos. Parece ser que recursos humanos y del planeta Tierra, información sensible y/o tecnología avanzada son intercambiadas a través de estos acuerdos que en algunos casos tienen el estatus de "tratado". Si son exactos, los testimonios de los testigos sugieren que las entidades quasi – gubernamentales han mantenido el secreto firmando e implementando los acuerdos o "tratados" con los extraterrestres. Estos acuerdos violan de manera flagrante los principios y los procesos constitucionales. En los Estados Unidos, por ejemplo, sólo el Senado tiene el poder de ratificar tratados que es un poder otorgado a la rama legislativa del gobierno. Pero parece que los tratados secretos o los "acuerdos" han sido firmados por funcionarios de cierto rango de la seguridad nacional e implementados mediante órdenes ejecutivas sin el menor esfuerzo por tener informado, discutido o ratificado por el Senado.

Lo que sigue a continuación es la evidencia en forma de testimonios de primera mano de aquellos que afirman haber sido testigos de hechos o documentos concernientes a acuerdos secretos con vida extraterrestre. Estos acuerdos involucran entidades extraídas de sustrato de agencias gubernamentales, departamentos militares, y empresas con representantes de vida avanzada extraterrestre. La evidencia revela que tales acuerdos han tenido lugar desde los años 1950 en los Estados Unidos. Otros países no parece que hayan sido firmantes, pero han proporcionado distintos niveles de apoyo a la implementación de los acuerdos firmados por las autoridades norte americanas.

Los testigos que ofrecen evidencia testimonial pueden dividirse en tres categorías. La primera es la de los Informantes

Cualificados (Whistleblowers). Esta comprende individuos con procedencia militar, gubernamental o empresarial, que han tenido niveles de acceso de seguridad y de los cuales se dispone de documentación pública para confirmar sus credenciales. Documentos públicos que sustentan sus afirmaciones de haber estado en las instalaciones secretas donde eventos o documentos que sugieren acuerdos secretos de los que pueden ser testigos como ellos afirman. Importante: mientras los documentos sostienen su credibilidad como testimonios, no existe documentación que soporte sus afirmaciones específicas de ser testigos directos de vida extraterrestre o documentos oficiales relacionados. Los Whistleblowers están dentro de los testigos más creíbles y fiables que substantivan la existencia de acuerdos secretos con extraterrestres ya que ellos a menudo corren el riesgo de cortar su carrera o soportar penalizaciones financieras por efectuar estas revelaciones. En consecuencia, su testimonio merece un escrutinio especial en el entendimiento del alcance y la naturaleza de los acuerdos secretos.

La segunda categoría de testigos son civiles. Esta comprende individuos con procedencia civil que no tienen ninguna posición gubernamental, militar o empresarial, ni tienen ningún tipo de acceso a seguridad secreta para el acontecimiento o documento que han sido testigos. En algunos casos, fueron contratados como consultores privados por un tiempo limitado al proyecto de seguridad nacional. Hay documentación pública disponible que confirma sus credenciales profesionales que ayuda a hacer de ellos testigos creíbles de los hechos o documentos que afirman haber observado. De nuevo, aunque si existe documentación que apoya su credibilidad como testigos, no existe documentación que soporta sus afirmaciones específicas de ser testigos directos de vida extraterrestre o documentos relacionados.

Los testigos no confirmados es la tercera categoría. Esta comprende testigos para los cuales no hay documentación pública fiable para confirmar sus credenciales. Esto no significa que se deba rechazar el testimonio de aquellos cuyas credenciales no han sido confirmadas públicamente. Los testigos parecen ser, por lo general, sinceros, no están motivados por un afán de lucro y a menudo sufren retrocesos en su carrera o en sus empleos debido a sus testimonios. Hay una razón para creer que en algunos casos la documentación pública ha sido borrada de los ficheros públicos como una medida de seguridad para aquellos empleados en proyectos altamente secretos relacionados con la vida extraterrestre. [7] Pero lo importante es que sus testimonios permanecen sin cambios después de muchos años de haberse revelado públicamente sus historias.

En resumen, testigos con credenciales "confirmadas" son aceptados generalmente como las fuentes más creíbles para confirmar la existencia de acuerdos secretos relativos a la vida extraterrestre. Este es especialmente el caso para aquellos que afirman haber trabajado en proyectos militares o empresariales clasificados y que poseían acceso a información sensible y clasificada. Lo que sigue está todo basado en testimonios de primera mano que lo podrían afirmar delante de un tribunal de justicia o en una investigación legislativa de la vida extraterrestre. Para ayudar a distinguir las tres categorías, usaré las siguientes abreviaciones después de cada nombre:

[W] Whistleblowers (Testigos Muy Cualificados) en relación a los hechos y / o procesos descritos.
[C] Testigos Civiles en relación a los hechos y / o procesos descritos.
[U] Testigos no confirmados en relación a los hechos y / o procesos descritos.

Loa antecedentes y testimonios de cada testigo presenta por primera vez una referencia para cada una de sus sentencias. Esto será hecho para tener una idea de su nivel de credibilidad en términos de su documentación de sus antecedentes. Cuando yo me refiero a continuación a estos testigos usaré las abreviaciones anteriores después de su nombre de forma que el lector puede determinar rápidamente el nivel de credibilidad que cada testigo aporta al hecho o proceso descrito.

Las implicaciones que cada testigo revela se discute en términos de cinco acontecimientos clave o procesos relacionados con los acuerdos secretos con los extraterrestres. El objetivo final es desarrollar una idea del alcance y la naturaleza de los acuerdos secretos que tuvieron lugar desde los años 1950. Los testimonios de los testigos serán discutidos en relación a los siguientes hechos y procesos:

1. Reunión entre el Presidente Eisenhower y los visitantes extraterrestres.
2. Acuerdos oficiales con los extraterrestres.
3. Observaciones de extraterrestres en instalaciones u operaciones clasificadas.
4. Comunicaciones oficiales con extraterrestres.
5. Extraterrestres viviendo y / o trabajando entre nosotros con el permiso oficial.

### 1. Reuniones del presidente Eisenhower con visitantes extraterrestres

El incidente más discutido referente a la reunión entre líderes políticos / militares con extraterrestres data de una tarde del 20 de Febrero de 1954. El presidente Eisenhower fue llevado en secreto a la Base Aérea de Edwards para encontrarse con extraterrestres. Ha habido un gran número de testigos que han dado su testimonio relativo a este incidente en términos de visión de películas oficiales, o incluso estando físicamente presentes.[8] Yo empiezo con testimonios de aquellos que afirmaron ver un film de la supuesta reunión.

Don Phillips era un ex ingeniero aeroespacial de la USAF en la Lockheed Martin. Él trabajó directamente en proyectos aeroespaciales avanzados, fue testigo de acontecimientos y documentación que confirmaron que algunos de estos proyectos estaban basados en tecnologías extraterrestres. Sus credenciales militares y corporativas han sido confirmadas y por lo tanto puede ser considerado un whistle blower [W] [9] En el párrafo siguiente Phillips se refiere a documentos secretos y a una pelicula que describen como fue la reunión entre el Presidente Eisenhower y los extraterrestres:

> Tenemos grabaciones desde 1954 que [hubieron] reuniones entre nuestros líderes de este país y los ET aquí en California. Y, como entiendo de la documentación escrita, nos preguntaron si nosotros les permitiríamos estar aquí y hacer investigaciones. Yo he leído que nuestra contestación fue también ¿Cómo lo podemos evitar? Uds. Están tan avanzados. Y Yo lo diré por esta

> cámara y este sonido, que era el Presidente Eisenhower que tuvo esta reunión. Y esto estaba en la filmación, similar a la que estamos haciendo ahora.[10]

El testimonio de Phillips es significativo ya que se afirma que se grabó una película del encuentro de Eisenhower con extraterrestres, y que las negociaciones tuvieron lugar. Phillips alude a una situación en donde los extraterrestres explotan sus puntos fuertes en la negociación con la administración Eisenhower que percibió que no había ninguna manera de evitar que los extraterrestres hicieran lo que ellos querían. El siguiente testimonio relata lo que pasó en la reunión entre el Presidente Eisenhower y los extraterrestres.

Más testimonios relativos a la filmación de la reunión secreta de Eisenhower con los extraterrestres viene de un jesuita anónimo que trabajaba en la organización de inteligencia del Vaticano, El Servizio Informazione del Vaticano (S.I.V.).[11] Este Jesuita se encontró con Cristoforo Barbato, un investigador italiano, y le mostró sus credenciales que por ello se convenció de que el jesuita era fidedigno. Este jesuita escogió hablar anónimamente y no se emitió ninguna comunicación que corroborara su trayectoria, haciéndolo por consiguiente un testigo no confirmado [U]. En 2001, él confirmó que el Presidente Eisenhower se reunió con extraterrestres en la base de Edwards (Muroc) en 1954. Otro investigador italiano, Luca Scantamburlo, encontró pruebas suficientes que apoya la existencia de la organización de alto secreto del Vaticano (S.I.V.) y la clasificación de seguridad 'Omega' que el Jesuita afirma que posee. Él entrevistó a Barbato y descubrió más detalles acerca de la filmación del supuesto encuentro de 1954:

> El jesuita, miembro del S.I.V. dijo a Barbato que en ocasión de la reunión secreta en la Base aérea de Muroc, en 1954, que operadores militares filmaron la importante reunión "con tres cámaras (16 milímetros) colocadas en diferentes sitios, cargadas con films a color que eran movidas con mecanismos de muelles; que resultaron l final una resolución poco confortable, ya que les obligaba a que cada cameraman cambiara el rollo de película cada tres minutos, era necesario ya que en presencia de los Alienígenas y sus naves espaciales, los motores eléctricos no funcionaban.[12]

La revelación de Barbato es significativa puesto que es consistente con los testimonios de testigos que afirman haber estado en presencia de naves extraterrestres, que los aparatos eléctricos simplemente no funcionaban. Por tanto, una cámara de mano movida por resortes parecería la solución lógica. El Jesuita afirma además que en obispo católico veterano, Francis MacINtyre, voló a Roma a continuación para poner al corriente al Papa Pio XII y que el S.I.V. fue creado como consecuencia de la reunión de Eisenhower. Escribe Barbato:

> Según esta persona la razón de establecer el S.I.V. fue la reunión de la delegación Alienígena en la Base Aérea de Muros, en Febrero de 1954 en la presencia del Presidente Dwight Eisenhower y James MacIntyre, obispo de Los Ángeles. Después de aquel increíble acontecimiento MacIntyre voló a Roma para hablar de todo aquello al Papa Pio XII que decidió fundar el S.I.V. con el propósito de conseguir toda la información posible acerca de los Alienígenas y cómo habían interactuado con el Gobierno Americano.[13]

Mientras el testimonio del Jesuita es valioso hasta ahora ya que rebela información acerca del supuesto papel del Vaticano en la reunión de los extraterrestres con Eisenhower. La identidad del Jesuita no ha sido hecha pública y por ello es un testigo no confirmado [U].

Los siguientes tres testimonios vienen de aquellos que afirman haber estado presentes físicamente en la reunión y/o ser testigos de la nave extraterrestre que aterrizó en la Base Aérea de Edwards (Muroc). Empiezo con Charles Suggs Sr. que era un ex comandante de la Marina de los USA. Su hijo, Charles Suggs Jr. relata lo que le dijo su padre acerca del incidente que involucró al Presidente Eisenhower en 1954. El Comandante Suggs estuvo presente físicamente en la reunión que según Don Phillips estaba tapado visualmente:

> El padre de Charlie, el Comandante de la Marina Charles Suggs, acompañó al Presidente Ike junto con otros el 20 de Febrero. Se reunieron con 2 Nórdicos [Escandinavos] de pelo blanco que

> tenían ojos azul pálido y labios incoloros. El portavoz se mantuvo de pié alejado a varios pies de Ike y no le hubiese dejado aproximarse más. Un segundo nórdico se mantuvo de pié sobre una rampa alargada de un platillo de forma biconvexa sobre un trípode de un tren de aterrizaje sobre la pista de aterrizaje. Según Charlie, había dos B-52 Hustlers en el campo aunque el primero no voló oficialmente hasta 1956. Aquellos visitantes dijeron que venían de otro sistema solar. Expusieron preguntas detalladas acerca de nuestras pruebas nucleares.[14]

El testimonio de Suggs, aunque trasmitido a través de su hijo, da apoyo a la reunión que se afirmó tuvo Eisenhower con extraterrestres el 20 de Febrero de 1954. Su trayectoria militar y documentación pública disponible lo califican como whistleblower [W].[15] Más aún, el testimonio de Suggs guarda muchas similitudes con testimonios independientes de otros testigos.

Otro supuesto testigo visual de la reunión del Presidente Eisenhower y extraterrestres es un ex piloto de pruebas y Coronel de la USAF. Quiso mantenerse en el anonimato debido al juramento de secretismo y las posibles repercusiones. El anónimo Coronel [U] reveló sus experiencias como miembro de la aristocracia Británica. Lord Clancarty o Brinsley Le Poer Trench, quién era más conocido por ser una autoridad sobre OVNI en el Reino Unido así como ser un miembro de la Cámara de los Lores. En 1979 había introducido una moción reclamando al Gobierno que pusiera fin a las pruebas sobre OVNI. Aunque la moción fue rechazada, generó mucho interés en el fenómeno OVNI entre otros miembros de la Cámara de los Lores y en el público británico en general.[16] La larga vida pública de Lord Clancarty da un elevado grado de confianza en que él estaba en una buena posición para juzgar la credibilidad de su fuente anónima. Lo que sigue son detalles de lo que el Coronel de la USAF le dijo:

> El piloto dijo que era uno de las seis personas en la reunión.... Cinco naves alienígenas aterrizaron en la base. Dos en forma de cigarro y tres en forma de platillos. Los alienígenas tenían aspecto humano, aunque no exactamente... Los alienígenas hablaban inglés, y supuestamente informaron al Presidente que ellos querían

> iniciar un "programa educativo" parta la gente de la Tierra...[17]

Desgraciadamente, no hay forma de identificar al anónimo Coronel ni hay documentación pública disponible y por ello se ha de calificar como un testigo no confirmado [U]. Pero las descripciones del Coronel son muy consistentes con lo que otras fuentes han afirmado sobre la reunión de Eisenhower con extraterrestres.

Otro testigo ocular militar, un oficial de la USAF, reveló al ex piloto de la RAF Desmond Leslie, que un platillo volante había aterrizado en la base Aérea de Edwards, y que el presidente Eisenhower fue llevado allí:

> ... un disco, de un diámetro estimado de 100 pies, se había posado en una pista de aterrizaje un determinado día. A los hombres que volvían de permiso se les negó de repente la entrada de nuevo en la base. El disco estaba puesto bajo custodia en el hangar 27, y Eisenhower fue llevado hasta allí para verlo.[18]

Un punto importante a tener en cuenta para discusión posterior es que el anónimo oficial de la USAF se refirió a que la base estaba cerrada para el personal que retornaba de permiso. Si se confirmara, ésta sería una prueba circunstancial importante de las actividades altamente secretas que ocurrieron en la Base Aérea de Edwards en el periodo en cuestión. El anonimato del oficial de la USAF y la falta de documentación pública disponible la hacen un testigo no confirmado [U]. En su libro más reciente, el investigador británico Timothy Good, *Need To Know*, se refiere a otros tres testigos de los relatos de platillos volantes vistos cerca y/o aterrizados en la base Aérea de Edwards el 20 de Febrero de 1954.[19]

William Cooper era un miembro del Equipo de Información de la Inteligencia Naval para el Comandante de la Flota del Pacífico, con el rango de suboficial de la marina. Realizando sus tareas de información afirmó haber visto documentos navales que describían la historia reciente de la vida extraterrestre sobre la Tierra y como los extraterrestres habían interactuado con varios gobiernos y entidades corporativas.[20] Fue relevado honorablemente en Diciembre de 1975, y ha proporcionado documentación que verifica su servicio militar haciéndolo un whistleblower confirmado [W].[21] El 23 de Mayo de 1989, Cooper hizo su primera conferencia pública revelando los contenidos de los documentos de los que fue testigo, y sus investigación subsiguiente en las comunicaciones y negociaciones con la vida extraterrestre. Incluidas entre sus muchas revelaciones asombrantes era la referencia a una reunión entre el Presidente Eisenhower y extraterrestres:

> Un aterrizaje en Muroc, ahora Base Aérea de Edwards, tuvo lugar en 1954. La base estuvo cerrada durante tres días y a nadie le fue permitido entrar o salir durante este tiempo.... En el día señalado, el Presidente fue introducido de incógnito en la base. La excusa que se dio a la prensa era que visitó al dentista. Testigos del hecho han declarado que tres OVNI volaron sobre la base y que aterrizaron... El Presidente Eisenhower se reunió con los alienígenas el 20 de Febrero de 1954....[22]

El testimonio de Cooper es significativo ya que apoya los varios elementos de lo que otros afirman haber visto en la filmación o personalmente.

Múltiples testigos oculares han sido descritos antes en relación a varios platillos volantes observados en su aterrizaje en la base aérea de Edwards [antes Muroc]. Además, otras fuentes han confirmado que la base de Edwards estuvo cerrada por un lapso de tres días desde el 20 de Febrero de 1954.[23] Según el Tte. Coronel Wendelle Stevens (ret.), el cierre de una base de las Fuerzas Aéreas para el personal entrante y enviando a casa a otros "es una práctica muy extrana que casi nunca se realiza."[24]

Lo que se puede concluir con un alto grado de confianza es que durante las reuniones secretas entre el Presidente Eisenhower y los visitantes extraterrestres se llevaron a cabo negociaciones en varios asuntos de interés mutuo. Esta es una prueba testimonial que en algunos casos estas negociaciones tuvieron éxito y que se alcanzaron acuerdos con la administración Eisenhower. Lo que sigue es la prueba testimonial relativa a los acuerdos secretos que se alcanzaron.

## 2. Acuerdos oficiales con extraterrestres

Un asunto común que emerge en los testimonios de testigos acerca de los acuerdos secretos o "tratados" es que los extraterrestres lograron imponer las condiciones que fueron desfavorables a largo plazo para la Humanidad. Parece que los extraterrestres aprovecharon la percepción que tenían los militares y el gobierno de la debilidad de su posición en las negociaciones. Consecuentemente los acuerdos o tratados que se alcanzaron fueron insatisfactorios para los humanos en muchos temas clave como se comenta a continuación.

El primero es el Tte. Coronel Philip Corso que era un oficial de inteligencia, un condecorado ex comandante de batallón, que sirvió en la administración Eisenhower como enlace militar. Acabó su carrera militar como Jefe del Despacho de Tecnología Foránea, para la Armada desde 1961-1963 donde afirmó que era responsable de diseminar tecnologías extraterrestres en un selecto grupo de empresas, para su desarrollo. Existe documentación pública que confirma sus credenciales y su estatus de whistleblower [W]. Corso alude a acuerdos secretos en los que extraterrestres aprovecharon las preocupaciones militares sobre una revelación prematura en el siguiente párrafo: "Habíamos negociado una especie de rendición con ellos [extraterrestres] debido a que no les podíamos hacer frente. Ellos dictaron los términos por qué sabían que lo que más nos preocupaba era la revelación." [25]

El testimonio de Corso es consistente con lo que anteriormente reveló Don Phillips en términos que los extraterrestres estuvieron en una posición de sacar provecho de su posición negociadora debido a la imposibilidad de la administración Eisenhower de pararlos. En consecuencia, Corso estaba de acuerdo con la iniciativa de Guerra de las Galaxias del Presidente Reagan ya que creía que de esta forma mejoraría la posición negociadora de los USA en su trato con los visitantes extraterrestres.[26] Sus comentarios son la evidencia testimonial de que acuerdos secretos fueron alcanzados con los extraterrestres y que aquellos acuerdos molestaron a los oficiales por su contenido.

Vuelvo de nuevo al testimonio de William Cooper [W] que anteriormente había revelado que Eisenhower se había reunido con extraterrestres. El creía que aquel era una de una serie de reuniones en bases diferentes de las FF.AA. que culminaron en un tratado que fue alcanzado entre los extraterrestres y el gobierno USA. Describe los contenidos del tratado como sigue:

> El tratado declaraba que los alienígenas no interferirían en nuestros asuntos y que nosotros no interferiríamos en los de ellos. Mantendríamos su presencia en la Tierra, en secreto. Ellos nos suministrarían tecnología avanzada y nos ayudarían en nuestro desarrollo tecnológico. No llegarían a ningún otro acuerdo con ninguna otra nación de la Tierra. Ellos podrían abducir humanos en determinados periodos de forma limitada con el propósito de exámenes médicos y control de nuestro desarrollo, con la estipulación de que los humanos no serían dañados, serían devueltos a su punto de abducción, no guardarían memoria del hecho, y que la nación alienígena proporcionaría a los Majestic -12 una lista de todos los contactos con humanos y abducidos de forma regular y programada.[27]

El testimonio de Cooper ayuda a revelar que ha habido una serie de encuentros entre líderes político/militares con los visitantes extraterrestres, donde las negociaciones han sido realizadas, y los acuerdos han sido alcanzados en secreto. Cosa importante, los términos de un tratado acerca de los extraterrestres aportando detalles de abducciones ha sido confirmado por Dan Sherman quien trabajó en un proyecto secreto de comunicaciones de la NASA. El testimonio de Sherman será examinado en detalle en el Capítulo cuarto, pero confirma que se alcanzó un acuerdo que contenía elementos que eran muy desagradables a los whistleblowers que los conocieron.

Charles Hall era un ex observador meteorológico de la USAF desde 1963 a 1967. Estaba estacionado en la Base Nellis de las FF.AA. en las instalaciones de Indian Springs donde afirma que fue testigo frecuentemente de los llamados "Tall Whites (Blancos Altos)" reuniéndose regularmente con líderes militares de alta graduación. Dice que fue construida una base secreta subterránea en Indian Springs para albergar a los extraterrestres y sus avanzadas naves interestelares, Se ha confirmado algunas de las afirmaciones respecto a hechos anómalos en los registros meteorológicos, incluyendo la financiación del gobierno para una base subterránea secreta en Indian Springs.[28] Hall no violó con su testimonio ningún juramento de seguridad al dar su paso al frente, su procedencia militar cuando ocurrieron los acontecimientos y el secreto oficial que los rodeaba hace posible considerarlo como un whistleblower [W].

Hall explicó la forma legal en que los acuerdos del gobierno con los "Blancos Altos" son interpretados, en la siguiente respuesta a una entrevista acerca del por qué él fue escogido para relacionarse con ellos.

> La decisión para enviarme a mí, y no a cualquier otro, fuera de los mandos, fue hecha por un comité de individuos que incluía a los Blancos Altos así como Generales de la USAF de alta graduación y otros miembros relevantes del Gobierno. Los "·Blancos Altos" eran muy meticulosos en mantener sus acuerdos y esperaban que el gobierno de los Estados Unidos fuese también igualmente meticuloso en mantenerlos. Si hubiera sido objeto de intimidaciones o amenazas los "Blancos Altos" lo habrían interpretado como una prueba de que no se podía confiar en que el gobierno mantuviera los acuerdos. Las consecuencias hubieran sido enormes. [29]

Acerca de lo que fue recibido de los extraterrestres en virtud de los acuerdos secretos, Hall afirma:

> La USAF estaba deseando obviamente dar a ellos [extraterrestres] toda la comida que consideraran necesaria, sin ninguna pregunta. La USAF deseaba en absoluto darles tanto comida como ropa de procedencia no animal (algodón, nylon) sin limitaciones como materiales de intercambio.... El hangar parecía estar construido por completo por la USAF para su utilización por los "Blancos Altos". Por ejemplo, el interior del hangar tenía el aspecto de un hangar ordinario. [30]

El testimonio de Hall es significativo ya que revela que se suministró cantidad de recursos a los extraterrestres incluyendo derechos para establecer bases a cambio de asistencia tecnológica a la USAF. Esto había sido formalizado en secreto por oficiales en el Pentágono y otras agencias clave gubernamentales en uno o más acuerdos no revelados aparte del encuentro entre los oficiales de la seguridad nacional y los "Blancos Altos".

El (Dr) Michael Wolf trabajó supuestamente en muchos proyectos secretos relacionados con extraterrestres. Afirma haber trabajado en el "Equipo Alphacom" cuya responsabilidad era aclimatar al público a una vida extraterrestre. Afirma tener un número avanzado de grados pero a la fecha no ha habido confirmación pública de los supuestos credenciales o actividades secretas que lo hacen un sujeto controvertido y un whistleblower no confirmado [U].[31] No obstante, un buen número de investigadores lo han visitado en privado para entrevistarlo y lo encuentran creíble. En los párrafos siguientes él describe algunos de los acuerdos secretos alcanzados entre elementos del gobierno USA y civilizaciones extraterrestres diferentes:

> El Dr. Wolf asegura que la misión más importante objetivo del Equipo Alphacom fue la reanudación de las negociaciones con las Naciones de Estrellas (Star Nation). En los años 1950-1960, la administración USA entró en discusiones para un acuerdo con los Zetas (llamados Grises) del cuarto planeta del sistema Zeta Retículo, y otras gentes de otras estrellas, pero estos acuerdos no fueron nunca ratificados como requería la Constitución. Los Zetas compartían ciertos avances tecnológicos con científicos gubernamentales, aparentemente a menudo mientras "invitados prisioneros" estaban en instalaciones militares subterráneas seguras en Nevada y New México. [33]

Curiosamente, mientras Wolf sostiene que se alcanzaron los acuerdos, algunos extraterrestres fueron retenidos como invitados "prisioneros". Esto sugiere que existía un alto grado de desconfianza y tensión entre las partes negociadoras, y los términos alcanzados en los acuerdos. Más de ésta desconfianza y tensión emerge en el testimonio siguiente.

Paul Bennewitz era un especialista en comunicaciones electrónicas que tenía su propia empresa, y poseía un cierto número de patentes en los USA. Documentación pública está disponible confirmando sus credenciales por lo que le hacen un testigo civil creíble [C]. En 1978 Bennewitz empezó a monitorizar comunicaciones electrónicas en combinación con avistamientos de OVNI y abducciones de civiles en los alrededores de Alburquerque, New México. En 1980 volvió a poner los resultados de sus intercepciones electrónicas a la Oficina de Investigaciones Especiales que presuntamente intentaron desacreditarle mezclando los datos con información falsa. Al mismo tiempo, otra agencia gubernamental , la NSA, informó que había dado fondos a Bennewitz para continuar sus estudios electrónicos. Bennewitz estaba convencido que tenia evidencia electrónica de alienígenas residiendo en una instalación subterránea en Dulce, New México, que fue allí como resultado de acuerdos secretos. Escribió:

Es importante, de entrada, que lo de los alienígenas es truculento, emplea la falsedad, y no tiene [sic] ninguna intención, de ningún aparente deseo de hacer las paces. Y obviamente no sigue ningún acuerdo previo.... No es la intención de este informe el criticar o apuntar con el dedo. Obviamente quien ha establecido el acuerdo inicial estaba operando sobre la base de la lógica y no en la de los alienígenas y al hacerlo así aparentemente caminaba inocentemente hacia una trampa. Los alienígenas indicados como "Grises", aparentemente el grupo involucrado inicialmente [sic] en el acuerdo, estaban enfadados acerca de la captura inicial y muerte subsiguiente de los ocho primeros de sus colegas. [34]

El testimonio de Bennewitz es revelador en lo que se refiere al acuerdo secreto hecho en términos ventajosos para los extraterrestres. Su referencia de caminar "hacia una trampa" , repite la especie de sentimientos expresados por Philip Corso en relación a la "rendición negociada", y al comentario de Don Philip que los USA no tenían el poder para parar a los extraterrestres.

El (Dr.) Dan Burisch trabajó presuntamente en proyectos microbiológicos secretos en el Area 51 y S-4. Empezó a revelar detalles de sus trabajos secretos sobre proyectos extraterrestres mientras trabajaba activamente en ellos. Esto no tenía precedentes ya que era una violación clara de los procedimientos de seguridad para proyectos clasificados. En todos los casos previos conocidos, una tal violación del secreto ha llevado al cese de la involucración del violador en tales proyectos. Además, hay mucha controversia sobre la validez de los credenciales de Dan Burisch tales como su grado de doctor (Ph.D.).[35] Por consiguiente, sus antecedentes y sus tales credenciales le hacen ser considerado no confirmado [U]. En el siguiente pasaje de una entrevista, describe su participación en negociaciones secretas con extraterrestres que resultaron del tratado firmado en New México:

> …. Durante el curso de la charla con extraterrestres, y nuestras interacciones, desde los años 1950 en adelante, ha habido una serie de tratados establecidos entre nosotros y ellos. Como consecuencia de nuestra relación con ellos, ha habido más de un sistema de tratado en vigencia. Durante el último de estos tratados, las negociaciones y las firmas tuve el privilegio de estar presente en la negociación, en la conferencia que se mantuvo en el estado de New México. [36]

Más significativamente, se refiere a los tratados que fueron impuestos a las autoridades de los gobiernos como resultado de la mala administración de alguna tecnología sensible.

> Los tratados eran básicamente infligidos a nosotros por los Orion. Al ser impuestos sobre nosotros por los Orion que necesitábamos hacer lo que necesitábamos hacer cuando se dieron cuenta que no éramos capaces de manejarlo por nosotros mismos. Ellos observaron nuestra propia historia y dijeron: "Oh, mira a los cavernícolas y las cavernícolas" ¿De acuerdo? Después actuamos de la forma que lo hicimos involucrando al Cubo y todos aquellos asuntos. Ellos nos infligieron el sistema de tratado y dijeron. "Vosotros os comportareis de esta manera."[37]

La visión de Burisch repite los sentimientos de Corso, Phillips y Bennewitz sobre las autoridades del gobierno que no tenían una posición fuerte en las negociaciones secretas con el resultado de varios acuerdos.

Finalmente, Phil Schneider, ingeniero civil en la construcción de profundas bases militares subterráneas, afirma haber visto documentos y haber experimentado hechos que prueban la existencia de extraterrestres. Schneider empezó a dar conferencias públicas de sus experiencias en 1996 mostrando documentos y otros materiales que corroboraban sus afirmaciones. [38] Dijo que las agencias gubernamentales estuvieron tentados a intimidarle y silenciarlo y que lo asesinarían si no obedecía. En Enero de 1996 fue encontrado muerto bajo circunstancias muy sospechosas. Al no haber documentación pública que diera soporte a sus presentaciones, la gente que lo conocía, y las circunstancias de su muerte hace que sus ideas deban ser reconsideradas. Schneider afirma que acuerdos secretos fueron alcanzados con extraterrestres por el gobierno USA en 1954:

> En 1954, bajo la administración Eisenhower, el gobierno federal decidió burlar la Constitución de los Estados Unidos y firmar un tratado con entidades alienígenas. Se llamó el Tratado de Greada de 1954. Que básicamente hicieron el acuerdo que los alienígenas involucrados podrían haber tomado algunas vacas y probar sus técnicas de implantes sobre seres humanos, pero ellos han de dar detalles sobre la gente involucrada. Lentamente, los alienígenas alteraron el acuerdo hasta que decidieron que no lo cumplirían en absoluto. [39]

El testimonio de Schneider es similar al de otros testigos que describen un tratado que era muy insatisfactorio debido a los términos y a como los extraterrestres cumplieron los términos del acuerdo.

### 3. Avistamientos de extraterrestres en instalaciones u operaciones secretas

Esta sección examina los testimonios de un buen número de testigos que afirman haber visto extraterrestres en instalaciones secretas, o participando en proyectos secretos. Tales observaciones son la prueba de acuerdos secretos que han sido implementados entre las autoridades del gobierno secreto USA y extraterrestres.

Me he referido antes al testimonio de Charles Hall [W] acerca de acuerdos secretos con un grupo de extraterrestres llamados Blancos Altos. En sus memorias escribió extensamente sobre lo que observó de las actividades de los Blancos Altos quienes estaban ubicados en la base de Indian Springs en la base Nellis de las USAF. Hall les observó y su nave espacial a través de su teodolito – un tipo de telescopio utilizado para el seguimiento de globos atmosféricos Afirmó que ellos tenían vehículos espaciales de diferentes tamaños incluyendo una gran nave interestelar triangular de varios centenares de metros de tamaño. Dijo que la base utilizada por los Blancos Altos había estado construida por la USAF exclusivamente para ellos. En correspondencia por correo electrónico, Hall [abreviado C.H.] me respondió [abreviado M.S.] así a mis preguntas sobre la base:

> M.S. Ud. describía el hangar que se utilizaba como base para la gran nave espacial usada por los Blancos Altos. ¿Fue construida únicamente por los Blancos Altos o los militares de los Estados Unidos jugaron un papel en él?
> C.H. El hangar parecía haber estado enteramente construido por la USAF para ser usado por los Blancos Altos. Por ejemplo, el interior del hangar parecía como cualquier otro hangar ordinario. Incluía extintores comunes a todos los hangares, flechas que indicaban las salidas, etc. Además de estar escritos en inglés los signos de las paredes, también incluían jeroglíficos e iconos usados por los alienígenas. Los escritos alienígenos estaban hechos en pintura rosa en fondo blanco.
> M.S. ¿Cuándo en su opinión fue construido el hangar entregado por la USAF a los Blancos Altos?
> C.H. No tengo ni idea. Sin embargo, sé ciertamente que las leyendas de Range Four Harry se remontan al menos a 1954. El hangar en construcción (por ejemplo sus soportes de acero, sus otros materiales, sus diseños de iluminación, sus puertas de hormigón que se elevaban en secciones estrechas siendo elevadas desde arriba, etc.) era consistente con las técnicas de construcción utilizadas a finales de los 1940 y principios de los 1950,

La construcción de una instalación de hangar subterráneo para las naves interestelares de los Blancos Altos y el propio acomodo de los Blancos Altos en una ubicación segura habría requerido un capital importante. Confirmación parcial de la afirmación de Hall fue encontrada en una historia de 1951 por el Las Vegas Review Journal referente a un proyecto secreto de casa en Indian Springs a principio de los años 50. La historia ofrece evidencia documental que un proyecto secreto subterráneo estaba siendo construido en Indian

Springs al coste enorme de 300 millones de US$ que se convierten en 2.500 millones de US$ de 2008. Dada la ausencia de construcciones de superficie en Indian Springs que explicaría donde estas instalaciones 'de acomodo' estaban siendo construidas es muy probable que estas fueran subterráneas y / o construidas dentro de las montañas situadas en Indian Springs tal como afirmaba Hall.[42]

Clifford Stone es un sargento mayor retirado del ejército de los USA que afirma haber trabajado en secreto durante 22 años en proyectos secretos de recuperación de vehículos extraterrestres siniestrados. Ha sido entregada información pública que confirma su procedencia militar y sus estatus de whistleblower [W]. A continuación Stone describe una reunión con extraterrestres en el Pentágono en 1969 :

> Cuando llegué a Fort Meade (sede central de la NSA National Security Agency) ellos dijeron, bien, el va a estar ocupado… Esta persona dice, por cierto, ¿has ido alguna vez al Pentágono? Bien hasta ahora nunca ha estado en el Pentágono. … ¿Por qué no seguimos y te doy la vuelta de los 25 centavos? Por tanto seguimos…. Cuando salgamos hay dos monorraíles allí. Quiero decir que hay monorraíles debajo del Pentágono… Cuando salgamos, él dijo, bien déjame mostrarte algunos sitios allá abajo en el corredor. Bajamos por el corredor y parecía como si había una puerta al final del mismo… Bien, cuando cruces la puerta hay como una mesa de campo. Y detrás de la mesa de campo tienes esta pequeña entidad [un extraterrestre]. La entidad era un poco más grande de 90 o 95 cms. de altura que han sido descritas muchas veces. Pero hay dos hombres a cada lado de la mesa un poco detrás de la criatura. Cuando me volví miré justo a los ojos de la pequeña criatura. Es como si lo vieras todo pero todo ha sido sacado de tu mente – estaba leyendo mi vida completa…. Recuerdo bajar y coger un asa de mi cabeza como ésta y caer al suelo. La siguiente cosa que recuerdo es que me desperté y estoy de nuevo en la oficina de mi amigo [de nuevo en Fort Meade]….. Iré hasta allí para declarar que hay una interacción entre entidades y ciertas agencias gubernamentales dentro del gobierno de los USA.[43]

El testimonio de Stone revela que los extraterrestres están trabajando físicamente con un selecto grupo de oficiales de la NSA y el Pentágono en programas secretos como invitados especiales del gobierno de los USA. La presencia de un extraterrestre en una instalación secreta, acompañado de dos hombres, sugiere que uno o más acuerdos oficiales con representantes de civilizaciones extraterrestres han sido alcanzados.

El Capitán Bill Uhouse es un ex ingeniero aeroespacial del Cuerpo de Marines, y de la USAF. Se dispone de documentación pública que confirma su estatus de whistleblower [W].[44] Participó en reuniones donde un extraterrestre entraría y daría consejos sobre complejos problemas de ingeniería:

> Tuvimos reuniones y yo acabé en una reunión con un alienígena. Yo le llamaba J-Rod – naturalmente así le llamaban ellos… El alienígena solía venir con [Dr Edward]Teller y algunos otros, ocasionalmente para tratar cuestiones que posiblemente habían planteado. ¿Sabes? Pero has de entender que todo era específico del grupo. Si no lo era no podías hablar del tema. Era sobre la base de he de saber (need to know). Y el ET hablaría. Hablaba pero sonaba como si tu hablaras…. La preparación que teníamos antes de la reunión con este alienígena era básicamente la de todas las nacionalidades del mundo… Por tanto el alienígena sólo daba el consejo técnico y científico…. Algunas veces entrabas en la materia donde intentarías, intentarías e intentarías y no funcionaría. Y entonces es donde el alienígena entraría. Ellos le dirían mire esto y vea lo que hacíamos mal.[45]

La revelación de Uhouse es una prueba testimonial más de extraterrestres alojados en instalaciones militares secretas, dando asistencia a personal militar y corporativo cuando un problema o dificultad lo requería. Su testimonio da soporte adicional a la existencia d acuerdos secretos con extraterrestres. Significativamente, su referencia a un extraterrestre alojado en una instalación gubernamental fue también revelada por el siguiente testigo.

Richard Doty era un ex Agente Especial de la US Oficina de las FF.AA. de Investigaciones Especiales (AFOSI). Estaba personalmente a cargo del esfuerzo de la AFOSI en desacreditar a Paul Bennewitz y hacer descarrilar la documentación que iba a publicar Linda Moulton Howe sobre la vida extraterrestre. Se han puesto al alcance documentos públicos que verifican su procedencia militar y por tanto lo convierten en un Whistleblower [W]. En 2006 Doty era nombrado coautor de un libro donde describía sus propias experiencias respecto a la vida y tecnología extraterrestre, y aspectos de su anterior carrera en la inteligencia militar.

> Hay una entrevista de un alienígena (EBE-2…) en circuito cerrado grabada en video que fue aquí un huésped de intercambio desde 1964 a 1984. Un Coronel de la USAF hizo la entrevista. Yo asistí a esta entrevista…. De EBE-2 aprendimos mucho acerca de su raza, cultura y su nave espacial. Un tercer alienígena EBE-3 era parte del mismo programa desde 1979 a 1989… Los extraterrestres, que son invitados del gobierno de los USA, residen en diferentes sitios en todos los Estados Unidos.[46]

Doty afirma, como lo hizo Bill Cooper, que había un acuerdo de intercambio entre el gobierno USA y sus visitantes extraterrestres. [47] Esto estaba descrito gráficamente en la película de Steven Spielberg *Encuentros en la Tercera Fase*. En 1982, en un pase especial de la película en la Casa Blanca, Ronald Reagan hizo la confidencia a Spilberg : "Sabes que no hay ni seis personas en esta sala que saben lo verdadero que esto es"[48] A consecuencia de tales acuerdos es la afirmación de Doty que algunos extraterrestres son invitados del gobierno USA. Esto concuerda con lo que Charles Hall[W], Michael Wolf [U], Bill Uhouse [U] , describieron antes y con lo que Clifford Stone [W] afirma haber experimentado en el Pentágono.

Steven Wilson afirma que alcanzó el rango de Tte. Coronel en las USAF antes de retirarse, y estando de servicio en el equipo de rescate de siniestros de vehículos extraterrestres, Proyecto Punce. Murió en 1997 poco después de hacer público sus notables afirmaciones y hasta la fecha no hay documentación fiable haciéndolo un testigo no confirmado [U]. En el siguiente accidente describe haber ido testigo de una mujer extraterrestre de 2,20 metros de altura que ponía al corriente a un grupo de veinte oficiales acerca de la historia de la tierra y de otros planetas:

> La mujer tenía los rasgos muy bien definidos. Su cabello rubio le caía hasta más abajo de los hombros, Sus ojos eran del azul más azul que yo había visto. De alguna forma era diferente. De lo que sabía entonces, ¡qué distinta! Sentó un gran cristal sobre la mesa, y sin avisar, sus dedos empezaron a resplandecer a medida que se deslizaban sobre el cristal. Un ¡holograma en 3-D empezó a formarse encima de él! Miré alrededor de la sala y todos tenían la boca abierta, y de repente noté que la mía también lo estaba. Poco me di cuenta en aquel momento que mi vida cambiaria para siempre. Mis pasadas lecciones se deslizaban de mí cuando estaba asombrado. Mi concepto entero de la vida dio un giro de 180º, al observar el holograma, completo con sonido, desvelando los misterios de mi pasado y presente, y el de otros mundos.[49]

El testimonio de Wilson es otro ejemplo de cómo los extraterrestres están presentes en instalaciones militares secretas proporcionando información a militares de elevada graduación y líderes civiles acerca de la vida extraterrestre. Su revelación proporciona un soporte más directo sobre existencia de acuerdos secretos por los cuales los extraterrestres pueden vivir en instalaciones militares secretas y proporcionar varios tipos de ayuda cuando es requerida.

Dan Burisch [U] afirma que trabajó con entidades biológicas extraterrestres enfermas, un 'Gris' que él llamaba J-Rod, en la super secreta instalación S-4 que está cerca del Area 51. J-Rod estaba dentro de una biológica "esfera limpia" supuestamente para proporcionar las condiciones de entorno apropiadas dada su enfermedad neuro degenerativa que estaba experimentando. Burisch fue invitado a entrar en la 'esfera limpia' en algo similar a un traje espacial de astronauta. El J-Rod realizaba esencialmente un 'mind-meld' (poupourri mental) con él donde descargaba información valiosa sobre la génesis de la vida que, de acuerdo con Burisch, era parte de un proyecto biológico secreto llamado Lotus.[50] Burisch dio el siguiente relato de su encuentro con J-Rod en la 'esfera limpia' situada en S-4:

> Llegué a un contacto directo con él a finales de 1993 principios de 1994… Hay algo malo en él. Durante toda mi experiencia alrededor de él parecía como si estuviera "en off". Casi como… Yo diría, él era físico. Lo sentía a través del guante. Había materia allí conmigo. Pero como si estuviera como un fantasma con cuerpo… Él no pertenecía donde estaba. Pero cuando quería comunicarse, cuando haría el trance (entrainment) … Ellos te golpean , y …hasta que finalmente te contactan a nivel de ondas del cerebro donde ellos pueden empezar a comunicarse. Y viene en ondas… y entonces te sientes como atraído dentro. Mientras ocurre el trance la percepción es que te sientes atraído a través de sus ojos. Una sensación muy extraña [risas]. Pero cuando ellos te ponen en trance, te llevan…. Te bajan, sabes, hasta la relajación a un estado theta, como una cosa a 8 hercios, estado theta, donde tú estás en estado somnoliento y te dicen, sabes, que no van a lastimarte, El hizo esto. El dijo que no me lastimaría… Yo formaba parte de un equipo unidad –B para empezar. De hecho la que había de ser mi actual ocupación, era la de asistente del científico jefe e iba a limpiar la esfera, hasta que el me identificara como algo, creo, especial para él ….. Chi'el'ah [J-Rod] … y él quería que fuera la persona que entrara allí. Esto explica el porqué yo fui promocionado, últimamente, al grupo de trabajo de allí dentro.[51]

El testimonio de Burisch es único en la medida que describe como un extraterrestre enfermo era a la vez tratado en una instalación secreta, y también ser una parte del proyecto biológico llamado Lotus.

Desde 1958 a 1992, Clark McClelland sirvió como contrado de la NASA en numerosos proyectos incluidos Mercury, Apollo, SkyLab, Space Shuttle y la Estación Espacial Internacional. Poco antes de su dimisión de la NASA en 1992 bajo circunstancias controvertidas, trabajó como Operador de un SpaceCraft[52] McClelland ha hecho pública sus credenciales que verifican su procedencia haciéndolo acreedor del estatus de whistleblower [W].[53] . En Agosto de 2008, por primera vez, anunció públicamente que durante una misión del Space Shuttle, fue testigo de una comunicación extraterrestre con astronautas atados:

> Yo, Clark C. McClelland, antiguo ScO, Escuadrón de Space Shuttles , he observado personalmente un ET de 8 a 9 pies de altura en su monitor de 27 pulgadas mientras estaba de servicio en el Centro Espacial Kennedy, Centro de Control de Despegue (LCC). El ET estaba de pié en el muelle de carga del Space Shuttle teniendo una discusión con DOS Astronautas de la US NASA atados! También observé en mis monitores, la nave del ET que estaba estabilizada, en órbita libre al final de las vainas principales del motor del Space Shuttle. Observé este incidente durante 1 minuto y siete segundos. Tiempo de sobras para memorizar todo lo que estaba observando. ERA UN ET y una Nave Alienígena! Un amigo mío contacto luego conmigo y dijo que esta persona había también observado un ET de 8 o 9 pies DENTRO del COMPARTIMENTO DE TRIPULANTES del SPACE SHUTTLE! Si, dentro de NUESTRO Shuttle! AMBAS misiones eran DoD (Pentágono) encuentros TOP SECRET (TS)![54]

Él proporcionó una recreación artística del incidente en la que sugiere claramente que no es meramente un misterioso tercer astronauta ayudando una misión Space Shuttle. La altura del ser y el traje no convencional apunta fuertemente a un extraterrestre de alguna forma.[55] El incidente es indicativo de alguna forma de acuerdo oficial con los extraterrestres donde ellos pueden ayudar secretamente cuando se necesita en misiones espaciales.

Los testimonios anteriores en esta sección se refieren a extraterrestres estando presentes en instalaciones secretas que tienen un alto nivel de seguridad. Como puede esperarse, esto podría ocasionalmente llevar a circunstancias difíciles y a tensión entre los trabajadores, personal de seguridad y extraterrestres. De acuerdo a varios informes independientes, un intercambio de disparos ocurrió en al menos una de las instalaciones conjuntas entre humanos y extraterrestres. Yo examino ahora muchos testimonios de tal tiroteo. Un testigo de la posibilidad de un tiroteo ocurrido entre fuerzas militares de los USA fue Michael Wolf. En el libro de Wolf

*Receptores del Cielo* describe un tiroteo entre extraterrestres y ¡una élite de fuerzas militares que había ocurrido en 1975 en Groom Lake, instalación de Nevada que podía estar relacionada con lo ocurrido en la vecina Dulce:

> Los Grises compartieron algunos de sus avances tecnológicos con científicos militares y de la inteligencia, aparentemente a menudo con los prisioneros "invitados" dentro de las instalaciones militares seguras en Nevada y New México. Los extraterrestres habían dado al gobierno americano -+algunas de sus naves antigravitatorias y una enorme cantidad de combustible (elemento 115). El 1 de Mayo de 1975 durante uno de los intercambios en Nevada, una demostración de un pequeño reactor de antimateria, el jefe de los Grises pidió al Coronel al mando de las Fuerzas Delta que guardaban a los ET sacar los rifles y balas de la sala, (y así prevenir algún accidente durante las emisiones de energía). . Los guardias lo rechazaron y en la conmoción subsiguiente un guardia abrió fuego sobre los Grises. Un alienígena, dos científicos y 41 militares resultaron muertos. Un guardia sobrevivió para testificar que los Grises aparentemente utilizaron energía mental directa como autodefensa para matar a los otros atacantes de la Fuerza Delta. El Dr. Wolf asegura que "el incidente acabó con algunos intercambios con (los Grises)."[56]

Confirmación documentada de que un tiroteo ocurrió se puede encontrar en el testimonio de un controvertido whistleblower, Bob Lazar. Lazar trabajó en el Laboratorio Nacional de Los Álamos como técnico y se reunió con el Dr. Edward Teller durante una de sus conferencias el 27 de Junio de 1982. Lazar dijo que Teller estaba leyendo la página de cubierta del Monitor de Los Álamos acerca de su coche propulsado a chorro cuando Lazar se incorporó y se identificó. Teller fue contactado más tarde por una recomendación para un trabajo. Lazar asegura que consiguió un empleo en una instalación secreta llamada S-4 que trabajaban en proyectos de ingeniería inversa. Aseguró que el Departamento de Inteligencia Naval era su empleador. Se ha encontrado algún documento que da soporte a lo que asegura Lazar que trabajó en Los Álamos, que Los

Álamos Monitor publicó una historia sobre su coche propulsado a chorro y que al menos había recibido una paga del Departamento de Inteligencia Naval en el periodo en que trabajó en el S4 (1989). La educción de Lazar y el registro de empleo de Lazar no han sido públicamente verificados y por tanto lo hacen un testigo no confirmado [U]. El siguiente párrafo describe las afirmaciones de Lazar de lo que leyó en un documento resumen relativo al tiroteo entre extraterrestres y personal militar en una instalación secreta en 1979.

> La información más asombrosa viene de más de doscientas páginas de documentos para poner al corriente que él [Lazar] debió leer para prepararse para su trabajo. … Un aspecto intrigante del resumen de Lazar relativo a su descripción de una aparente batalla entre alienígenas y humanos en una base secreta en 1979. Dijo que leyó que un guardia humano intentó entrar un arma dentro del área de los alienígenas con el resultado de fatales heridas en la cabeza del personal de seguridad.[57]

La descripción de Lazar de este incidente concuerda mucho con el relato de Wolf de que el tiroteo fue el resultado de un mal entendimiento sobre los estrictos procedimientos de seguridad en el lugar.

Otro whistleblower que ha salido para revelar acontecimientos en una instalación subterránea relativo a extraterrestres es Phil Schneider [U]. Schneider afirma que él estuvo directamente involucrado en un tiroteo con extraterrestres en la instalación secreta de Dulce en New México.

> En 1979…. El tiroteo de Dulce ocurrió casi por accidente. Yo estaba involucrado en la construcción de una adición a la profunda base subterránea de Dulce, que es probablemente la más profunda. Baja siete niveles y unas 2,5 millas de profundidad. En aquel día particular, había hecho cuatro agujeros distintos en el desierto, y los iba unir para hacer explotar a la vez una gran sección. Mi trabajo era bajar a los agujeros y comprobar las muestras de roca, y recomendar el explosivo con el que tratar aquel tipo de roca. Mientras me

> dirigía allá abajo, nos encontramos en medio de una gran caverna que estaba llena de alienígenas del espacio exterior, llamados de otra forma Grandes Grises. Tiré a dos de ellos. En aquellas fechas había 30 personas allá abajo. Cerca de unos 40 bajaron después de que empezara y todos resultaron muertos. Habíamos sorprendido a una entera base subterránea de alienígenas existentes. [58]

Mientras Schneider no habló de la instalación de Dulce como una base conjunta entre humanos y extraterrestres, es significativo que él estaba construyendo una base secreta encima de aquella. Esto como mínimo sugiere un acuerdo secreto de no revelar la presencia de extraterrestres en bases secretas dentro del territorio de los USA. A pesar de las diferencia de los relatos de Wolf, Lazar y Schneider, los tres concuerdan en el conflicto que estalló en una base conjunta entre humanos y extraterrestres en 1979 que llevó a la catástrofe.

**4. Comunicación oficial con extraterrestres**

Hay un gran número de testigos que han dado un paso al frente para revelar cómo han ocurrido las comunicaciones oficiales del gobierno con las civilizaciones extraterrestres. Estas comunicaciones han utilizado tecnologías innovadoras y métodos psíquicos. Las comunicaciones se utilizan para el intercambio de información vital, para preparar el aterrizaje en varios lugares, y para cumplir con los términos de los acuerdos secretos. Empiezo con el testimonio de Dan Sherman.

Dan Sherman era un experto en inteligencia electrónica de las USAF que trabajaba con la NSA, Agencia de Seguridad Nacional en un programa ultra secreto llamado Proyecto para Preservar el Destino. El Proyecto utilizaba "comunicaciones intuitivas" con un grupo particular de extraterrestres.[59] Recibió entrenamiento especializado que usaba intuiciones innatas o habilidades psíquicas sin que sus superiores estuvieran informados. Él ha proporcionado documentación que confirma sus antecedentes militares y algunos de los puestos que ocupó como experto en comunicaciones electrónicas. En el pasaje siguiente escribe acerca de su creciente desencanto con el Proyecto para Preservar el Destino basado en datos que confirmaban las abducciones hechas por extraterrestres que eran transmitidas por los extraterrestres a las autoridades gubernamentales:

> La amargura empezó unos pocos meses después de haber empezado a recibir comunicados de Bones [un extraterrestre]. Fue creciendo cuando empecé a recibir comunicaciones de abducciones que iban incrementando. Estaba cansado de ser supuestamente tan importante debido a mis habilidades, pero tratado como un subalterno sin necesidad de conocer.... ¿por qué datos sobre abducciones? .... Yo finalmente llegué a la conclusión, después de informar de unos 20 escenarios de aparentes abducciones, que yo no quería ya formar parte del Programa. Aunque no tenía ninguna razón para creer que nadie era tratado de forma maliciosa, tuve la impresión que las abducciones que yo estaba informando eran parte de una especie de llamada más arriba y los sentimientos de las personas involucradas tomaba el asiento de atrás en aquellas llamadas.[60]

El testimonio de Sherman revela que los extraterrestres responsables de las abducciones estaban pasando los datos de sus actividades a las agencias del gobierno a través de proyectos secretos. Esto indica la existencia de algún tipo de acuerdo en el que una de las condiciones incluye a los extraterrestres pasando datos de sus interacciones con ciudadanos privados. Su testimonio ayuda también a establecer que han sido establecidos protocolos de comunicaciones con uno o más grupos de extraterrestres.

En su primera conferencia pública en Mayo de 1989 William Cooper [W] reveló la extensión de comunicaciones secretas y negociaciones con vida extraterrestre:

> En 1953 unos astrónomos descubrieron grandes objetos en el espacio que se movían hacia la Tierra. Se creyó al principio que eran asteroides. La evidencia más tarde probó que los objetos sólo podían ser Naves Espaciales. El Proyecto Sigma interceptó comunicaciones de radio alienígenas. Cuando los objetos alcanzaban la Tierra tomaban una órbita alta alrededor del Ecuador. Había varias naves enormes, y su intención era desconocida. El Proyecto Sigma, y un nuevo

> proyecto, Platón, a través de comunicaciones de radio usando lenguaje binario de ordenador, era capaz de preparar un aterrizaje que daba como resultado un contacto cara a cara con alienígenas que venían de otro planeta. El Proyecto Platón tuvo que llevar a término el establecimiento de relaciones diplomáticas con esta raza de alienígenas del espacio.... [61]

El testimonio de Cooper ayuda a revelar que habían comunicaciones secretas y reuniones entre líderes políticos/ militares con visitantes extraterrestres, y que se había llegado a acuerdos en secreto. Su testimonio es consistente con las afirmaciones de Sherman relativas a las comunicaciones con extraterrestres.

Otro testigo a ser considerado es John Maynard quien trabajó como analista de inteligencia militar para la Agencia de Inteligencia de la Defensa. Maynard tenía una carrera militar de 22 años y sus antecedentes de whistleblower han sido confirmados.[62] En su testimonio, Maynard revela su descubrimiento de comunicaciones electrónicas desde extraterrestres que fueron recibidas por autoridades militares que estaban manteniendo este secreto:

> ... estábamos analizando los patrones de tráfico [comunicaciones electrónicas] de los Chinos en un momento determinado. De vez en cuando, yo me encontraba con una anomalía que no estaba realmente dentro del patrón del tipo de tráfico que era conocido dentro de nuestra red militar. ... Encontré que había más de estas comunicaciones de lo que era normal, y que no eran de origen terrestre [no provenientes de la Tierra].... Estoy hablando de finales de los 50 y principios de los 60. Por lo que respecta a la franja horaria, debía de ser algo más además de nosotros... Creo que aquello fue realmente mi caída en desgracia – Me di cuenta de que se trataba de extraterrestres- por tanto, encontraron la forma de prescindir de mí y lo hicieron muy bien.[63]

Maynard se dio cuenta de que los extraterrestres estaban efectuando comunicaciones electrónicas con las autoridades de los USA, y que esto aquello era información secreta. Esto lleva a la conclusión de que comunicaciones electrónicas entre vehículos extraterrestres y las autoridades del gobierno era información ultra secreta, y que el personal militar descubriendo sin el acceso por la "necesidad de conocer" eran rápidamente reasignados.

Otro whistleblower que afirma la existencia de comunicaciones secretas con civilizaciones extraterrestres es Richard Doty que escribió:

> La Agencia de Seguridad Nacional ha diseñado un sistema para comunicarse con los alienígenas. Es algún tipo de pulsación binaria. Las comunicaciones tienen lugar entre la Tierra y las naves alienígenas. Hay puntos que han sido informados en Nevada y California. Las comunicaciones son traducidas por ordenador, que da las coordenadas de aterrizaje a la Agencia Nacional de Seguridad, de esta forma se sabe la ubicación del aterrizaje y el propósito, recoger recursos para la nave o tener contacto verbal.[64]

De acuerdo con Doty, un sistema de comunicación ha sido desarrollado por la NASA para comunicarse con los extraterrestres. Esto es consistente con el testimonio de Sherman respecto al programa de comunicaciones clasificadas en el que trabajó cuando estaba en la NASA.

**5.- Extraterrestres entre nosotros**

De acuerdo con Charles Hall [W], algunos de los Blancos Altos fueron a casinos de Las Vegas en un esfuerzo por mezclarse con la población humana. Aparentemente, oficiales del Pentágono habían implementado un programa para asistir a los Blancos Altos en las comunicaciones y el trabajo de forma confortable con los humanos. Él vió a uno de los Blancos Altos en un casino de Las Vegas y describe la siguiente conversación en comunicación telepática:

> "Tu vestido es perfecto" yo pensé lentamente. Entonces continué, "tu maquillaje es perfecto. Pareces como una joven atractiva con un fino ojo por el detalle. Veo que eres muy buena comprando vestidos y maquillaje aquí en Las Vegas". "Lo aprendí de ti" rió en contestación. "Hemos aprendido

> como mezclarnos con la Sociedad Americana imitándote". Recuerda que hemos de aprender también como ajustar nuestra electrónica adecuadamente para poder hacerlo. Ambos reímos. Esperaba que Las Vegas fuera lo que es, ella no estaba probablemente sola, por tanto empecé a mirar alrededor para localizar a su acompañante. Lo encontré de pié erguido. Cerca de mi derecha con su espalda girada casi hacia mí. Estaba vestido con un traje negro con corbata blanca. Era de un metro noventa. Era fácil adivinar bajo su vestido que era muy delgado. Iba vestido con estilo. Podía adivinar que también llevaba una peluca. Esta peluca cubría su cabeza hasta el nivel de sus ojos y le daba un aspecto de hombre de negocios corriente.[65]

El testimonio de Hall revela que los acuerdos secretos habían llevado a algunos extraterrestres a mezclarse con la población humana. La utilización de Hall de la relación con los Blancos Altos muestra como los oficiales militares autorizaban su participación en un programa secreto donde los extraterrestres podían ser ayudados en su integración en la sociedad humana sin ser expuestos. La posible colaboración la encontramos en el testimonio siguiente.

Ingo Swann era el primer psiquiatra empleado en un programa de visión remota en el Instituto de Investigación de Stanford financiado por la CIA y la comunidad de inteligencia que empezó en 1972: Proyecto Stargate. La documentación pública está disponible que verifica el papel de Swann como consultor civil en el Proyecto Stargate y que lo convierte en un testigo civil confirmado [C].[66] El éxito de Swann y del Proyecto Stargate en proporcionar datos precisos de visión remota a la comunidad de inteligencia que rápidamente la llevó a pedir a Swann que desarrollara el protocolo necesario para entrenar a los militares en la visión remota. En 1975 fue reclutado por un operativo encubierto del gobierno. "Mr. Axelrod", para espiar a los extraterrestres. La involucración de Swann en las actividades encubiertas de "Mr. Axelrod" y sus dos misteriosos compañeros, que Swann llamaba "los gemelos" es una prueba de acuerdos relativos a extraterrestres viviendo entre nosotros. Swann escribe el siguiente incidente en un supermercado de Los Angeles cuando vio a una mujer muy atractiva que él concluyó era extraterrestre siendo seguida por los dos operativos de Axelrod:

> En una de las mesas de alcachofas estaba de pié una mujer arrebatadora.... Por ninguna razón en absoluto experimenté una onda electrizante de escalofríos por todo mi cuerpo. El vello de mis brazos prácticamente se pusieron en estado de alerta, y el pelo de mi nuca lo hizo definitivamente. Sin ton ni son o premeditación o nada en absoluto "supe" de repente que era una alienígena, una extraterrestre... abajo en la hilera de cajas de verduras la reconocí, de TODAS las cosa posible, UNO DE LOS GEMELOS [uno de los operativos de Mr. Axelrod]. ÉL estaba mirando a la mujer. ÉL vio que yo le veía e inmediatamente surgió en mi mente una imagen de carta blanca. Por favor no hables, por favor actúa con normalidad.... Bien. Si uno de los gemelos está AQUÍ, de todos los lugares, entonces el otro debe estar aquí también. Y en efecto, el otro gemelo estaba en el extremo opuesto de la cola de verduras y estaba mirando también a la mujer... La presencia de los gemelos, acoplados con mi alerta psíquica, confirmaba que la mujer ERA un ET. [67]

El testimonio de Swann muestra como algunos extraterrestres han tenido permiso para integrarse en la población humana. Están controlados por agencias de inteligencia que hacen lo imposible para asegurar que ningún miembro del público corriente sepa la verdad acerca de los extraterrestres caminando entre nosotros.[68] Los siguientes testimonios se han ocupado de lo que pudo haber sido la revelación de la verdad sobre los extraterrestres entre nosotros.

Catherine Austin Fitts es una ex Secretaria Asistente del Departamento de Vivienda y Desarrollo Urbano (Departamento de Vivienda y Desarrollo Urbano o HUD). Ella es la más experta en implementar el software de seguimiento financiero primero en HUD y más tarde en su propia compañía de productos financieros, Hamilton Securities, que sacó a la luz la irregularidades en HUD y el BCCI; y del escándalo Iran-Contra Savings &Loans (Ahorro y Préstamos). Están disponible documentos públicos que verifican sus antecedentes en el gobierno y empresas que la convierten en un testigo civil confirmado [C].[69] Ella afirma que en 1998 el Subsecretario de la Marina de los USA había puesto en funcionamiento un "plan estratégico de alto nivel" para preparar al público americano para un anuncio oficial que los extraterrestres existen y viven entre nosotros.

> En 1998, se me acercó John Peterson, director del Instituto Arlington, un reducido think tank militar de alta calidad (think tank: grupo para investigación y difusión de ideas) en Washington, DC. Yo había conocido a John a través del Global Business Network (Red de Negocios Global) y quedé impresionada por su inteligencia, eficiencia y empatía. John me preguntó si podía ayudarle en un plan estratégico de alto nivel que Arlington estaba planeando para ser recogido por la Subsecretaria de la Marina. En aquel momento yo era el blanco de una intensa campaña de desprestigio que hubiese llevado a una persona normal a llegar a la conclusión de que iría pronto a la cárcel o algo peor. John le explicó que la Marina entendía que aquello sólo era política --- no les importaba.
>
> Me encontré con un grupo de gente de alto nivel en el estamento militar en el proceso ---- incluido el Subsecretario. De acuerdo con John, el propósito del plan ---- discutido frente a muchos militares, oficiales militares retirados y antiguos miembros del gobierno ---- era ayudar a la Marina a ajustar sus operaciones teniendo en cuenta un mundo en el cuál era comúnmente conocido que los alienígenas existen y viven entre nosotros.
>
> Cuando John me explicó este propósito, me expliqué que yo no sabía que existieran los alienígenas y que vivieran entre nosotros. John me preguntó si quería conocer a algunos alienígenas. Por una vez en la vida, decliné una oportunidad de saber algo importante.[70]

He podido confirmar que Fitts sirvió en el Consejo de Dirección del Instituto Arlington durante el periodo en cuestión, y que la vida extraterrestre fue discutida en algunos de sus reuniones a puerta cerrada como un hipotético "evento comodín" ("wildcard event"). Sin embargo, la afirmación específica de Fitts de que había un plan estratégico patrocinado por la Marina para preparar al público para la revelación de vida extraterrestre, o un posible encuentro con extraterrestres, no fue apoyado por otros miembros del Consejo.[71]

Yo contacté con Fitts a principios de 2008 para elaborar o clarificar su recuerdo anterior, pero no tenía nada que añadir a lo que dio a conocer al público.[72] Esencialmente, se mantuvo en su versión de los hechos tal como los informó. Dada su importante puesto en HUD, y rechazo a enmendar su declaración pública previa, un caso a primera vista puede ser hecho en aceptar sus afirmaciones como creíbles. Su testimonio apoya las afirmaciones hechas por Hall y Swann de que extraterrestres están viviendo y trabajando entre nosotros. Además, esfuerzos oficiales pueden estar haciéndose bajo mano para preparar al pueblo Americano para tal realidad.

**Conclusión**

He resumido en la Tabla 1 el testimonio de testigos acerca del alcance y naturaleza de acuerdos secretos con vida extraterrestre. He colocado a cada testigo en el orden de la documentación disponible que confirma sus antecedentes, y su credibilidad como testigos. Las pruebas testimoniales acumuladas establecen que se han alcanzado acuerdos secretos con representantes de organizaciones extraterrestres que en algunos casos tienen el estatus de "tratados". Varias entidades, gobierno, militares y empresariales han sido involucradas en una gran variedad de formas que no han sido reveladas al gran público.

Muchos testigos han expresado su resentimiento sobre el alcance y naturaleza de los acuerdos secretos. Además, aparece una considerable tensión entre los firmantes sobre el contenido de los acuerdos y como son puestos en práctica. Exponiendo acuerdos secretos alcanzados con varios grupos de extraterrestres ayudará considerablemente a promover la transparencia y la responsabilidad en pasadas y actuales negociaciones en curso. Algunos de estos acuerdos se encontrarán flagrantes en términos de su contenido y tendrán que ser terminados inmediatamente. Este puede ser un factor importante del porqué estos acuerdos se han mantenido en secreto por tan largo tiempo. Esfuerzos basados en la ciudadanía se han lanzado para acabar con todos los secretos concernientes a la vida extraterrestre.[73] Lo que es más importante, revelando los acuerdos secretos con extraterrestres ayudará a tener más responsabilidad en la forma en que son negociados los acuerdos futuros, sus contenidos diseminados para su revisión pública, y finalmente ratificados en formas constitucionales válidas por los representantes elegidos por el público.

**Tabla 1. Testimonio de Testigos de los Acuerdos Secretos con ETs**

| Eventos y/o Procesos Indicando Acuerdos Secretos ET | Credenciales de los Testigos <u>Confirmados</u>: Whistle blower [W] Civil [C] <u>No confirmado</u> [U] | Alcance y Naturaleza de los acuerdos secretos con extraterrestres |
|---|---|---|
| Reuniones entre el Presidente Eisenhower y visitantes extraterrestres | Don Phillips [W]<br>William Cooper [W]<br>Charles Suggs [W]<br>Anon. Col USAF [U]<br>Jesuita Anónimo [U]<br>Oficial Anon USAF[U] | Extraterrestres se han reunido físicamente con líderes de rango políticos/militares para presentarse formalmente y discutir asuntos confidenciales. Se establecen las bases para acuerdos/tratados subsiguientes |
| Acuerdos con extraterrestres | Charles Hall [W]<br>Philip Corso [W]<br>William Cooper [W]<br>Phil Schneider [U]<br>Michael Wolf [U]<br>Paul Bennewitz [C]<br>Dan Burisch [U] | Extraterrestres han logrado acuerdos que han sido formalmente aprobados e implementados secretamente por organizaciones clave de seguridad nacional. Se han intercambiado subsiguientemente Recursos y tecnología. Algunos, resentidos, tildan de injustos los acuerdos. |
| Avistamientos de extraterrestres en instalaciones secretas u operaciones en que ayudan personal militar y/o corporativo | Clark McClelland [W]<br>Clifford Stone [W]<br>Charles Hall [W]<br>Bill Uhouse [W]<br>Paul Bennewitz [C]<br>Richard Doty [W]<br>Bob Lazar [U]<br>Dan Burisch [U]<br>Phil Schneider [U]<br>Steve Wilson [U] | Extraterrestres han participado activamente en varios proyectos secretos con militares, gobierno y/o entidades corporativas. Extraterrestres ayudan cuando se les solicita en proyectos secretos que incluyen avanzadas tecnologías y/o operaciones en el espacio. |

| | | |
|---|---|---|
| Comunicaciones con extraterrestres con la aprobación de selectas agencias gubernamentales | Dan Sherman [W]<br>William Cooper [W]<br>Richard Doty [W] | Protocolos han sido establecidos para comunicarse con los ETs. Personal entrenado y/o reclutado en secreto para participar en estas comunicaciones secretas usando equipo electrónico estado del arte y/o telepatía. |
| ETs viviendo y/o trabajando entre nosotros con la aprobación de selectas agencias gubernamentales | Ingo Swann [C]<br>Catherine Austin Fitts [C]<br>Charles Hall [W] | ETs vistos como si vivieran y/o trabajaran entre nosotros. ETs son controlados por agencias de seguridad nacionales. Individuos disuadidos con firmeza para no contactar y/o revelar la existencia de ETs entre nosotros. |

## NOTAS FINALES. CAPITULO UNO

[7] Ver Michael Salla,, "the Covert World of UFO Crash Retrievals" ("El Mundo Encubierto de las Recuperaciones de Siniestros de OVNI")- Una Perspectiva General de la Gestión del Personal en los Proyectos del Grupo Majestic -12" *Exopolitics Journal* 2:2 (Julio 2007) 79-96. Disponible online en http://exopoliticsjournal.com/vol-2.2.htm.

[8] Para una discusión detallada de todas las pruebas relativas al incidente de 1954, ver Michael Salla. Reunión de Eisenhower en 1954 con Extraterrestres (12 de Febrero de 2004), publicado online en http://exopolitics.org/Study-Paper-8.htm.

[9] La trayectoria y credenciales de Phillips fueron confirmadas por el Dr. Steven Greer y el Proyecto Revelación, véase "Testimonio de Don Phillips," en *Disclosure. Military and Government Witnesses Reveal The Greatest Secrets in Modern History*,ed., (Revelación: Testigos Militares y del Gobierno Revelan los Secretos Más Grandes de la Historia Moderna), Steven Greer (Crossing Point, 2001) 375.

[10] "Testimonio de Don Phillips" Disclosure, ed. Steven Greer, 379.

[11] Discusión del altamente secreto S.I.V. como la red de espionaje del Vaticano discutido en el libro de Mark Aarons y John Loftus, *Unholy Trinity. The Vatican, the Nazis, and the Swiss Banks* (la No Santísima Trinidad, El Vaticano, los Nazis y los Bancos Suizos) (St. Martin Griffin, 1998) 18, 22-23.

[12] Luca Scantamburlo, "Planet X y el " METRAJE DE LOS JESUITAS) Clasificado "SECRETO OMEGA". Primera Confirmación Indirecta!" http://ufodigest.com/news/1106/jesuitfootage.html.

[13] Cristoforo Barbato, "Vaticano y los OVNI: Secreto Omega" http://www.ufodigest.com/secretum.html.

[14] Notas personales de William Hamilton de una entrevista en 1991, con el hijo del Comandante Suggs, Sgto. Charles Suggs, Jr. Ver también Bill Hamilton, *Project Aquarius: The History of An Aquarian Scientist*, (Proyecto Acuario: La Historia de un Científico Acuario) (Authorhouse, 2005) 85.

[15] La trayectoria de Suggs fue investigada por el investigador de OVNI Bill Hamilton, ver *Project Aquarius: The History of An Aquarian Scientist*, (Proyecto Acuario: La Historia de un Científico Acuario) (Authorhouse, 2005) 85.

[16] Para la discusión de la moción de Lord Clancarty en la Cámara de los Lores. Ver Timothy Good, *Above Top Secret* (William Morrow, 1988) 73-75.

[17] Citado en Timothy Good, *Alien Contact: Top Secret UFO files Revealed* (Contacto alienígena: Archivos Secretos de OVNI revelados) (William Morroew and Co., 1993) 75

[18] Timothy Good , *Need To Know: UFOs Military and Intelligence* (Necesidad de Saber: OVNI, Militares e Inteligencia) (Pegasus Books, 2007) 208.

[19] Timothy Good , Need to Know, 208

[20] Véase William Cooper, *Behold a Pale Horse* (Contempla un Caballo Pálido) (Light Technology Publishing, 1991) 196. Disponible online como "Origin, Identity and Purpose of MJ-12," http://www.geocities.com/Area51/Shadowlands/6583/maji007.html.

[21] Hojade servicios militar disponible en Behold a Pale Horse, 381-396. Ver también online en http://en.wikipedia.org/wiki/Milton_William _Cooper.
[22] William Cooper, Behold a Pale Horse, 202. Disponible online como: "Origin, Identity and Purpose of MJ-12"
http://www.geocities.com/Area51/Shadowlands/6583/maji007.html.
[23] Correspondencia en Correo electrónico privado con Tte. Coronel Stevens, 15 de Septiembre de 2007
[24] Correo electrónico personal con el Tte. Coronel Stevens, 15 de Septiembre de 2007.
[25] Philip Corso, *The day After Roswell* (El Día Después de Roswell) (Pocket Books, 1997) 292
[26] Véase capítulo seis. Una versión más temprana editada como Michael Salla, "Using Space Weapons against Extraterrestrials Civilizations" *Nexus Magazine* Vol 13:2 (Febrero Marzo 2006)
[27] Bill Cooper *Behold a Pale Horse* (Contempla un Caballo Pálido), 203-204
[28] Ver Michael Salla, "Further Investigations of Charles Hall and Tall Whites at Nellis Air Force Base: The David Cootes Interviews," http://exopolitics.org/Exo-Comment-36.htm
[29] "Charles Hall y los Blancos Altos (Tall Whites). Otra percepción del fenómeno extraterrestre y el Área 51," http://karmapolis.be/pipelineinterview_hall_uk.htm.
[30] Michael Salla 'Tall White Extraterrestrials, Technology Transfer and Resource Extraction from Earth. An analysis of Correspondance with Charles Hall," (Extraterrestres Altos Blancos. Transferencia de Tecnología y Extracción de Recursos de la Tierra. Un análisis de la Correspondencia con Charles Hall," http://www.exopolitics.org/Exo-Comment -25.htm
[31] Críticos como Stanton Friedman, ven a Wolf como un fraude
http://www.ufomind.com/misc/1997/jul/d30-004.shtml.
[32] Los seguidores más importantes de Wolf incluyen los investigadores Paola Harris, M. Ed. Richard Boyland Ph. D., y el capitán de avión James Courant. Para la respuesta de Boylan a las críticas de Stanton Friedman a Wolf ir a
http://www.ufomind.com/misc/1998/jan/wolfdoc2.html
[33] "Oficial Dentro del Grupo de Gestión de secretos de ONVI del MJ-12 revela secretos internos" http://www.drboylan.com/wolfdoc2.html.
[34] Citado en Greg Bishop, *Project Beta* (Pocket Books, 2005) 236-37.
[35] Mis propias ideas sobre la credibilidad de Dan Burisch están disponibles en:
http://www.exopolitics.org/Exo-Comment-37.htm.
Un caso de apoyo a la autenticidad de Dan Burisch se encuentra en William Hamilton, *Proyect Aquarius*
[36] Fuera desde bajo Majestic: Dan Burisch sin censura: Entrevista en vídeo con Dan Burisch- Parte I
[37] Dan Burisch: Stargate Secrets-parte 2 Texto de la Entrevista (inglés)
http://projectcamelot.org/dan_burisch-
stargate secretes_interview_transcript_2.html.
[38] Su historia y conferencias están disponibles públicamente en:
http://www.apfn.org/apfn/phil.htm

[39] Presentación en la Conferencia Mutual OVNI Network, Mayo 1995, disponible online en http://users.rcn.com/zap.dnai/schneider.htm.

[40] Para una copia de la historia, vaya a http://exopolitics.org/IndianSprings-Project.htm.

[41] El Instituto Americano para la Investigación Económica proporciona un programa conversión online en: http://www.aier.org/cocalc.htm.

[42] Para mayor discusión ver Michael Salla, "Further Investigations of Charles Hall and Tall Whites at Nellis Air Force Base: The David Cootes Interviews," http://exopolitics.org/Exo-Comment-36.htm.

[43] "Testimonio de Clifford Stone" en *Disclosure*,ed. Stephen Greer, 332.

[44] Un resumen de su trayectoria está disponible en "Testimonio del Capitan Bill Uhouse" en Disclosure, ed. Stephen Greer, 384.

[45] "Testimonio del Capitán Bill Uhouse" en Disclosure, ed. Stephen Greer, 386-87

[46] Robert Collins con Richard Doy y Timothy Cooper. *Exempt from Disclosure* (Exento de la Revelación), 2ª Edición (Peregrine Communications, 2006) 73.

[47] Ver Bill Cooper, *Behold a Pale Horse* (Observe un Caballo Pálido), 204.

[48] "Un joven Steven Spielberg se encuentra con el Presidente", disponible online en http://www.presidentialufo.com/reagan_spielberg.htm.

[49] Citado en Richard Boylan, "El Hombre que "Sacó" el Programa de Platillos US. Coronel Steve Wilson," http://www.drboylan.com/colbirb2.html.

[50] Ver Michael Salla, "Dr. Dan Burisch, Proyecto Lotus, y Revelación de la Presencia Extraterrestre" en http://exopolitics.org/Exo-Comment-12.htm.

[51] Fuera del bajo Majestic: Dan Burisch sin censura: Una entrevista en video con Dan Burisch-Parte 2 . Las Vegas Julio 2006. Disponible online en: http://projectcamelot.org/dan-burisch_interview_transcript_2.html.

[52] Hay información pública que McClelland empezó su entrenamiento como operador de una nave espacial, y realizó trabajos de SCO, pero no se ha encontrado información que confirme que completó su entrenamiento en SCO. Véase Michael Lindeman, "Ex trabajador de la NASA dice que la agencia Espacial sabe lo de los OVNI," http://www.theforbidenknowledge.com/hardtruth/nasa_knows-ufos_htm.

[53] Disponible online en http://www.stargate-chronicles.com/background.html.

[54] Clark McClelland, " ¡ Un ex Space Shuttle SCO admite que los ET son Reales. Y que este SCO los ha visto, él mismo y otros testigos!" UFODigest (Agosto 7, 2008). Disponible online en http://www.stargate-chronicles.com/release_mitchell.html.

[55] Para una más amplia discusión, ver Michael Salla, "Recreación Artística de ET visitando un Space Shuttle entregado por un ex operador de nave espacial" http://exopolitics.org/Exo-Comment-77.htm.

[56] Richard Boylan, "Oficial dentro del Grupo de Gestión de Secretos OVNI del MJ-12, revela Secretos Internos" http://drboylan,com/Wolfdoc2.html.

[57] Cita de Jim Marrs, *Alien Agenda* (Agenda alienígena) (Harper Paperbacks, 1997) 270-71.

[58] "Presentación de la Conferencia Mutual UFO Network, Mayo 1995" disponible online en:

http://users.rcn.com/zap.dnai/schneider.htm.

[59] Ha escrito un libro sobre sus experiencias titulado, *Above Black, Project Preserve Destiny* (Por encima de lo Negro, Proyecto Preservar el Destino) (One Team Publishing, 1988).

[60] Dan Sherman, *Above Black, Project Preserve Destiny*. 134 136.

[61] Cooper. "Origen, Identidad y Propósito del MJ-12" http://www.geocities.com/Area51/Shadowlands/6583/maji007.html.

[62] Maynard fue un testigo del Proyecto Revelación. Ver "Testimonio del Sr. John Maynard (ret.) Agencia de Inteligencia de la Defensa: Octubre de 2000," *Disclosure*, ed. Steven Greer, 422.

[63] "Testimonio del Sr. John Maynard (ret.) Agencia de Inteligencia de la Defensa: Octubre de 2000," *Disclosure*, ed. Steven Greer, 422-23.

[64] Robert Collins, y otros, *Exempt from Disclosure* (Exento de Revelación), 75.

[65] Millennium Hospitality III: The Road Home (La Hospitalidad del Milenio III: Camino a Casa). 196 de Charles Hall.

[66] El rol de Swann en el Proyecto Stargate es descrito por Russell Tag y Harold Putthoff en *Mind Research: Scientists Look at Psychic Ability* (Investigación de la Mente: Los Científicos miran las Habilidades Psíquicas). (Dell Publishing Co. Inc.) La información está disponible online es; http://en.wikipedia.org/wiki/Ingo_Swann.

[67] Ingo Swann. *Penetration* (Ingo Swann Books, 1998) 73-75.

[68] Para una discusión más amplia, ver Michael Salla *ET Among Us* *(*"Extraterrestres entre nosotros") *Exopolitics Journal*, 1:4 (2006): 284-300. Disponible online en: http://exopolitics.com/vol-1/1-4-Salla.htm .

[69] Para información biográfica ver: http://en.wikipedia.org/wiki/Catherine_Austin_Fitts.

[70] Catharine Austin Fitts, "What's up with the Black Budget" (¿Qué pasa con el Presupuesto Negro?) *Scoop Magazine,* disponible online en: http://www.scoop.co.nz/stories/HL02209/S00126.htm .

[71] En comunicaciones privadas de email con John Pedersen, Joe Firmage y un tercer miembro del Consejo durante Marzo de 2008, nadie confirmó la versión de Ms. Fitts de los hechos, o que estuviera presente en las reuniones cuando se discutió lo de la vida ET, En varios grados, ellos sugirieron que no había corroboración para su historia. Se sugirió que ella no era de fiar y había inventado la historia.

[72] Mail privado recibido el Jueves, 27 de Marzo de 2008.

[73] Véase Declaración del Día de Libertad Galáctica, www.galacticfreedomday.com.

# Capítulo Dos

## Abusos de Derechos Humanos en las Bases Gobierno-Extraterrestres

**Introducción**[74]

He revisado hasta ahora los testimonios de testigos que han afirmado haber visto extraterrestres en instalaciones secretas. Junto con la evidencia de acuerdos secretos entre elementos del gobierno USA y extraterrestres, esto suscita la posibilidad de que un buen número de bases conjuntas donde extraterrestres y personal del gobierno/militar colaboran en proyectos tecnológicamente avanzados. Investigadores tales como el Dr. Richard Saunders han llevado a cabo una extensa investigación que da cuerpo a la existencia de profundas bases subterráneas en los USA que son altamente secretas y estimaba un número de 120.[75] Algunas de ellas estaban incluso ubicadas debajo del océano y su red de bases subterráneas y subacuática parecen estar conectadas por un rápido subterráneo red de raíles MagLev.[76] En el primer capítulo, vale la pena recordar que Clifford Stone aseguraba que fue llevado de una instalación subterránea en el Pentágono por monorraíl a otra instalación militar donde encontró a extraterrestres Grises. Junto con la investigación pionera de Saunders, esto levanta la posibilidad que algunas de estas bases secretas subterráneas eran bases conjuntas gobierno - extraterrestres.

Además, he examinado en el capítulo primero las afirmaciones de Charles Hall que vio oficiales de rango de las USAF y personal con Blancos Altos extraterrestres en una base escondida en una montaña en el área de Indian Springs de la base de las Fuerzas Armadas de Nellis. La afirmación de Hall de una base secreta subterránea en una montaña en Indian Springs estaba apoyada por la historia de 1951 por Las Vegas Reniew Journal respecto al programa secreto de Viviendas en los años 1950. [77] Hasta la fecha no existía ninguna base por encima de tierra en Indian Springs que explicara cómo fue utilizado el gasto de 300 millones de US$ (2.800 millones de 2008). Esto sugiere que una instalación muy grande era construida en secreto y podía quizás alojar extraterrestres como afirma Hall. Este capítulo examina pruebas de una base conjunta gobierno USA y extraterrestres en donde algunos de los proyectos involucran violaciones de los derechos humanos. Esto puede haber llevado a un tiroteo no revelado entre extraterrestres y personal humano de seguridad. Empiezo por el testimonio de Paul Bennewitz relativo a la existencia de una base extraterrestre en Dulce, New México.

Paul Bennewitz era un especialista en electrónica que en 1979 empezó a filmar, fotografiar e interceptar electrónicamente lo que parecía ser una actividad OVNI extensa y las comunicaciones cerca de la cordillera de Manzano cerca de Alburquerque, New México. Siguió la actividad OVNI a las cercanías de Archuletta Mesa en el terreno de la Reserva Apache de Jicarilla cerca de la ciudad de Dulce. Bennewitz había antes investigado mutilaciones del ganado en la región y civiles que aseguraban haber sido abducidos por extraterrestres. Basado en su film, pruebas fotográficas y electrónicas, y su investigación de campo, Bennewitz llegó a la conclusión de que existía una base subterránea cerca de Dulce. Creía que la base jugaba un papel importante en las mutilaciones del ganado y las abducciones de civiles.

En 1980, Bennewitz presentó sus pruebas a la base de la Fuerzas Aéreas de Kirkland para alertar a los oficiales de la posibilidad que los extraterrestres fueran una amenaza a la cercana Área de Almacenamiento de Armas Nucleares de Manzano. La oficina de las FF.AA. de inteligencia Especial (AFOSI) rápidamente se vio envuelta en la investigación de las pruebas de Bennewitz. Esto llevó a lo que fuentes creíbles concluyeron que era una campaña de desinformación para desacreditar a Bennewitz. La subsiguiente prueba electrónica de Bennewitz y su trabajo de campo alegando que los abusos extensivos contra derechos humanos estaban ocurriendo en la base subterránea de Dulce se convirtió en asociada a la campaña de desinformación de AFOSI. La mayoría de los investigadores de los OVNI llegaron a la conclusión, después que Bennewitz hubiera sufrido un ataque de nervios en 1987 y que la campaña de desinformación de AFOSI tuviera conocimiento público, que Bennewitz había sido demasiado influenciado por la desinformación para ser tomado seriamente.

El soporte más fuerte a las afirmaciones de Bennewitz llegaron de un grupo de personas que aseguraban ser whistleblowers que en su capacidad de ex empleados de empresas realizando una variedad de contratos trabajaron en y aprendieron de la base de Dulce, y revelaron posteriormente aspectos de lo que había ocurrido allí. Una característica recurrente de las afirmaciones de estos whistleblowers es testimonio del violento conflicto ocurrido en 1979 entre personal militar US y extraterrestres en la base que llevó a un número significativo de muertes de militares. Esto parecía confirmar las afirmaciones de Bennewitz de tal conflicto, y levanta la posibilidad de que la causa del conflicto estaba relacionada con sus alegaciones de abusos de derechos humanos. Además, la prueba de Bennewitz proporciona un ejemplo de cómo el dinero ilegalmente desviado de la economía de los USA a programas de "presupuesto negro" estimados en 1.700 billones de US$ anuales, estaban relacionados con la presencia extraterrestre.[78]

¿Fue Bennewitz sólo un investigador de OVNI celoso en exceso que se topó accidentalmente con proyectos de investigación y desarrollo de alto secreto de las Fuerzas Armadas? ¿O era un genio de la electrónica que por su cuenta y riesgo descubrió la existencia de una base conjunta del gobierno USA y extraterrestres donde se llevaron a cabo grandes abusos de los derechos humanos en civiles abducidos? El seguimiento en pos de respuestas claras ha dado lugar a numerosos libros, artículos y dominios de Internet.[79] La calidad de las respuestas ha variado en gran medida ya que todos los que han escrito de Dulce mezclan fuentes primarias y secundarias que se entrecruzan las referencias unas con las otras sin confirmar la validez y los orígenes. Esto ha llevado a mucha confusión e incertidumbre para aquellos que buscan repuestas claras a lo que ocurrió bajo el suelo de Dulce. Un libro de Greg Bishop en 2005 analizando el material en el que se basaba Bennewitz, en entrevistas de individuos clave que trabajaron con Bennewitz o le conocían.[80] Mientras el libro de Bishop hace un buen trabajo de organización y análisis del extenso material de Bennewitz , adopta el enfoque desafortunado que Bennewitz había sido mal informado por un programa de falsedades sancionado oficialmente.[81] El libro de Bishop ignora el análisis objetivo de whistleblowers y testigos que daban soporte a las afirmaciones de Bennewitz relativas a una base extraterrestre en Dulce. Bishop concluye que estas fuentes eran parte de un elaborado programa de desinformación dirigido a distraer a

Bennewitz de las actividades altamente secretas en la base de Kirkland de las Fuerzas Aéreas.

Es necesario un esfuerzo para analizar el material de fuente primaria disponible en Dulce para ayudar a responder cuestiones clave acera de la supuesta base. La más importante de estas cuestiones es si las violaciones de derechos humanos sucedieron allí como resultado de actividades extraterrestres y del gobierno USA . Este capítulo ayuda a responder preguntas suscitadas del material de fuente primaria sobre lo que ha ocurrido y puede que aún esté pasando en Dulce, y en cualquier otra parte del planeta en bases conjuntas gobierno – extraterrestres. Si Saunders está en lo cierto acerca del número de instalaciones secretas subterráneas, los acontecimientos en Dulce pueden ser la punta del iceberg de abusos sobre derechos humanos alrededor del planeta con la complicidad del gobierno y los extraterrestres.

**Paul Bennewitz y Prueba de una Base Extraterrestre en Dulce**

A mediados de los años 1970, una serie de mutilaciones del ganado empezaron a ocurrir en New México. Paul Bennewitz, un empresario local de Albuquerque y especialista en electrónica, estuvo muy interesado en el fenómeno.[82] En 1979, realizó trabajos de campo acompañado por Gabe Galdez, un conocido soldado de caballería de Estado de New México, para investigar algunas de aquellas mutilaciones. Llegaron a la conclusión de que las mutilaciones no eran causadas por algo "natural" Bennewitz empezó pronto a darse cuenta de una cantidad inusual de actividades OVNI en el área del Norte de New México. Utilizando su equipo de filmación y cámaras fotográficas, empezó a acumular datos pruebas de la que parecía ser obra de OVNIs.[83] Empezó a interceptar transmisiones de radio que él creyó eran usadas por varios visitantes extraterrestres. Siguió estas transmisiones hasta una base ubicada bajo Archuletta Mesa, cerca de Dulce.

Bennewitz creyó que había identificado las frecuencias de radio y video usados para la comunicación entre naves pilotadas extraterrestres y controladores de tierra en la base subterránea de Dulce. Bennewitz creó entonces un sistema de comunicaciones que creía le permitiría comunicar electrónicamente con el que ahora estaba convencido de que eran naves tripuladas de extraterrestres. Además, Bennewitz empezó a seguir las frecuencias electrónicas extraterrestres utilizadas para controlar individuos que habían sido abducidos e implantados dispositivos electrónicos en miniatura. Bennewitz localizó algunos de estos individuos y les entrevistó para detectar lo que podían recordar de sus encuentros con extraterrestres.

Bennewitz eventualmente escribió un informe, Proyecto Beta, en el que resumió las pruebas de sus filmaciones, fotografías, intercepciones electrónicas comunicaciones y trabajo de campo:

> 1.- Dos años de vigilancia continua registrada electrónicamente de 24 horas/ día a naves alienígenas con más 6.000 pies de filmaciones de las mismas.
> 2.- Detección y desmontaje de comunicaciones de alienígenas y canales de vídeo.
> 3.- Constante recepción de videos desde naves alienígenas y visionado de pantalla de base subterránea; un alienígena típico, humanoide y a ves con apariencia de homo sapiens.
> 4.- Una historia de una víctima de encuentro en New México que llevó al enlace de comunicación y descubrimiento que aparentemente todas la víctimas de encuentros tenían implantes hechos deliberadamente junto con las obvias cicatrices a consecuencia de ellos. El catscan de la víctima. Otros cinco casos fueron verificados.
> 5.- Estableció comunicación directa constante con los alienígenas utilizando un ordenador y una forma comunicación de código hexadecimal fue aparentemente instigado.
> 6.- A través del bucle de comunicación alienígena, la verdadera ubicación de la base subterránea.[84]

De todas estas pruebas recogidas por él apuntaban la existencia de una base subterránea en Dulce utilizada por diferentes razas de extraterrestres. Las comunicaciones, imágenes de vídeo, y el testimonio de los abducidos que encontró, proporcionaron mayor información que Bennewitz usó para entender lo que estaba ocurriendo en la base y sus implicaciones en la seguridad nacional.

Bennewitz consiguió que una de las abducidas, Myrna Hansen, se colocara bajo la regresión hipnótica por el Dr. Leo Sprinkle de la Universidad de Wyoming.[85] Bajo hipnosis ella afirmó que fue abducida en 1980 junto con su hijo, y llevada al interior una base extraterrestre subterránea. Siguió describiendo a humanos colocados en sitios fríos, unas grandes tinas llenas con restos de ganado y miembros humanos.[86] Hansen también informó que le fue implantada alguna cosa de forma que los alienígenas podían monitorizar sus pensamientos" [87] Bennewitz estaba convencido del relato de Hansen cuando él fue capaz de identificar y seguir la señal electrónica emitida desde el implante colocado dentro de Hansen. Esto se convirtió en el tema de las cartas públicas que envió a otros investigadores de OVNIs.[88] Bennewitz era capaz de rastrear las señales de los implantes hasta Dulce que estaba convencido era la base subterránea a donde los extraterrestres habían llevado a Hansen.[89] El testimonio de Hansen parecía muy exagerado, pero combinado con las intercepciones electrónicas de Bennewitz, las grabaciones de video y las comunicaciones, empezó a parecer posible. Un investigador que utilizaba el nombre acrónimo de Branton, publicó un libro detallando los testimonios de Hansen y de otros abducidos en la base de Dulce.[90] Bennewitz llegó a convencerse que su prueba revelaba un patrón global de falsedad extraterrestre, responsabilidad de las mutilaciones de las reses, y violaciones masivas de los derechos humanos en civiles abducidos.[91]

Las intercepciones electrónicas de Bennewitz y las entrevistas le llevaron a aprender muy rápidamente mucho acerca de las actividades en la base subterránea de Dulce, la presencia extensiva de extraterrestres y del número más o menos exacto de los civiles abducidos y llevados a la fuerza a la base. Sus intercepciones electrónicas y las comunicaciones le proporcionaron información básica relativa al conflicto ocurrido en Dulce entre personal militar USA y los extraterrestres.[92] Bennewitz reportó posteriormente sus hallazgos a la AFOSI (Oficina de Inteligencia Especial de las Fuerzas Aéreas) en la cercana base de la USAF en Kirkland en Octubre de 1980. Él creía que los extraterrestres representaban una amenaza para la vecina Área de Almacenamiento de Armas Nucleares de Manzano. En un informa oficial firmado por el Comandante Thomas Cseh el 28 de Octubre de 1980 y más tarde hecho público bajo el Acta de Ligertad de Información, el Comandante Cseh escribió:

> El 26 de Octubre, SA (Agente Especial) Doty, con la ayuda de JERRY MILLER, GS-15, Jefe, Consejero Científico del

> Centro de Test y Evaluación de la Fuerza Aérea, KAFB (Kirkland Air Force Base), entrevistó al Dr. Bennewitz en su casa en Four Hills de Albuquerque, adyacente al límite norte de la Base de Manzano ..... Dr. Bennewitz ha llevado a término investigación independiente en los Fenómenos Aéreos en los últimos 15 meses. El Dr. Bennewitz ha tomado también muchas grabaciones electrónicas de cintas, que supuestamente mostraban altos periodos de electromagnetismo que eran emitidas en el área del Cañón de Manzano/Coyote. El Dr. Bennewitz tomó también muchas fotografías de objetos volantes sobrevolando el área de Albuquerque. Tiene muchas piezas de equipo de vigilancia electrónica apuntando a Manzano y está intentando registrar pulsos de choros eléctricos de alta frecuencia. El Dr. Bennewitz asegura que estos Objetos Aéreos producen estas pulsaciones.... Después de analizar los datos recopilados por el Dr. Bennewitz, Mr. MILLER relató que la evidencia muestra claramente que algún tipo de objetos aéreos no identificados eran tomados en el film; sin embargo, no se pueden tomar conclusiones si estos objetos representan o no una amenaza a las áreas del Cañón de Manzano / Coyote. [93]

Cuando AFOSI no tomó ninguna acción, Bennewitz contactó con el senador por New México Harrison Schmitt. Quien pidió conocer por qué las afirmaciones Bennewitz no eran investigadas. Frustrado por la ausencia de soporte oficial a sus descubrimientos, Bennewitz publicó un informe detallado titulado Proyecto Beta y continuó acumulando datos sobre las actividades extraterrestres en el área.[94]

Basándose en sus comunicaciones electrónicas interceptadas reveló en su Proyecto Beta lo siguiente sobre el tamaño de la base y la población de extraterrestres:

> El total del área de alienígenas aparentemente contiene muchas culturas, (todas ellas designadas 'unidad') y es de 3Kms. de ancho por 8 Kms. de largo y está situada a mitad de nada en la Reserva India de Jicarilla al este de Dulce, NM. Basándome en el número de naves presentes en esta área, el total de la población alienígena se estima en al menos 2.000 y probablemente muchos más.[95]

El trabajo de Bennewitz había atraído mucha atención y pronto llevó a una acción encubierta de AFOSI para desacreditarle. En 1989 en la conferencia Mutual UFO Network, un eminente especialista en OVNIs, William Moore, causó gran sensación cuando declaró públicamente que en 1982 había estado cooperando en aquel esfuerzo. Dijo que empezó pasando información a AFOSI acerca de las actividades de Bennewitz y jugó un papel en el suministro de desinformación a Bennewitz. Moore describió los acontecimientos como sigue:

> ... cuando empecé a cooperar en la operación de desinformación... sobre Bennewitz.... Me pareció..... que yo estaba en una posición bastante única. Allí estaba con mi pié.... en la puerta de un juego de contrainteligencia que daba toda la apariencia de estar dirigida de alguna forma a un proyecto OVNI de alto rango del gobierno y a juzgar por los puestos de la gente que conocí que estaban directamente involucradas, estaba definitivamente relacionado con la seguridad nacional! No había manera, Yo iba a permitir que se me dejara a un lado sin al menos aprender algo de lo que estaba pasando. Yo jugaría al juego de la desinformación, ensuciarme las manos justo lo suficiente para dirigir a aquellos que dirigían el proceso a creer que hacia exactamente lo que ellos querían que hiciese, y en seguida continuar excavando mi camino en la matriz de comprender lo más posible acerca de quienes me estaban dirigiendo porqué.[96]

La declaración pública de Moore confirmaba que Bennewitz había tenido éxito, al menos parcialmente, en controlar electrónicamente a las naves extraterrestres en el área, comunicarse con extraterrestres en la base de Dulce, y monitorizando el control extraterrestre sobre los abducidos en aquella área. Esto puede ayudar a explicar por qué AFOSI empezó lo que emergió como un esfuerzo encubierto para desacreditar a Bennewitz. La estrategia básica en la campaña emprendida por la AFOSI era sugerir que los aspectos más infames de las afirmaciones de Bennewitz – la base de Dulce siendo una base donde eran abducidos para experimentos genéticos- era más bien desinformación que informes exactos de la presencia extraterrestre en el Norte de New México. De hecho Moore argumenta que por la fecha que se encontró con él en 1982, el grueso de la información de Bennewitz ya era desinformación suministrada por la AFOSI.[97]

Muchos investigadores de OVNIs desesperaron de encontrar la verdad de lo que ocurrió en Dulce debido a la niebla y desinformación que se rumoreaba circulaban alrededor de Bennewitz y los que le apoyaban. La idea dominante era que Bennewitz estaba sobre algo pero que había sucumbido a las creencias que desacreditaban sus primeros y más persuasivos trabajos. Un investigador de OVNIs afirmó que la desinformación fue pasada a través de comunicación interceptada: "Donde la verdad empezó y acabó en la información recopilada por Bennewitz es debatible, pero una cosa es verdadera sin ningún género de duda – el contenido de los mensajes interceptados ciertamente causaron que Bennewitz se convirtiera en un hombre paranoico e indigente que eventualmente sufrió una crisis nerviosa en 1985"[99] La intensidad de sus investigaciones y la respuesta oficial dejó una huella imborrable en Bennewitz causándole su crisis nerviosa. Más tarde se retiró completamente de cualquier discusión pública de la base de Dulce y acabó su involucración con temas de OVNI. A pesar de su retirada controvertida de la escena OVNI, la credibilidad de Bennewitz como un absoluto genio de la electrónica está fuera de toda disputa, y la extensa base de datos de filmaciones, fotografías y datos de comunicaciones electrónicas originales del fenómeno OVNI/ET era una poderosa prueba de que algo estaba ocurriendo alrededor de Archuletta Mesa. El veterano investigador de OVNI William Hamilton investigó en profundidad las afirmaciones de Bennewitz y concluyó que "Bennewitz estaba en el buen camino en sus intentos de ubicar la instalación subterránea alienígena en las cercanías de Dulce."[100]

Aparte de la cruda prueba física acumulada por Bennewitz, una buena cantidad de whistleblowers han dado un paso al frente para dar testimonio adicional e incluso prueba física de una base conjunta subterránea gobierno-extraterrestres en Dulce. Alegan que ocurrieron violaciones de los derechos humanos sobre abducidos civiles. Antes de analizar el testimonio de los whistleblowers relativo a la base subterránea de Dulce, resumiré brevemente la posición legal de los whistleblowers cuando revelaron información clasificada en instalaciones de seguridad nacional. Esto ayudará a explicar la dificultad de confirmar los antecedentes profesionales de individuos que han dado la cara para confirmar las alegaciones de abusos masivos de los derechos humanos en las bases conjuntas gobierno-extraterrestres.

## Whistleblowers y seguridad Nacional

Los 'whistleblowers' han sido descritos como empleados con coraje quienes, a menudo, con el celo de un mártir, desvelan prácticas del gobierno/corporativas no éticas o criminales que implican un gran daño al interés público.[101] A menudo, laos resultados a corto plazo para los whistleblowers son la pérdida de su empleo, reputación, seguridad económica, e incluso la vida. Un whistleblower puede ser definido como cualquier empleado de cualquier rama del gobierno que revela públicamente prácticas no éticas o corruptas de una agencia del gobierno/corporación que viola la ley y/o produce un daño al interés público. Hay una serie de leyes estatales y federales que afectan aquellos que dan un paso adelante para revelar tales prácticas y arriesgar sus propias carreras, reputaciones y seguridad física.[102] El empleo en agencias del gobierno/corporaciones que están metidos en proyectos con implicaciones de seguridad nacional, garantizan a los whistleblowers leyes protectoras para empleados con cualificaciones importantes. Esto se evidencia en el Estatuto Básico Federal de Whistleblower concerniente a la Seguridad Nacional de los Whistleblowers (5 USC 2302)[103] La sección relevante de este estatuto [5 USC Sec.2302. (8) (A)] trata de la prohibición de acción tomada contra un empleado (whistleblower) debido a cualquier revelación de información que el empleado cree que es una prueba de "una violación de cualquier ley, regla o regulación" o "un abuso de autoridad" o un "peligro substancial y específico a la salud pública o a la seguridad." La sección relevante declara entonces la condición crítica calificadora:"si tal revelación no está específicamente prohibida por ley y si tal información no es específicamente requerida por orden del Ejecutivo de ser mantenida en secreto en interés de la defensa nacional o la conducción de asuntos exteriores."

Como es evidente en la declaración calificadora, a los whistleblowers no se les permite revelar información si tal revelación compromete la seguridad nacional. Esto significa que si uno es empleado en una agencia gubernamental y/o corporación que trabaja en un proyecto clasificado o secreto con implicaciones en la seguridad nacional, tales individuos no reciben protección bajo los estatutos de whistleblower al publicar información clasificada. Además, si los empleados del gobierno/corporación firman contratos que permiten penalizaciones severas al revelar información clasificada, estos individuos de hecho renuncian por escrito a sus derechos constitucionales. Ellos no tienen recurso legal para prevenir la imposición de las penalizaciones más draconianas. En consecuencia, si los empleados son testigo, por ejemplo, de abusos flagrantes de derechos humanos cometidos en la operación de proyectos clasificados como secretos, no tienen protección legal si optan por revelarlo al gran público.[104]

Aún más provocativo para cualquier whistleblower que es testigo de abusos en cualquier instalación relacionada con asuntos extraterrestres es que la existencia de tales instalaciones es muy secreta. Esto es confirmado por los testimonios de whistleblowers atestiguando en el primer capítulo quienes revelaron los extraordinarios niveles de secretismo que rodeaban las actividades relacionadas con extraterrestres. En el capítulo cuarto, les mostraré como el personal militar en proyectos relacionados con extraterrestres está gestionado de forma que se minimice las posibles filtraciones de información no teniendo en sus registros ninguna mención de entrenamiento o asignación relacionados con asuntos extraterrestres. En algunos casos, esto se puede incluso extender a sacar del registro público toda la documentación de cualquier empleado en instalaciones que se relacione con vida o tecnología extraterrestre. Así, los registros de empleo y selección de individuos trabajando en instalaciones subterráneas pueden ser modificados o sacados completamente como procedimiento estándar de seguridad para desanimar a los empleados a que se tornen whistleblowers. Mostraré como esto deviene un problema cuando se examinan whistleblowers que confirman aspectos del testimonio de Bennewitz.

## Confrontación militar en la Base Subterránea de Dulce.

A pesar del peligro de dar el paso al frente para revelar la existencia de una instalación militar secreta, un buen número de whistleblowers han testificado acerca de la existencia de la base de Dulce. Esto ayuda a confirmar que tal instalación secreta está realmente llevando a cabo una serie de proyectos enfocados en experimentos genéticos, y se hacen abusos a los derechos humanos en civiles abducidos, como Bennewitz afirmaba. Un buen número de whistleblowers se han referido a una confrontación militar en Dulce entre personal militar de los USA y extraterrestres. La confrontación probablemente emergió de un conflicto sobre las actividades que se estaban llevando a cabo en Dulce, algunas de las cuales incluían abusos de derechos humanos.

Phil Schneider afirma que él trabajó como ingeniero geológico en la construcción de la base de Dulce, y otras bases subterráneas en los USA y en todo el mundo. En una conferencia de 1995, Schneider dio los siguientes detalles de sus antecedentes y de un conflicto militar en Dulce:

> Para daros un resumen de lo que yo soy básicamente, fui a la escuela de ingeniería. La mitad de mi escuela estaba en este terreno, y yo me alcancé una reputación por ser ingeniero geológico, así como ingeniero de estructuras con aplicaciones militares y aeroespaciales. He colaborado en la construcción de dos bases principales en los Estados Unidos que tienen alguna significación por lo que respecta a lo que es llamado Orden del Nuevo Mundo [un mundo regido aparentemente por la ONU bajo la supervisión secreta de los 'Grises Altos' o los 'Blancos Altos' extraterrestres], La primera base es la de Dulce, New México. Estuve involucrado en 1979 en un tiroteo con alienígenas humanoides, y yo fui uno de los supervivientes. Yo soy probablemente el único superviviente que habla que oiréis. Otros dos sobrevivientes están bajo custodia. Yo soy el único que dejaron que conoce los ficheros detallados de la operación entera. Sesenta y seis agentes secretos de servicio, FBI, Boinas Verdes y demás murieron en el tiroteo, Yo estaba allí"[105]

Schneider describió la causa de la confrontación de 1979 como un poco más que un "accidente" que se suscitó de una perforación para una ampliación de la base de Dulce:

> Estaba implicado en la construcción de una ampliación de la profunda base subterránea militar de Dulce que es probablemente la más profunda. Baja siete niveles y unas dos millas y media ..... A medida que descendía nos íbamos encontrando en medio de una gran caverna que estaba llena de seres del espacio exterior (alienígenas), conocidos de otra forma como grandes Grises. Disparé a dos de ellos. Por aquel entonces había 30 personas allá abajo. Llegaron unos 40 más después de que empezó esto y todos ellos fueron muertos. Habíamos sorprendido a toda una base subterránea de alienígenas existentes. Más tarde descubrimos que ellos habían estado viviendo en nuestro planeta por un largo tiempo.... Esto podía explicar mucho de lo que hay detrás de la teoría de astronautas antiguos.[106]

Una diferencia importante entre los relatos de Dulce de Schneider y de Bennewitz es que Benewitz se refería a Dulce exclusivamente como una base extraterrestre que él estaba controlando electrónicamente. Por su parte, Schneider describía una instalación extraterrestre bajo una instalación del gobierno USA. Describió una instalación militar de 7 niveles que accidentalmente había estado construida encima de una antigua base extraterrestre. Schneider creía que su trabajo ara simplemente ampliar la base existente en lugar de atacar extraterrestres por un motivo no revelado. La probabilidad de que la instalación de Dulce fuera construida accidentalmente sobre una antigua base extraterrestre sugiere que Schneider estaba sólo informado parcialmente de la verdadera naturaleza de sus misión y de lo que estaba ocurriendo en los nivele más bajos. El escenario más probable era que Schneider tuviera que ayudar a las fuerzas militares a acceder a las capas más internas de la instalación de Dulce, el nivel 7, que había estado cerrada y donde residía la verdadera causa de la disputa entre extraterrestres y personal militar.

En algún momento de 1993 Schneider dejó de trabajar para sus varios clientes corporativos que tenían contratos con los militares. Se volvió un convencido de un complot por los extraterrestres "Grises Altos" para desarrollar un Nuevo Orden Mundial dominado por las Naciones Unidas que estaría controlada secretamente por ellos. Empezó después a dar conferencias públicas revelando las actividades de las bases subterráneas que él ayudó a construir. También reveló el papel de las razas de extraterrestres infiltrados en gobiernos nacionales y siendo los verdaderos responsables del Nuevo Orden Mundial. Schneider dio una charla de introducción en una conferencia MUFON en 1995, y fue encontrado muerto en su apartamento siete meses más tarde en Enero de 1996.[107] Las circunstancia que rodearon su muerte y el informe de su autopsia llevaron a muchos a declarar que Schneider había sido asesinado por revelar en público su conocimiento de los extraterrestres y la base secretas subterránea[108]

Como mencioné en el capítulo Uno, no se ha puesto a disposición ningún documento que confirme los antecedentes profesionales de Schneider. Si Schneider estaba diciendo la verdad acerca de su experiencia en Dulce la falta de documentación pública revela que estaba sujeto a un procedimiento de seguridad por el cual podría haber sido borrada como condición de su empleo. A pesar de esta falta de documentación pública, el testimonio de Schneider, su claro conocimiento de la ingeniería geológica, y su misteriosa muerte apoyan la tesis central de que existe una base subterránea en Dulce. Más importante aún, su testimonio sugiere que una confrontación entre extraterrestres y fuerzas de élite USA ocurrió en el nivel más bajo de esta instalación bajo tierra.

Testimonios que dan soporte a la tesis de la existencia de una base conjunta gobierno-extraterrestres y del conflicto militar allí en 1979 viene de Bob Lazar. Los antecedentes de Lazar fueron discutidos en el primer capítulo. Los repetiremos brevemente: trabajó por unos pocos meses en 1988 en la instalación S-4 de Nevada en la ingeniera inversa de un sistema de propulsión y potencia de una nave extraterrestre y para ello tuvo que leerse las 200 páginas del documento resumen como preparación para su trabajo.[109] Recordó que este resumen mencionaba una batalla entre extraterrestres y humanos en una base secreta en 1979. Dijo que el conflicto fue causado por un guardia de seguridad que intentó entrar un arma dentro del área extraterrestre, que dio como resultado heridas fatales para el personal de seguridad. El recuerdo de Lazar es muy similar al referido al tiroteo de 1979 en Dulce.

Tentativas para confirmar el empleo de Lazar y sus antecedentes en educación no han tenido éxito lo que ha llevado a ataques acalorados sobre su credibilidad.[110] Esto puede ser debido a la práctica que se asegura era estándar para los civiles que trabajan bajo contrato en empresas y/o agencias de inteligencia en proyectos secretos que involucran extraterrestres. Esta práctica es la anulación de todos los registros públicos como una precaución de seguridad en el caso de que intencionadamente o no revelen públicamente lo que estaba pasando en estos proyectos. Por ejemplo, Lazar, hallado después de que dejara la instalación S-4 (Dreamland) en Nevada en 1988, donde su trabajo era la ingeniería inversa en el sistema de potencia y propulsión de una nave extraterrestre recuperada, su partida de nacimiento no estaba ya disponible en el hospital donde nació. Su escuela, colegio y registros de empleo también desaparecieron – él simplemente había dejado de existir ![111] Gracias sólo al trabajo de investigación de Georges Knapp, una personalidad de la televisión, que algo de los antecedentes de Lazar fueran eventualmente verificados. Lo más significativo era su empleo en el Laboratorio Nacional de Los Álamos después de que funcionarios previamente negaran que hubiera trabajado allí.[112]

Otro 'whistleblower' que da credibilidad a la posibilidad de que ocurriera un tiroteo entre fuerzas militares y extraterrestres en la base bajo tierra de Dulce era el (Dr) Michael Wolf. En su libro *Tomadores del Cielo*, describe un tiroteo entre extraterrestres y una élite de fuerzas del gobierno que había ocurrido en 1975 en Groom Lake, instalación de Nevada que puede estar relacionada con lo que ocurriría más tarde en la cercana Dulce:

> Los Grises compartían ciertos avances tecnológicos con científicos militares/de inteligencia, aparentemente a menudo, mientras prisioneros "invitados" dentro de las seguras instalaciones militares en Nevada y New México. Los extraterrestres han dado al gobierno USA algunas de sus naves antigravitatorias y una enorme cantidad de combustible (elemento 115). El 11 de Mayo de 1975 durante una de aquellas sesiones de intercambio de tecnología, una demostración de un pequeño reactor de antimateria extraterrestre, el líder de los Grises pidió al Coronel al mando de las Fuerza Delta que custodiaban a los extraterrestres que sacaran los fusiles del recinto, (de forma que no hubiera descargas accidentales durante las emisiones de energía). Los guardias lo rechazaron y en la conmoción subsiguiente un guardián abrió fuego. Un alienígena, dos

> científicos y 41 militares resultaron muertos. Un guardián quedó vivo para atestiguar que los ET aparentemente usaron la energía mental dirigida en auto defensa para matar los atacantes de la Fuerza Delta. El Dr. Wolf afirma que "este incidente acabó con ciertos intercambios con (los Grises)."[113]

Hay importantes paralelismos entre "la guerra de Dulce" en la descripción de la confrontación por Wolf y la descrita por Schneider. En ambos casos fueron muertos un número significativo de personal militar USA después del violento enfrentamiento con los extraterrestres. Este paralelismo sugiere que Wolf estaba narrando o un conflicto enteramente nuevo o uno de una serie de ellos. Wolf reveló más tarde en una entrevista que tuvo en el Laboratorio de Dulce con lo que proporcionaba más confirmación para la existencia de esta secreta base subterránea, clave para la afirmación hecha por Bennewitz.[114]

Como mencioné en el primer capítulo, hay controversia sobre la credibilidad de Wolf como testigo. Wolf asegura haber sido un antiguo científico e impulsor de políticas sobre asuntos extraterrestres que sirvió desde 1979 en un grupo que coordinaba políticas para los asuntos extraterrestres.[115] Wolf aseguraba que estaba dirigido por sus superiores a participar en una filtración controlada de información a la comunidad de OVNI (los ufólogos) mientras proporcionaba una retirada de 'plausible refutación' para el gobierno.[116] Todos los registros públicos de los títulos universitarios e Wolf y servicios contractuales a las diferentes ramas militares/de inteligencia/de seguridad nacional del gobierno fueron supuestamente eliminadas. Esto hacia muy difícil sino imposible confirmar sus antecedentes y dar cuerpo a la asombrosa información que estaba dando. Él afirmó que su desaparición de los registros públicos ara una 'práctica estándar' para todos los civiles empleados en proyectos clandestinos que involucraban extraterrestres.[117]

Basándome en los casos de Schneider, Lazar y Wolf, yo llego a la conclusión que la práctica estándar existe para civiles contratados en corporaciones y/o militares para los que su empleo y los registros públicos son borrados como precaución de seguridad frente a la revelación pública de información clasificada. Sin embargo, los tres eran personajes públicos que fueron entrevistados por numerosos investigadores y salieron en registros públicos con sus testimonios. El siguiente supuesto testigo que yo examiné es el más controvertido de todos los whistleblowers que han salido en relación con la base conjunta gobierno-extraterrestres en Dulce y del conflicto militar en 1979.

En 1987, Thomas Castello, un supuesto whistleblower entregó 30 fotos, videos y un conjunto de papeles a los investigadores de OVNI. Aparentemente esta era la prueba física de la base conjunta en Dulce, New México. La colección fue llamada 'Papeles de Dulce' y proporcionó la prueba gráfica de las operaciones de esta instalación subterránea. Los Papeles de Dulce parecían dar un soporte potente a las conclusiones de Bennewitz respecto a las actividades de la base bajo tierra.[118] Los Papeles de Dulce describían experimentos genéticos, desarrollo de híbridos humano-extraterrestres, utilización del control de la mente mediante avanzados ordenadores, almacenamiento en frío de humanos en tinas llenas de líquido, e incluso humanos que eran alimento de razas extraterrestres. Los papeles eran la posible prueba de que los humanos eran utilizados poco más que animales de laboratorio. La responsabilidad por razas extraterrestres trabajando directamente con agencias gubernamentales y corporaciones USA cumpliendo contratos militares de 'presupuesto negro' en una base conjunta. Si los papeles eran genuinos, estaban siendo llevados a cabo experimentos y proyectos que incluían violaciones de los derechos humanos a una escala que incluso supera los más oscuros pasajes de la historia humana reciente.

Castello afirmaba haber estado trabajando como oficial de seguridad de alta graduación en la base antes de 'dejar' la instalación de Dulce después del conflicto militar ocurrido en 1979 entre militares de élite, guardias de seguridad y extraterrestres residentes. Castello afirmaba que dejó a sus empleadores de Dulce en 1979. Después de la posterior entrega de los Papeles de Dulce en 1987, Castello concedió una serie de entrevistas y mantuvo correspondencia con investigadores de OVNI antes de desvanecerse de la escena. Las afirmaciones de Castello están resumidas en dos fuentes. La primera, los propios Papeles de Dulce presumiblemente contenían material clasificado tomado de la base. Segundo las entrevistas/correspondencia que tuvo Castello con un buen número de investigadores de OVNI. Mucho del material de Castello ha circulado desde entonces por Internet y ha sido incorporado en un libro titulado Las Guerras de Dulce.[119] Su testimonio y prueba proporcionan por tanto soporte para las aseveraciones de Schneider, Lazar y Wolf sobre el conflicto militar en Dulce el 1979.

Esfuerzos por confirmar los antecedentes de los empleos de Castello y por tanto su credibilidad como whistleblower no han tenido éxito. Un puñado de investigadores de OVNI pudieron ponerse en contacto con él antes de su eventual 'desaparición' a finales de los años 1980 y tuvieron respuestas a una serie de cuestiones.[120] De acuerdo con William Hamilton y 'Branton', los investigadores de OVNIs se habían reunido personalmente a Castello y podían responder de su existencia y credibilidad.[121] Mientras que la lista de contactos y de entrevistas personales con Castello no es muy extensa, parece que él es real. Dada su increíble información que desveló y su escasa disponibilidad, esto abre la posibilidad de que estaba genuinamente atemorizado de salir en público o que su testimonio era parte de una campaña de desinformación para desacreditar la hipótesis de una base subterránea en Dulce.

Es la falta de certeza sobre los antecedentes de Castello que ha llevado a muchos investigadores de OVNI a no tomarse en serio sus afirmaciones que apoyan mucho de lo que Bennewitz había declarado en su día, en 1987. Bennewitz estaba por 1987 asociado en una campaña de desinformación liderada por la AFOSI (Inteligencia de las Fuerzas Aéreas) Vale la pena explorar con alguna profundidad lo que Castello declaró de haber tenido experiencias en la base subterránea de Dulce. Él proporciona al testimonio más extenso de lo ocurrido allí.

En los papeles de Dulce y en sus testimonios personales Castello asegura la existencia de una instalación subterránea de siete plantas que alberga tanto humanos como diferentes razas de extraterrestres en Dulce, New México. Castello asegura que los humanos allí empleados comprende científicos, personal de seguridad, y empleados de varias corporaciones quienes efectúan contratos militares.[122] Habían cuatro razas de extraterrestres que aseguraba estaban trabajando en Dulce: los estándar Grises 'bajos' de Zeta Reticulum (de aproximadamente 4 pies de altura); Grises altos de Rigel, Orion (7 pies); especies reptilianas nativas generalmente de la Tierra y reptilianos del sistema estelar Alpha Draconis (de unos 6 a 8 pies). Castello asegura que entre los reptilianos terrestres que él describe como la 'casta trabajadora' estaban especies de reptilianos alados que él describe como los Draco.[123] Dijo que los grises bajos (mostrados en películas como Encuentros Próximos de la Tercera Fase eran servidores de los reptilianos Draco. Castello dice que él estuvo empleado como 'Técnico Senior de Seguridad' en la instalación de Dulce y que su trabajo principal era arreglar cualquier asunto de seguridad entre razas de extraterrestres residentes y los empleados humanos de la base.[124]

Castello asegura que los diferentes proyectos en Dulce incluían ingeniería inversa de tecnología extraterrestre, desarrollo de métodos de control de la mente; y experimentos de genética incluyendo clonaciones y la creación de híbridos humano-extraterrestre. Proyectos similares han sido llevados a cabo en laboratorios en Montauk, Long Island, y Brookhaven y han sido el tema de un buen número de testimonios de whistleblowers.[126] De forma significativa Castello asegura, como Schneider, que Dulce fue construida sobre una serie de cavernas que fueron usadas por extraterrestres.[127]

Castello dice que él fue testigo directo de productos de los experimentos genéticos trans-especies en el nivel sexto de la instalación. Más perturbador fueron sus aseveraciones de que humanos abducidos fueron objeto de varios abusos. Dijo que una pequeña banda de trabajadores humanos empezaron a cooperar con algunos reptilianos de la clase trabajadora, quienes también eran objeto de los abusos perpetrados en Dulce, en un 'movimiento de resistencia'. Eventualmente, Castello describe como una élite de la fuerza Delta intentó acabar el 'movimiento de resistencia' en 1979:

> Por último, acabó cuando se inició en el túnel de salida un asalto militar y ejecutaron a todos los de su lista, humanos o reptilianos. Repelimos su acción pero ninguno de la clase trabajadora tenía armas, ni tampoco los humanos trabajando en el laboratorio. Sólo la fuerza de seguridad y unos pocos trabajando en el ordenador tenían pistolas de flashes. Fue una masacre. Cada uno gritaba y corría a cubrirse. Las sales y túneles estaban llenas a tope. Creíamos que era la fuerza Delta [debido a los uniformes y el método que usaban] que

> escogían para golpear en los cambios de turno, un esfuerzo que mató a tantos como los que estaban en su lista.[128]

Castello asegura que dejó la instalación, tomando fotos y grabando un vídeo distribuido eventualmente al público general como los Papeles de Dulce. William Hamilton investigó en profundidad lo que aseguraba Castello y llegó a la siguiente conclusión:

> Puede ser difícil para algunos digerir o creer la historia de Thomas [Castello], De hecho, parece parte de una pesadilla real. Hay pruebas de que algo extraño ocurrió en Dulce. ¿Tiene Thomas la respuesta? Puede haber una terrible verdad escondida detrás del continuo fenómeno de las apariciones de OVNIs, abducciones y mutilaciones de animales. Las agencias de inteligencia de nuestro gobierno han mantenido un continuo ojo escrutador en todas las actividades de los OVNI durante más de una década. Este extraordinario fenómeno debe tener una explicación extraordinaria. Podemos ser sólo avanzadilla de un vasto imperio interestelar.[129]

Las afirmaciones de Castello y la prueba que aportó apoyan en buena medida lo que Bennewitz había llegado a la conclusión desde su extensiva monitorización electrónica y su investigación de campo. Hay también importantes paralelismos con lo que últimamente aseguraron Schneider, Lazar y Wolf.

## Abducidos Llevados a Dulce y Sujetos a Abusos de Derechos Humanos

Myrna Hansen no era la única persona que aseguraba haber sido abducida por extraterrestres y llevada a Dulce dónde fue objeto a experimentos médicos, y vio varias formas de abusos sobre humanos cautivos. Christa Tilton también asegura ser una abducida de los extraterrestres. De acuerdo con Tilton, después de que los extraterrestres la abdujeran a una de sus naves, la llevaron a Dulce dónde vio a personal militar USA en la instalación subterránea. Un extraterrestre Gris la guió abajo a través de varios niveles de la instalación hasta que fue llevada a una habitación donde estaba un doctor humano y otro Gris extraterrestre llevaban a cabo algún tipo de procedimiento médico:

> Mi guía rió y me dijo que debía esperarme fuera y que sólo sería por pocos minutos. Empecé a llorar... El alienígena Gris me miró y se giró para continuar lo que estaba haciendo. El doctor pidió más asistencia y fue entonces que otro alienígena Gris entró. La siguiente cosa que supe es que estaba muy aturdida. Supe que estaba siendo examinada internamente y cuando levanté la cabeza vi aquel horrible alienígena gris observándome con sus grandes ojos negros. Sentí un dolor que me apuñalaba. Grité y entonces el doctor humano se puso junto a mí y frotó algo sobre mi estómago. Era frío. El dolor rápidamente calmó. No podía creer lo que estaba pasándome. Les pedí irme, pero ellos siguieron trabajando muy deprisa. Después que hubieran acabado, Me pidieron que fuera a una pequeña habitación y me cambiara de nuevo a mi ropa. Noté sangre como si tuviera mi periodo. Pero yo continué vistiéndome y cuando salí vi a mi guía hablando con el doctor en un rincón de la habitación. Yo permanecí allí... indefensa. Me sentí más sola entonces como nunca antes en mi vida. Me sentía como un cerdo de guinea. Después de que hube dejado el laboratorio estaba en silencio. Estaba enojada con ellos por permitir que me ocurriera a mí 'de nuevo'. Pero él dijo que era necesario. Me dijo que lo olvidara.[130]

Tilton también describe la visión de humanos tal como los describía Castello en el video y en los Papeles de Dulce:
Vi lo que me pareció gente de todos los tipos de pié contra la pared dentro de cajas claras como cámaras. Me acerqué y parecían 'como si' fueran figuras de cera. No podía entender lo que veía. Vi también animales en cajas. Estaban vivos..."[131]

Los supuestos experimentos genéticos sobre humanos abducidos o aquellos mantenidos en cautividad recibió una confirmación independiente por (Dr.) Daniel Burisch. Burisch asegura haber sido llevado a Dulce en secreto para realizar experimentos biológicos secretos utilizando materiales extraterrestres. Burisch declinó trabajar en el proyecto pero reveló que oyó los gritos de humanos que estaban detenidos en la instalación, y amenazadas por las autoridades que le decían que lo iban a convertir en un sujeto de test si no participaba en el proyecto. Burisch concedió una extensa entrevista sobre su viaje y experiencia en Dulce:

> ... fue casi una sorpresa para mí que ellos podían posiblemente estar considerando el uso de un retro virus alienígeno recombinado con un genoma viral terrestre por un posible uso en actividades de guerra bioquímica – o al menos ser utilizado en actividades que podían llevar a la guerra bacteriológica como aplicada al modo terrestre. Pero esto era inconsistente… con mis límites éticos. Habría saltado mis límites éticos que he colocado sobre mí como científico… Por lo tanto, mi respuesta fue no. Y yo creía que así era, no más participación… Ellos estuvieron de acuerdo en alojarme en la instalación donde fui con mi pequeña enseña naranja a una unidad residencial más debajo de la línea de tranvía a un nivel más bajo que aquel. No cambiaron mi enseña naranja cuando fi a un nivel más abajo. Mi experiencia en el tiempo que yo creo que estuve en la unidad residencial fue horrible. ¿Sabes, cuando oyes gritar de dolor a seres humanos? [132]

El testimonio de Burisch y las credenciales han sido corroborados parcialmente por William Hamilton en su libro de 2006. En Proyecto Acuario Hamilton proporciona pruebas documentales y testimonio de testigos que apoyan las afirmaciones de Burisch.[133]

Los testimonios de Hansen, Tilton y Burisch apoyan la existencia de instalaciones secretas en Dulce y de los proyectos biológicos encubiertos que probablemente tenían aplicación militar. Uno o más de estos proyectos secretos se convirtieron en un área de disputa entre razas de extraterrestres y organizaciones clandestinas gubernamentales. Esta disputa llevó a hostilidades que se conocieron como ‘Guerra de Dulce’. La causa exacta de esta violenta confrontación no está clara debido a las distintas explicaciones de testigos examinados hasta ahora. Puede haber sido un simple error como asegura Schneider, abusos de derechos como Castello y varios abducidos declaran. Lo que sale de estos testimonios varios es que ocurrió una violenta confrontación militar y produjo un significativo número de muertes incluyendo personal militar USA, guardias de seguridad de Dulce y extraterrestres.

Basado en testimonios y pruebas presentadas hasta ahora, se puede concluir que hay tres posibilidades como explicaciones más probables de lo que ocurrió en Dulce.

1. Una instalación secreta conjunta extraterrestre –gobierno existe en Dulce que está (o estaba) llevando a cabo proyectos biológicos de alto secreto que requerían la abducción de sujetos humanos cuyos derechos fueron severamente violados.
2. La base de Dulce existe (o existía) pero los informes de abusos horribles sobre humanos abducidos por extraterrestres fueron parte de una campaña de desinformación diseñada para desacreditar a Paul Bennewitz y cualquier legítima investigación de actividades extraterrestres y proyectos gubernamentales en Dulce.
3. Todas las historias acerca de Dulce son desinformaciones diseñadas para evitar deliberadamente investigaciones serias de proyectos clasificados en alguna otra parte de New México los cuales fueron descubiertos por Bennewitz mediante sus interceptaciones electrónicas.[134]

La primera posibilidad es sostenida por la prueba testimonial presentada hasta ahora que corrobora la principal aseveración de Bennewitz de una base extraterrestre en Dulce. Bennewitz nunca se dio cuenta que, de hecho, Dulce era una base conjunta gobierno extraterrestres y creyó simplemente que el gobierno estaba de acuerdo en permitir extraterrestres no confiables a operar allí.[135] La naturaleza conjunta de la base subterránea de Dulce es revelada por los testimonios adicionales de Schneider, Lazar, Wolf, y la abducida Christa Tilton. Es por tanto muy probable que el objetivo real de la campaña de desinformación de AFOSI era impedir que Bennewitz se diera cuenta de que Dulce era una base conjunta gobierno – extraterrestres realizando investigación biológica avanzada.

La segunda posibilidad ha de ser considerada. Excepto para los dos testimonios de los abducidos ninguno de los whistleblowers se refieren a los tipos de flagrantes abusos de extraterrestres presentadas por Castello y su evidencia. Es posible que Castello embelleciera una revelación genuina de una base conjunta gobierno extraterrestre que Bennewitz había empezado a acumular involuntariamente pruebas, con desinformación concerniente a las horribles actividades llevadas a cabo por los extraterrestres. Castello puede haber sido parte de la campaña de desinformación empezada por AFOSI (como Moore reveló en 1989) que hizo pensar a Bennewitz que Dulce era exclusivamente una base extraterrestre que formaba parte de una red mundial de bases que abusaban de los abducidos humanos, manipulando a los militares USA, y buscando quedarse con el planeta.[136]

El escenario anterior es consistente con la manera que trabaja la desinformación, exagerando un proceso factual (por ejemplo abusos de los derechos humanos en bases conjuntas gobierno extraterrestres) por la distorsión selectiva de partes de ella (por ejemplo extraterrestres implicados en abusos a los derechos humanos).[137] Así, la verdad que los extraterrestres estaban involucrados en experimentos genéticos del gobierno que incluían abducidos era transformada en la idea de que Dulce era exclusivamente una base extraterrestre donde los humanos abducidos estaban almacenados como comida y un asalto planetario estaba en ciernes. Esto último desacreditaría a aquellos que intentaran conducir una investigación objetiva de lo que realmente pasaba en Dulce y en cualquier otra parte. Los testimonios de Hansen y Tilton sin embargo, dan lugar a precaución al aceptar la segunda posibilidad. Sus afirmaciones apoyan el testimonio de Castello sugiriendo que puede ser más que simple desinformación.

La tercera posibilidad, que las afirmaciones de Bennewitz estuvieran comprometidas por la desinformación que intentaba desviar su atención y la de otros investigadores de OVNI de los proyectos militares en otras partes de New México. Esta posibilidad es la menos plausible hasta ahora dados los testimonios adicionales. Sin embargo, para determinar mejor la plausibilidad de cada una de las posibilidades, yo considero ahora las principales críticas hechas a Bennewitz y otras declaraciones alrededor de la hipótesis de la base subterránea.

## Crítica a la Hipótesis de la Base Subterránea en Dulce

Desde que Bennewitz empezó a hacer circular sus aseveraciones relativas a la base de Dulce a principios de los años

1980 y después pruebas físicas y testimonios personales proporcionados por Schneider, Castello y otros, ha habido una predecible crítica a la evidencia que soporta la hipótesis de la base de Dulce. Estas críticas caen en tres categorías. Primero están las críticas de las pruebas físicas tales como la interceptaciones electrónicas de Bennewitz, transcripciones de las comunicaciones, fotos, registros de video, y los 'Papeles de Dulce' proporcionados por Castello; y la falta de las pruebas físicas de una base subterránea, en forma de entradas, respiraderos de aire, etc. Segundo, están las críticas que se centran en la credibilidad de Bennewitz, Schneider y Castello como recursos fiables para la hipótesis de la base de Dulce. Finalmente, hay las criticas que el conjunto de la hipótesis de la base subterránea en Dulce es una inteligente estrategia de desinformación iniciada por los servicios de inteligencia especial de las Fuerzas Aéreas (AFOSI) para dividir a la comunidad OVNI. Examinaré cada una de estas críticas.

Por lo que respecta a las pruebas de Bennewitz, sus fotografías y films desde 1980 demostraban claramente algún fenómeno anómalo conocido incluso por la Inteligencia de las Fuerzas Aéreas. La dificultad estriba en la comprensión completa de lo que estos mostraban.[138] Sin embargo, muchos investigadores de OVNI creyeron que esto era una de las pruebas más potentes jamás recogidas en un film de OVNI[139] Las comunicaciones electrónicas de Bennewitz , aunque probaban que algo extraño estaba pasando, era objeto de mucha controversia y no era una prueba concluyente. Por lo que atañe a la prueba física encontrada en los Papeles de Dulce, la mayoría de investigadores simplemente no lo tomaron en serio, que asumía en parte la campaña de desinformación iniciada antes contra Bennewitz. La falta de pruebas concluyentes en forma de fotos, videos y observaciones físicas es reminiscencia de la historia completa de los esfuerzos de la comunidad OVNI para encontrar pruebas suficientes para persuadir a los profesionales más escépticos.[140] Esto indica que la validez de la prueba física que rodeaba los registros electrónicos de la actividad OVNI y comunicación extraterrestre, así como los papeles de Dulce, continuará siendo debatida. Una conclusión clara sobre el valor de la prueba física proporcionada en probar la existencia de Dulce es por tanto difícil de entender.

Investigadores privados han explorado el terreno donde se supone que la base subterránea está ubicada. La Archuletta Mesa está situada en las tierras de la Reserva India Apache de Jicarilla. Un investigador, Glen Campbell, encontró que no habían restricciones de seguridad visibles en el terreno, ninguna evidencia de presencia militar, ninguna entrada escondida, ventiladores de aire, entradas de agua del cercano rio Navaho, etc. Concluyó por tanto que no había prueba física de una base subterránea. Otro investigador de campo, Norio Harakaya visitó Dulce con un equipo de filmación japonesa en 1990 y concluyó:

> He estado en Dulce con un equipo de la Nippon Television Network y entrevisté a mucha, mucha gente allí y volví con la convicción firme de que algo estaba pasando allí hace de 10 a 15 años, incluyendo avistamientos nocturnos de extrañas luces y apariciones de jeeps y camiones militares.[143]

El recuerdo de Harakaya es verificada en un accidente que involucraba un soldado de caballería de New México, Gabe Valdez, que acompañó a Bennewitz y un equipo del noticiario de Albuquerque a Archuletta Mesa, Dulce. De acuerdo con entrevistas realizadas por Greg Bishop, Valdez se enfrentó a un grupo de élite de fuerza Delta que apareció de repente en el área de Dulce sin ninguna razón aparente:

> La Fuerza Delta se puso a unos centenares de pies y descargaron unos cuantos del personal vestido de negro mientras los camiones cisterna les abastecían de combustible. Aún sorprendido y dubitativo de aproximarse al amenazador grupo, Bennewitz y los muchachos del noticiario preguntaron a Valdez si sabía lo que estaba ocurriendo. Turbado pero firme. Valdez se aproximó a una de las puertas abierta del helicóptero más cercano. Uno de los oficiales gritó a Valdez que estaba fuera de su jurisdicción pero el resuelto Valdez saltó a bordo para tomar una vista en los parches identificadores en uno de los uniformes antes de que fuera amenazado con más que una advertencia verbal y regresó.[144]

Algunas de las críticas levantadas por Campbell pueden ser explicadas de varias maneras. Castello y Schneider por ejemplo, describen ambos una infraestructura extensa que usaba tecnología avanzada tal como un vínculo ferroviario de alta velocidad.[145] De acuerdo con William Hamilton que llevó a cabo una concienzuda investigación de Dulce y las afirmaciones de un sistema subterráneo: "parece haber una vasta red de conexiones de tubos bajo los USA que se extiende a un sistema global de túneles y sub-ciudades."[146]

La existencia de un sistema secreto de raíles subterráneos extendiéndose también a Dulce haría posible esconder entradas a la base de Dulce en áreas más seguras. La circulación de aire y agua podía ser provista de otras maneras por aquellos que poseían la tecnología avanzada para hacerlo. Esto sugiere que las críticas de una falta de evidencia física en el terreno de Jicarilla Apache que apoyara una base subterránea no es concluyente, e incluso conflictos con otros testimonios de misteriosos movimientos de tropas militares y avistamientos anómalos en el área.

La desinformación encubierta iniciada por AFOSI contra Bennewitz sugiere que la prueba física que él tenía de una base subterránea en el área y el soporte público que atrajo fue percibido como una amenaza para la seguridad nacional. Esta campaña encubierta de desinformación que empezó en 1980 sugiere que las críticas de la evidencia física proporcionada por Bennewitz, Castello y Schneider no son concluyentes y pueden ser ellas mismas parte de una campaña de desinformación que aún sigue. Por consiguiente, las críticas a la falta de evidencia de la existencia de una base subterránea en Dulce falla al dar por errónea la hipótesis de la base en Dulce.

El segundo lote de críticas se centra en la credibilidad de los whistleblowers/testigos que proporcionaron las pruebas o testimonios de la base de Dulce. Establecer la credibilidad en un campo repleto de desinformación, intimidación y esfuerzos oficiales en desacreditar a los testigos expertos y whistleblowers en las características de sus comportamientos y/o personalidad. Una 'crisis nerviosa' , 'rechazo en dar entrevistas', o utilizar 'identidades encubiertas' por ejemplo, puede ser más el resultado de la intimidación encubierta que un signo de falta de credibilidad individual. Centrándonos en los problemas mentales o de salud encontrados en los whistleblowers/testigos que abogan por la hipótesis de la base en Dulce puede suponer muy poco aparte de un velado ataque personal contra la credibilidad de los principales abogados de la hipótesis. Por ejemplo, un artículo que es crucial en la prueba de la base en Dulce, el escritor Roy Lawhon, pasa por alto los retos a los que se enfrentan los que buscan la credibilidad de los tres principales whistleblowers/testigos de la hipótesis: Bennewitz, Castello y Schneider. Laxhon acaba su descripción de las respectivas afirmaciones haciendo referencia a una serie de problemas personales o comportamientos de cada uno de ellos mostrados de forma que parecen poco más que un velado ataque a su credibilidad.[147] Se refiere a Bennewitz que fue "enviado por un tiempo a un hospital mental" y volviéndose así "solitario, rehuyendo hablar acerca de OVNI."[148] Como mencioné antes, Bennewitz fue objeto de una intensa campaña de desinformación, escrutinio público, ataques a su credibilidad, y actividades inusuales dirigidas contra él que finalmente le llevaron a la crisis nerviosa. Esto no afecta a la calidad de su material ni a su credibilidad, pero demuestra sólo que en intensas circunstancias, los individuos pueden sucumbir a las presiones psicológicas dirigidas contra ellos.

Lawhon repite que Schneider "tuvo un severo daño en el cerebro y que era también un paranoico esquizofrénico"[149] esta es probablemente la crítica más injusta hecha por Lawhon. Schneider dedicó casi dos años a una ronda de charlas (1993-95) en las que revelaba con franqueza sus actividades mientras era un empleado para compañías que construían la base de Dulce y otras bases subterráneas. Había amplias posibilidades para probar su integridad y resistencia mental y parece ser que no decepcionó a su numeroso grupo de seguidores.[150] Daba la impresión de ser un hombre que sabía que su vida estaba llegando a su fin o por causas naturales (tenía un cáncer terminal) o por ser asesinado. Su aparente 'suicidio' tenia las trazas de un asesinato y no fue seguido seriamente por las autoridades públicas.[151] El testimonio de Schneider y las pruebas físicas que él presentó en sus conferencias representa la revelación del más sólido whistleblower que se dispone de la existencia de la base de Dulce. Sus cicatrices y heridas pueden ser la prueba física de un tiroteo entre extraterrestres y las tropas de élite de los USA que ocurrió en Dulce en 1979.

Finalmente, moviéndonos a Castello, Lawhon concluye que Castello "tiene sólo historias, nada sólido, y que aún no ha dado la cara personalmente". Dice también que "hay algunas dudas de que realmente exista."[152] Aunque relativamente pocos investigadores pueden dar fe de que Castello existía, esto no excluye que era un whistleblower revelando información secreta. Si es así, él estaría sujeto a arresto o a otros esfuerzos oficiales para 'silenciarlo' si emergía públicamente. Esto puede explicar sus movimientos misteriosos y desaparición. Su testimonio y los Papeles de Dulce, por su parte, carecen de persuasión y puede contener adornos. Sin embargo, vale la pena señalar que muchos aspectos de su testimonio son consistentes con lo que los abducidos, Hansen y Tilton, declararon haber sido testigos. La aparición de Castello, si es parte de una estrategia de desinformación de la AFOSI, no sugiere sin embargo que algunas agencias de inteligencia estuvieran intentando desacreditar las declaraciones de Bennewitz por retocar algunos de sus elementos clave. En conclusión, las críticas sobre la credibilidad de los principales abogados de la hipótesis de la base de Dulce fracasan en la persuasión.

El tercer conjunto de críticas esta mejor expresado en el libro de Greg Bishop, *Proyecto Beta*. Bishop se centra en la confesión de William Moore de 1989 en la conferencia de MUFON de que él había sido enrolado en el esfuerzo de AFOSI para suministrar desinformación a Bennewitz con el fin de desacreditarle. Bishop explica con detalle sobre las consecuencias de la confesión de Moore que a Bennewitz le había sido suministrada una dieta constante de desinformación para llegar a "una historia de ciencia ficción" acerca de una base extraterrestre llevando a cabo experimentos sobre abducidos humanos:

> ... por el condicionamiento por repetición y a veces recordatorios no tan gentiles de la comunidad de inteligencia, la historia de ciencia ficción de Bennewitz llegó a ser aceptada en el tiempo, la mayoría por aficionados a los OVNI y aquellos que les gustan los rumores tenebrosos.... De esta mezcla de desinformación, tomó forma el Proyecto Beta.[153]

Bishop cree que el propósito de desinformación relativa a Dulce estaba diseñado para desviar la atención de Bennewitz de la Base de la USAF de Kirkland dónde Bennewitz había interceptado electrónicamente algunas comunicaciones altamente secretas:

> Cuando Bennewitz volvió a Albuquerque, contó a sus contactos en la USAF…. acerca de los viajes salidos de Dulce y su sospecha de que "una base alienígena" estaba probablemente situada allí. Esta era la mejor noticia que habían oído en meses, ya que significaba que la atención de Bennewitz había empezado a desviarse de Kirkland. Ellos empezaron a diseñar un plan audaz que le mantendría mirando permanentemente a este pequeño pueblo próximo a la frontera con Colorado, y lejos del frenesí de actividad en Kirkland… [154]

Aún estando furiosos de que un investigador de OVNI participara activamente en una campaña de desinformación contra otro investigador, muchos de ellos aceptaron rápidamente la historia de Moore. El aspecto más raro de las declaraciones de Bennewitz, abusos de derechos humanos que implicaban abducciones extraterrestres, almacenamiento frío de humanos y tinas subterráneas llenas con miembros de ganado y de humanos fueron tomadas como desinformación. Las afirmaciones de Bennewitz habían ganado apoyo amplio en la comunidad OVNI y conseguido el soporte de investigadores tales como William Hamilton, y el más controvertido John Lear.

Algunos investigadores de OVNI de buena reputación creían que las afirmaciones de Hamilton y Lear, que reflejaban las declaraciones de Bennewitz acerca de la Base de Dulce, causarían daño a legítimas investigaciones de OVNI.[155] Cuando se supo que John Lear había sido invitado a presentar la conferencia de MUFON (Mutual UFO Network) por ejemplo, destacados miembros de MUFON empezaron a dimitir como protesta.[156] Muchos investigadores de OVNIs no creían que aquellas interceptaciones electrónicas de Bennewitz, interpretaciones de datos, y entrevistas con abducidos, eran prueba suficiente de una base subterránea extraterrestre en Dulce. Las declaraciones de Bennewitz sobre extraterrestres cometiendo grandes abusos en la base eran ampliamente rechazadas como poco más que desinformaciones incluso para aquellos que creían en su integridad y la calidad de la prueba pura y dura que había compilado.[157]

La opinión que la desinformación jugó un papel importante en el desarrollo de las ideas de Bennewitz relativo a la base de Dulce y los abusos a los derechos humanos está fácilmente descartada. Él había ya compilado una extensa base de datos de información basada en sus dos años de vigilancia electrónica y entrevistas con Hansen, anterior al enfoque de AFOSI en Octubre de 1980. Por consiguiente, Bennewitz había empezado a desarrollar muchas de sus opiniones acerca de Dulce **antes** que AFOSI empezara a, supuestamente, proporcionarle desinformación. Además, sus opiniones estaban formadas **antes** de su posterior encuentro con Moore en 1982 que admitía haber pasado la desinformación de AFOSI. Es probable que la observación de Bennewitz de la actividad OVNI/ET en el área, la monitorización de radio y las transmisiones de video, y sus comunicaciones electrónicas, llevaron a incluir la 'Guerra de Dulce' le dieron una precisa imagen de lo que estaba ocurriendo en la base. La explicación más probable es que los servicios de inteligencia USA estaban en modo de control de daños después que Bennewitz interceptara las comunicaciones electrónicas entre las naves extraterrestres y la base de Dulce. La prueba aún más reveladora y testimonio proporcionado por Castello, y más tarde por Schneider, se entretejió con la desinformación que estaba activamente alimentada en el debate público alrededor de la hipótesis de la base de Dulce.

Las críticas que los más alarmantes aspectos de la hipótesis de la base de Dulce, abusos de los derechos humanos por extraterrestres, etc. eran simplemente desinformación de AFOSI, no tiene en cuenta como se usa la desinformación como herramienta estándar por la comunidad de inteligencia para crear confusión y prevenir descubrimientos de lo que está ocurriendo precisamente.[158] El libro de Bishop es posiblemente el mejor ejemplo de los esfuerzos en retratar a Bennewitz como la desafortunada víctima de un programa de falsedades de la inteligencia militar, desechando muchos de los testimonios de whistleblowers que apoyaban a Bennewitz.[159] Dada la naturaleza independiente del whistleblower , el testimonio de abducidos, y la credibilidad de muchos de los testigos, yo llego a la conclusión que existía una base conjunta gobierno extraterrestres, y que en 1979 un conflicto militar ocurrió allí.

Vuelvo ahora a las tres posibilidades que surgieron anteriormente relativas a la hipótesis de la base de Dulce:

1. Una instalación conjunta ultra secreta extraterrestres – gobierno existía en Dulce que está (o estaba) practicando proyectos biológicos altamente secretos que involucraban la abducción de sujetos humanos cuyos derechos son (fueron) severamente violados.
2. La base de Dulce existe (o existía) pero los informes de horrible abusos sobre humanos por extraterrestres fueron parte de una campaña de desinformación diseñada para desacreditar a Paul Bennewitz y cualquier investigación legítima sobre las actividades extraterrestres y los proyectos secretos del gobierno en Dulce.
3. Todas las historias acerca de Dulce son desinformación planeada para distraer deliberadamente investigaciones serias de proyectos secretos en otras partes de New México, los que Bennewitz había descubierto mediante sus intercepciones electrónicas.[160]

Basado en las pruebas presentadas hasta ahora, y en la falta de críticas concluyentes de ellas, la tercera posibilidad puede ser rechazada. Esto lleva a la conclusión que una base conjunta gobierno – extraterrestres existió en Dulce, y que ocurrió en ella un conflicto militar con extraterrestres sobre asuntos muy probablemente relacionados por violaciones de tratados por una o ambas partes. Informes de abusos de derechos humanos de civiles abducidos por varios proyectos secretos en la base, aunque no concluyentes, tienen suficiente soporte evidencial para merecer una investigación más profunda por autoridades gubernamentales responsables y organizaciones de derechos humanos. Tales abusos parece que han sido llevados a cabo como parte de programas genéticos patrocinados por autoridades del gobierno que fueron asistidas por extraterrestres residentes. Historia de extraterrestres usando humanos como fuente de alimento y formas similares de extremas violaciones de derechos humanos fueron probablemente parte del programa de desinformación planeada para desviar la atención del papel del gobierno de los abusos cometidos en Dulce.

**Conclusión: Implicaciones Políticas de Presuntos Abusos de Derechos Humanos en Dulce**

Los testimonios de whistleblowers examinados en este capítulo apuntan de modo persuasivo a la existencia de una base en Dulce como una anterior y/o actual instalación subterránea conjunta gobierno USA – extraterrestres que operaba/ opera sin la supervisión del Congreso y del Ejecutivo. Los testimonios sostienen más la opinión de la 'Guerra de Dulce' que implicó un conflicto armado entre las fuerzas militares USA, el Personal de Seguridad de la Base y residentes extraterrestres en 1979. Aunque la causa precisa del conflicto armado permanece poco claro, parece que uno de los bandos o ambos no mantuvieron los compromisos especificados en un tratado no revelado. Este 'tratado' posiblemente fue el resultado de las reuniones y acuerdos iniciados durante la administración Eisenhower, discutidos en el capítulo uno. Hay motivos para creer que graves violaciones de los derechos humanos fue la chispa que encendió el conflicto. La desinformación fue utilizada para distraer a los investigadores de la verdad de que Dulce era una instalación conjunta entre el gobierno y los extraterrestres dónde las autoridades del gobierno eran cómplices absolutos en las violaciones de los derechos humanos. Algunas de estas violaciones incluían detenciones indefinidas de humanos cautivos en celdas y dispositivos de almacenamiento avanzados (tinas) que pueden haber sido parte de proyectos secretos para largos viajes interestelares Abusos de los derechos humanos similares pueden aún estar ocurriendo en otras posibles bases gobierno – extraterrestres en los USA y en otros países alrededor del planeta como en Pine Gap, Australia. [161]

La consecuencia política inmediata de las 'Guerras de Dulce' fue probablemente que creó un retraso indefinido en la revelación pública de la presencia extraterrestre. La emisión de la película de Steven Spielberg *Encuentros en la Tercera Fase* en 1977 ha estado especulándose de ser parte de un 'programa de aclimatación' para preparar al público en general para la revelación de la presencia extraterrestre.[162]

La NASA envió una carta confidencial de 20 páginas que remarcaba lo que debía y no debía salir en la película antes de que fuese estrenada. Esto sugiere un grado inusual de interés oficial en la representación de los extraterrestres y del gobierno USA.[163] LA

'Guerra de Dulce' de 1979 en la que autoridades clandestinas a cargo de los asuntos extraterrestres (gobierno en la sombra) ordenó un ataque en niveles de la base conjunta ocupada por extraterrestres señalaría seguramente un cambio dramático en las actitudes hacia la presencia extraterrestre. También señaló un alto por tiempo indefinido de su revelación al público.

Hay prueba suficiente para justificar investigaciones más profundas en la precisión de las afirmaciones alrededor de los extensivos abusos a los derechos humanos en las bases conjuntas extraterrestres y gobierno que existen (existían) en Dulce y en otras partes del mundo. Los medios más efectivos de explorar los supuestos abusos a los derechos humanos en Dulce serían mediante destacadas organizaciones no gubernamentales tales como Amnistía Internacional o Human Rights Watch para iniciar una investigación en las declaraciones de tales abusos. Estas organizaciones tienen extensa experiencia en llevar a cabo investigaciones precisas y confidenciales en países históricamente culpables de grandes violaciones de derechos humanos; la represión de aquellos que dan la cara para revelar tales abusos. Una investigación por una NGO de los derechos humanos podría proporcionar una oportunidad a los whistleblowers para que diesen el paso al frente y/o pasar información relativa a supuestos abusos a los derechos humanos en Dulce. Esto podría proporcionar a los medios la preservación de la confidencialidad y prevenir los cargos criminales contra los whistleblowers por desvelar 'información secreta'. En caso de que cargos criminales fueran elevados contra aquellos whistleblowers por agencias federales USA, o desaparecieran, tales individuos podrían ser el foco de 'alertas de emergencia' de la que las organizaciones pro derechos humanos han sido pioneras durante años para asegurar la liberación de aquellos que revelaron abusos 'contra derechos humanos'

Otro medio de explorar supuestos abusos de los derechos humanos en Dulce sería iniciar una investigación de tales alegaciones apoyada por el Congreso. El alcance completo de las actividades en esta instalación subterránea podría ser examinada en términos de posibles abusos de derechos humanos que ocurrieron en instalaciones USA donde trabajaban extraterrestres. Inmunidad completa y protección por el Congreso deberían darse a todos los funcionarios gobierno/militares y empleados de corporaciones deseando dar el paso adelante para dar información de abusos de derechos humanos en base en los territorios de USA y alrededor del mundo. Debido al elevado interés público en tales supuestos abusos, la investigación del Congreso habría de ser abierta a la total cobertura en los medios. Si fueran o no genuinas consideraciones de seguridad nacional que merecieran la no revelación de tal información, debería ser expuesta ante la comisión de investigación del Congreso para una adecuada consideración de la acción adecuada.

El 'gobierno en la sombra' a cargo de la gestión de los asuntos extraterrestres ha sido un factor, o mitigador o casual, en los graves abusos de los derechos humanos ocurridos en bases secretas bajo el control y/o compartido con las razas extraterrestres. El papel del 'gobierno en la sombra' habría de ser investigado y los funcionarios hacerles responsable de los abusos sobre derechos humanos. Deben ser instituidas reformas apropiadas como los estados autocráticos han de haber reformado sus gobiernos como resultado del extendido abuso de los derechos humanos. Las ONG de derechos humanos tienen experiencia en conducir tales investigaciones de regímenes autocráticos. Tal acción proporciona unas formas altamente deseables de tratar supuestos abusos cometidos por grupos clandestinos incrustados en agencias de seguridad nacional y funcionando como 'gobierno en la sombra'.

Para manejar la extensión completa de los supuestos abusos de los derechos humanos perpetrados en bases conjuntas gobierno – extraterrestres por empleados de compañías /personal militar, ha de ser convocada una 'Comisión de la Verdad' Funcionarios del gobierno/militares y/o empleados de compañías que participaron directamente en experimentos y proyectos en los que se realizaron tales violaciones; y/o supresión de tal información a través de la intimidación de testigos y whistleblowers han de ser investigados. Esta Comisión de la Verdad puede ser modelada siguiendo el ejemplo de Sudáfrica en dónde fue concedida una amnistía global a los funcionarios públicos de la era del Apartheid a quienes habían participado en abusos de los derechos humanos. Las únicas condiciones fueron que revelaran por completo la naturaleza de sus actividades, y que estos abusos fueran por motivos políticos y no personales.[164] Amnistía para funcionarios o empleados que dieran un paso al frente para admitir su participación en proyectos que violaban los derechos básicos de ciudadanos de los USA y nacionales de otros países mantenidos a la fuerza en bases conjuntas gobierno extraterrestres es una forma importante de desvelar la extensión completa de los secretos de pasadas operaciones en tales bases.

Para iniciar la acción del Congreso y/o de las ONG de Derechos Humanos que trate de los supuestos abusos de derechos humanos cometidos en la base de Dulce, funcionarios o empleados corporativos antiguos/actuales que tienen conocimiento de primera mano de tales abusos perpetrados en Dulce y/o cualquier otra instalación conjunta gobierno extraterrestres son animados a gar el pase al frente. Están disponibles un puñado de servicios legales a los whistleblowers para proporcionar consejo legal para aquellos interesados en revelar sus actividades, sin violar obligaciones legales/contractuales.[165]

Las implicaciones políticas de los abusos de derechos humanos en la base de Dulce requieren atención inmediata a través de organizaciones creíbles de derechos humanos que investigan tales alegaciones. Las investigaciones patrocinadas por el Congreso son necesarias en muchos casos de asuntos clave que surgen de los supuestos abusos en Dulce. Estos incluyen:

a. Los USA participando en tratados con razas extraterrestres sin la ratificación por el Congreso.
b. Hostilidades militares entre agencias de seguridad y razas extraterrestres sin que el público general o el Congreso haya sido informado.
c. Responsabilidad por los abusos de derechos humanos cometidos en Dulce y otras bases en los USA y en otras partes; y
d. Financiación del 'presupuesto negro' de profundos programas obscuros tales como Dulce, que operan sin la supervisión del Congreso o la Oficina Ejecutiva.

¿Está el tipo de experiencia de Dulce limitada únicamente al gobierno USA y al territorio USA? Probablemente no, debido a la extensa red de bases militares en todo el mundo. Otros gobiernos nacionales pueden haber acordado cosas similares con razas extraterrestres por las cuales los derechos humanos de sus ciudadanos son comerciados para uso de tecnologías avanzadas. Más probablemente, países como Australia, Gran Bretaña y Canadá han permitido la construcción de instalaciones conjuntas con extraterrestres en sus territorios, como pone en evidencia la instalación de Pine Gap en Australia.

La amplitud completa de los eventos en Dulce puede ser una coyuntura crítica en la historia humana. Podía bien ser la primera vez en la historia registrada de la Humanidad que ha tenido que tratar de forma políticamente responsable con abusos de derechos humanos dónde los extraterrestres son cómplices. Lo que hace esta posibilidad particularmente inquietante es el papel jugado por personal del sector militar, de inteligencia y/o empresarial que han estado claramente implicados en tales abusos y/o no emprendieron las acciones apropiadas para prevenir tales abusos en las instalaciones conjuntas gobierno extraterrestres es una prioridad urgente. Se necesita urgentemente la contabilidad total de hechos y personal en todas las instalaciones subterráneas USA especialmente aquellas que albergan visitantes extraterrestres

**Tabla 2. Pruebas de una Base Conjunta Gobierno ET en Dulce**

| *Testigo* | *Eventos Afirmados haber sido Testigo y Pruebas que lo Apoyan* |
|---|---|
| Paul Bennewitz | Interceptaciones de y Pruebas fotográficas de una Base extraterrestre en Dulce. Proporcionó pruebas que la USAF implementó una operación psicológica para desacreditarle. Entrevistas múltiples con un abducido por extraterrestres que afirma haber sido objeto de abusos en una base subterránea en Dulce. |
| Phil Schneider | Implicado directamente en el tiroteo de Dulce (1979) con cicatrices presentadas como prueba de las heridas recibidas. Presentó varios materiales y documentos de apoyo a las afirmaciones de construcción de una base conjunta en Dulce y otros lugares. Murió en misteriosas circunstancias tras ignorar avisos de parar sus charlas públicas. |
| Bob Lazar | Leyó un documento informativo que revelaba un tiroteo en 1979 entre extraterrestres y personal de seguridad en una base secreta. |
| Michael Wolf | Ocurrió un tiroteo en 1975 en otra base subterránea en Nevada. Reveló que él también trabajó en Dulce. |
| Dan Burisch | Llevado a la base de Dulce para una entrevista de trabajo dónde oyó abusos a civiles detenidos. Transportado a & desde Dulce por una instalación subterránea de tren de alta velocidad. |
| Thomas Castello | Testimonio de empleo y defección desde la base subterránea de Dulce tras ser testigo de abusos de los derechos humanos. Proporcionó fotos y videos a investigadores que le entrevistaron. |
| William Moore | Aprobó oficialmente la campaña de desinformación de la AFOSI de desacreditar a Paul Bennewitz mientras controlaba las pruebas que éste recopilaba. |
| Myrna Hansen | Describió bajo hipnosis que fue llevada a la base subterránea de Dulce por extraterrestres donde fue testigo de abusos a seres humanos. |
| Christa Tilton | Informa que fue llevada a Dulce por extraterrestres donde ella fue testigo de personal militar USA, humanos almacenados en tinas y objeto de experimentos médicos. |
| Norio Harakaya | Visitó Dulce con un equipo de filmación japonés en 1990 y entrevistó a residentes de Dulce. Concluyó que ocurrieron avistamientos y actividades militares inusuales durante el periodo investigado por Bennewitz. |
| Gabe Valdez | Se enfrentó a Personal de la Fuerza Delta que intimidaba a un equipo de grabación que estaba investigando las afirmaciones de Bennewitz de una base subterránea en Archuletta Mesa, Dulce. |

# NOTAS FINALES. CAPÍTULO DOS

[74] Mis más sinceras gracias a Hugh Matlock quien generosamente me proporcionó la hospitalidad, el estímulo intelectual, las sugerencias llenas de sentido y el ambiente de investigación, para completar la versión inicial de este capítulo que iba a ser publicado originalmente como "El Informe Dulce" Exoplitics.org (5 de Septiembre de 2003)

[75] Para documentación sobre las bases militares y localizaciones conocidas, ver Richard Sauder, *Underwater and Underground Bases and Tunnels: What is the Government trying to Hide?* (Bases sumergidas y Subterráneas y Túneles. ¿Qué es lo que el Gobierno intenta Esconder?) (Adventures Unlimited Press, 1996).

[76] Richard Sauders, *Underwater and Underground Bases* (Adventures Unlimited Press, 2001).

[77] Para una copia de la historia, ir a http://exopolitics.org/IndianSprings_project.htm.

[78] Estimaciones del tamaño anual del presupuesto negro se elevan a 1.7 trillones de US$, véase al capítulo cinco. Para una descripción de cómo el dinero es vertido desde la economía USA véase Catherine Fitts, "La Pregunta $64: ¿Qué pasa con el Presupuesto Negro? – El Asunto Real," *Scoop: UQ Wire* (23 de Septiembre, 2002). Disponible online en: http://www.scoop.co.nz/mason/stories/HL0209/S00126.htm .

[79] Ver Branton, *The Dulce Wars: Underground Alien Bases and the Battle for Planet Earth* (Inner Light Publications, 1999) – (Las Guerras de Dulce: Bases Alienígenas Subterráneas y la Batalla por el Planeta Tierra) y Christa Tilton, *The Bennewitz Papers* (Los documentos de Bennewitz) (Inner Light Publications, 1994). Foro de Discusión sobre Dulce disponible en : http://groups.yahoo.com/group/Dulce_Base_Investigations .

[80] Greg Bishop, *Project Beta: The Story of Paul Bennewitz, National Security, and the Creation of a Modern UFO Myth* (Proyecto Beta: La historia de Paul Bennewitz, la Seguridad Nacional, y la Creación del moderno Mito de los OVNI) (Paraview Pocket Books, 2005).

[8] Ver Michael Salla, "Exopolitical Comment # 29– "Review Article: Project Beta: The Story of Paul Bennewitz, National Security, and the Creation of a Modern UFO Myth," *Exopolitics.Org*. May 11, 2005. Http://www.exopolitics.org/Exo-Comment-29.htm .

[82] Una visión online de la investigación de Bennewitz es de Chris Lambright, "Paul Bennewitz, grabaciones electrónicas , y films de "objetos aéreos" (1 de Julio de1996) disponible online en: http://www.cufon.org/contributors/chrisl/PB/bennewit.htm .

[83] Para algunas de estas imágenes, ver Chris Lambright, "Paul Bennewitz, grabaciones electrónicas, y films de "objetos aéreos'," (1 de Julio de 1996) disponible online en http://www.cufon.org/contributors/chrisl/PB/bennewi2.htm

[84] Paul Bennewitz, Project Beta, está disponible como apéndice en Greg Bishop, *Project Beta*, y online en:

http://web.archive.org/web/20040225165212/http://www.paraarchives.com/documents/p/beta01.htm .

[85] Dr Sprinkle era un psicólogo y profesor titular en la Universidad de Wyoming y era reconocido como un eminente experto en casos de abducciones. Para una discusión del trabajo de Sprinkle con Bennewitz y Hansen, véase Greg Bishop, *Project Beta*, 17-23.

[86] Ver Greg Bishop, *Project Beta,* 20-21. Ver también Branton, *The Dulce Wars*, caps. 21& 26. Bennewitz se refiere a la madre y su hijo en "Project Beta", disponible en Bishop, Project.233-59.

[87] Ver Greg Bishop, *Project Beta,* 21.

[88] Ver Greg Bishop , *Project Beta,* 24-32.

[89] Ver Greg Bishop, *Project Beta,* 32.

[90] Branton, *The Dulce Wars: Underground Alien Bases and the Battle for Planet Earth* (Las Guerras de Dulce. Bases alienígenas subterráneas y la batalla por el Planeta Tierra) (Inner Light, 1999). Disponible online en: http://www.bibliotecapleyades.net/esp_dulcebook.htm#menu .

[91] Véase Chris Lambright, "Paul Bennewitz, registros electrónicos, y films de 'objetos aéreos'- Parte 3" (Junio, 2003) disponible online en http://www.cufon.org/contributors/chrisl/PB/bennewi3.htm.

[92] En el informe de Bennewitz, "Project Beta", hay muchas referencias a como se produce una defensa militar frente a naves extraterrestres sugiriendo que estas comunicaciones revelan las relaciones hostiles que existían entre los humanos y los extraterrestres. El informe de Bennewitz, "Project Beta", está disponible como un apéndice en Greg Bishop, *Project Beta*, 233-59, y online en: http://web.archive.org/web/20040225165212/http://www.paraarchives.com/documents/p/beta01.htm .

[93] Citado online en World of the Strange, http://www.worldofthestrange.com/modules.php?name=Documents&op=ViewItems&vid=138 .

[94] Informe Bennewitz, "Project Beta", está disponible como un apéndice en el libro de Greg Bishop, *Project Beta*, 233-59, también online en: http://web.archive.org/web/20040225165212/http://www.paraarchives.com/documents/p/beta01.htm .

[95] Informe Bennewitz, "Project Beta", prólogo, está disponible como un apéndice en el libro de Greg Bishop, *Project Beta*, 233-59, u online en: http://web.archive.org/web/20040225165212/http://www.paraarchives.com/documents/p/beta01.htm .

[96] Para detalles sobre la confesión de Moore en 1989, ver http://www.worldofthestrange.com/modules.php?name=Documents&op=ViewItems&vid=144 .

[97] Para detalles sobre la confesión de Moore 1989, ver http://www.worldofthestrange.com/modules.php?name=Documents&op=ViewItems&vid=144 .

[98] Ver Chris Lambright, "Paul Bennewitz, registros electrónicos y films de "objetos aéreos', Parte 3" (Junio de 2003) disponible online en http://www.cufon.org/contributors/chrisl/PB/bennewi3.htm.

[99] "The Aviary," ("El Aviario") *Think-aboutit.com*, (Piensa en ello) disponible online en: http://www.think-aboutit.com/ufo/aviary.htm . Esta también es la conclusión de Greg Bishop, *Project Beta.*

[100] Extracto de Bill Hamilton, "Underground Bases and Tunnels," ("Bases subterráneas y túneles") *Cosmic Top Secret* (Inner Light Global Communications, 2002)
Disponible online en: http://www.crowdedskies.com/files/down/cog.html.

[101] Para discusión del fenómeno whistleblower, ver Myron Peretz Glazer y Penina Migdal Glazer, *The Whistleblowers: Exposing Corruption in Government and Industry* ( Los whistleblowers: revelando la corrupción en el Gobierno y la Industria) (Basic Books, 1991); y C. Fred Alford, *Whistleblowers: Broken Lives and Organizational Power* (Los whistleblowers: Vidas rotas y Poder Organizacional) (Cornell University, 2002). Para información online ir a: http://www.whistleblowers.org .

[102] Para discusión detallada de definiciones legales y leyes relativas a los whistleblowers, ver Stephen M. Kohn, *Concepts and Procedures in Whistleblower Law* (Quorum Books. Westport, Conn. 2000). Para información online ir a: http://www.whistleblowers.org .

[103] Una copia de este estatuto se puede encontrar online en http://www.whistleblower.org/article.php?did=92&scid=96.

[104] Para discusión adicional de las dificultades a las que se enfrentan los whistleblowers en lo relativo a la información extraterrestre ver, Michael Salla, Exopolitical Comment # 32: Whistleblowers, National Security y Revelación No autorizada de Proyectos secretos ETV/EBE disponible en: http://www.exopolitics.org/Exo-Comment-32.htm.

[105] La conferencia de Schneider de 1995 está disponible en varias websites y se titula, "Una conferencia por Phil Schneider – Mayo, 1995" Un dominio es http://www.ufoarea.bravepages.com/conspiracy_schneider_lecture.html .

[106] "A Lecture by Phil Schneider – May, 1995," disponible online en: http://www.ufoarea.bravepages.com/conspiracy_schneider_lecture.html .

[107] La conferencia de Schneider de 1995 está disponible en varias websites y se titular "Una conferencia por Phil Schneider – Mayo, 1995" Un dominio es http://www.ufoarea.bravepages.com/conspiracy_schneider_lecture.html .

[108] Cynthia Drayer, "The Death of Philip Schneider, January 17, 1996," (La muerte de Phil Schneider, 17 de Enero de 1996), disponible online en: http://www.worldofthestrange.com/modules.php?name=Newsletters&op=ViewItems&vid=69 . Para discusión del testimonio whistleblower de Schneider, ver "Tributo a Phil Schneider," disponible online at: http://www.apfn.org/apfn/philip.htm .

[109] Jim Marrs, *Alien Agenda* (Harper Paperbacks, 1998) 270-71

[110] Uno de los críticos más grandes de Lazar es Stanton Friedman. Ver "Mi posición sobre Bob Lazar: El Fraude de Bob Lazar," disponible online en: http://www.v-j-enterprises.com/sflazar.html.

[111] "Billy Goodman Interview with Bob Lazar: Partial transcript, Billy Goodman Happening (20 de Diciember 1989), (La Entrevista de Billy Goodman con Bob Lazar: Transcripción parcial ) disponible online en: http://www.swa-

home.de/lazar3.htm Ver también "Entrevista de George Knapp con Bob Lazar,' On the Record, KLAS-TV, (9 de Diciembre de 1989). Transcripción disponible en: http://www.swa-home.de/lazar2.htm.

[112] Para referencias a Knapp y otras fuentes que discuten el caso Lazar, ir a: http://www.anomalies.net/area51/s4/boblazar/.

[113] Richard Boylan, "Official Within MJ-12 UFO-Secrecy Management Group Reveals Insider Secrets," ("Oficial dentro del MJ-12 OVNI - El Secretismo del Grupo de Gestión Revela las Secretos Internos") http://drboylan.com/wolfdoc2.html

[114] Richard Boylan, "Quotations from Chairman Wolf," ("Citas del Presidente Wolf") citado online en: http://www.drboylan.com/wolfqut2.html .

[115] Para discusión del PI 40 y otras organizaciones clave de gestión extraterrestre, ver Michael Salla, "Political Management of the Extraterrestrial Presence – The Challenge to Democracy and Liberty in America." ("Gestión Política de la Presencia Extraterrestre – El Reto de la Democracia y la Libertad en América") *Exopolitics.Org*, July 4, 2003. Disponible online en: http://exopolitics.org/Study-Paper-5.htm . También en Michael E. Salla, *Exopolitics: Political Implications of the Extraterrestrial Presence* (Exopolitica: Implicaciones Políticas de la presencia Extraterrestre) (próximamente en Dandelion Books, 2004).

[116] Ver Richard Boylan, "Quotations from Chairman Wolfe," ("Citas del Presidente Wolfe") http://drboylan.com/wolfqut2.html .

[117] Ver Richard Boylan, "Quotations from Chairman Wolfe," ("Citas del Presidente Wolfe") http://drboylan.com/wolfqut2.html .

[118] Los documentos de Dulce incluyendo una grabación en video están disponibles en varias websites de Internet. Una desde la cual se puede bajar es: http://www.bibliotecapleyades.net/offlimits/esp_offlimits_2.htm .

[119] Branton, *The Dulce Wars: Underground Alien Bases and the Battle for Planet Earth.* (Las Guerras de Dulce: Bases Subterráneas alienígenas y la Batalla por el Planeta Tierra)

[120] Las entrevistas con Castello están publicadas como capítulos 11 & 27, en The *Dulce Wars*, Disponible online en http://www.bibliotecapleyades.net/esp_dulcebook.htm#menu . Ver también William Hamilton *Cosmic Top Secret.*

[121] Ver Branton, *The Dulce Wars*, cap. 27. http://www.bibliotecapleyades.net/esp_dulcebook.htm#menu . Ver también William Hamilton *Cosmic Top Secret.*

[122] Para una discusión sobre la evolución de los sistemas por los cuales las corporaciones jugaron un papel principal en la realización de contratos relacionados con proyectos con extraterrestres, ver Michael Salla, Exopolitics: Political Implications of the Extraterrestrial Presence (pronto en Dandelion Press, 2004), ch 2. Published also as Study Paper #5, www.exopolitics.org .

[123] Ver Branton, *The Dulce Wars*, cap. 11, Disponible online en: http://www.bibliotecapleyades.net/branton/esp_dulcebook11.htm .

[124] Ver Branton, *The Dulce Wars*, cap.11, Disponible online en: http://www.bibliotecapleyades.net/branton/esp_dulcebook11.htm .

[125] Para una discusión detallada de los experimentos patrocinados por el Gobierno USA en control de la mente, ver Helmut Lammer & Marion Lammer, *Milabs: Military Mind Control & Alien Abductions* (Milabs: Control de la Mente Militar y Abducciones Extraterrestres) (Illuminet Press, 1999).

[126] Ver Preston Nichols, *Montauk Project: Experiments in Time* (Sky Books, 1999); Al Bielek y Brad Steiger, *The Philadelphia Experiment and Other UFO Conspiracies* (El Experimento Filadelfia y otras conspiraciones OVNI) (Innerlight Publications, 1991); Stewart Swerdlow, *Montauk: The Alien Connection* (Montauk: La conexión alienígena) (Expansions Publishing Co. 2002); Wade Gordon, *The Brookhaven Connection* (La Conexión Brookhaven) (Sky Books, 2001). Para una entrevista online con Al Bielek, ir a: http://psychicspy.com/montauk1.html .

[127] Branton, *The Dulce Wars*, cap.11, Disponible online en: http://www.bibliotecapleyades.net/branton/esp_dulcebook11.htm .

[128] Branton, *The Dulce Wars*, cap.11, Disponible online en: http://www.bibliotecapleyades.net/branton/esp_dulcebook11.htm .

[29] Extracto del libro de Bill Hamilton, "Underground Bases and Tunnels," *Cosmic Top Secret* (Inner Light Global Communications, 2002).

[130] Christa Tilton, "Going Under," ("Yendo debajo") Disponible online en: http://www.ufocasebook.com/christatilton.html

[131] Christa Tilton, "Going Under," ("Yendo debajo") Disponible online en: http://www.ufocasebook.com/christatilton.html

[132] Linda Moulton Howe, "Whistleblower Microbiologist Speaks Out About Alleged "Alien" Named J-Rod," ("Un Microbiólogo whistleblower habla acerca de un supuesto "Alienígena" llamado J-Rod") Earthfiles.com (15 de Septiembre de 2003).

[133] Hamilton, *Project Aquarius: The Story of An Aquarian Scientist* (Proyecto Acuario: La Historia de un Científico Acuario) (Authorhouse, 2005) . Una crítica del libro está disponible en : http://exopoliticsjournal.com/Journal-vol-1-3-Rev-Salla-Aquarius.pdf .

[134] Partidarios de este enfoque incluyen: William Cooper, *Behold a Pale Horse* (Light Technology Publishing, 1991) 222; Greg Bishop, *Project Beta.*

[135] Ver Bishop, *Project Beta,* 233-59.

[136] Ver Bishop, *Project Beta,* 233-59.

[137] Ver la siguiente entrevista de John Maynard dónde discute como opera la desinformación relativa a los OVNI y la vida extraterrestre en un mundo inteligente , "From Disinformation to Disclosure," *Surfing the Apocalypse,* ("De la Desinformación a la Revelación" Surfing el Apocalipsis) http://www.surfingtheapocalypse.com/maynard.html . Ver también Greg Bishop, *Project Beta,* 45-48.

[138] Para la discusión de las pruebas físicas de Bennewitz, ver Chris Lambright, "Paul Bennewitz, registros electrónicos, y films de "objetos aéreos', Parte 3" (Junio, 2003) disponible online en http://www.cufon.org/contributors/chrisl/PB/bennewi3.htm

[139] Ver Chris Lambright, "Paul Bennewitz, registros electrónicos, y films de "objetos aéreos', Parte 3" (Junio, 2003) disponible online en http://www.cufon.org/contributors/chrisl/PB/bennewi3.htm

[140] Para la historia de los esfuerzos para proporcionar pruebas concluyentes de la historia de los OVNI, ver Richard Dolan, *UFOs and the National Security State* (OVNI y el Estado de Seguridad Nacional).

[141] Para la falta de características físicas geológicas para apoyar la existencia de Dulce, ver Glen Campbell, "A Field Trip to Dulce, New México," ("Un viaje por tierra a Dulce") disponible online en: http://ufos.about.com/gi/dynamic/offsite.htm?site=http://www.ufomind.com/area51/list/1997/nov/a04%2D001.shtml . Ver también Roy Lawhon, "Dulce!," disponible online en: http://ufos.about.com/library/weekly/aa112597.htm .

[142] Ver Hamilton, *Cosmic Top Secret: America's Secret Ufo Program,* un extracto está disponible online en: http://www.crowdedskies.com/files/down/cog.html .

[143] Ver Branton, *The Dulce Wars*, ch 5, disponible online en: http://eaglenet.enochgraphics.com/dulce/G-HAYAKO.html .

[144] Bishop, *Project Beta,* 160.

[145] Para discussión del transporte Maglev y el sistema global subterráneo, ver Richard Sauder, *Underwater and Underground Bases* ( Bases Subacuáticas y Subterráneas) (Adventures Unlimited Press, 2001). Sauder tiene un sitio web en: http://www.sauderzone.com .

[146] Extracto del libro de Bill Hamilton, "Underground Bases and Tunnels," *Cosmic Top Secret.* ("Bases Subterráneas y Túneles," Top Secret Cósmico) Disponible online en: http://www.crowdedskies.com/files/down/cog.html .

[147] Roy Lawhon, "Dulce!," Disponible online en: http://ufos.about.com/library/weekly/aa112597.htm .

[148] Roy Lawhon, "Dulce!," Disponible online en: http://ufos.about.com/library/weekly/aa112597.htm .

[149] Roy Lawhon, "Dulce!," Disponible online en: http://ufos.about.com/library/weekly/aa112597.htm .

[150] Ver "Tribute to Phil Schneider," disponible online en: http://www.apfn.org/apfn/philip.htm .

[151] para documentos que sugieren que fue asesinado, ver "Tributo a Phil Schneider," disponible online en: http://www.apfn.org/apfn/philip.htm .

[152] Roy Lawhon, "Dulce!," disponible online en: http://ufos.about.com/library/weekly/aa112597.htm .

[153] Greg Bishop, *Project Beta*, 152.

[154] Greg Bishop, *Project Beta*, 153.

[155] Ver Chris Lambright, "Paul Bennewitz, registros electrónicos, y films de "objetos aéreos ', Parte 3" (Junio, 2003) disponible online en http://www.cufon.org/contributors/chrisl/PB/bennewi3.htm .

[156] Ver carta de renuncia de miembro de MUFON de Richard Hall, Carta a Walter H. Andrus, Jr. (18 de Marzo, 1989). Citado online en: http://www.worldofthestrange.com/modules.php?name=Documents&op=ViewItems&vid=143

[157] Ver Chris Lambright, "Paul Bennewitz, registros electrónicos, y films de "objetos aéreos ', Parte 3" (Junio, 2003) disponible online en http://www.cufon.org/contributors/chrisl/PB/bennewi3.htm

[158] Para un resumen del papel de la desinformación , ver un informe por una Comisión del Senado reunido para discutir el secretismo, *Report of the Commission on Protecting and Reducing Government Secrecy: 1997.* Disponible online en: http://www.access.gpo.gov/congress/commissions/secrecy/index.html .

[159] Ver mi revisión del libro de Bishop, "Project Beta: The Story of Paul Bennewitz, National Security, and the Creation of a Modern UFO Myth," (Proyecto Beta: La Historia de Paul Bennewitz, Seguridad Nacional, y la Creación de un Mito OVNI moderno) en: http://www.exopolitics.org/Exo-Comment-29.htm .

[160] Partidarios de esta opinión incluyen: William Cooper, *Behold a Pale Horse* (Light Technology Publishing, 1991) 222; Greg Bishop, *Project Beta.*

[161] See Timothy Good, *Alien Contact: Top Secret UFO Files Revealed* (Quill 1991) 109-110. Para información online sobre Pine Gap, ir a: http://www.mysticaluniverse.com/auzconn/auz2/auz2.html .

[162] Ver "Disclosure Pattern – 1977," disponible online en: http://www.presidentialufo.8m.com/disclosure_1977.htm .

[163] Ver Alex Ioshpe, Close Encounters of the Third Kind, disponible online en: http://www.geocities.com/Hollywood/Studio/3469/making_enc.html .

[164] Ver Dorothy Shea, *The South African Truth Commission: The Politics of Reconciliation* ( La Conmisión de la Verdad se Sudáfrica: La Política de la Reconciliación) *(*United States Institute of Peace, 2000).

[165] Información sobre servicios legales disponibles para whistleblowers puede encontrarse en www.whistleblower.org o en www.whistleblowers.com . Para más información por favor contacte con el autor. Todas las comunicaciones serán tratadas como confidenciales.

# Capitulo Tres

## La Financiación de la CIA de Proyectos Extraterrestres Exponiendo el 'Presupuesto Negro' y el Segundo Proyecto Manhattan

**Introducción**[166]

Si es correcto lo que he discutido en los primeros dos primeros capítulos entonces existe una vasta red de proyectos clasificados relativos a la vida y tecnología extraterrestre. Muchos de estos proyectos están ubicados en bases subterráneas ultra secretas que están conectadas por sistemas de raíles de alta velocidad en los USA y alrededor del planeta.[167] Este sistema de túneles sería muy caro. De acuerdo con el Dr. Richard Sauder, la "construcción antigua de un tramo enterrado profundamente en un túnel de 300 millas de longitud aproximadamente costaría 4.280 millones de US$.[168] El coste de construir y mantener sistemas de raíles de alta velocidad tales como MagLev alrededor de los USA de miles de millas sería enorme. Incluso mucho más si se trata de un viaje intercontinental bajo los océanos como Sauders ha encontrado la prueba! [169]

El coste de proyectos relacionados con extraterrestres alrededor de los USA y en otras partes del planeta que están ubicados en bases subterráneas y subacuáticas conectadas por sistemas de raíl de alta velocidad sería astronómico. La financiación para tal red de proyectos habría de ser en formas que se escaparan de la vigilancia convencional a fin de evitar el conocimiento del público de la vida y tecnología extraterrestre. Este capítulo examina pruebas de un vasto presupuesto negro para financiar un segundo proyecto Manhattan que involucra proyectos relacionados con extraterrestres que han sido secretos durante 60 años!

Cada año el Departamento de Defensa (DoD) confecciona una lista de partidas de una sola línea en su presupuesto que tiene un número de programa tal como 0605236F, nombres de códigos como CLASSIC WIZARD (Brujo Clásico) o descripciones vagas como "programa especial de evaluación". Esto no se refiere a ningún sistema de armamento conocido por el gran público, funcionarios del Congreso, o incluso a los analistas de la defensa. Estas partidas de una sola línea son tapaderas del 'presupuesto negro' Este fondo para sobornos ultra secreto es establecido por el DoD con la aprobación del Congreso, para financiar organizaciones de inteligencia tales como la CIA y programas secretos de armamento por el DoD. El 'presupuesto negro' permite actividades de inteligencia, operaciones encubiertas de investigaciones secretas sobre armamento para llevarse a cabo sin la supervisión del Congreso. La justificación que se da es que la supervisión comprometería el secreto, esencial para el éxito de tales 'programas negros'. Estos 'programas negros' están típicamente clasificados en 'Acceso Especial', o 'Programas de Acceso controlado' y tienen una clasificación de seguridad más rigurosa que las clasificaciones de 'alto secreto (top secret)' para la mayoría de las agencias del gobierno. Tales programas son sólo conocidos por aquellos con el 'necesita conocer (need to know)'.

El 'presupuesto negro' financia un mundo de encubrimiento de actividades de inteligencia como operaciones militares inexplicables/inteligencia encubiertas y programas de armamento clasificados. La opinión convencional es que este mundo encubierto es financiado por partidas del Congreso autorizando al DoD a utilizar fondos del Tesoro USA para proyectos clasificados y actividades de la inteligencia que aparecen como partidas vagas de líneas únicas en el presupuesto del DoD. Restando el conocido coste de los sistemas de armamento y programas del total del presupuesto del DoD dan a los analistas del Congreso una forma de estimar el tamaño y alcance de las operaciones del mundo encubierto de 'proyectos negros' sin necesidad de conocer los presupuestos o actividades precisas. Hay sin embargo pruebas irrefutables que el mundo encubierto de alto secreto ('programas negros profundos') está financiado primariamente por un presupuesto negro creado por la CIA en lugar del aprobado 'presupuesto negro' del DoD, la CIA tiene su propio 'presupuesto negro' no oficial que actúa como un conducto de fondos desviados secretamente a las varias agencias de inteligencia militar asociadas con la CIA y el DoD, para actividades de inteligencia, operaciones encubiertas e investigación de armamento.

LA CIA tiene la única posibilidad legal entre todos los departamentos y agencias para generar fondos a través de partidas de otras agencias del gobierno federal y otras fuentes "sin tener en cuenta ninguna provisión de la ley" y sin tener en cuenta la intención detrás de la asignaciones presupuestarias del Congreso.[170] Cada año, miles de millones de US$ de las partidas del Congreso son desviadas de sus propósitos aprobados por el Congreso a las agencias de la CIA y del DoD sin conocimiento público y con la connivencia de los líderes del Congreso. El mundo encubierto de los 'programas negros' actúa con virtual impunidad, vigilado y regulado por sí mismo, auto financiado a través de fondos para sobornos, y está libre de las limitaciones que vienen del control del Congreso, los procedimientos de una auditoria apropiada y del escrutinio público.

En este capítulo yo pongo sobre la mesa el tamaño del presupuesto negro y del mundo encubierto de los programas 'negro profundo' que financia. Investigo los mecanismos utilizados para transferir dinero a los 'presupuestos negros'. Siguiendo la pista del dinero y los esfuerzos oficiales para mantener en secreto la magnitud del presupuesto negro y de cómo se genera, proporciona las piezas clave de un complejo rompecabezas financiero y de la seguridad nacional.

La clave para desvelar la magnitud real del presupuesto negro es las anomalías contables crónicas en el presupuesto del DoD. Estas anomalías revelan por encima del trillón (millón de millones) de US$ anuales que son desviados por la CIA en el DoD para distribución secreta a varias agencias de inteligencia militares, y los programas del 'negro profundo' que apoya. Tal desvío, de dudoso estatus constitucional, se convierte en legal por varias promulgaciones del Congreso, altos funcionarios del Congreso y la Oficina Ejecutiva. La dimensión del presupuesto negro, el secreto que lo rodea, el alcance que altos funcionarios Federales y agencias van a señalar como objetivo los individuos y las corporaciones que amenazan con revelar dónde van a parar por último las asignaciones presupuestarias del Congreso, apuntan a una vasta red de 'proyectos en negro profundo' . El propósito de este nuevo proyecto Manhattan es encubrir una red de proyectos en los USA y en todo el mundo que tratan con la vida y la tecnología extraterrestre.

## Nacimiento del Presupuesto Negro

En 1947, la Ley de la Seguridad Nacional creó el Consejo de Seguridad Nacional y la Organización Central de Inteligencia (CIA), y agrupó a los militares de los USA en una sola entidad, el Departamento de Defensa DoD. Uno de los asuntos que quedaba sin resolver desde la creación y operación de la CIA era la extensión en que debía mantenerse su presupuesto en secreto y las actividades de inteligencia. Según el Artículo 1, sección 9, de la Constitución de los USA, "No habrá ningún dinero que se extraiga del tesoro, sino como consecuencia de partidas asignadas hechas por ley", y una declaración ordinaria y una cuenta de recibidos y de gastos de todo el dinero público será publicado de vez en cuando". El mandato constitucional que requiere transparencia en los gastos del gobierno estaba en conflicto con la necesidad de secretismo relativo a las partidas asignadas a la CIA. La solución fue pasar por el Congreso una legislación que mejoraba el secretismo sobre los mecanismos de financiación utilizados por la CIA y sus actividades relacionadas con la inteligencia. La necesaria ley fue pasada con mucha prisa y mínimo debate, lo que causó preocupación entre los pocos congresistas suficientemente valientes para poner en duda la constitucionalidad de la Ley.[171] El Congresista Emmanuel Celler de Nueva York votó a favor pero protestó: "Si los miembros del Comité de las Fuerzas Armadas pueden leer la información detallada para apoyar esta ley ¿porqué no pueden hacerlo todos los miembros? ¿Son ellos brahmanes (lumbreras) y nosotros los intocables? La respuesta es el secretismo."[172] Celler, como la mayoría de congresistas, pasaron la Ley de la CIA como el padre rico que ve el nacimiento de un hijo ilegítimo, los cuidados apropiados para el niño que se deberían tomar, pero no una admisión oficial o aceptación de responsabilidad.

La Ley de la CIA de 1949 comprendía adiciones a aquellas secciones de la Ley de Seguridad Nacional que trataban de la Creación de la CIA. La Ley de la CIA de 1949 dio un sello Congresual de aprobación para la creación del 'presupuesto negro' como dejan claro las siguientes secciones:

> .... cualquier otra agencia del gobierno está autorizada a transferir o recibir sumas **sin tener en consideración ningunas de las provisiones de ley** que limite o prohíba transferencias entre partidas [se añade énfasis]. Sumas transferidas a la agencia, de acuerdo con este párrafo puede ser gastado para los propósitos y bajo la autoridad de las secciones 403a 403s de este título independientemente de las partidas desde la que fue transferida.[173]

Esta sección significaba que los fondos podían ser transferidos de partidas de otros departamentos del gobierno reservado para tareas específicas, "sin tener en consideración ninguna provisión de la ley". Por ejemplo, un partida del, Congreso reservada para subsidios de vivienda para trabajadores de bajos ingresos, por la HUD, Housing and Urban Development (Desarrollo Urbano y de la Vivienda), podía legalmente transferir o a la CIA o a agencias asociadas al DoD fondos para programas secretos. Los empleados de la HUD encontrarían que sus relevantes programas de vivienda les faltaban los fondos necesarios para esfuerzos de alivio aun cuando el Congreso hubiese aprobado esta partida para este propósito. Cualquier funcionario de HUD suficientemente listo para solicitar la ubicación de los fondos que faltaban sería disuadido de seguir el asunto. Si los funcionarios insistían, podían ser despedidos sumarísimamente, y ser expuestos entonces a la variedad de actividades de la CIA para silenciarlos.[174]

A pesar de la autoridad legal de transferir fondos de otras agencias federales sin tener en consideración el intento de partidas asignadas por el Congreso, la sabiduría convencional era que la mayor fuente de partidas para la CIA provenía del DoD. Esto es lo que aparentemente tenía en la cabeza el Presidente Truman cuando aprobó que "los fondos de la organización [CIA] serían obtenidos de los Departamentos de Estado, Guerra, y Marina, en lugar de directamente del Congreso."[175] Este arreglo de los fondos aseguraba de forma ostensible que la CIA estaría subordinada a los Secretarios de Defensa y de Estado que estarían en mejor posición para influenciar las actividades encubiertas de la CIA. Cuatro años después de su pase de la Ley de la CIA de 1949, las siguientes categorías (ver Tabla 3) y sumas en las importantes partidas de la fuerza de defensa proporcionaron aparentemente el grueso de la financiación del presupuesto negro de la CIA.

El método aprobado por el Congreso de las partidas de la CIA significaba que 587 millones de $US fueron a parar del DoD a la CIA para sus operaciones de inteligencia en 1953 permanecerían en secreto a los miembros corrientes del Congreso, y al público en general. [176]

**Tabla 3. El "Presupuesto Negro Oficial: la CIA – Destino de los Fondos del Presupuesto para el Año Fiscal 1953**[177]

| Partida & Servicio | Proyecto | Total |
|---|---|---|
| Mantenimiento & Operaciones, Ejército | Proyecto 1732 Proyecto Secreto | 33 millones |
| | Proyecto 2110 Transporte Comercial | 163 millones |
| Servicios varios Operaciones, Marina | Actividad 10 Contingencias de la Marina | 33 millones |
| Navíos e Instalaciones, Marina | Actividad 1 Mantenimiento y operación de la flota activa | 70 millones |
| Ordenanza e Instalaciones, Marina | Actividad 1 Suministro de la ordenanza y munición | 93 millones |
| Contingencias, Fuerza Aérea | Proyecto 891 | 33 millones |
| Requerimientos del Personal Militar, Fuerza Aérea | Proyecto 510 Paga de la Fuerza aérea | 70 millones |
| Aviones y Suministros relacionados, Fuerza Aérea | Proyecto 120 Recambios de componentes para Aviones y recambios | 92 millones |
| **Total** | | **587millones** |

**Esfuerzos legales y del Congreso para Revelar el Presupuesto Negro de la CIA**

William Richardson era un civil que se dio cuenta de la inconsistencia entre los requisitos de la Constitución que todas las partidas del gobierno tendrían publicada "una declaración habitual de una cuenta de "recibos y gastos", y la provisión de secretismo de la Ley de la CIA relativo a su presupuesto. En 1867, Richardson hizo un esfuerzo para descubrir el tamaño real del 'presupuesto negro' de la CIA escribiendo una carta a la Oficina de Impresión del Gobierno. Pidió una copia del presupuesto de la CIA "publicado por el Gobierno según el Artículo I, sección 9, apartado 7 de la Constitución USA"[178]. La respuesta del Tesoro americano que recibió Richardson rechazaba en esencia su petición. Decidió entonces iniciar una acción judicial contra el gobierno USA. Argumentó que la Ley de la CIA "repugnaba la Constitución" ya que "obra para falsificar las Declaraciones normales de Cuentas de todo el dinero público"[179] Tras tres años de lucha legal, el caso de Richardson fue rechazado por el Juez Federal de Pittsburgh, Joseph P. Wilson. Wilson decidió que Richardson no tenía la 'talla' para llevar a los tribunales al Gobierno Federal ya que no estaba directamente afectado por el asunto en disputa. En pocas palabras, Wilson estaba tomando la posición legal conservadora que una 'ofensa generalizada' no tiene la base suficiente para que un ciudadano privado pueda llevar a los tribunales una Agencia Federal de los USA. Richardson apeló, y en 1971 tuvo éxito al lograr que su caso fuera oído ante un tribunal de la Corte de apelación de los Estados Unidos en Filadelfia (la penúltima corte legal en los USA). En su informe legal, Richardson afirmó:

> Nunca en la historia de este país ha sido gastado tal cantidad de dinero sin la tradicional salvaguarda de apertura y en desafío directo a las provisiones constitucionales.... Miles de millones son gastados cada año por entidades desconocidas y esta cantidad repartida a través del sistema de información del Tesoro para confundir al público y empequeñecer la Constitución.[180]

Los nueve jueces federales en una decisión 6-3 en 1972 que Richardson tenia posición legal razonaron que un

> ..... responsable e inteligente contribuyente quiere saber, por supuesto, como se gasta el dinero de sus impuestos. Sin esta información no puede seguir de forma inteligente las acciones del Congreso o del Ejecutivo. Ni puede cubrir apropiadamente sus obligaciones como miembro del electorado.[181]

Richardson había obtenido una extraordinaria, aunque finalmente efímera, victoria legal. Él había tenido éxito en argumentar que el 'presupuesto negro' era inconsistente con sus [las de Richardson] obligaciones constitucionales y que la Ley de la CIA tenía una dudosa posición constitucional. La Corte había decidido efectivamente que el Congreso no tenía el derecho a privar del conocimiento de la cantidad de dinero asignado que estaba siendo canalizado a la CIA mediante otras agencias gubernamentales.
El Gobierno Federal apeló acto seguido a la Corte Suprema y en Julio de 1974, los nueve jueces decidieron en un 5-4 que Richardson no tenía la talla legal para retar al Gobierno Federal.[182] Adoptando una posición legal conservadora, la Corte argumentó que la querella de Richardson no era más que una queja hecha por un ciudadano que debía ser tratada por el sistema político, en lugar de a través del sistema judicial. La Corte Suprema concluyó que no necesitaba examinar los méritos del caso Richardson ya que él no tenía la posición legal adecuada para llevarla a los tribunales. La Corte Suprema revocó el anterior decreto de la Corte de Apelación. La consecuencia inmediata fue que el presupuesto negro sería mantenido en secreto por aún unos años. A pesar del contratiempo, Richardson había demostrado que el 'presupuesto negro' y la Ley de la CIA habían creado una dudosa posición constitucional, y que sólo se requería el reto desde una parte con posición legal adecuada para que posiblemente hubiese hecho impacto en los libros de los estatutos.[183]

En 1970 el presupuesto negro y su verdadero tamaño fueron objeto, por primera vez, de intenso escrutinio por el Congreso. En las secuelas de la guerra de Vietnam y el comportamiento de la comunidad de inteligencia al patrocinar guerras privadas por toda Indochina y otras partes, el Senado decidió en 1976 elegir un comité para investigar las actividades encubiertas de la CIA y el presupuesto negro de la comunidad de inteligencia. En su informe final, el Comité Seleccionado del Senado sobre Inteligencia (el comité Church) encontró que el presupuesto negro era inconstitucional y recomendó una revelación pública de su tamaño:

> Los procedimientos presupuestarios que gobiernan en la actualidad la Agencia Central de Inteligencia, impiden saber a la mayor parte de los congresistas cuánto dinero es gastado por cualquiera de estas agencias o incluso cuánto dinero es gastado en su conjunto. Además, la mayoría de los miembros del público están decepcionados acerca de las partidas asignadas y gastos de estas agencias del gobierno cuyos presupuestos están hinchados para esconder fondos para la comunidad de inteligencia.
>
> El fracaso en proporcionar esta información al público y al Congreso impide la priorización efectiva y viola el Artículo I, Sección 9, Apartado 7 de la Constitución..... El Comité es de la opinión que la publicación de la cifra global para la comunidad de inteligencia empezaría a satisfacer el requisito Constitucional y no dañaría la seguridad nacional.[184]

Desgraciadamente, la recomendación del Comité Church nunca fue implementada. El Director de la CIA (DCI), Georges Bush, argumentó con éxito que el comité se mantuviera fuera de la implementación de su decisión. El Comité votó 6-5 el mantenerse fuera y la recomendación nunca fue llevada al pleno del Senado para una decisión.[185]

Habría de esperarse hasta 1990 que el Congreso votara de nuevo el retomar el asunto del presupuesto negro. Irónicamente fue el Congreso, que había proporcionado la legislación, el que sería un mecanismo efectivo para acabar con el secretismo que rodeaba el tamaño del presupuesto negro. La Ley de Libertad de Información (FOIA) fue pasada en 1966, haciendo posible a los individuos acceder a los registros de cualquier agencia federal mediante una petición escrita.[186] A todas las agencias se les pide que revelen los registros que se les solicitan, exceptuando la información que reside en nueve exenciones y tres exclusiones de la FOIA. La más importante de estas exenciones para la Ley de la CIA era (b)(1) exención 1 que dice: "Esta exención protege la revelación la información de seguridad nacional relativa a la defensa nacional o a la política exterior, que haya sido adecuadamente clasificada de acuerdo con la corroboración y los requisitos de procedimiento de una orden ejecutiva." Si una agencia rechaza dar a conocer información, el solicitante podía pedir la juez Federal que adjudicase si la información estaba cualificada o no por la exención que se afirmaba por aquella agencia en la retención de información importante.

Cuando en 1967 Richardson emprendió la primera acción legal, no usó la recientemente pasada FOIA al pedir la información acerca del 'presupuesto negro' de la CIA. Él estaba retando la base constitucional del presupuesto negro de la Ley de la CIA, en lugar de argumentar que la cesión de la información no representaba una amenaza a la seguridad nacional. Richardson asumió correctamente que la CIA no daría a conocer la información relativa al presupuesto negro sobre la base de la seguridad nacional, y que podía argumentar esto persuasivamente ante un juez federal. Ésta cualificaría a la CIA para la exención de la FOIA.

En 1996, el Presidente Clinton introdujo un cambio importante en la actitud referente al secretismo sobre la dimensión del presupuesto negro cuando argumentó que su revelación no amenazaría la seguridad nacional. John Deutsch, Director de la CIA por aquel entonces, dio testimonio al Congreso que el Presidente Clinton estaba "persuadido de que la revelación de la cantidad anual asignada para propósitos de defensa informaría al público y no, en sí misma, perjudicaría las actividades de defensa."[187] El Presidente Clinton había cortado de raíz la principal barrera legal a que la CIA retuviera indefinidamente la dimensión del presupuesto negro de las peticiones bajo FOIA. En 1997 la federación de Científicos de América (FAS) hizo una petición FOIA a la CIA para que revelara las partidas secretas combinadas para la comunidad de inteligencia. Esto comprendía a la CIA, la Agencia de Seguridad Nacional (NSA), la Oficina Nacional de Reconocimiento (NRO), la Agencia de Inteligencia de la Defensa (DIA), la Agencia Nacional de Imágenes y Mapas (NIMA), y las ramas de inteligencia de la Fuerza Aérea, la Marina y el Ejército.[188] El Director de la Central de Inteligencia lo rechazó y el caso fue eventualmente a la Corte Federal, En el último y definitivo esfuerzo para evitar la revelación del 'presupuesto negro' la DCI persuadió al Senado y a la Cámara de Representantes[190] que votara contra las enmiendas que habrían recomendado la revelación.

Los esfuerzos de la CIA fueron en vano y en 1997 el Juez Federal falló a favor de la FAS que el 'presupuesto negro' podía ser revelado sin perjuicio a la seguridad nacional de los USA. En lo que fue la mayor derrota en el secretismo oficial alrededor del presupuesto de la CIA y sus actividades de inteligencia. La CIA, en consecuencia, decidió dar a conocer, por primera vez, la dimensión de su presupuesto negro 'oficial' (partidas asignadas sacadas de epígrafes de una sola línea del presupuesto de la DoD). No obstante la CIA se reservó el derecho de no revelar esta cifra en el futuro. Para el año fiscal 1997, la cifra agregada de la combinación de partidas para la Comunidad de Inteligencia fue de 26,6 miles de millones de US$.[191] Para el año fiscal 1998 el último año que la CIA cumplió con los requisitos de la FOIA, el presupuesto negro había subido ligeramente a 26,7 miles de millones de US$.

El presupuesto negro 'oficial' para la CIA puede ser estimado usando el porcentaje de presupuesto negro para la comunidad de inteligencia que fue de partidas asignadas del DoD a la CIA como opuesta a otras agencias de inteligencia. Según Victor Marchetti y John Marks de los 6,228 miles de millones de US$ para el 1973, del cual la CIA dispuso de 750 millones. De acuerdo a David Wise, autor de *The American Police State* (El Estado policial de América):

> En 1975 el presupuesto de la CIA por entero estaba escondido dentro de 2 mil millones de US$ de partidas asignadas para "Otros suministros, Fuerza Aérea." Los 12 mil millones del total de todas las agencias de inteligencia, mucho más alta que estimaciones previas, estaban indicados en el informe del comité de inteligencia del Senado.[193]

La estimación de Wise sugiere que la proporción del presupuesto negro de la inteligencia que va a la CIA está más cercano a aproximadamente el 16,7% que al 12,0% estimado por Marchetti y Mark. Por otro lado, la Federación de Científicos Americanos (FSA), utilizando las cifras de 1998, estimó que la porción de la CIA del presupuesto negro era del 11,5%.[194] Si se toma el 12% como estimación más exacta de la porción de la CIA del presupuesto negro esto sugiere que de los 26,6 miles de millones que reveló George Tenet que fueron del DoD a la Comunidad de Inteligencia, aproximadamente 3,2 mil millones (12%) fue el presupuesto negro oficial de la CIA. El estimado de 1998 se convierte en 4,2 mil millones en términos del 2008. Esto es comparable con la cifra de 587 mil millones de 1953 que presumiblemente hicieron el total de las partidas del DoD para el presupuesto negro de la CIA, que se convierte en aproximadamente 4,7 mil millones en términos de 2008.[195] Parece que gran parte del misterio que rodea al presupuesto negro de la CIA y la comunidad de inteligencia terminó cuando las cifras oficiales para la CIA fueron dadas a conocer mediante FOIA en 1997 y 1998.

Yo creo que las cifras dadas a conocer por Tenet en 1997 y 1998 del 'presupuesto negro oficial' para la comunidad de inteligencia, y las primeras estimaciones con datos de 1953 , los informes del comité en los años 1970 es desinformación pensada para desviar la atención de los analistas, el Congreso, y el público en general del verdadero volumen del presupuesto negro de la CIA. El 'no oficial' en términos de partidas asignadas por el Congreso y otros fondos que la CIA transfiere a través de otros departamentos y agencias, excede con mucho el presupuesto negro 'oficial' (partidas asignadas del DoD reservadas para la comunidad de inteligencia). El presupuesto negro 'no oficial' ha estado bien escondido como uno de los propósitos más importantes de la CIA desde su creación. La CIA actúa como un cauce para los presupuestos negros de la comunidad de inteligencia y el Departamento de Defensa. Esto es el reverso de lo que cree la sabiduría convencional de que detrás del presupuesto negro, la DoD financia a la CIA. De hecho es la CIA la que financia proyectos secretos llevados a cabo por varios servicios militares y de inteligencia del DoD. Utilizando el testimonio de whistleblowers de otras agencias del gobierno federal y el testimonio de Inspectores Generales del DoD, yo expongo que miles de millones de US$ son extraídos de estas agencias por la CIA, acabado de llenar por los ingresos desde otras fuentes utilizadas por la CIA y desviadas entonces a las agencias de inteligencia militar dentro del DoD. Estos fondos están distribuidos a 'proyectos negro profundo' fuera de las partidas regulares y del proceso de vigilancia mandado por el Congreso para los 'presupuestos negros'.

**Dinero Extraviado de HUD, Catherine Fitts, Hamilton Securities y la CIA.**

En 1989 Catherine Austin Fitts llegó a Secretaria Asistente en el departamento de Vivienda y Desarrollo Urbano (HUD). Empezó a darse cuenta que el dinero no estaba seguido con propiedad cuando se movía entre diferentes departamentos de HUD. Había una falta de mecanismos de contabilidad para tratar las discrepancias en ingresos que indicaban fraude a niveles alarmantes.[196] Ella intentó implementar un mecanismo de seguimiento financiero para identificar donde se iba el dinero e identificar los departamentos de HUD y a los individuos responsables. Después de 18 meses en el trabajo, de repente fue despedida por la administración Bush. Fitts dijo que el día después que dejó el puesto sus reformas financieras a través de "contabilidad y contabilidad financiera en cada puesto" también se acabaría.[197]

Fitts posteriormente creó su propia compañía de inversiones Hamilton Securities Group que utilizaba un software especial creado para el seguimiento de los flujos financieros en el negocio de la hipotecas. Hamilton Securities Group logró un contrato con HUD para gestionar su cartera de 500.000 millones de US$. Como resultado de su seguimiento de las finanzas llamado 'Community Wizard' (Brujo de la Comunidad) Hamilton Securities ahorró 2.000 millones de US$ a contribuyentes federales y de acuerdo con Fitts "Quitó al mundo la respiración."[198] Carolyn Betts, una ex empleada de Hamilton Securities dijo:

> La gente de la oficina principal de HUD se volvió absolutamente loca cuando lo vio. Podías ir con un apuntador a un mapa y obtener la información sobre los gastos de cada uno de los programas de HUD. Era un programa de software bastante hermoso y se podía convertir en increíblemente poderoso.[199]

El software innovador de Fitts tuvo tanto éxito que llamó la atención a Congresistas con un Presidente de un comité de seguimiento en Octubre de 1997 que comentaba favorablemente los resultados que "saltaban a la vista."[200] El programa de Fitts tenía el potencial de revolucionar la forma en que eran gestionadas grandes carteras de miles de millones de US$. El vicepresidente Al Gore y su Iniciativa para Reinventar el Gobierno le dio a su firma el Premio Hammer de Excelencia en Reingeniería del Gobierno. La innovación de Fitts también llamó la atención de poderosos individuos que lo vieron como una amenaza a la forma en que las finanzas eran seguidas en HUD y otras agencias del gobierno federal. El estatus quo permitía a las corporaciones conseguir grandes beneficios de la ineficacia del gobierno.

El trabajo pionero de Fitts se volvió en contra de ella en Junio de 1996 cuando un pleito *qui tam* (whistleblower) fue iniciado en contra de su empresa por un contratista rival en HUD que alegó que Fitts cometía un fraude del orden de 3,8 millones de US$. De acuerdo a la Ley de Falsas Reclamaciones Federales, un pleito *qui tam* [nota del traductor: Un pleito Qui Tam está iniciado por el gobierno USA contra ciudadanos privados por alegaciones falsas o fraude por otra parte, p.e. si sospechas que un contratado privado está defraudando al gobierno, inicias un qui tam que desencadena inmediatamente una vista judicial sobre una posible práctica ilegal] Tiene 60 días para ser investigado antes de que el juez federal llegue a un veredicto sobre la materia de la demanda y desvelar el *qui tam* para que el defensor pueda responder a las alegaciones. En lugar de esto, al Inspector General de HUD junto con el juez federal encargado del caso le llevó cuatro años antes que otro juez decidiera que las alegaciones carecían de substancia, desvelara al *qui tam* en julio de 2000. El gobierno entonces decidió terminar su papel en el caso.[201] Mientras esto pasaba, la empresa de Fitts era objeto de 18 auditorías e investigaciones, múltiples citaciones por miles de documentos, de no cobrar por HUD el dinero que se la debía mientras la 'investigación' seguía en curso. Sujeta a filtraciones a los medios y una campaña de calumnias que alejaban a potenciales inversores y últimamente atacada por agentes del Departamento de Justicia en 1998. El ataque destruyó efectivamente el programa Community Wizard y llevó a su fin a los esfuerzos de Hamilton Securities para sobrevivir al asalto legal que trajo importantes costes. Al final, la compañía de Fitts fue a la quiebra y Fitts quedó emocionalmente exhausta. Ella, no obstante, continuó luchando por su reputación, recobro por HUD, y exposición por mala conducta por el Inspector General de HUD al permitir que el pleito de *qui tam* siguiera durante cuatro años en 'expedición de pesca' [nota del traductor: 'fishing expedition' es una expresión coloquial en los

USA: significa buscar una práctica ilegal haciendo una serie de preguntas no relacionadas con el tema en cuestión con la esperanza de que alguna de las respuestas sea incriminatoria], mientras simultáneamente filtraba información falsa.[202]

Después de sus experiencias trabajando en HUD, como empleada (1988 -1989) y como contratada (1993 -1997) y observando de primera mano el crónico estado de las finanzas que no se podían contabilizar bajo reglas contable normales, Fitts llegó a la conclusión de estar llevada como 'una empresa criminal':

> En el verano de 2000, un miembro del equipo de personas para el Presidente del subcomité de asignaciones presupuestarias del Senado (con jurisdicción sobre HUD....) me dijo confidencialmente que ellos creían que HUD estaba siendo dirigida como una "empresa criminal". Le respondí que yo "no le llevaría la contraria" Llegar a esta conclusión era esperado desde hacía mucho tiempo. Me llevó muchos años de experiencia implementando reformas prácticas y eficaces al sistema de hipotecas de FHA (Federal Housing Administration o Administración Federal de Viviendas), sólo para que me rechazaran el sistema todos los esfuerzos para que me convirtiera meramente en una parte integral de una burbuja hipotecaria significativa y una operación de fondos de poca monta pero de origen dudoso o ilegal .[203]

El movimiento financiero fraudulento a través del HUD era posible por una auditoria de pobres estándares que permitía que se perdieran cada año miles de millones de US$.[204] En un informe de Marzo de 2000 el Inspector General de HUD, Susan Gaffney, informó un elevado número de 'ajustes' que se habían de hacer para explicar 59.600 millones de US$ que no se pudieron localizar en 1999:

> En aquellas fechas nosotros no continuamos nuestro trabajo de auditoría, un total de 42 ajustes con un total de 17.600 millones $ que habían sido procesados en esta forma para ajustar los balances finales del año fiscal de 1998. 242 ajustes adicionales que totalizaban cerca de 59.600 millones se tuvieron que hacer para ajustar la actividad del año fiscal 1999.[205]

Gaffney argumentó que los 'ajustes' eran causados por las dificultades de HUD en reconciliar los distintos sistemas de ordenadores. Un funcionario de HUD de nombre no conocido dentro rechazó la idea de que los ajustes fueran sólo problemas asociados a los diferentes sistemas de ordenadores:

> Todo lo que transpiraba en HUD no era accidental, y seguro que no es un fallo menor del ordenador. Cuando tomas las diferentes violaciones materiales de los más básicas reglas de gestión financiera y se comparan con el tiempo y el esfuerzo puestos en ellos para tener sistemas de primera clase es imposible explicarlo de otra forma que un importante fraude financiero.[206]

Tal fraude no hubiera sido posible sin la connivencia a alto nivel dentro de HUD. Surgieron alegaciones de una fuente anónima en HUD que el director, Mario Cuomo, sabía mucho acerca del destino de los 59.000 millones de US$ perdidos en 1999:

> Las pérdidas podrían haber sido más elevadas que los 59.000 millones de US$ pero no lo saben con certeza ya que la auditoria está incompleta. El Secretario Cuomo es muy listo en el control anormal, por tanto es ridículo creer que no sabía lo que pasaba.[207]

La confirmación de las pérdidas de HUD eran un problema endémico en lugar de peculiar en 1998 y 1999 viene de la Oficina del Congreso de Contabilidad General que dio a conocer un informe en 2003. Declaraba que en Enero de 2003 "por doceavo año consecutivo, la HUD OIG [Oficina del Inspector General] citó la falta de un sistema integrado de gestión financiera como una debilidad tangible en su auditoria de los asientos financieros departamentales."[208] Brevemente, se escapaban anualmente miles de millones de US$ de HUD y nadie sabía donde había ido a parar el dinero.

El análisis de Fitts del movimiento fraudulento de fondos a través de HUD, su despido inicial como Secretaria Asistente, y las dificultades posteriores que su compañía tuvo con HUD[209], indicaban que ella había tropezado con una de las estrategias utilizadas por la CIA para generar su secreto presupuesto negro. Fitts llegó finalmente a la conclusión que HUD estaba dirigida como una operadora de blanqueo de dinero para financiar proyectos negros.[210] Las cantidades sólo de HUD, 59.000 millones de US$ en 1999, eran mucho más grandes que los 3.500 millones del presupuesto anual estimado de la CIA que venía de las partidas asignadas del DoD. Los fondos perdidos de HUD, la supuesta participación del Director de HUD al permitir que los fondos se perdieran, y las dificultades que sufrió Fitts, apuntaban a que la CIA estaba detrás de los fondos perdidos en HUD. La CIA es la única agencia del gobierno que tiene la autoridad legal para permitir a los Directores de Agencias Federales que miles de millones de US$ se pierdan, o que sean blanqueados. Sus presupuestos transferidos a los 'presupuestos negros'. Vale la pena investigar la destrucción de la compañía de Fitts, Hamilton Securities Group para identificar cualquier huella de la CIA de encubrir la transferencia secreta de los fondos de HUD en lo que se puede argüir sean los presupuestos negros 'no oficiales' de la CIA.

De acuerdo con Uri Dowbenko que ha investigado extensamente el caso Fitts en su libro *Bushwaked*, la compañía rival en la contratación que llevó a los tribunales a Fitts, adquirió notoriedad por llenar pleitos ruidosos y 'protestas de puja' contra competidores.[211] La pequeña firma de inversiones en hipotecas del contratista aparentemente tenía, de acuerdo con Dowbenko. "hasta 17 empleados en las oficinas trabajando a tiempo completo en montañas de papeles relacionados con éste y otros casos"[212] La compañía rival podía tener simplemente una cuenta pendiente por perder el contrato de las hipotecas de HUD a favor de la empresa de Fitts. Otra explicación dada por Dowbenko es que la compañía rival podía estar simplemente frente a actores más poderosos que, amenazados por Hamilton Securities, la deseaban paralizar a través de onerosos procesos judiciales.

De acuerdo con Dowbenko, lo más revelador fue el comportamiento del juez federal a cargo del caso Fitts quien eventualmente presidía sobre el caso. Conforme a las transcripciones del tribunal, el juez inicial había indicado en 1996 que sería inapropiado extender el precinto [sobre el *qui tam*] sin pruebas y que a menos que las pruebas fuesen transferidas a otro juez federal de la Corte de Distrito del Distrito de Columbia. De acuerdo con Uri

Dowbenko, el nuevo juez trató de mantener ilegalmente una demanda *qui tam* bajo precinto durante casi 4 años. Esto sería un record "judicial".[213] El juez había dado múltiples prorrogas de 60 días para investigar más a fondo las alegaciones que el juez decía no estaban limitadas a la Ley de Falsos Testimonios de 60 días que aplicó a las investigaciones del Departamento de Justicia , ya que el Inspector General de HUD tenía independientemente citaciones y escogió continuar la investigación.[214] Prorrogando el *qui tam* de esta forma tan dudosa significaba que estaba mantenida bajo precinto evitando así que Hamilton respondiese a las alegaciones, y así prolongaba una elaborada 'expedición de pesca' que dejaría exhausta a Hamilton Securities.

Un factor significativo de fondo acerca del juez federal que presidia el caso Hamilton era que él era el Consejero General para la CIA antes de ser nombrado juez federal de la Corte del Distrito de Columbia por Ronald Reagan en 1985. La trayectoria del juez federal en la CIA y las continuas prolongaciones del caso *qui tam* que tuvo un cuestionable estatus legal y que fue finalmente desprecintado y por fin por el nuevo juez Federal nombrado para el caso después del retiro del anterior en 2000, de acuerdo con Dowbenko, apuntaba a un programa encubierto de la CIA para destruir Hamilton Securities.

Una conclusión de la investigación de Dowbenko es que la compañía de Fitts fue puesta en el punto de mira ya que trató de minar e incluso exponer la manera en que la CIA extraía secretamente partidas asignadas del congreso de HUD, o blanqueaba fondos a través de HUD y otras agencias del gobierno.[215] La CIA estaba utilizando su status legal único, de poder **transferir por ley** partidas asignadas del Congreso o 'blanquear dinero' través de otras agencias del gobierno federal, a financiar proyectos administrados por la comunidad de inteligencia, y destruir a cualquier individuo o compañía que amenazara con revelar tal proceso.

La amplia extensión de las irregularidades de auditoría crónicas para la mayoría de agencias gubernamentales sugería que no sólo era HUD la que estaba siendo utilizada por la CIA como vehículo para desviar dinero a su presupuesto negro 'no oficial'. Un Comité del Senado sobre la reforma investigó las prácticas de auditoría de las agencias del gobierno federal en 2001. El Presidente del Comité, el Senador Fred Thompson, hizo público un informe que encontraba que se utilizaban prácticas de auditoría inefectivas que eran endémicas y que llevaban a que se perdieran sumas anuales de miles de millones de US$ de la mayoría de agencias del gobierno.[216] En lugar de limitarse a las partidas asignadas a través del DoD (el presupuesto negro 'oficial'), algo que el Congreso tenía conocimiento y toleraba, las irregularidades de muchas agencias del gobierno eran posibles gracias a que la CIA estaba acumulando una porción notable de su 'actual' presupuesto negro a través de otras agencias gubernamentales.

**El Último Beneficiario del 'Presupuesto Negro' de la CIA: La Comunidad de Inteligencia y el Segundo Proyecto Manhattan**

El papel encubierto de la CIA destruyendo Hamilton Securities sugiere que los 59.000 millones de US$ perdidos de HUD en 1999 era alguna de las cantidades transferidas al 'presupuesto negro no oficial'. El estatus legal de tal transacción secreta sobre la base de la seguridad nacional significaba que la CIA podía hacer esto y es seguro que altos funcionarios en la HUD y el Departamento de Justicia cooperarían en mantener estas transferencias en secreto. El asalto legal sufrido por Hamilton Securities era indicativo de una operación encubierta de la CIA. Esto involucraba la cooperación de funcionarios en HUD, el DoJ (Departamento de Justicia) un juez federal y un antiguo contratado por HUD, en la destrucción de una compañía doméstica USA que había desarrollado tecnología que amenazaba con revelar dónde había ido a parar realmente el dinero perdido de HUD.

Estimaciones del presupuesto negro 'oficial' han sido mostrados anteriormente, que eran aproximadamente 3.500 millones de US$ y se pensó que había sido extraído de partidas del DoD. Si la CIA era el receptor del dinero perdido en HUD esto quería decir que la CIA era de hecho un conducto para fondos federales asignados y fondos no asignados que estaban canalizados a través de HUD y de la CIA. En lugar de que la CIA era el receptor de fondos del DoD, como se pensaba comúnmente, la CIA era financiando más probablemente por actividades de inteligencia y operaciones encubiertas conducidas a través de la comunidad de inteligencia asociada al DoD. Vale la pena explorar como la CIA podía haber desviado dinero a aquellos elementos de la comunidad de inteligencia asociados al DoD, y como estos fondos podían, a su vez, ser utilizados por la DoD y la comunidad de inteligencia para financiar un gran número de 'proyectos en negro profundo' que operaban fuera del sistema de supervisión desarrollado para proyectos regulares secretos financiados mediante asignaciones del Congreso. Estos programas clasificados de forma regular son 'Programas de Acceso Especial ' "no aplicados" en el DoD, y Programas de Acceso Encubierto 'no aplicados' en la CIA. A su vez, examino eventos alrededor del comienzo en la CIA y su relación con el DoD en poner en marcha y financiar conjuntamente a la comunidad de inteligencia asociada al DoD.

El final de la 2ª Guerra Mundial fue testigo de la disolución del predecesor de la CIA, la Oficina de Servicios Estratégicos (OSS) que había sido establecida en Junio de 1942, y encabezada por un civil, William Donovan.[217] Donovan reunió un colectivo de aventureros, intelectuales, y personal militar que llevaron a cabo numerosas actividades de inteligencia y operaciones encubiertas durante la guerra que tuvieron un éxito limitado. A la OSS, sin embargo, no se le confiaba la más sensible inteligencia de guerra por los dos principales servicios de inteligencia militar – la Oficina de Inteligencia Naval (ONI) y el G.2 del Ejército. El final de la Guerra significó que la inteligencia exterior y las operaciones encubiertas estaban dominadas de nuevo por los distintos servicios militares, el Departamento de Estado y el FBI (que tuvo extensas operaciones en América Latina) que sería muy protectora cuando se trataba de los datos de inteligencia más sensibles.

La estructura del sistema de la seguridad nacional en la posguerra estaba siendo debatido, y los servicios estaban en el candelero al oponerse a la formación de una agencia civil que jugase un papel decisivo en la inteligencia exterior reuniendo operaciones encubiertas.[218] Por supuesto, la idea de que los diferentes servicios de inteligencia militar que estuviesen encabezadas por una agencia civil habría sido un reto para el presidente Truman y sus asesores para defenderla. Esto era debido al papel representado por la inteligencia militar en conducir con éxito la guerra y el papel periférico jugado por la OSS. A pesar de la experiencia en el periodo de guerra y la sabiduría convencional de que los militares eran más que capaces de manejar las actividades relacionadas con la inteligencia, el tránsito de la Ley de Seguridad Nacional en 1947, llevó a la formación de una burocracia unificada de la defensa, el

Departamento de Defensa, tres servicios militares principales (Ejército, Marina y Fuerza Aérea) , y a la creación del Consejo de Seguridad Nacional y la CIA.[219] La CIA se convirtió en la cabeza formal de la Comunidad de Inteligencia USA responsable de coordinar y dotar de liderazgo a todas las actividades relacionadas con la inteligencia. Esto significaba que una organización basada en el modelo de guerra de relativamente pequeño formato que llevó a cabo operaciones encubiertas (la OSS) sería formalmente responsable de todas las actividades de inteligencia tanto militares como civiles. Esto representaba un cambio de mayor calado para los distintos servicios militares, pero acataron la decisión de Truman; pero lo hicieron en una forma que el DoD a través de sus varios servicios de inteligencia asociados mantenía un poder burocrático considerable al manejar la comunidad de inteligencia en asociación con la CIA.

Hasta 2005, el Director de la CIA (DCI) era la cabeza formal de la Comunidad de Inteligencia que comprendía la Agencia Nacional de Seguridad (NSA), la Oficina de Reconocimiento Nacional (NRO), las varias agencias de inteligencia militares y servicios de inteligencia de agencias civiles como el FBI y el Departamento de Estado. [220] Un nuevo cargo de Director Nacional de Inteligencia (DNI) fue establecido en 2004 después de pasar la Ley de Reforma de la Inteligencia.[221] El DNI tomó formalmente las funciones que previamente había realizado el DCI. Sería ahora, por tanto, el DNI en lugar del DCI la que encabezaría formalmente la comunidad de inteligencia y poner el corriente diariamente al Presidente. Sin embargo, el DCI aún era la cabeza formal de la CIA, una gran agencia gubernamental. El poder del DNI estaba mucho más limitado con sólo una oficina relativamente pequeña y recursos escasos para encabezar efectivamente la comunidad de inteligencia de los USA.

Mientras la CIA ha sido históricamente el compañero menor respecto al DoD cuando se trata de actividades de inteligencia y operaciones encubiertas, tiene una ventaja burocrática más grande sobre el DoD. Se refiere a la asignación del presupuesto negro para proyectos altamente secretos. Sería mucho más fácil para el Congreso aceptar la idea de un presupuesto negro 'oficial' sancionado por ley, si una agencia civil estaba a cargo de su mecanismo presupuestario inusual. Requeriría del Congreso un extraordinario grado de confianza que este mecanismo presupuestario no fuera objeto de abusos. El Congreso era bastante inflexible de que todas las asignaciones al DoD fueran gastadas de forma consistente con la ley. Por ejemplo, las resoluciones del Congreso y las promulgaciones.[222] Esto es lo que distinguía la democracia al estilo americano de un estado policial autoritario. Esto significaba que el poder del DoD para crear un 'presupuesto negro' estaría circunscrito por provisiones importantes del Congreso que gobierna los Programas de Acceso Especial Desconocido (USAP) así financiados.[223] La CIA proporcionaba la cobertura ideal para la creación de un presupuesto negro 'no oficial' que podía legalmente blanquear y transferir fondos a través de agencias de gobierno federales distintas del DoD. El receptor de los fondos del presupuesto negro no era la CIA como el Congreso pretendía que fuese en la Ley de la CIA, sino 'proyectos en negro profundo' ubicados institucionalmente entre diferentes ramas de la comunidad de inteligencia, los servicios militares, el Departamento de Energía (DoE) y selectas compañías privadas.

Una importante fuente de información acerca de cómo la CIA ha utilizado el presupuesto negro para encubrir acciones es el Coronal Fletcher Prouty. Prouty era Jefe de Operaciones Especiales para la Junta de Jefes de Estado Mayor desde el año 1955 a 1964 en que fue responsable del soporte militar de las operaciones encubiertas de la CIA. Él también estaba tan alarmado por lo que fue testigo, en 1972, escribió un libro poniendo al descubierto la influencia de la CIA en los USA y el mundo.[224] Según Prouty, la CIA desvió fondos y recursos del Pentágono y otras agencias del gobierno para operaciones encubiertas que no estaban aprobadas ni por la rama ejecutiva ni por la rama legislativa del gobierno. Más inquietante aún, la CIA había colocado sus activos y agentes en virtualmente todos los departamentos del gobierno federal, incluyendo el militar para ganar soporte institucional para sus operaciones, sin la especie de seguimiento o rendición de cuentas. Prouty cree que el rápido crecimiento de las operaciones encubiertas de la CIA desde 1949 representa una importante amenaza al gobierno constitucional, y a los estándares militares profesionales.

Las actividades de la CIA beneficiaban exclusivamente a los intereses de lo que Prouty describió como una "Élite del Poder" que estaba formada esencialmente por un gobierno secreto, no elegido, que utilizaba instituciones y personal visibles para sus objetivos.[225] El personal reclutado por la Élite del Poder para manejar sus intereses constituyen un "Equipo Secreto" que de acuerdo a Prouty eran:

> ... individuos con pase de seguridad de dentro y de fuera del gobierno, quienes reciben datos secretos de inteligencia recogidos por la CIA y la Agencia Nacional de Seguridad (NSA) ... pertenencia al Equipo, garantizados en base a "necesidad de saber", varia con la naturaleza y ubicación de los problemas que llegan a su atención. El Equipo Secreto tiene fuertes y cercanas afiliaciones con elementos de poder en unos sesenta países extranjeros y puede, si así lo desea, derribar gobiernos, crear gobiernos, e influenciar gobiernos en casi todos los países del mundo.[226]

La "Élite del Poder" a través de sus Equipo Secreto reclutado especialmente tenía a su cargo, en último término la vasta red de recursos, personal y operaciones encubiertas de la CIA que se aprovechaba de explotar otras ramas del gobierno USA y que podía derribar gobiernos nacionales. La Élite del Poder era también responsable, en último término, de cómo la CIA podía extraer fondos del presupuesto negro para dar soporte a operaciones encubiertas y "proyectos negros profundos". Como en todas las operaciones encubiertas de la CIA, era necesaria una cobertura adecuada para esconder la manera real en que se extraía la financiación.

El presupuesto negro 'oficial' de la CIA es la cobertura de cómo es realmente financiada la gran red de proyectos negros profundos que es manejado por miembros de la comunidad de inteligencia USA, servicios militares, Departamento de Energía, y selectas compañías privadas,. La CIA podía proporcionar financiación suficiente para un extenso número de 'proyectos negros profundos' completamente separados de las partidas asignadas regulares del DoD reservadas para la comunidad de inteligencia. Los analistas del presupuesto y el público en general no son conscientes de cómo las distintas ramas de los militares, la comunidad de inteligencia, el Departamento de Energía y las empresas privadas estaban llevándose proyectos financiados por los fondos desviados por la CIA.

Un arreglo en fondos secretos entre la CIA y los distintos servicios militares de forma que se pasaran por encima las restricciones presupuestarias en las actividades asociadas al DoD ofrecería considerables ventajas mutuas a la CIA y al DoD. Ambas podrían crear en proyectos negro profundo fuera de la asignación normal del Congreso y el proceso de vigilancia del DoD. La CIA tiene el poder legal para transferir secretamente partidas asignadas desde otras agencias del gobierno y mover estos fondos a cualquier operación que crea necesaria. La Ley de la CIA de 1949 describe este poder como sigue:

> Las sumas que se hacen disponibles para la Agencia pueden ser gastadas sin tener en consideración las provisiones por ley y las regulaciones relativas a los gastos de estos fondos del Gobierno; y para objetos de gran confidencialidad, extraordinarios o de una emergencia, tales gastos son contabilizados por sólo un certificado del Director.[227]

Como deja claro esta cláusula, el Director de la CIA puede utilizar los fondos del presupuesto negro "sin tener en consideración las provisiones de la ley." Esto significa que el DCI tiene un enorme poder en financiar 'programas negros profundos' y pasándose por alto cualquier restricción legal o presupuestaria dónde el DCI considera que un proyecto es "extraordinario" o "de naturaleza de emergencia". El DCI podrá evitar que el Inspector General de la CIA, un funcionario independiente nombrado por el Congreso – de llevar a cabo una auditoria del presupuesto de la CIA o exponiendo la dimensión actual del presupuesto negro. El relevante estatuto desde la Ley de la CIA vale la pena señalarlo ya que es la única restricción que no se encuentra en el caso del poder de los Inspectores Generales de otras agencias federales:

> El Director puede prohibir al Inspector General iniciar, llevar a término, o completar cualquier auditoria, inspección o investigación, o instando una citación, después de que el Inspector General ha decidido iniciarla, llevarla a cabo o completar tal auditoria, inspección o investigación o instar tal

citación, si el Director determina que tal prohibición es necesaria para proteger la vital seguridad nacional.[228]

La cláusula anterior contradice directamente el importante estatuto federal que gobierna los Inspectores Generales en otros departamentos y agencias del gobierno: "Ni el responsable del establecimiento ni el funcionario de rango inferior a este responsable impedirán o prohibirán al Inspector General iniciar, llevar a cabo, o completar cualquier auditoría o investigación, o de emitir una citación durante el curso de cualquier auditoría o investigación."[229]

Otra ventaja de tener la Ley de la CIA como el fondo no oficial de financiación era que los distintos servicios militares, agencias de inteligencia, Departamento de Energía, y corporaciones privadas, podrían proporcionar infraestructura física y personal para los proyectos negro profundo financiados por el presupuesto negro la CIA.[230] Algunos de estos fondos vendrían 'legalmente' de asignaciones de otros departamentos y agencias gubernamentales que originalmente tenían otra finalidad. Esto permitía a los servicios de inteligencia asociados a la DoD pasar por alto el requerimiento del Congreso que no se emplearan partidas asignadas por el DoD "a menos que los fondos hubieran sido específicamente autorizados por ley".[231] En esencia, el DoD y el DCI estaban colaborando en saltarse el intento del Congreso destinado a evitar que el DoD nunca utilizara fondos fuera del proceso de la asignación del Congreso.

Una ventaja mutua adicional era que la CIA podría jugar un rol consultivo significante en las distintas agencias de inteligencia asociadas al DoD tanto en actividades de inteligencia como en operaciones encubiertas. Tales operaciones estarían fuera del proceso de vigilancia regular del Congreso, la Oficia Ejecutiva e incluso el DoD. Esto permitiría a los profesionales de seguridad dentro de las agencias de inteligencia militar en lugar de los designados por el Congreso, la Oficina Ejecutiva y el DoD tomar decisiones en la vigilancia de los 'proyectos negros profundos' que pudieran inmiscuirse en cualquier financiación de algún proyecto negro no oficial que la CIA pudiese levantar. La única restricción era la voluntad de los directores de las distintas agencias del gobierno el permitir que una parte de las asignaciones de sus presupuestos fueran a la CIA y entidades del DoD en la comunidad de inteligencia. De los directores también se esperaba que encubrieran el movimiento de importantes sumas de dinero que la CIA había levantado en alguna parte y que se estaba blanqueando a través de aquellas agencias. Aún más perturbador, hay un creciente cuerpo de pruebas que la porción de los fondos blanqueados por la CIA a través de las agencias del gobierno tales como HUD viene del crimen organizado y el comercio de drogas.[232]

**Crimen organizado, drogas y la CIA**

Alegaciones de vínculos entre la CIA y el comercio de drogas atrajo la atención del público por primera vez en el 1970 cuando un buen número de funcionarios públicos plantearon pruebas de tales vínculos. Uno de estos era el antiguo oficial de policía del Departamento de Policía Los Ángeles (LAPD), Michael Ruppert. En 1977, como resultado de una investigación oficial del tráfico de drogas en Los Angeles Rupert reveló las pruebas de que la CIA estaba jugando un papel activo en traer la droga a New Orleans y Los Ángeles. Cuando Rupert reveló la información a sus superiores en la LAPD, fue objeto a vigilancia, acoso y robos que eventualmente le llevaron a su dimisión.[233]

Otro funcionario clave es el agente de la Agencia de Imposición de Drogas, Celerino Castillo III, que era un destacado agente de la DEA en Guatemala y descubrió que la CIA estaba involucrada en el tráfico de drogas para conseguir fondos para sus operaciones encubiertas, En una declaración escrita al Comité Selecto de la Casa Permanente sobre Inteligencia, Castillo dio información detallada de un buen número de operaciones que se llevaban a cabo que involucraban a la CIA y los carteles organizados del crimen[234] Celerino afirmó:

> La clave para entender la epidemia de "cocaína crack" que explotó en nuestras calles en 1984, descansa en la comprensión de los efectos del descuido del Congreso en las operaciones encubiertas. En este caso la enmienda Boland de la época, mientras intentaba

> restringir las operaciones encubiertas como quería la voluntad del Pueblo, sólo sirvió para animar a la CIA, a los militares y a elementos de la comunidad de inteligencia, a pasar por alto al Congreso y la Constitución en una ávida política encubierta y utilizada a menudo para financiar operaciones prohibidas con el dinero de la droga.[235]

Otro destacado funcionario era el Coronel de Marines James Sebow, el tercero en el mando de la base aérea de El Toro, California, quién descubrió pruebas que en vuelos de carga de C-130 que llegaban a la base desde América Central estaban cargados con drogas. Sebow comunicó sus hallazgos al mando de la base, Coronel Joseph Underwood, y entonces se encontró, junto al Coronel Underwood, que era objeto de investigaciones por ofensas menores, era retirado del mando y amenazado con Corte Marcial si no cooperaba en la investigación. El 22 de Enero de 1991, Sebow fue encontrado muerto, aparentemente por suicidio, pero una investigación por miembros de su familia y seguidores revelaban pruebas de que, de hecho, había estado asesinado por lo que había descubierto.[236] El día antes de su muerte, la viuda de Sebow recordó una conversación que mantuvo con el Col. Underwood que había parado para una visita:

> Underwood se detuvo y repetidamente intentó hablar con Jimmy para que aceptara un retiro anticipado para evitar la Corte Marcial. Jimmy se opuso a ello con firmeza. En esto Underwood se irritó. Sally declaró "nunca había visto una cara tan enfadada como la de Joe cuando Jimmy dijo que no se retiraría y llevaría todo aquel asunto a una corte marcial si era necesario. Underwood saltó y dijo: "Tú no irás nunca a una corte marcial y quiero decir ***nunca***![237]

Los acontecimientos que rodearon la muerte de Sebow apoyan las alegaciones que él había desvelado una operación de drogas en los USA que se estaba llevando a cabo por la CIA y que fue asesinado para evitar que fuera dado a conocer.

El 12 de Julio de 1985 notas personales de Oliver North, utilizadas por su defensa legal durante sus varios juicios y vistas del Congreso sobre su papel en la venta de armas a la Contra nicaragüense, North se refirió a una reunión con miembros del NSC y la CIA. En ella, se mencionaron 15 millones de US$ como los fondos que los rebeldes de la Contra conseguirían del tráfico de drogas.[238] La confesión de North no tuvo demasiada cobertura en la prensa a pesar de la aparente confirmación de que la CIA era cómplice en el uso de drogas como pago por operaciones encubiertas.[239] Se puede inferir que los esfuerzos de North eran un esfuerzo amateur por el 'equipo de base' de la NSC para conseguir ingresos para las operaciones encubiertas del NSC. Estos esfuerzos estaban modelados en una actividad encubierta, que tuvo mucho más éxito, por la CIA en utilizar el comercio de drogas como pago.

El caso más conocido de una relación entre la CIA y el tráfico de drogas surgió de la investigación pionera de periodismo de investigación de Gary Webb en 1996 quien publicó la serie "Alianza Oscura" en el San José Mercury en el verano de 1996.[240] Webb presentó un caso convincente en el que la CIA jugó un papel al permitir que el dinero de la droga fuese utilizado para financiar a los rebeldes de la Contra en Nicaragua. Mientras que la serie de Webb estaba enfocada en los procedimientos de las actividades de la droga que iba a la Contra, su conclusión era que la CIA estuvo en connivencia en este esfuerzo y aportó alegaciones más amplias de que la CIA que había utilizado el tráfico de drogas para financiar operaciones encubiertas.

La serie de artículos de Webb generaron un intenso interés nacional hasta la publicación de una investigación 'independiente' por el Washington Post el 4 de Octubre de

1996, que afirmaba que no habían pruebas suficientes para apoyar las alegaciones de Webb.[241] El New York Times y Los Ángeles Times siguieron el 20 de Octubre con los artículos igualmente críticos.[242] Las críticas empezaron a crecer y eventualmente llevaron a que los editores del San Jose Mercury dieran excusas por los 'errores' en la serie Alianza Oscura de Webb y éste fue trasferido a una oficina de noticias menos importante.[243] Disgustado, Webb dimitió en Noviembre de 1997, acabando una carrera de 19 años como periodista.

Uno de los dos escritores del artículo del Washington Post había recibido previamente tareas con la CIA insuflando alegaciones de que era un activo de la CIA. Esto generó la posibilidad de que el Post hubiera sido cooperante en una campaña encubierta para socavar el trabajo de Webb. Las historias críticas del New York Times y de Los Angeles Times dependían de 'fuentes sin nombre' similares a la del articulo del Post levantando más aún la posibilidad que Webb hubiera sido víctima de una operación encubierta de la CIA a través de periódicos del 'establishment' para desacreditar sus hallazgos.[244] En Enero de 1998, el Inspector General de la CIA publicó un informe exonerándola de cualquier papel en el tráfico de drogas.[245]

Hasta ahora, he demostrado la existencia de un presupuesto negro creado por la CIA que burla el intento del Congreso de utilizar las apropiaciones de distintos departamentos y agencias federales. Esto incluye el blanqueo de fondos posiblemente obtenidos del crimen organizado y del tráfico de drogas.

## Estimación de la Dimensión del Presupuesto Negro 'no oficial'

Utilizando las estimaciones de Fitts del dinero perdido en HUD y el conocimiento del proceso de asignación de partidas presupuestarias, se puede estimar una cifra más exacta del presupuesto negro 'no oficial' que nutre a la comunidad de inteligencia asociada al DoD. Se ha de resaltar que es sólo la CIA la que tiene la autoridad del Congreso para sacar asignaciones presupuestarias a través de otras agencias del gobierno 'sin cumplir ninguna provisión de la ley' o 'uso intencionado de partidas'. Esto significa que el dinero que falta de las partidas del Congreso u otras agencias estaría inicialmente desviado a través de la CIA y ninguna otra agencia de inteligencia. Otras agencias en la comunidad de inteligencia reúnen sus partidas a través del DoD que genera el presupuesto negro 'oficial' a través de epígrafes ficticios en su presupuesto anual. Por consiguiente, se puede concluir que 'el dinero de las partidas' canalizado a través de HUD y de otras agencias va al presupuesto negro 'no oficial'. A su vez, este dinero va directamente a programas en negro profundo ubicados en servicios militares, comunidad de inteligencia, Departamento de Energía, y empresas privadas.

El presupuesto negro 'no oficial' de la CIA no aparecería por tanto en el presupuesto del DoD como un epígrafe simple de una sola línea sino que serían movidos durante el año mediante los mecanismos presupuestarios del DoD de forma que evitarían el seguimiento financiero. Una descripción de este proceso aparece en el libro de Tim Weiner, *Cheque en Blanco, El presupuesto negro del Pentágono.*:

> Una manera en que el Formulario [Formulario 1080, Justificante de Transferencia entre Partidas y/o Fondos] es utilizado para permitir que el dinero fluya del Tesoro al Ejército, o de una cuenta del Ejército a otra, es para un oficial rellenar el formulario 1080. El tesorero firma entonces el formulario y entrega el cheque del Tesoro. El 1080 justifica que el dinero ha sido utilizado para pagar los costes de programas autorizados. Crea una traza de auditoría - una pista de documentación en papel que muestra como circula el dinero.[246]

Una estimación de la dimensión del presupuesto negro de la CIA, no tendría por tanto en consideración los movimientos de fondos a través del DoD. De acuerdo a un periodista de investigación, Kelly O' Meara, el uso de una batería de mecanismos contables tales como "entradas no soportadas", "debilidad de control material" "registros ajustados", "desembolsos sin par", "balances anormales", y "diferencias irreconciliables" son la evidencia de que grandes sumas de dinero son movidos a través del DoD sin ser explicados. Desde que el Inspector General del DoD tiene un cierto grado de independencia, trazas del presupuesto negro de la CIA pueden aparecer como anomalías de auditoría utilizando algunos de los términos que describe O'Meara. David K. Steensma Inspector Asistente en funciones para la auditoría del DoD, escribió en 2002 un informe que "el DoD procesa 1,1 millón de millones de US$ en entradas sin soporte contable a los datos financieros del DoD utilizados para preparar los informes departamentales y los estados financieros del DoD para el año fiscal 2000."[248] Elaborados sobre la importancia de los informes del Inspector General del DoD, O'Meara ha escrito:

> El adjunto al Inspector General en el Pentágono lee un resumen de 8 páginas de los fallos fiduciarios del DoD. Él admite que ajustes por 4,4 millones de millones de US$ en los libros del Pentágono han sido cocinados para compilar los estados financieros requeridos y que aquellos 1,1 millones de millones no podían ser apoyados por información fiable. En otras palabras, al final de un año completo en la supervisión de Bill Clinton, más de 1 trillón (1 millón de millones se habían evaporado y nadie sabía seguro cuándo, dónde o a quién habían ido a parar.[249]

De acuerdo con la Oficina del Inspector General, las irregularidades contables del año fiscal 1999 eran incluso más grandes, totalizando 2,3 trillones (millones de millones) de US$ y por el año 1998 1,7 trillones (ver Tabla 4)

Los informes del propio Inspector General son una importante prueba de que trillones de US$ fueron desviados a través del Departamento de Defensa (DoD) durante el periodo fiscal 1998-2002.[250] Utilizando las anomalías contables y los informes del Inspector General, puede ser deducido que las estimaciones de dinero perdido del DoD de Fitts y O'Meara se aproxima sensiblemente al presupuesto negro 'no oficial' de la CIA. Por consiguiente, el presupuesto negro de la CIA se aproxima a entre 1,1 y 1,7 trillones (millones de millones) de US$ - una cifra verdaderamente pasmosa cuando se considera que el presupuesto de todo el DoD para 2009 será de unos 515 miles de millones de US$. [251] Incluso la vasta financiación del DoD en términos de personal, sistemas de armamento, e investigación en 'sistemas convencionales de armamento' queda pequeño comparado con la financiación encubierta y resulta ser tres veces el del DoD en financiación del sistema militar.

La enorme dimensión del presupuesto negro 'no oficial' sugiere fuertemente que se ha hecho un esfuerzo colectivo de la CIA, los servicios militares, la comunidad de inteligencia y el Departamento de Energía, para financiar una red de proyectos de alto secreto, tan grande que deja muy pequeño el proyecto Manhattan original llevado a término en los Laboratorios Nacionales de Los Álamos durante la 2ª Guerra Mundial.[257] El proyecto Manhattan original cuyo objetivo era el desarrollo de la bomba atómica para utilizarla contra el régimen nazi de Alemania. La red de proyectos financiados por el presupuesto negro de la CIA tiene como objetivo desarrollar un conjunto de armas avanzadas para usarse frente un adversario del cual su existencia permanece aún en secreto.[258]

**Tabla 4. Departmento of Defensa (DoD) - Entradas Contables Sin soporte 1998-2003**

| Año Fiscal | Entradas Sin soporte US$ | Fuente | Anotaciones Destacadas |
|---|---|---|---|
| 2002 | No revelado debido a irregularidades contables | Informe de Auditor Independiente | "la gestión financiera y sistema alimentador del DoD no puede actualmente proporcionar pruebas adecuada para apoyar varios montantes materiales en los estados financieros. Por tanto no podemos realizar la auditoria para apoyar los montos materiales en los estados financieros."[252] |
| 2001 | No revelado debido a irregularidades contables | Informe de Auditor Independiente | "No obtuvimos la materia de pruebas suficiente y competente para apoyar las líneas materiales en los estados financieros ... el alcance de nuestro trabajo no era el suficiente para permitirnos expresar, y no lo hacemos, una opinión sobre aquellos estados financieros" [253] |
| 2000 | 1,100 mil millones de US$ (1,1 trillones) | Oficina del Inspector General, Auditoría | "De los $4.4 trillones en entradas a nivel de departamento, $2.8 trillones eran apoyados con búsqueda apropiada, reconciliación, y pistas de auditoría. Sin embargo, contabilidad a nivel departamental entradas de 1,1 trillones de US$ están sin soporte o impropias."[254] |
| 1999 | 2,300 miles de millones 2,3 trillones) de US$ | Oficina del Inspector General, Auditoría | "...entradas de 2,3 trillones a nivel de departamento para forzar que los datos financieros concordaran con varias fuentes de datos financieros sin la investigación y reconciliación adecuada, forzamos datos de comprador y vendedor en preparación para eliminar entradas, no contenían información adecuada y pistas de auditoría, o no seguían principios contables."[255] |
| 1998 | 1,700 miles de millones (1.7 trillones) | Declaración del Inspector General | "... las declaraciones finales estaban más extemporáneas que nunca y un registro de 1,7 trillones de ajustes no soportados tuvieron que ser hechos en preparación de las declaraciones."[256] |

Será por tanto necesario de ahora en adelante referirnos a esta red de proyectos de alto secreto como el segundo Proyecto - 'Manhattan II' que es el destinatario último del presupuesto negro 'no oficial' de la CIA.

**Descuido del Presupuesto Negro 'no oficial' de la CIA & Manhattan II.**

Considerando la dimensión asombrosa y la fuente de financiación no convencional para Manhattan II, vale la pena explorar cómo ha evolucionado el descuido de tanto el presupuesto negro 'no oficial' y el proyecto Manhattan II. Vale la pena investigar a quien responden los responsables de programa de proyectos financiados por el presupuesto negro 'no oficial' de la CIA. La amplitud y el secreto que rodean Manhattan II desde su intercepción en cierta época durante la administración Truman le coloca fuera del proceso político convencional dónde el nombramiento de líderes civiles clave está sujeto a la política de partidos. La política de partidos podría comprometer el secretismo de Manhattan II y el presupuesto negro que lo financia.

El proceso político convencional tiene poca influencia en el nombramiento del alto personal militar. Ellos sufren un proceso de primero ser recomendado al Presidente por importantes consejos de promoción del DoD, ser nombrados por el Presidente, y finalmente confirmados por el Senado. Mientras que el liderazgo militar del DoD está fuera de la arena política de los partidos, no es el mismo caso para el nombramiento de civiles para posiciones clave como Secretarios, Secretarios adjuntos, y Subsecretarios de los distintos servicios militares en el DoD en cada nueva administración.

Los oficiales de alto rango militares pueden estar generalmente al corriente de Manhattan II sin tener conocimiento detallado del presupuesto negro que lo financia, o los proyectos en negro profundo dentro de él. Para tener conocimiento en detalle, has de pertenecer al sanctasanctórum de los funcionarios de la seguridad nacional, o 'Equipo Secreto' como Fletcher Prouty se refería:

> Uno de las más potentes armas en la mayoría de las capitales del mundo es la exclusión. Para serte denegado el estatus de "need to know" (necesita saber) como el ser un miembro del Equipo, aunque se puede tener todos los pases necesarios, es totalmente excluido o eliminado de posteriores participaciones. Políticamente, si eres apartado del Equipo y del círculo íntimo de conocimiento, estás muerto.[259]

Es probable que los líderes del DoD que son nombrados políticamente, tienen poco conocimiento substancial del Manhattan II. Ellos probablemente tienen como sus jefes de tarea, asegurando el secretismo del Manhattan II y el del presupuesto negro por la CIA que lo alimenta. Así, el Secretario de Defensa no tendría ningún papel formal en el seguimiento de Manhattan II, mucho menos aún del presupuesto negro que lo sostiene. Ni el Manhattan II está controlado por la Junta de Jefes de Estado Mayor y los Directorados para la Inteligencia (J-2) y Operaciones (J-3) que son responsables de la inteligencia y las funciones operativas del DoD. Esto queda vívidamente ilustrado en el caso del Almirante Thomas Wilson antiguo director de la inteligencia, J-2, en la Junta de Jefes de Estado Mayor. Cuando Wilson fue avisado de la existencia de proyectos negros relacionados con la tecnología extraterrestre, pidió información. Se le dijo: "Señor, Ud. no tiene el necesito saber. No se lo podemos decir."[260] de acuerdo con fuente fiable, las primeras personas que negaron a Wilson incluso no eran personal del DoD, sino contratados privados, la mayoría abogados."[261] Como diría Prouty, Wilson no formaba parte del "Equipo Secreto" del mundo militar y corporativo sentado en la poltrona, aprobados por el Gobierno Secreto ("Élite del Poder") para tener acceso a tal información.

También es poco probable que tanto el Director de la CIA (DCI) como el Director de la Inteligencia Nacional (DNI estén totalmente informados de la extensión del presupuesto negro 'no oficial', las actividades que utiliza para obtener dinero para él, y el segundo proyecto Manhattan que lo financia. El DCI como casi todos los jefes de las agencias y departamentos nombrados por el Presidente y confirmados por él, están sujetos al proceso político de partidos. Hasta la administración Carter, la tradición era que el nombramiento de un DCI no estaría politizado. No obstante, el Presidente Gerald Ford abandonó efectivamente esta tradición con el nombramiento de George Bush como DCI en 1975.262 El Presidente Carter nombró al Almirante Stansfield Turner como el nuevo DCI en 1977. A su vez fue reemplazado como DCI por William Casey, nombrado por el presidente Reagan en 1981.

Dada la naturaleza política partisana del DCI desde Bush, es probable que mucha de la autoridad presupuestaria del DCI fuera secretamente delegada a un organismo que formalmente juega el papel de vigilante clave para el presupuesto negro 'no oficial' y el proyecto encubierto Manhattan II al que financia. Los poderes delegados derivan de la administración Truman en forma de órdenes del Ejecutivo y/o de las directrices del Consejo de Seguridad Nacional no publicadas en la Gaceta Federal USA requeridas por todas las órdenes del Ejecutivo.[264] Estas órdenes del Ejecutivo no publicadas y las directrices del NSC permanecen por tanto en secreto. Ellas han sido reafirmadas y gradualmente expandidas por siguientes administraciones presidenciales. El resultado es que la última supervisión del presupuesto negro del Manhattan II permanece firmemente fuera del proceso de seguimiento convencional.

El seguimiento efectivo de Manhattan II viene de un 'comité ejecutivo' establecido para hacerlo inmune a la política de partidos. Esto asegura que el secretismo estricto puede ser preservado y evitadas las filtraciones motivadas políticamente. El poder y recursos delegados en este 'comité ejecutivo de seguimiento' para el Manhattan II por la Oficina Ejecutiva, y su papel en asegurar que el 'presupuesto negro' se utiliza correctamente y se mantiene en secreto para el gran público justifica su descripción como 'gobierno en la sombra'.[265]

**Conclusión: Financiación Encubierta para Proyectos Extraterrestres**

El método utilizado en guiar mi análisis en este capítulo es seguir la pista del dinero creada por el presupuesto negro de la CIA. Esto permite un buen número de ideas que se pueden extraer acerca de las instituciones que juegan papeles clave en generar, proteger y distribuir fondos de presupuesto negro. Ha sido crucial en este análisis la experiencia de individuos y compañías tales como Catherine Fitts y Hamilton Securities quienes experimentaron lo que la evidencia indica era una campaña encubierta orquestada por la CIA para desacreditar la reforma en el seguimiento financiero. Estas reformas amenazaban con hacer más transparentes los flujos financieros de HUD y otras agencias del gobierno. Los sistemáticos problemas contables experimentados por HUD y otras agencias apunta a la existencia de un presupuesto negro no oficial de más de un trillón (un millón de millones) anuales. La dimensión del presupuesto negro y de las actividades de la CIA utilizadas para generar fondos para ello, apuntan a una vasta red secreta de proyectos financiados fuera de las partidas presupuestarias del proceso del Congreso. Lo que sigue es la discusión de algunas de las conclusiones primeras que se pueden extraer, y argumentos hechos relativos al presupuesto negro 'no oficial' y el proyecto Manhattan II al que financia.

Vale la pena repetir que la CIA está autorizada legalmente por el Congreso a transferir, "sin tener en cuenta cualquier provisión de ley", fondos de otras agencias del gobierno para la generación de un presupuesto negro. Hay muchas pruebas que la CIA utiliza este poder para saltarse la ley para complementar cualquier fondo que puede generar por las partidas del Congreso, con fondos obtenidos a través del tráfico de drogas y del crimen organizado. Estos fondos son entonces blanqueados a través de distintas agencias gubernamentales, departamentos y compañías privadas. La suma total anual del presupuesto negro se estima mejor a través de anomalías contables en el principal receptor de todos los fondos del presupuesto negro, el DoD. Los fondos, alrededor de 1,1 trillones (millón de millones) y posiblemente 1,7 trillones, financian una red de actividades de inteligencia encubiertas que colectivamente constituyen el segundo Proyecto Manhattan.

La supervisión del proyecto Manhattan II tiene lugar fuera del sistema de supervisión convencional que podría fácilmente verse comprometido por políticas de partido. El sistema de seguimiento que ha evolucionado ha sido muy exitoso al dividir las diferentes funciones para el Manhattan II en formas que las rivalidades del equilibrio institucional entre las organizaciones de seguridad nacional sin comprometer el secretismo. De este modo, la CIA genera el presupuesto negro, y transfiere estos fondos a proyectos ubicados institucionalmente en los servicios militares, comunidad de inteligencia y Departamento de Energía. Estas diferentes entidades del gobierno y de los militares, a su vez, contratan empresas privadas y/o proporcionan los necesarios recursos militares para estos programas encubiertos. Los programas están alojados en laboratorios nacionales, bases militares, compañías privadas o en otras ubicaciones secretas. Los directores de los programas de cada uno de los proyectos secretos asociados al Manhattan II responden directamente a un 'comité ejecutivo' fuera del proceso regular de seguimiento del DoD, CIA, Congreso, la oficina Ejecutiva, la recién creada oficina del Director de la Inteligencia Nacional, e incluso la Junta de Jefes de Estado Mayor.

Las respectivas inteligencias, defensa y comités de partidas presupuestarias en el Congreso USA proporcionan legitimidad para el Manhattan II y el presupuesto negro que lo financia no revocando los poderes presupuestarios cedidos a la CIA desde la Ley de la CIA. Finalmente, la Oficina Ejecutiva a través del Consejo de Seguridad Nacional emite las necesarias órdenes ejecutivas/ directrices de NSC para coordinar las funciones y actividades en todas las ramas del gobierno con el fin de gestionar Manhattan II. Cada rama del sistema de la seguridad nacional juega un papel importante en Manhattan II sin que esté totalmente en control. Esto asegura una división de poderes de acuerdo a las diferentes funciones requeridas para Manhattan II. La supervisión efectiva del Manhattan II, sin embargo, viene de un 'comité ejecutivo' que es inmune a proceso de partidos, fuera de la arena pública, y cuyos poderes de supervisión y control de recursos los hace un 'poder en la sombra'

Se necesita poner énfasis que el presupuesto negro 'no oficial' y el Proyecto Manhattan II han evolucionado legalmente en las formas que respondan a las contingencias de la seguridad nacional que aún no han sido reveladas al público americano. El adversario secreto para este elaborado sistema secreto es presuntamente una 'amenaza potencial' que garantiza una red extraordinaria de programas encubiertos que hacen pequeño el Proyecto Manhattan original. Anualmente la red consume entre 1,1 y 1,7 trillones de US$ (millones de millones) de una forma no transparente.

La 'amenaza potencial' que guía el Manhattan II es una presencia extraterrestre no revelada sujeta a acuerdos y proyectos conjuntos que causa el que se mantenga altamente secreto. Manhattan II puede, sin embargo, ser finalmente revelado como una vasta red de proyectos encubiertos relacionados con la presencia extraterrestre. En particular financia proyectos encubiertos asociados con la ingeniería inversa de vehículos extraterrestres, desarrollo de tecnologías avanzadas basadas en información suministrada por extraterrestres, la creación de base profundas subterráneas, y la creación de flotas de vehículos de reproducción alienígena. Algunos de estos proyectos encubiertos vienen de acuerdos con extraterrestres examinados en el capítulo primero que conducen a un buen número de problemas globales. La importancia de Manhattan II es la respuesta a la presencia extraterrestre es tal que la CIA ha utilizado, evidentemente, redes del crimen organizado y el tráfico de drogas como fuente de financiación.

No está claro cuando el alcance e impacto del Manhattan II será revelado al público americano. La revelación de Manhattan II tiene tremendas consecuencias políticas públicas. Estas incluyen una creciente pérdida de confianza en las agencias del gobierno, pérdida de moral entre los altos funcionarios y agencias instruidos en encubrir transacciones del `presupuesto negro, la no transparencia en el flujo de las partidas del gobierno, la persecución de políticos y líderes de empresas que descubren la contabilidad fraudulenta, el blanqueo de dinero que ocurren con el presupuesto negro. Estas consecuencias han de ser objeto de un examen serio de la necesidad de mantener el secretismo de Manhattan II y del presupuesto negro 'no oficial' que lo financia.

Finalmente, la presencia extraterrestre hacia la cual es dirigido el Manhattan II requiere una inmediata desclasificación. Hay peligros inherentes en presentar a los extraterrestres como una 'amenaza potencial' de una manera no transparente e irresponsable dónde el público en general no juega ningún papel. Esta presentación no sólo conlleva un riesgo estratégico para una efectiva política nacional de seguridad respecto a la vida extraterrestre (que se examina en el capítulo cinco), está totalmente fuera de las restricciones morales/legales que emergerán probablemente de un vigoroso debate público en sociedades democráticas.

Manteniendo un enorme presupuesto negro para financiar una red de proyectos encubiertos como política imperativa, no trata los asuntos morales, legales y estratégicos que requiere una política comprehensiva en respuesta a una presencia extraterrestre.

## Notas finales. Capítulo Tres

[166] Deseo reconocer a Hugh Matlock su hospitalidad, el estímulo intelectual, y el ambiente de investigación para completar la versión inicial de este capítulo. Muchas gracias a Art Miller por su ayuda en la impresión y distribución de una versión anterior. Deseo dar de nuevo las gracias a Mike Schaefer y a un lector anónimo por alertarme de errores en una versión anterior de este capítulo.
[167] Ver Richard Sauder, *Underwater and Underground Bases* (Bases Subacuáticas y Subterráneas) (Adventures Unlimited Press, 2001): 102-29.
[168] Ver Richard Sauder, *Underwater and Underground Bases*, 129.
[169] Sauder, *Underwater and Underground Bases*, 143-216.
[170] Código de los Estados Unidos (U.S.C.) 403j(b). Para una base de datos online database de todos los estatutos federales codificados en el USC, ir a: http://www.access.gpo.gov/uscode/index.html.
[171] Ver Tim Weiner, *Blank Check: The Pentagon's Black Budget* (Cheque en Blanco: El Presupuesto Negro del Pentágono) (Warner Books, 1990) 118
[172] 95 *Congressional Record* 1945 (1949). También citado en Weiner, *Blank Check*, 119
[173] 50 U.S.C. 403f(a)
[174] Esto le ocurrió a Catherine Austin Fitts cuyo trabajo en detallar el presupuesto negro será detallado más adelante.
[175] Citado en Fletcher Prouty, *The Secret Team*, http://www.ratical.org/ratville/JFK/ST/STchp3ii.html .
[176] El Instituto Americano para la Investigación Económica proporciona un programa de conversion online en http://www.aier.org/colcalc.html .
[177] Los datos provienen de documentos desclasificados de la CIA que detallan su presupuesto proyectado para el año fiscal 1953, "Location of Budgeted Funds for Fiscal Year 1953," CIA, 15 February, 1952, disponible online en: http://www.fas.org/sgp/othergov/cia1953bud.pdf .
[178] Citado en Weiner, *Blank Check,* 218.
[179] Citado en Weiner, *Blank Check,* 219.
[180] Citado en Weiner, *Blank Check,* 220-21.
[181] Citado en Weiner, *Blank Check,* 222. *Richardson v. U.S.* 465 F. 2d 844, 853, Corte de Apelación de los Estados Unidos para el Tercer Circuito, 1972.
[182] Para lo tribunals que reglamentan también opiniones disidentes, ver U.S. v. Richardson (418 U.S. 166) 167-202.
[183] Para una discusión más amplia ver " La Financiación secreta de la CIA y la Constitución," 84 *Yale Law Journal* 613 (1975).
[184] Ver Comité seleccionado por el Senado sobre Inteligencia, *Whether Disclosure of Funds for the Intelligence Activities of the United States Is in the Public Interest*, (Si la Revelación de los Fondos para Actividades de Inteligencia de los USA es en el Interés Público) Informe No. 95-274, 94th Congress, 2nd Sesión, 16 de Junio, 1977 (Government Printing Office, 1977). También citado en Weiner, *Blank Check,* 137-38
[185] Ver Weiner, *Blank Check,* 138.

[186] FOIA fue promulgada en 1966 como Titulo 5 del Código de los Estados Unidos, sección 552. Para información online, ver http://www.usdoj.gov/04foia/referenceguidemay99.htm .

[187] Ver "FAS demanda a la CIA por la Revelación del Presupuesto de Inteligencia," http://www.fas.org/sgp/foia/ciafoia.html

*[188] Para una copia del juicio, ver "FAS demanda a la CIA por la Revelación del Presupuesto de Inteligencia," http://www.fas.org/sgp/foia/ciafoia.html . Para un sitio web que describe a la Comunidad de Inteligencia, ir a http://www.intelligence.gov/ .*

[189] Ver Intelligence Authorization Act for Fiscal Year 1998, Enmienda No.416 Registro del Congreso: 19 de Junio, 1997 (Senado) p. S5963-S5978]; Disponible online en: http://www.fas.org/sgp/congress/s858.html

**[190]** "Debate de la Cámara sobre la Revelación del Presupuesto de Inteligencia," Intelligence Authorization Act for Fiscal Year 1998, Registro del Congreso: 9 de Julio de 1997 (Cámara)] p. H4948-H4985. Disponible online en: http://www.fas.org/sgp/congress/hbudg.html

[191] Ver "Statement of the Director of Central Intelligence Regarding the Disclosure of the Aggregate Intelligence Budget for Fiscal Year 1997," http://www.fas.org/sgp/foia/victory.html

[192] Marchetti y Marks, *The CIA and the Cult of Intelligence* (Alfred Knopf, 1974) 61, 81.

[193] Wise, *The American Police State* (Random House, 1976) 185.

[194] Ver Federación de Científicos Americanos, http://www.fas.org/irp/agency/budget1.htm .

[195] The American Institute for Economic Research provides an online conversion program at: http://www.aier.org/colcalc.html .

[196] Ver Mari Kane, "On the Money Trail: The dangerous world of Catherine Austin Fitts," *North Bay Bohemian*, September 5-11, 2002: http://www.metroactive.com/papers/sonoma/09.05.02/fitts-0236.html

[197] Ver Kane, "On the Money Trail," *North Bay Bohemian* (September 5-11, 2002). Disponible online en: http://www.metroactive.com/papers/sonoma/09.05.02/fitts-0236.html

[198] Ver Kane, "On the Money Trail," ("En el Rastro del Dinero") http://www.metroactive.com/papers/sonoma/09.05.02/fitts-0236.html

[199] Ver Kane, "On the Money Trail," ("En el Rastro del Dinero") http://www.metroactive.com/papers/sonoma/09.05.02/fitts-0236.html

[200] Ver Uri Dowbenky, "HUD Fraud, Spooks and the Slumlords of Harvard," *Bushwacked: Inside Stories of True Conspiracies* (National Liberty Press, 2003) 1-18. Available online at: http://www.conspiracydigest.com/bushwhacked.html

[201] Paul M. Rodriquez, "Mortgage Scandal - HUD Gives Up With Fitts," *Insight On the News,* disponible online en: http://www.insightmag.com/main.cfm?include=detail&storyid=161204 . Sin embargo, un pleito civil por John Ervin & Asociados fue permitido continuar por el gobierno aunque tuvo la destreza de acabar el caso ya que no se encontraron pruebas de malas prácticas. Esto efectivamente quería decir que Ervin Asociados

continuaría teniendo amarrados a Hamilton Securities y a Catherine Fitts en el sistema judicial.

[202] Ver Fitts, "Summary of Events As of February, 2001: http://www.solari.com/media/summary.html

[203] Catherine Austin Fitts, "Experience with FHA-HUD Background Information for Unanswered Questions," ("Experiencia con la Información de Fondo del FHA-HUD para Preguntas sin Respuesta") Junio 2003. Disponible online en: http://solari.com/gideon/fhalist.htm

[204] Ver Kelly Patricia O'Meara, "Why Is $59 Billion Missing From HUD?" ("Porqué se han perdido 59.000 millones de US$ de HUD") *Insight on News* (Nov 6, 2000). Disponible online en: http://www.insightmag.com/main.cfm?include=detail&storyid=246245

[205] Susan Gaffney , "Audit Results for the Department of Housing and Urban Development," (Resultado de la Auditoria sobre el Departamento de Vivienda y Desarrollo Urbano) Testimonio en una vista del Subcomité sobre la Información y la Tecnología (22 de Marzo, 2000 1999). Disponible online en: http://www.whereisthemoney.org/59billion.htm and http://www.hud.gov/offices/oig/data/reform.pdf .

[206] Citado en Kelly Patricia O'Meara, "Why Is $59 Billion Missing From HUD?" ("Porqué se han perdido 59.000 millones de US$ de HUD") *Insight on News* (Nov 6, 2000). http://www.insightmag.com/main.cfm?include=detail&storyid=246245

[207] Citado en Kelly Patricia O'Meara, "Why Is $59 Billion Missing From HUD?" ("Porqué se han perdido 59.000 millones de US$ de HUD") *Insight on News* (Nov 6, 2000). http://www.insightmag.com/main.cfm?include=detail&storyid=246245

[208] "HUD's Financial Woes Continue," ("Continúan los Problemas Financieros en HUD") *Insight On the News* (April 18, 2003). Disponible online en: http://www.insightmag.com/news/421370.html

[209] Para discusión de las dificultades encontradas por la compañía de Fitts, ver Paul Rodriquez, "Thankless Task," ("Tarea No agradecida") *Insight on the News* (May 21, 2001). disponible online en: http://www.insightmag.com/main.cfm/include/detail/storyid/210955.html

[210] Catherine Fitts, "The Myth of the Rule of Law or How Money Works: The Destruction of Hamilton Securities."("El Mito del Imperio de la Ley o Cómo trabaja el Dinero: La Destrucción de Hamilton Securities") *SRA Quarterly: Third Quarter Commentary* (London, 2001) 2. disponible online en: http://www.solari.com/gideon/q301.pdf

[211] Dowbenky, *Bushwacked: Inside Stories of the True Conspiracy* (National Liberty Press). Available online at: http://www.conspiracydigest.com/bushwhacked.html .

[212] Dowbenky, *Bushwacked*, disponible online en: http://www.conspiracydigest.com/bushwhacked.html .

[213] Dowbenky, *Bushwacked*, disponible online en: http://www.conspiracydigest.com/bushwhacked.html .

[214] Ver Fitts, "Summary of Events," http://www.solari.com/media/summary.html

[215] La propia conclusión de Fitts era que la CIA estaba ciertamente involucrada en la destrucción de Hamilton, pero su opinión era que HUD era utilizada para blanquear dinero del tráfico ilícito de drogas. Catherine Fitts, "The Myth of the Rule of Law or How Money Works," ("El Mito del Imperio de la Ley o Cómo trabaja el Dinero) *SRA Quarterly,* 5.

[216] Informe del Senador Fred Thompson, Presidente, Comité sobre Asuntos Gubernamentales, sobre Retos de la Gestión frente la Nueva Administración (Senado USA , 2002) disponible online en:
http://www.senate.gov/~gov_affairs/vol1.pdf .

[217] Para la historia de OSS, ver Michael Warner, "Office of Strategic Services," ("Oficina dse Servicios Estratégicos")
http://www.cia.gov/cia/publications/oss/foreword.htm.

[218] See State Department history of Intelligence Services,
http://www.state.gov/www/about_state/history/intel/intro.html .

[219] Ver 50 U.S.C. **401**

[220] La web de la Comunidad de Inteligencia es: http://www.intelligence.gov/

[221] Ley de la Reforma de la Inteligencia disponible online en:
http://thomas.loc.gov/cgi-bin/query/D?c108:2:./temp/~c108vQo59t .

[222] 10 USC114. disponible online en:
http://www4.law.cornell.edu/uscode/10/stApIch2.html

[223] The relevant Congressional statutes for SAPs is **10 U.S.C.119**

[224] L.Fletcher Prouty, *The Secret Team: The CIA and its Allies in control of the United States and the World* (El Equipo Secreto: La CIA y sus Aliados en control de los USA y del Mundo) (Skyhorse Publishing, [1972) 2008).

[225] Fletcher Prouty, *The Secret Team* [Prefacio, "The Secret Team II," 1997] *xxxv-xxxvi.*

[226] Fletcher Prouty, *The Secret Team,* 3.

[227] 50 U.S.C.403j (b)

[228] 50USC403q (b)(3)

[229] 5a U.S.C.3(a)

[230] Para la discusión de cómo la CIA podía reclutar personal para sus operaciones encubiertas, ver Prouty, *The Secret Team,* 313-30.

[231] 10 U.S.C.114. Available online at:
http://www4.law.cornell.edu/uscode/10/stApIch2.html

[232] Ver Gary Webb, *The Dark Alliance* (La Alianza Oscura) (Seven Stories Press, 1998). Para información online sobre la conexión entre la CIA y el tráfico de drogas, ver el libro de Michael Rupert 'From The Wilderness' website: http://www.fromthewilderness.com .

[233] para un breve resumen de la trayectoria de Rupert, ver "Opening Remarks of Michael C. Rupert for the Senate Select Committee on Intelligence," Disponible online en
http://www.fromthewilderness.com/free/ciadrugs/ssci.html

[234] "Written Statement of Celerino Castillo III (D.E.A., Retirado) a la Cámara Permanente Comité Selecto sobre Inteligencia," 27 de Abril de 1998. La declaración de Celerino está disponible online en:
http://www.fromthewilderness.com/free/ciadrugs/contra1.html .

[235] Castillo, "Written Statement," disponible en: http://www.fromthewilderness.com/free/ciadrugs/contra1.html .

[236] Ver David Zucchino, The suicide files: Death in the military----last of a four part series," *The Philadelphia Inquirer*, December 22, 1993. Disponible online en: http://www.whatreallyhappened.com/RANCHO/POLITICS/MENA/suicide4.htm Ver también Gary Null, "The Strange Death of Col Sebow," ("La extraña muerte del Coronel Sebow") disponible online en: http://www.garynull.com/documents/sabow.htm

[237] Gary Null, "The Strange Death of Col Sabow," ("La extraña muerte del Coronel Sebow") http://www.garynull.com/documents/sabow.htm

238 Lawrence E. Walsh, Informe Final del Consejo Independiente para los Asuntos Iraq /Contra , Vol. 1. (Corte de Apelación USA para el Circuito del Distrito de Columbia, 1993) ch. 21. disponible on line en: http://www.fas.org/irp/offdocs/walsh/chap_21.htm .

[239] Ver Michael Ruppert, "A CIA Confession: Oliver North Exposed," *From the Wilderness*, October 21, 1998. Disponible online en: http://www.fromthewilderness.com/free/ciadrugs/volii.html

[240] A continuación, Webb escribió un libro, *Dark Alliance* (Alianza Obscura) (Seven Stories Press, 1998).

[241] Ver Robert Suro y Walter Marcus, "The CIA and Crack: Evidence is Lacking of Alleged Plot," *Washington Post*, October 4, 1996. See also Webb, *Dark Alliance*, 448-50.

# Capítulo Cuatro

## Gestión del Personal en proyectos relacionados con Extraterrestres

### Introducción[266]

La prueba respecto a los accidentes que son de origen extraterrestre, su encubierta recuperación por equipos altamente especializados que implicaban personal conjunto militar y gubernamental es extensa y convincente. Las pruebas se han estado acumulando por pioneros en la investigación de accidentes de OVNIs tales como Leonard Stringfield y más recientemente Dr. Robert Wood y Ryan Wood.[267] La comprensión de procedimientos de alto secreto establecidos para gestionar la recuperación de OVNIs accidentados recibieron un espaldarazo significativo con la emergencia pública del Manual de Operaciones Especiales – SOM1-01 en 1994.[268] SOMI1-01 proporciona un marco para la comprensión y respuesta a preguntas acerca de procedimientos secretos utilizados para localizar, aislar y recuperar OVNIs accidentados que son de origen extraterrestre. De manera significativa, SOM1-01 describe la entidad clasificada secreta creada para la gestión de las operaciones de recuperación de siniestros. Conocida como Grupo Majestic 12 evolucionó a "Operación Majestic 12" creado por el presidente Truman el 24 de Septiembre de 1947.[269]

Además de la información proporcionada por SOM1-01, hay testimonios de numerosos whistleblowers que afirman haber participado en operaciones de recuperación de OVNIs accidentados o en muchos proyectos altamente secretos relacionados con extraterrestres. Me concentraré en dos de ellos, Clifford Stone y Dan Sherman. Sus respectivos testimonios dan importantes ideas de la naturaleza de los 'proyectos negros' diseñados para facilitar las recuperaciones de accidentes de OVNIs y los procedimientos utilizados para gestionar el personal reclutado en proyectos relacionados con extraterrestres.

En este capítulo, utilizaré tanto SOM1-01 como testimonios de whistleblowers como Clifford Stone y Dan Sherman para esbozar los procedimientos principales en las recuperaciones de accidentes de OVNI. El objetivo principal es identificar los elementos clave de cómo se gestiona encubiertamente el personal reclutado en los proyectos relacionados con extraterrestres. Contrasto los testimonios de Stone con elementos clave en SOM1-01, con el fin de entender mejor como se aplica en la práctica SOM1-01, y como ayuda a corroborar el testimonio de Stone de ser empleado encubierto como interfaz telepático en las operaciones de recuperación de accidentes de OVNI. Utilizaré también el testimonio de Sherman relativo a su empleo como un "comunicador intuitivo" en otros proyectos relacionados con extraterrestres, como manera de corroborar las afirmaciones de Stone en relación a su entrenamiento encubierto y sus obligaciones en las recuperaciones de OVNI siniestrados. Finalmente, proporciono diez principios clave de los testimonios de Stone y Sherman para el entendimiento de cómo se recluta, entrena y gestiona el personal por el Grupo Majestic-12 para los proyectos relacionados con extraterrestres en general, y recuperaciones de accidentes en particular.

## Autenticidad de SOM1-01 como un documento de 1954

Sigue habiendo debates sobre la genuinidad de SOM1-01.Un enfoque es analizarlo como un documento histórico que puede ser autentificado comparando sus elementos principales con documentos similares producidos en los años 1950 e identificar posibles anacronismos. La idea es que si se demuestra que SOM1-01 fue creado en 1954 sin ningún anacronismo moderno, entonces sería muy improbable que en su emergencia al público cuarenta años más tarde fuera el producto de un falsificador moderno. La posibilidad más probable es que es un documento genuino que fue filtrado por razones relacionadas a personas del gobierno o de los militares, descontentos con el ritmo de la revelación oficial de la presencia extraterrestre. El Dr. Robert Wood y Ryan Wood, ambos, toman este enfoque. Ellos han proporcionado un puñado de argumentos convincentes de la autenticidad de SOM1-01 como un documento producido en 1954 replicando los estándares utilizados en aquella época por documentos similares publicados por el gobierno.[270] De forma significativa, ellos encuentran que no tiene los anacronismos modernos, y no han encontrado aún ninguna prueba de que sea falso. En la última edición de Top Secret / Magestic , Stanton Friedman está de acuerdo con el análisis de Wood sugiriendo la autenticidad de SOM1-01 como un documento producido en 1954.[271] Además, en su libro más reciente, Friedman concluye que el documento SOM1-01 "es muy probablemente genuino."[272]

Un enfoque contrastado es el tomado por investigadores de OVNIs tales como Jan Aldrich, antiguo Ayudante Asistente de la Armada US. Aldrich apunta desviaciones significativas de los manuales militares estándar que son desarrollados de forma meticulosa para eliminar discrepancias. En 1996, Aldrich identificó 50 discrepancias en SOM1-01 que, en su opinión, indicaban un tipo de 'descuidos' que se encuentran en documentos fraudulentos.[273] Él especula desdeñosamente que SOM1-01 fue producido por un "Sargento raso con algún entrenamiento en inteligencia militar" junto con algunos amigos que cortaban y pegaban de manuales del Ejército.[274] Él, por tanto, llega a la conclusión de que es altamente improbable que SOM1-01 sea genuino. Aldrich pasa por alto que tales discrepancias pueden no ser la prueba de un documento fraudulento, sino la evidencia de una desviación significativa de los procedimientos militares normales para crear tales manuales. Tal desviación puede resultar en la forma de 'descuidos' en el formato y discrepancias que destacarían para antiguos profesionales militares avezados en la preparación de manuales similares.

Las discrepancias en SOM1-01 de los manuales estándar militares pueden ser explicadas por las reglas de alto secreto de procedimiento creadas no sólo para gestionar recuperaciones de OVNIs accidentados sino para la creación de manuales tales como el propio SOM1-01. En efecto, revelaré la existencia de una organización paralela a las militares convencionales que toman prestado personal para una variedad de trabajos ad-hoc que están supervisados por un grupo de dirección encubierto mencionado en SOM1-01 – Grupo Majestic-12. El documento SOM1-01 describe al grupo como sigue:

> 4. La Operación Majestic 12 fue formada por una orden presidencial especial y secreta el 24 de Septiembre de 1947 por recomendación del secretario de Defensa James V. Forrestal y el Dr. Vannebar Bush, Presidente del Consejo

> Conjunto para la Investigación y el Desarrollo. La Operaciones se llevan a cabo por un Grupo de Investigación y Desarrollo – Inteligencia bajo alto secreto [Grupo Majestic-12] sólo directamente responsable ante el Presidente de los Estados Unidos.

Documentos tales como el Eisenhower Briefing Document, el Memorandum de Truman, y el Memorandum Cutler-Twinning confirman que el Grupo Majestic [o MJ-12] fue creado por una Orden Presidencial Ejecutiva como una parte de alto secreto de la rama ejecutiva del Gobierno que recluta extensivamente de los militares pero no es en sí misma un departamento militar.[275]

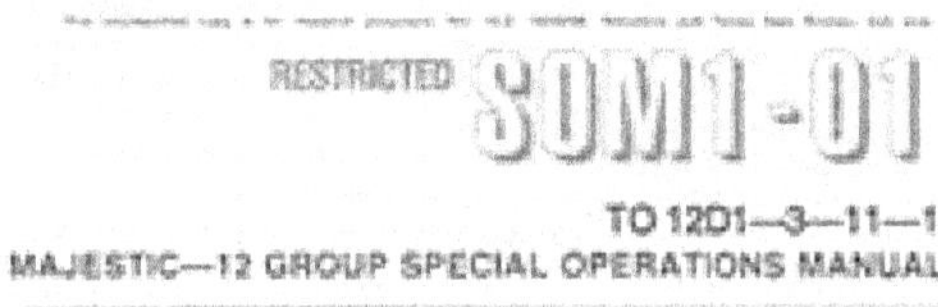

RESTRICTED SOM1-01

TO 12D1—3—11—1

MAJESTIC—12 GROUP SPECIAL OPERATIONS MANUAL

EXTRATERRESTRIAL ENTITIES AND TECHNOLOGY, RECOVERY AND DISPOSAL

TOP SECRET/MAJIC EYES ONLY

WARNING! This is a TOP SECRET—MAJIC EYES ONLY document containing compartmentalized information essential to the national security of the United States. EYES ONLY ACCESS to the material herein is strictly limited to personnel possessing MAJIC—12 CLEARANCE LEVEL. Examination or use by unauthorized personnel is strictly forbidden and is punishable by federal law.

MAJESTIC—12 GROUP • APRIL 1954

**Figura 1. Cubierta del Manual de Operaciones Especiales**

El Grupo Majestic -12 se sitúa en el vértice de una extensa red de organizaciones gobierno-militares-empresas y proyectos conjuntos metidos en actividades secretas relativas a tecnologías y formas de vida extraterrestres. El Grupo Majestic – 12 es funcionalmente equivalente a la "Élite de poder" que el Coronel Fletcher Prouty cree que se sitúa en el vértice de una red mundial de operaciones secretas encubiertas conducidas por la CIA.[276] De acuerdo con Prouty, la CIA actúa como agencia de reclutamiento para el personal y los recursos de cualquier agencia gubernamental o departamento militar requerido para estas operaciones encubiertas.

Una tarea importante de estas actividades secretas controladas por Majestic-12 era la vigilancia de los lugares, recuperación e ingeniería inversa de los OVNIs siniestrados que son en esencia de origen extraterrestre. Esta extensa red de organizaciones y proyectos secretos fueron descritas en el capítulo 3 como segundo Proyecto Manhattan. Manhattan II es financiado por una serie de mecanismos que son extra constitucionales por naturaleza, y estimado por encima del trillón (millón de millones) de US$ anuales.

El desarrollo de manuales tales como SOM1-01 puede no ser producto de militares profesionales en el curso normal de sus obligaciones. En lugar de ello estos manuales están probablemente producidos por personal militar co-opted (cooperan) en los proyectos clasificados del MJ-12 en una base ad-hoc debido a sus habilidades, que vuelven entonces de nuevo a sus obligaciones militares normales. Por tanto, una hipótesis mejor informada que la de Aldrich, respecto a la confección de SOM1-01, se puede ofrecer. SOM1-01 probablemente emergió de un 'sargento mayor' y otros individuos con la necesaria autorización de seguridad y experiencia en recuperaciones de accidentes de OVNI que fueron solicitados por sus superiores para que prepararan un manual rápido utilizando como patrón los manuales militares existentes.

Esta explicación tiene en cuenta el número de discrepancias encontradas en SOM1-01 cuando se lo compara con los estándares normales de un manual militar, pero no rechaza la autenticidad del mismo como un manual hecho por el gobierno, en 1954. Si este es el caso, entonces las discrepancias encontradas en SOM1-01 pueden ser explicadas en función del modo peculiar en que fue confeccionado. Esta explicación da respuesta a la aparente genuinidad de SOM1-01 como implicada en su autenticidad como un documento de 1954 (confirmado por Robert y Ryan Wood, y apoyado por Friedman); mientras que contiene numerosas discrepancias apuntadas por Aldrich y otros. En resumen, las discrepancias de SOM1-01 como documento de 1954 sugieren su genuinidad como un producto del sistema encubierto que lo creó, en lugar de ser la prueba de ser un fraude moderno. Por consiguiente, utilizaré SOM1-01 como referencia para ayudar a corroborar el testimonio de un whistleblower, Clifford Stone, quién afirma haber participado directamente en operaciones de recuperaciones de OVNIs accidentados y en el Proyecto Moon Dust (Polvo Lunar)

**Las afirmaciones de Clifford Stone Respecto a las Operaciones de Recuperación de OVNIs accidentados**

El Sargento de Estado Mayor Clifford Stone sirvió en la Armada de los U.S. por un periodo de 22 años desde 1969 a 1990, Asegura que fue reclutado para un equipo de élite de recuperación de OVNIs debido a su habilidad natural de comunicarse telepáticamente con entidades biológicas extraterrestres (EBE). Asegura que fue escogido durante su adolescencia por los militares y tuvo a un Capitán de la USAF visitándole regularmente cada semana, quien animó a Stone a seguir su interés en los OVNI y eventualmente influenció en su decisión de alistarse en el ejército. Al entrar en él, Stone se encontró iniciando una carrera militar muy atípica en un proyecto de alto secreto que más adelante supo que se trataba del Proyecto Moon Dust (Polvo de la Luna).[278] Stone dice que fue inicialmente entrenado en Guerra Nuclear, Biológica y Química en Fort MacCallum, Alabama; y entonces se le dieron misiones regulares en el ejército hasta que fue requerido para llevar a cabo sus misiones encubiertas de recuperación de OVNIs accidentados cuando era requerido para ello. Un misterioso 'Coronel' era el individuo que supervisaba a Stone mientras éste realizaba sus misiones encubiertas. Stone afirma que cuando se les requería para recuperaciones de OVNIs era típicamente por periodos cortos, de tres días a una semana en lo que se llama tarea temporal (TDY o 'temporary duty'), pero en algunos casos internacionales el periodo podía ser más largo de un mes. Su hoja de servicios en el ejército sólo se refiere a trabajos administrativos como un mecanógrafo; y sin ninguna referencia a lo que supuestamente había sido entrenado, o asignado a, equipos de recuperación de OVNIs accidentados. Finalmente Stone describió como su esfuerzo en retirarse del ejército en 1989 (después de 20 años en el ejército) encontró la oposición del 'Coronel' que dijo que sus servicios en recuperación de accidentados eran aún solicitados.

Algún soporte para las afirmaciones de Stone de haber realizado trabajos en proyectos encubiertos de recuperación de OVNI, es la extensa documentación que Stone desveló para dar credibilidad a la existencia de equipos secretos de rescate de restos de OVNIs accidentados, asociados al Proyecto Moon Dust, y de operaciones de recuperación en varios países.[279] A finales de los años 1970, Stone empezó a utilizar lo que la Ley de Libertad de Información (FOIA) pedía para desvelar información sacando a la luz la existencia del Proyecto Moon Dust que fue creado para recuperar restos de OVNI. Además, el servicio de Stone como militar estuvo caracterizado por su tenaz determinación en revelar información sobre los OVNIs aunque esto era muy inusual para alguien comprometido a un servicio militar a pleno tiempo. Sus esfuerzos no fueron vistos favorablemente e incluso con oposición por sus superiores del Ejército. Sus actividades FOIA llevaron a castigos tales como censura, confinamiento en una base, reasignación a bases USA en el extranjero, y la suspensión de ascensos más allá del de Sargento de Estado Mayor. El conflicto de Stone con las autoridades del Ejército sobre sus peticiones bajo la FOIA, y la actual documentación sobre el Proyecto Moon Dust , es prueba circunstancial de su alegación de que él estaba reclutado secretamente para equipos de recuperación encubierta de OVNI sin el conocimiento de sus superiores militares normales.

La utilización por Stone de la FOIA era particularmente importante ya que ésta sería un instrumento legal utilizado por un individuo que deseara desvelar la naturaleza de sus actividades sin hacer revelaciones no autorizadas de información clasificada. La investigación de Stone bajo la FOIA le llevó a ser reconocido por los investigadores de OVNIs tales como el Comandante Kevin Randle quién se refiere favorablemente a su "trabajo pionero de investigación"[280] Stanton Friedman también describe a Stone como un "dedicado investigador" que trajo a la arena pública "una multitud de documentos del gobierno , muchos nunca publicados antes"[281] Tanto Randle como Friedman se distanciaron luego de

Stone cuando anunció públicamente que trabajó en equipos de rescate de OVNI siniestrados, y no tenía la documentación para verificarlo. Para ayudar a dar soporte a las afirmaciones de Stone, ahora las examino en relación a SOM1-01 para encontrar paralelismos y consistencias en términos de procedimientos y políticas. Si las afirmaciones de Stone son consistentes con SOM1-01, entonces ésto ayudaría a confirmar su testimonio. Tal consistencia también ayudaría a identificar los procedimientos de seguridad utilizados para gestionar el personal reclutado para proyectos encubiertos de recuperación de OVNI accidentados.

## Contraste de las Afirmaciones de Clifford Stone en Rescates de OVNI accidentados con SOM1-01

Stone afirmaba que era una parte de un equipo avanzado de alto secreto para el rescate de restos de accidentes que comprobaría la contaminación biológica y radioactiva. Esto estaba combinado con la tarea más importante que era la interfaz telepática en el caso que fuese requerida comunicación con entidades biológicas extraterrestres (EBE) encontrada en la escena del siniestro. Stone afirmaba que estas operaciones eran dirigidas por individuo que vestía ropa civil y cuyo rango no se le dijo nunca pero que se le llamaba 'Coronel' El 'Coronel' se haría cargo de las operaciones de rescate y dirigir las sesiones interrogatorias. Parecía ser muy extraño dada la propensión en las operaciones que involucraban personal militar a ser dirigidas por funcionarios militares donde el rango dicta la autoridad. Sin embargo, el 'Coronel' y el equipo encubierto en el que Stone estaba reclutado parecía ser uno de los "Equipos Especiales" descritos en SOM1-01 como sigue:

> 4.a. El rescate para el estudio científico de todos los materiales y dispositivos de un origen o manufactura extraterrestre que podía convertirse en disponible …..
>
> 4.b. El rescate para estudio científico de todas las entidades y restos de entidades de origen no terrestre que pudiera convertirse en disponible…..
>
> 4.c. El establecimiento de Equipos Especiales para el cumplimiento de las operaciones anteriores.

Estos equipos especiales no requerirían ningún uniforme diferenciador especificando el rango ya que ellos tenían otorgado "Top Priority (Prioridad Máxima)" en los sitios de rescate de OVNIs siniestrados:

> 24d. El personal del Equipo OPNAC tendrá Prioridad Máxima a todas horas sin tener en cuenta su rango o estatus aparente. Ninguna persona tiene la autoridad de interferir con el Equipo OPNAC en el cumplimiento de su tarea por especial dirección del Presidente de los Estados Unidos.

La "dirección especial" mencionada en 24d se refiere ciertamente a una Orden secreta del Ejecutivo nunca hecha pública. Adicionalmente, Stone afirmó que ha veces viajaba al extranjero para realizar rescates de siniestros que eran liderados por 'el Coronel'. Esto es consistente con las misiones de Stone en el extranjero y con el párrafo siguiente:

> 4.e. Establecimiento y administración de operaciones encubiertas para ser llevadas a cabo en coordinación con la Central de Inteligencia para efectuar la recuperación para los Estados Unidos de tecnología y entidades extraterrestres que pudieran caer dentro del territorio o caer en manos de otras potencias.

Este es un pasaje importante puesto que se refiere explícitamente al destacado papel de la CIA en las operaciones de rescate. Proporciona una pista en la identidad del civil misterioso, 'el Coronel', que dirigía las operaciones cuando Stone estaba presente. El 'Coronel' era muy probablemente un agente de la CIA dirigiendo lo que era claramente una operación encubierta. Tal escenario es respaldado por las observaciones del Coronel Fletcher Prouty relativo al importante papel jugado por la CIA en las operaciones encubiertas. De acuerdo con Prouty, las operaciones encubiertas de la CIA eran extensas, reclutaban personal de todas las ramas que dejan irrelevantes sus funciones de inteligencia.[282] Escribió que por 1961, "la CIA había tenido éxito en crear tal amplia base dentro de la burocracia del Gobierno de los USA. Y que en cualquier referencia significativa a la CIA se ha de tomar en consideración la existencia de esta vasta infraestructura."[283] El testimonio de Stone de su 'equipo especial' que era liderado por un civil que tomaba el mando en el rescate de un siniestro a pesar de que hubiese la posibilidad de que personal de alto rango estuviese en la escena del siniestro, es consistente con SOM1-01 y las observaciones de Prouty relativas al papel de líder de la CIA en la operaciones encubiertas.

Stone afirmaban aún más que el 'Coronel' le permitió leer un grueso panfleto de 3 pulgadas que contenía información de los 57 tipos conocidos de entidades biológicas extraterrestres (EBE):

> Esta información estaba en una pequeña publicación que ellos tenían que la persona que yo llamaba el Coronel siempre traía consigo un pequeño panfleto, realmente un grueso librito, un tipo cuaderno de notas de hojas sueltas. Pero la intención de catalogar las diferentes especies era de forma que podía ser su primera mejor ayuda que ellos podían dar en la identificación de cuales especies ellos tenían en una determinada ubicación.[284]

Stone afirma que él vio primero el Heinz 57, o "EBE guía", en 1979 y dijo que contenía mucha información sobre cada grupo de EBE en términos de su psicología, requisitos de alimentación e información médica, Afirma que pudo leer la Guía cuando estaba sirviendo en un equipo de rescate hasta 1989. Stone dice que la Guía era para ser usada en caso de que se hubiera que suministrar Primera Ayuda a cualquier EBE encontrado en sitios de siniestro. Ahora podemos comparar estas afirmaciones con un pasaje de SOM1-01:

> 24.b Entidades heridas o lastimadas serán tratadas por personal médico asignado al Equipo OPNAC. Si el personal del equipo médico no estuviese disponible, sería administrada Primera Ayuda por el personal del Medical Corps en el lugar inicial. Ya que se conoce bien poco acerca de las funciones biológicas de un EBE, la ayuda estará limitada a cortar hemorragias, vendado de las heridas y entablillado de órganos fracturados. Ninguna medicación de ningún tipo ha de ser administrada ya que los efectos de medicaciones terrestres a sistemas biológicos no humanos son imposibles de predecir.

El testimonio de Stone es consistente con la primera ayuda descrita en SOM1-01. Como parte del equipo de avance que atendía a los sitios con siniestros, Stone tendría una "necesidad de conocer" cuando se trataba de administrar los primeros auxilios a EBE heridos. El testimonio de Stone, sin embargo, indica que el conocimiento de la fisiología de un EBE había avanzado considerablemente desde 1954 cuando no se prescribía ninguna substancia para tratar las heridas de EBE por SOM1-01 ya que los efectos eran "imposibles de predecir". Por 1979, no obstante, un manual médico se tuvo disponible para detallar qué substancias podían o no podían ser administradas. Esto indica que en los 25 años desde que se creó SOM1-01, una gran cantidad de información había sido adquirida sobre la fisiología de los EBE. Esto es consistente con el número de operaciones de rescate que se estima ocurrieron a lo largo de estos años, y el conocimiento adquirido a través de ellos.[285]

En Julio de 2005 yo entrevisté a Stone, él describía la palabra en código que recibiría para dejar sus obligaciones normales para ir a misiones TDY con el equipo de rescate de siniestros del Proyecto Moon Dust:

> La palabra en código que era utilizada conmigo era "el general envía sus saludos". No sé si había un general involucrado o no ya que yo nunca vi al general. Se me dijo "sacos para marchar" y por tanto tu coges el saco DA-50, todo nuestro equipo estaba empaquetado y despedías con un beso a tu esposa e hijos y marchabas. Nunca sabias si ibas a verles de nuevo. Hubieron siniestros dónde gente no volvió.[286]

Esto revela cómo sus obligaciones en rescate de siniestros serían llevadas a cabo sin el conocimiento de sus superiores inmediatos. Por lo que concierne a ellos, Stone sería enviado lejos para llevar a cabo obligaciones TDY o entrenamiento, y tendría que regresar para cumplir sus misiones militares normales. La frase siguiente describe la naturaleza del pase de seguridad requerido por Stone cuando era enviado lejos de sus obligaciones normales en el Ejército para participar en operaciones de rescate de siniestros:

> Bien, cuando necesitaba un pase de seguridad, yo tenía el que fuese para hacer lo que ellos querían que hiciera. Después eras interrogado y firmabas el acurdo de no revelación, pero no se supone que iría así. Se supone que era que ellos te daban aquello una sola vez en base a un "necesito saber" y esto es dónde se para en seco en conseguir el pase y ser puesto al corriente completamente del trabajo.[287]

Puedo ahora evaluar las declaraciones de Stone respecto a ser enviado lejos a través del uso de códigos secretos y la expedición de pases de seguridad temporales en términos de SOM1-01: "Contacto con EBEs por personal militar sin tener el MJ.12 o pase de seguridad OPNAC que está estrictamente limitado a la acción necesaria para asegurar la disponibilidad de los EBE para su estudio por el equipo OPANAC. [288]

Esto confirma la declaración de Stone de ser pases en base a una sola vez "necesito saber" dónde no se le ha dado el pase de seguridad más alto del personal MJ-12. La utilización de los códigos para convocar a Stone para sus obligaciones encubiertas serían una manera de mantener el "absoluto alto secreto" como era requerido por la sección 4.f en SOM1-01: "El establecimiento y mantenimiento del absoluto alto secreto referente a la operaciones de arriba."

La referencia de Stone a conseguir el "pase actual y ser puesto completamente al corriente del trabajo" involucraba completar el entrenamiento en lo que él describe como "la escuela"

> No era consciente de dónde estaba ubicada, lo que se enseñaba. Conseguí conocer gente que fue allí y para mí estaban asustados. Era como si, sabes, incluso gente en la lista estaban por encima del reproche. Quiero decir, era como si "tu posición en la vida es menor que la mía porqué yo conozco los secretos que nadie más conoce". Es difícil de explicar pero había algo de siniestro acerca de la gente cuando volvían de la escuela.[289]

La "escuela" era algo para los interesados en hacer más que un compromiso el trabajar para el MJ-12 y experimentar una progresión en la carrera que tal trabajo encubierto podría traer. La existencia de cursos militares de élite respecto a la vida y tecnología extraterrestre estaba apoyada por las filtraciones de los libros de texto de la Academia de las Fuerzas Aéreas en los inicios de los años 1970. Se titulaba, "Introducción a la Ciencia del Espacio", Volumen II, Departamento de Física, USAF," el libro de texto era utilizado por la Academia de las Fuerzas Aéreas, en Colorado Springs, Colorado, para introducir a futuros pilotos en las ideas de vida y tecnologías extraterrestres.[290] La Academia de la USAF sacó el libro del programa de enseñanza después de que se levantara mucha controversia como consecuencia de su filtración.

Finalmente, Stone afirma que durante su primera operación de rescate para el Proyecto Moon Dust en 1969, él fue asignado como guardián de un EBE capturado. El EBE reveló a Stone durante su comunicación telepática que intentó escapar. Stone afirma que el EBE hubiera sido eliminado por seguridad si hubiese hecho tal tentativa. El escenario descrito por Stone fue corroborado por el Comandante George Filer , un antiguo oficial de inteligencia de la USAF, quien testificó que un extraterrestre había sido abatido y muerto después de un intento de fuga de la Base Aérea McGuire en 1978.[291] Con el fin de asegurar la seguridad del EBE, Stone decidió ayudarle a escapar . Esta afirmación extraordinaria que un extraterrestre puede ser eliminado por las medidas de seguridad es corroborada en la siguiente sección de SOM1-01:

> 24.c En el manejo de cualquier Entidad Biológica Extraterrestre viva la seguridad es de importancia capital . Todas las demás consideraciones son secundarias. Aunque es preferible mantener el bienestar físico de una entidad, la pérdida de la vida de un EBE es considerada aceptable si las condiciones o retrasos para preservar tal vida comprometen de alguna manera la seguridad de la operación.

Como otros whistleblowers que revelan información secreta relativa a los OVNIs, hay controversia sobre inconsistencias entre el testimonio de Stone, la falta de pruebas documentales para verificar su supuesto entrenamiento y servicio en proyectos encubiertos. Stone asegura que todo su entrenamiento encubierto, trabajos en operaciones de rescate de siniestros no fueron registrados en su hoja de servicios militar. La exclusión de los registros militares de toda referencia al entrenamiento y puesta en funcionamiento de las operaciones de rescate de siniestros es consistente con la política de mantenimiento del "alto secreto más absoluto" como se detalla en la sección 4.f de SOM1-01. El "saneado" de los registros de entrenamiento y servicios del personal asociado a los equipos de rescate de siniestros sería una manera de mantener el 'absoluto secreto' requerido por tales operaciones.

La ausencia en los registros militares de Stone de cualquier referencia a los proyectos encubiertos relacionados con EBEs replica lo que ocurrió a Dan Sherman. Sherman asegura que su entrenamiento encubierto para comunicación telepática con EBEs y su actual servicio en aquella capacidad no estaba recogido en su registro de servicio militar. Yo examinaré ahora los antecedentes de Sherman para proporcionar un medio para contrastar y corroborar el testimonio del rescate de OVNI siniestrados.

**Dan Sherman y el Proyecto Preservar el Destino**

Dan Sherman sirvió con la USAF durante doce años (1982-1994) y recibió numerosas condecoraciones incluyendo la Medalla de Distinción (Commendation Medal) y la Medalla del Logro (Achievement Medal). Estaba reclutado en proyectos secretos, "Proyecto Preservar el Destino" (PPD) que fue llevado a cabo bajo los auspicios de la Agencia Nacional de Seguridad (NSA).[292] Para Sherman su entrenamiento era convertirse en un "comunicador intuitivo" con los EBE. Esencialmente, Sherman aprendería a ser un interfaz telepático con EBE y pasar esta información a través de un sistema de ordenador seguro a los que estaban a cargo del ordenador dentro de la NSA. El entrenamiento de Sherman para PPD estaba siendo llevado a cabo al mismo tiempo mientras se entrenaba para una carrera militar convencional en inteligencia electrónica, la cual era, en sí misma, secreta. De forma significativa, le dijeron a Sherman que él estaba preparado para la tarea ya que en su niñez estaba identificado por los militares como alguien capaz de comunicarse con los EBE. Él asegura que su deseo de ir a la USAF era estimulado por el Comandante Roberts estacionado en la cercana base de Beale de la USAF quien visitaba regularmente la casa de Sherman cuando eran las 10 a 11 horas y hablaba con Sherman acerca de la vida magnifica en la Fuerza Aérea.

Sherman afirmó que los proyectos extraterrestres estaban insertos dentro de proyectos secretos regulares con gran trascendencia en la seguridad nacional. Esto era más que suficiente, de acuerdo con Sherman, para evitar que cualquier congresista curioso descubriera la existencia de proyectos extraterrestres. Una vez se le daba al congresista los mínimos detalles acerca de los proyectos secretos que actuaban como cubierta, se satisfacía su curiosidad y se evitaba más preguntas. Sherman describe como su entrenamiento en ELINT actuaba como una tapadera de su participación en PPD. En su libro, *Above Black* (Encima del Negro) Sherman reveló como fue reclutado de forma desconocida por sus entrenadores del ELINT. El entrenamiento ocurría en el mismo periodo que su entrenamiento normal en ELINT. Describe su contrastada experiencia de entrenamiento así:

> Recuerdo mi día en la escuela ELINT como divertido, porqué tenia mucha gente con la que interactuar.... En mi segundo día de asistir a la escuela PPD estaba mareado y cansado de él y no le quería volver nunca más. La novedad de ser un "comunicador intuitivo" se había acabado.[293]

Cuando fue asignado luego a la NSA, Sherman trabajó en ordenadores de diseño especial donde pudo realizar tanto su trabajo normal en ELINT como también como comunicador intuitivo con EBE requerido. Los individuos responsables del entrenamiento de Sherman y su trabajo encubierto subsiguiente dentro de la NSA eran oficiales con el rango de Capitán quienes no operarían a través de la cadena de mando militar dentro de la USAF o dentro de la NSA. La organización responsable parecía ser un sistema paralelo que operaba a través de la NSA de pero no era parte e ella.

De acuerdo con Fletcher Prouty, la NSA junto con la CIA es una de las principales agencias utilizadas por el "Equipo Secreto" para operaciones encubiertas.[294] Personal reclutado en el "Equipo Secreto" venían de todas las ramas del gobierno y del Ejército, y tenían el acceso "necesidad de saber" a las operaciones encubiertas a las que eran asignados. Estas operaciones estarán colocadas institucionalmente dónde fuese necesario para asegurar su éxito.[295] En el caso de asuntos extraterrestres el personal del Equipo Secreto era leal, no al servicio al que estaban asignados, sino al Grupo MJ-

12 (lo que Prouty llamó "Élite del Poder". El capitán de la NSA al que Sherman reportaba probablemente no era un oficial de carrera en la NSA, sino uno de los miembros del "Equipo Secreto" asignado a la NSA para dirigir PPD como una operación encubierta en nombre del Grupo MJ-12.

Sherman trabajó en el PPD durante casi tres años. Dijo que cuando pidió dejar PPD se lo denegaron, y le dijeron que sería vuelto a alistar a la fuerza a pesar de sus deseos. Sherman afirma que estaba tan enfadado y decidido a irse que ideó una estrategia que le llevaría a su marcha. "Cualquiera que tenga una necesidad imperiosa de abandonar el Ejército puede utilizar este método, pero no se lo aconsejo… Sin embargo yo sé que era sólo un método que puedo utilizar que rompería completamente la autoridad con mi cadena de mando PPD"[296] De forma significativa, la hoja de servicios militar de Sherman no refleja su entrenamiento como comunicador intuitivo, o su trabajo siguiente trabajo como interfaz telepática con EBE. Ni hay ningún registro de a que oficiales reportó en el cumplimiento de su trabajo como comunicador intuitivo. La experiencia de Sherman ofrece unos medios independientes de corroborar el testimonio de Clifford Stone.

Los siete elementos de la Tabla 5 aparecen como testimonios de Sherman y de Stone, y sugieren que fueron reclutados en proyectos supervisados por el Grupo Majestic-12. Este Grupo había creado un sistema para reclutar personal que sería muy eficiente para mantener el secretismo.

El testimonio de whistleblower de Sherman ofrece una corroboración importante a las afirmaciones de Stone de haber trabajado en equipos de rescate de siniestros de OVNI. Combinado con un puñado de inconsistencias con SOM1-01, las solicitudes muy específicas de FOIA por Stone sobre el Proyecto Moon Dust, su larga trayectoria de servicio en el Ejército se puede concluir que el testimonio de Stone es muy probablemente un reflejo preciso de sus experiencias mientras trabajaba en los equipos de rescate de OVNIs siniestrados.

**Tabla 5. Comparativa de las Experiencias entre Clifford Stone y Dan Sherman**

| Dan Sherman (Proyecto Preservar el Destino) | Clifford Stone (Proyecto Moon Dust) |
|---|---|
| Reclutado debido a sus innatas habilidades telepáticas reconocidas durante su niñez | Reclutado debido a sus innatas habilidades telepáticas reconocidas durante su niñez |
| Inspirado a ir a las Fuerzas Aéreas por un Comandante, Roberts, quién hablaba regularmente con él a la edad de 10-11 años. | Inspirado a ir a las Fuerzas Aéreas por un Capitán que le visitaba en su casa semanalmente. |
| Obligaciones en el PPD supervisadas por una sucesión capitanes fuera de la cadena de mando normal. | Rescates supervisados por un civil (el Coronel) fuera de la normal cadena de mando. |
| Entrenamiento encubierto ocurrió sin el conocimiento de los mandos militares normales. | Entrenamiento encubierto ocurrió sin el conocimiento de los mandos militares normales |
| Empleo ocurrió sin que los mandos militares normales tuvieran conocimiento de que realizaba misiones en una agencia tapadera que operaba a través de la USAF/NSA | Empleo ocurrió sin que los mandos militares normales tuvieran conocimiento de que realizaba misiones en una agencia tapadera que operaba a través del Ejército USA |
| Hoja de servicios militar sin detalles ni de entrenamiento ni de servicios realizados en relación a la comunicación con EBE. | Hoja de servicios militar sin detalles ni de entrenamiento ni de servicios realizados en relación a la recuperación de siniestros de OVNI. |
| Tuvo grandes trabase en dejar el PPD debido a los relativamente pocos que le podían reemplazar. | Tuvo grandes trabase en dejar el Ejército debido que 'el Coronel' decía que sus servicios eran aún requeridos. |

## Conclusión: Identificación de los Procedimientos Utilizados en el Grupo MJ-12 y los Rescates de OVNIs Siniestrados

Las similitudes en los testimonio de whistleblower de Sherman sugiere que se utilizaba un completo conjunto de procedimientos para reclutar, entrenar y emplear a individuos para el Grupo MJ-12 para proyectos que involucran vida y tecnología extraterrestre. Los procedimientos para el personal del Grupo MJ-12 aparece ser orientado primeramente a mantener el secretismo total minimizando el impacto de revelaciones no autorizadas por individuos reclutados en proyectos del Grupo MJ-12. Los procedimientos de seguridad que pueden ser identificados en los testimonios de Sherman y Stone parecen ser genéricos para un abanico de proyectos del Grupo MJ-12, incluyen operaciones de rescate y/o actividades relacionadas con vida extraterrestre. De los análisis anteriores y sus testimonios, son utilizados los siguientes procedimientos clave de seguridad para la gestión del personal en Operaciones Negras en MJ-12.

Los procedimientos de seguridad anteriores revelan la efectividad de los sistemas desarrollados por el Grupo MJ-12 en el reclutamiento, entrenamiento, y empleo de los individuos en proyectos encubiertos tales como rescates de OVNI siniestrados que involucran tecnologías extraterrestres y/o comunicaciones con EBE. "Los procedimientos de Seguridad para el Personal para las Operaciones Negras del Grupo MJ-12" no dejan rastros documentales, minimizan el número de individuos que conocen los proyectos del MJ-12, y no proporciona a los individuos ningún medio para confirmar sus afirmaciones respecto a entrenamiento, y empleo en proyectos del Grupo MJ-12. También se ejerce una gran presión sobre individuos reclutados para que permanezcan leales a sus supervisores de programas encubiertos. Finalmente, se hace un gran esfuerzo para mantener los proyectos del Grupo MJ-12 separados de las actividades militares regulares.

**Tabla 6. Procedimientos de seguridad del Personal del Grupo MJ-12 para las Operaciones Negras**

| No. | Procedimientos de Gestión del Personal |
|---|---|
| 1 | Individuos son identificados durante su niñez al tener habilidades únicas (ej. comunicación telepática) que pueden ser útiles en los proyectos del GrupoMJ-12, y son entrenados para tareas específicas, tales como interfaz telepática, en recuperación de siniestros de OVNI. |
| 2 | Individuos son animados a incorporarse a una rama particular del ejército y seguir una carrera militar convencional que proporciona una tapadera adecuada para los proyectos del Grupo MJ-12. |
| 3 | Individuos son contactados por oficiales fuera de la cadena normal de mando y reclutados en los proyectos del Grupo MJ-12. |
| 4 | El Adiestramiento ocurre además de las obligaciones militares normales realizadas por el individuo y sin el conocimiento de los mandos normales. |
| 5 | Despliegue y trabajo con el proyecto del Grupo MJ-12 ocurre sin el conocimiento de los mandos normales. |
| 6 | Pases de seguridad para los proyectos del Grupo son temporales y dados in situ, a menos que el individuo complete un entrenamiento adicional o se comprometa más completamente en el proyecto. |
| 7 | Individuos son prevenidos de aprender acerca y/o formar amistades con otros involucrados en proyectos del Grupo MJ-12. |
| 8 | Las hojas de servicio militar no contienen ninguna mención a un entrenamiento individual, actividades, condecoraciones o pases de seguridad que están asociados a proyectos del Grupo MJ-12. |
| 9 | La falta de documentación de seguimiento y el conocimiento de los mandos normales de su participación en proyectos del Grupo MJ-12 deja a los individuos sujetos a manipulación por el Grupo MJ-12. |
| 10 | Importantes esfuerzos son hechos para persuadir a los individuos de tomar mayores compromisos en los proyectos del Grupo MJ-12 atendiendo a un entrenamiento más avanzado, y no dejar el servicio del Grupo MJ-12 |

Es altamente probable que algo similar al conjunto anterior de diez principios fuera utilizado en el desarrollo del SOM1-01. Esto explicaría el número de supuestas discrepancias en el SOM1-01 cuando se comparan con los manuales estándar del Ejército. Las discrepancias de SOM1-01 fueron probablemente resultado de la manera sui generis de los familiares de las operaciones de rescate de siniestros, fueron coordinados por el Grupo MJ-12 en la producción del SOM1-01. Sus creadores, fuera de las preocupaciones de seguridad, no podían compartir el manual con otros profesionales para excluir posibles discrepancias, lo que es una parte normal del proceso de selección para los nuevos manuales del Ejército.

Los diez procedimientos de seguridad parecen estar fuera de las guías maestras para los más secretos programas en el Ejercito USA. Los Programas de Acceso Especial No Conocido (SAPs) [o Programas de Acceso Controlado en el caso de la comunidad de inteligencia] sólo son reportados oralmente a los jefes de comités del Congreso de los USA.[297] No existen documentos, ni registros escritos que son entregados al Congreso ya que los SAPs No aplicados no existen. Ni se permite al personal que participa en tales programas mantener registros de su participación en SAPs no aplicados en términos de sus registros militares o en agencias.

La diferencia clave entre SAP no aplicado y los proyectos del grupo MJ-12, sin embargo, es que este último ocurre fuera de la cadena normal de mando dentro de la comunidad militar y/o de inteligencia. Esto sugiere que existe un sistema paralelo que desvía fuera al personal militar para los proyectos del Grupo MJ-12 cuando son necesarios, sin el conocimiento de los jefes militares regulares. Prouty elabora como esto sucede en términos del papel de liderazgo jugado por la CIA:

> La CIA mantiene centenares de unidades militares US. para sus propios fines. Muchas de estas unidades son metidas en este tipo de operaciones [operaciones encubiertas]. Después de estas unidades encubiertas han estado en existencia por muchos años los militares pasan un mala rato siguiendo su pista. El sistema militar tiende a intentar ignorar tales anormalidades, y la CIA capitaliza esto para enterrar en lo más profundo algunas unidades en el chatarrero militar. LA

> CIA también mantiene incontable organizaciones paramilitares y pseudo-empresariales que pueden aparecer y desaparecer de la legitimidad y hacer negocios como harían muchas de sus contrapartidas civiles.[298]

La prueba de la existencia de un sistema paralelo de proyectos secretos fuera de la cadena de mando regular y entretejida con compañías privadas estaba ilustrado anteriormente en el caso del Almirante Tom Wilson. En 1997, D. Steven Greer y el ex astronauta Dr. Edgar Mitchell tuvieron una reunión privada con el Almirante Wilson acerca de los proyectos secretos relacionados con extraterrestres. En aquel tiempo, Wilson era J-2, jefe de Inteligencia para la Junta de Jefes de Estado Mayor. Greer asegura que él pasó a Wilson detalles de un "documento secreto que tenía una lista de los nombres en código y nombres de proyectos que manejaban o tenían relación con proyectos conectados con extraterrestres."[299] Cuando Wilson probó de determinar si los proyectos existían, le fue denegado el acceso. De acuerdo con Greer:

> Una vez el Almirante identificó este grupo, dijo a la persona de contacto en esta celda super secreta: "Quiero conocer acerca de este proyecto." Y se le dijo. "Señor, Ud. no tiene el necesito saber. No podemos decirle esto" Ahora, ¿puedes imaginarte siendo un almirante, un J-2, el jefe de la inteligencia para la Junta de Jefes de Estado Mayor, en el Pentágono, y que te digan, "No vamos a decírselo"? Bien, estaba asombrado y muy enfadado.[300]

Significativamente, "las primeras personas que negaron la información a Wilson no eran incluso ni personal del DoD. En lugar de ellos, fueron contratados privados, principalmente abogados."[301] Los proyectos encubiertos de los que Greer tenía los códigos, incluían una red de personal privado y militar que muy probablemente eran parte de la vasta red de militares y activos de compañías.

La existencia de un sistema gubernamental paralelo utilizando personal militar para sus propios propósitos ha sido sospechada durante un cierto tiempo como se ilustra en comentarios hechos por el Coronal Prouty. Es útil repetir que Prouty era Jefe de las Operaciones Especiales para la Junta de jefes de Estado Mayor de 1955 a 1964 cuando fue el responsable del soporte militar a la CIA en las operaciones encubiertas. Otra fuente es el Senador Daniel Inouye quién en 1987 a raíz de las audiencias del Senado por el caso Irán-Contras dijo: "Existe un Gobierno en la sombra, con su propia Fuerza Aérea, su propia Marina, su propio mecanismo de financiación, y la potencialidad de llevar a cabo sus propias ideas sobre interés nacional, libre de cualquier comprobación ni rendición de cuentas, y libre de la propia ley" Dan las pruebas que corroboran lo afirmado por Stone y Sherman, el testimonio y experiencia del Almirante Wilson y las revelaciones de Prouty y las observaciones de Inouye, se puede llegar a la conclusión de que los proyectos del Grupo MJ-12 estén fuera del control de la cadena de mando regular dentro del Ejército USA.

En conjunto, el Grupo MJ-12 puede ser considerado una rama paralela que maneja una extensa red de proyectos que involucran a personal reclutado del sector militar y mantenía niveles de seguridad extraordinariamente elevados. Cuando se combinaba con los contenidos esbozados por el manual SOM1-01, los testimonios de Clifford Stone y Dan Sherman proporcionan una panorámica de los procedimientos utilizados para gestionar al personal involucrado en los rescates de OVNIs siniestrados y otros proyectos del Grupo MJ-12. SOM1-01 y los testimonios de Stone y Sherman dan una idea clara de lo que se ha estado realizando en las operaciones de rescate de OVNI a lo largo de cinco décadas y mantenidos con éxito fuera de la arena pública. Lo que es más importante, sus testimonios muestran como los proyectos relacionados con extraterrestres han reclutado y gestionado personal históricamente. Son estas políticas de gestión las que han permitido que el secretismo concerniente a la vida extraterrestre permanezca así por tanto tiempo.

## Notas finales. Capítulo Cuatro

[266] Este capítulo es una versión revisada de una presentación en la 4ª Conferencia Anual sobre la Recuperación de OVNI siniestrados del 10 de Noviembre de 2006 en Las Vegas , que fue más tarde publicada en el *Exopolitics Journal* 2:2 (2007): 79-96.

[267] Ver Ryan Wood, *Majic Eyes Only* (Sólo Ojos Mágicos) (Wood & Wood Enterprises, 2006); y Leonid Stringfield, Status Reports 1-VII. Información disponible en: http://www.www.nicap.org/bios/stringfield.htm .

[268] Reimpreso en The Majestic Documents (Los Documentos Majestic) (Wood & Wood Enterprises, 1998) 133-86; también disponible online en: http://209.132.68.98/pdf/som101_part1.pdf .

[269] El memorandum Truman está disponible online en: http://209.132.68.98/pdf/truman_forrestal.pdf . An official 1954 document, el memorandum Cutler Twining, se refiere a un encuentro programado para el Proyecto de Estudios Especiales del MJ-12: http://209.132.68.98/pdf/cutler_twining.pdf .

[270] Ver Robert Wood, "The Authenticity of the Special Operations Manual," ("La autenticidad del Manual de Operaciones Especiales en *Majic Eyes Only*, 264-67.

[271] Ver la discusión de Friedman de SOM1-01 en *Top Secret/MAJIC* (Marlowe y Compañía, 2005) 161-66.

[272] Stanton Friedman, *Flying Saucers and Science: A Scientist Investigates the Mysteries of UFOs* ( Platillos Volantes y Ciencia: Un Científico Investiga los Misterios de los OVNI) (New Page Books, 2008) 286.

[273] Jan Aldrich, "Special Operations Manual 1-01," Partes 2 y 3, http://www.virtuallystrange.net/ufo/updates/1996/dec/m18-003.shtml , http://www.virtuallystrange.net/ufo/updates/1996/dec/m18-008.shtml .

[274] Jan Aldrich, "Special Operations Manual 1-01," Part 4, http://www.virtuallystrange.net/ufo/updates/1996/dec/m19-004.shtml

[275] Para una discusión sobre la autenticidad de estos documentos y las pruebas de la existencia del Grupo Majestic-12, ver Stanton Friedman, *Top Secret/MAJIC,* 56-102,

[276] L.Fletcher Prouty, *The Secret Team: The CIA and its Allies in control of the United States and the World* (El Equipo Secreto: La Cia y sus Aliados en control de los USA y del Mundo) (Skyhorse Publishing, (1972) [2008] [Prefacio, "The Secret Team II," 1997] *xxxv-xxxvi.*

[277] Las opiniones de Clifford Stone están resumidas de una extensa entrevistas que yo llevé a cabo con él en Julio de 2005 que fue publicada en sucesivas ediciones del *Exopolitics Journal* . Éstas están disponibles online en: http://exopoliticsjournal.com/Journal-vol-1-1-Stone-pt-1.pdf & http://exopoliticsjournal.com/Journal-vol-1-2-Stone-pt-2.pdf.

[278] Él proporciona pruebas documentales de la existencia del proyecto Moondust en su libro, Clifford Stone, *UFOs Are Real: Extraterrestrial*

*Encounters Documented by the U.S. Government* (Los OVNI son reales: Encuentros con Extraterrestres documentados por el Gobierno USA) (SPI Books, 1997).

[279] Esta documentación está disponible en sus dos libros, *UFOs are Real* (Los OVNI son reales) y *UFO's: Let the Evidence Speak for Itself* (OVNI: Dejar que las pruebas hablen por si mismas) (C. Stone, 1991).

[280] Kevin Randle, *Project Moondust: Beyond Roswell- Exposing the Government's Continuing Covert UFO Investigations and Cover-Ups* (Proyecto Moondust: Más allá de Roswell – Revelación de los continuos encubrimientos de las investigaciones OVNI y Tapaderas del Gobierno) (Avon Books, 1998) 151.

[281] La cita de Friedman está extraída del prefacio al libro de Stone, *UFO's Are Real,* xii.

[282] Fletcher Prouty, *The Secret Team: The CIA and its Allies in Control of the United States and the World* (El Equipo Secreto: La CIA y sus Aliados en Control de los USA y del Mundo) (Skyhorse Publishing, 2008) 65-110.

[283] Prouty, *The Secret Team,* 33.

[284] Parte dos de Julio de 2005, entrevista con Clifford Stone, http://exopoliticsjournal.com/Journal-vol-1-2-Stone-pt-2.pdf .

[285] Ver Ryan Wood, *Majic Eyes Only.*

[286] Parte Uno de Julio de 2005 entrevista con Clifford Stone, http://exopoliticsjournal.com/Journal-vol-1-1-Stone-pt-1.pdf .

[287] Parte uno de Julio 2005 entrevista con Clifford Stone , http://exopoliticsjournal.com/Journal-vol-1-1-Stone-pt-1.pdf .

[288] Section 23.b. SOM1-01 .

[289] Parte dos de Julio de 2005 entrevista con Clifford Stone , http://exopoliticsjournal.com/Journal-vol-1-2-Stone-pt-2.pdf .

[290] El extracto del manual de la USAF está disponible online en: http://www.ufoevidence.org/documents/doc1532.htm .

[291] Ver "Testimonio del Comandante George A. Filer III," disponible online en: http://www.topsecrettestimony.com/Witnesses/AllWitnesses/MajorGeorgeAFilerIII/tabid/256/Default.aspx .

[292] Sherman describe sus experiencias y proporciona partes de los registros de su servicio en *Above Black: Project Preserve Destiny – Insider Account of Alien Contact and Government Cover-Up* (Proyecto Preservación del Destino-Relatos desde dentro de Contactos Alienígenas y la Tapadera del Gobierno) (One Team Publishing, 1998).

[293] Sherman, *Above Black,* 49.

[294] Prouty, *The Secret Team,* 3.

[295] Prouty, *The Secret Team,* 313-29.

[296] Sherman, *Above Black,* 140.

297 Para una vision general del sistema de clasificación, ver *Report of the Commission on Protecting and Reducing Government Secrecy: 1997* (Informe

de la Comisión de Protección y Redución de la Política de secretismo del Gobierno). Disponible online en:
http://www.access.gpo.gov/congress/commissions/secrecy/index.html .

[298] Prouty, *The Secret Team,* 103.

[299] Steven Greer, *Hidden Truth, Forbidden Knowledge* (Verdad Oculta, Conocimiento Prohibido) (Crossing Point Inc., 2006) 158.

[300] Steven Greer, *Hidden Truth, Forbidden Knowledge*, 158.

[301] Richard Dolan, "The Admiral Wilson UFO Story," ("La historia de OVNI del Almirante Wilson) disponible online en:
http://www.ufodigest.com/news/0808/wilson.html .

# Parte B

# Respondiendo a las Políticas del Gobierno de los USA sobre Vida & Tecnología Avanzada Extraterrestre

Las políticas del gobierno USA por lo que concierne a vida extraterrestre han sido desarrolladas e implementadas desde la era de la 2ª Guerra Mundial. Además de exponer estas políticas, han de ser criticadas con rigor. Las políticas clave como respuesta a la vida extraterrestre tienen importantes puntos débiles. El sistema de secretismo relativo a la vida extraterrestre no ayuda en tratar adecuadamente los puntos flacos de la política ya que se mantienen secretos al escrutinio público. Los tres capítulos de esta parte B trata de las debilidades en algunas de la políticas públicas implementadas para responder a la vida extraterrestre. Algunas de estas debilidades amenazan la soberanía popular. El señalar las deficiencias en las políticas actuales y abogando por alternativas, ayudará a persuadir a los políticos a dar la cara en una revelación del asunto extraterrestre como una imperiosa estrategia.

El Capítulo 5 analiza la doctrina estratégica conocida por 'política del poder' que ha sido utilizada para desarrollar una estrategia de seguridad nacional respecto a la vida extraterrestre. Señalo que la 'política de poder' fracasa en reconocer la importancia de una ciudadanía informada como freno a elecciones políticas irresponsables. La revelación política ayudará a informar al público de forma que se puedan llevar a cabo políticas de defensa global como respuesta a las amenazas que encierra la vida extraterrestre.

El Capítulo 6 examina los peligros de utilizar el armamento espacial frente a Civilizaciones Extraterrestres. Ha habido un esfuerzo encubierto prolongado para derribar vehículos extraterrestres. Pruebas apuntan a 'éxitos' en un número limitado de casos. Este capítulo discute el fallo inherente en la conceptualización de extraterrestres como una potencial amenaza externa a la seguridad. Señalo que el énfasis ha de ser colocado en la amenaza interna a la seguridad planteada por algunos grupos extraterrestres.

Esto requiere una doctrina estratégica basada en la transparencia política y en la responsabilidad pública cuando se hace referencia a tratar la amenaza a la seguridad planteada por algunos grupos extraterrestres.

Finalmente, en el capítulo siete examino la política de supresión de emergencia de una industria espacial que utiliza tecnologías avanzadas similares a las que usan las civilizaciones extraterrestres. Prevenir la emergencia de una industria civil es una pobre política escogida que impide la creatividad tecnológica de la humanidad, y promueve anticuadas fuentes de energía tales como los fósiles combustibles.

# Capítulo Cinco

## El Fracaso de la Política de Poder como Respuesta estratégica a la Vida Extraterrestre

### Introducción[302]

He presentado hasta ahora testimonios de testigos que diferentes grupos de extraterrestres han aparecido ante altos funcionarios de la seguridad nacional de los USA para ofrecer una variedad de tecnologías, programas y formas de asistencia. Como discutí en el primer capítulo, estos altos funcionarios de seguridad nacional decidieron entrar en acuerdos secretos con extraterrestres que ofrecían tecnologías con aplicaciones militares. En repuesta a la presencia de vida extraterrestre, oficiales altos funcionarios en importantes organizaciones de naciones han implementado secretamente políticas públicas y una respuesta estratégica global. En el desarrollo de una adecuada respuesta a la seguridad nacional, los políticos USA han adoptado deliberadamente una estrategia similar a la que tomó Prusia/Alemania. Bajo el liderazgo de su Canciller Otto Von Bismarck, Prusia se transformó de un principado de tamaño medio vulnerable frente a sus más poderosos vecinos europeos en un Imperio Germánico Unificado que pronto se convirtió en una potencia europea . Altos funcionarios de los USA planearon emular el papel de Prusia / Alemania desarrollando una estrategia para coordinar los sistemas de la Tierra bajo el liderazgo de los USA con el fin de responder adecuadamente a la presencia extraterrestre.

La asistencia de visitantes extraterrestres ofreciendo desarrollar 'capacidades humanas' y proteger el entorno global mediante técnicas espirituales avanzadas fue rechazada. Los políticos vieron la subordinación de la 'adquisición de tecnología' al 'desarrollo espiritual' como una opción estratégica peligrosa. Hubo escaso soporte entre los políticos para la idea que la adquisición por la humanidad de tecnología avanzada había superado sus capacidades éticas para prevenir el uso destructivo de estas tecnologías. Además, había una gran incertidumbre alrededor de la presencia extraterrestre en términos de distinguir entre amigo o enemigo. Hubo por consiguiente un esfuerzo por desarrollar una vasta red de 'proyectos negros' compartimentalizados para un sistema de defensa interplanetaria capaz de asegurar la soberanía de los estados más importantes y de la Humanidad en general. Como fue discutido en el capítulo tercero, la red de proyectos que rivalizaban con el del Manhattan , ha sido soportada financieramente por un ´Presupuesto Negro'. Sólo en los USA este se estima en más de 1 trillón (millón de millones) de US$ anualmente, que constituyen un segundo 'Proyecto Manhattan'

En este capítulo analizo las implicaciones estratégicas de la 'política de poder' que toma como modelo la Prusia / Alemania de Bismark, y el sistema de defensa secreto implantado para responder la presencia extraterrestre. Revelo la exclusión completa al gran público de los asuntos extraterrestres, y de jugar cualquier papel significativo en la defensa planetaria. En lugar de contemplar al gran público como un activo, por el contrario, lo ven como un lastre estratégico. El público seguiría desinformado acerca de la vida extraterrestre. El papel del público en general sería pasivo y limitado a proporcionar los recursos básicos para una extensa red de proyectos negros compartimentalizados diseñados para proporcionar una respuesta con éxito a la vida extraterrestre.

Mostraré en este capítulo el fallo inherente en la estrategia de política de poder que relega al público general a un rol pasivo en el sistema de defensa global. Hay necesidad de una revelación completa de la vida extraterrestre mediante el desarrollo de capacidades humanas en una variedad de áreas. Estas incluyen: 'elevación de la consciencia'; historia galáctica y educación; salud, pobreza y la incorporación de tecnologías extraterrestres amigables con el entorno.[303] Estas áreas de asistencia ofrecidas por las civilizaciones extraterrestres han atraído hasta ahora sólo un interés marginal a los responsables de la seguridad nacional. La cooperación con aquellas civilizaciones interesadas en ayudar a toda la humanidad en estas áreas de 'elevación de consciencia' y 'tecnología amiga', organizaciones de base e individuos tendrían un efecto significativo en cómo se maneja la vida extraterrestre y se establece una defensa global. Esto permitiría a la sociedad de los humanos estar mejor preparada para responder a cualquier contingencia creada por extraterrestres que actúan para subvertir la soberanía humana y su libertad.

Más tarde propondré además que la doctrina estratégica que soporta la defensa global del planeta cara a cara con la presencia extraterrestre está desequilibrada e inclinada hacia una respuesta militar y tecnológica. Es necesario equilibrar los proyectos militares / tecnológicos con el desarrollo de capacitaciones humanas básicas. Encontrar este equilibrio permitirá a los políticos y al público general tratar una gran variedad de problemas globales. Estos problemas actualmente conllevan una tapadera para la subversión de los asuntos humanos por algunos grupos extraterrestres que buscan el control de la población de la Tierra y sus recursos. El Capítulo Uno desveló la amplitud y naturaleza de los acuerdos secretos con extraterrestres, que dieron la oportunidad para que ocurriera tal subversión. Ignorar el fallo de la política del poder como una respuesta estratégica apropiada a la presencia extraterrestre es invitar a la misma secuencia de errores políticos que trajeron la Primera Guerra Mundial. Esta vez, sin embargo, el conflicto puede estallar a nivel interplanetario. Tal conflicto amenazaría directamente a la soberanía y la libertad humanas.

## El Dilema Estratégico – Encontrar Aliados Estratégicos entre Razas Extraterrestres

La confirmación oficial de presencia extraterrestre ocurrió durante la era de la Segunda Guerra Mundial. Un dilema sin precedentes se presentó a los políticos de los USA y de las potencias aliadas. ¿Cómo debían responder? Habían conocido definitivamente su existencia con tecnologías avanzadas dejando obsoletas en siglos los sistemas armamentísticos más avanzados de los exitosos estados aliados. Más perturbado aún, los extraterrestres poseían poderes mentales y físicos avanzados con el potencial de influir sutilmente a incluso los más sofisticados políticos durante las comunicaciones, no digamos al público no preparado en general.

En el capítulo cuarto analicé el caso del Sargento Dan Sherman quien reveló su participación en el 'Proyecto Preserva el Destino', un proyecto secreto de comunicaciones de la Agencia de Seguridad Nacional de los USA que utilizaba la psicología para establecer contacto telepático con las civilizaciones extraterrestres.[305] Sherman informó sobre sus comunicaciones telepáticas con civilizaciones extraterrestres tales como los 'Grises' y en la dificultad de entrenarse para tener una precisa comunicación telepática con ellos. De acuerdo con otro whistleblower, Tte. Coronel Philip Corso, los extraterrestres utilizan la telepatía para las comunicaciones y la navegación.[306] La pregunta sin respuesta es "¿Cómo pueden los extraterrestres utilizar estas habilidades para influir indebidamente a las personas desconocidas y a los funcionarios públicos?

La aparición de estos extraterrestres tan avanzados mental y tecnológicamente se complicaba por el factor que parecía haber varias civilizaciones compitiendo una contra otra en la monitorización e interacción con la Tierra. Las intenciones, actividades y las agendas de estas civilizaciones extraterrestres, no podían ser determinadas conclusivamente. Muchas parecían ser amigas, algunas no amigas y otras neutrales.[307] Esto presentaba un dilema político para los funcionarios de la Seguridad Nacional que estaban valorando el entorno político global a finales de la Segunda Guerra Mundial. ¿Con cuál de las civilizaciones extraterrestres podían cooperar los políticos para aprender más respecto a la vida extraterrestre en general y desarrollar la respuesta estratégica apropiada?

Los políticos necesitan primero identificar y categorizar las distintas civilizaciones extraterrestres. Hay algunas con las cuales se han llegado finalmente a acuerdos de cooperación que incluyen tecnología y recursos. Esto fue hecho con el conocimiento de que este grupo de extraterrestres podía ser un potencial competidor por el control de los recursos de la Tierra. Había un segundo grupo de visitantes extraterrestres que parecían más avanzados éticamente y no ofrecían formas de ayuda militar. Ellos interactuaban principalmente con ciudadanos privados voluntarios. Finalmente, había un tercer grupo de extraterrestres que habían estado monitorizando los acontecimientos en la Tierra. Parecían ser neutrales acerca de quien controlaba los recursos de la Tierra y por último controlaban el destino de la Humanidad.

Había una diferencia importante en la política entre civilizaciones extraterrestres sobre el cambio de tecnología que tuviera aplicaciones armamentistas. Algunos extraterrestres desean comerciar con tecnología con aplicaciones militares a cambio de permitir la puesta en marcha de un programa biológico dirigido a mejorar genéticamente su raza. La raza comúnmente conocida como

'Grises' dicen provenir de Zeta Reticulum y dijeron que habían sobre utilizado los procedimientos de clonación hasta el punto de que su composición genética había sufrido.[308] En contraste, como mencioné en el capítulo uno, extraterrestres de 'aspecto humano' parece que estaban deseando asistirnos en la 'elevación de la consciencia' de la población del planeta y desarrollar tecnologías respetuosas con el entorno. Estos no ofrecían tecnología con fines militares importantes, y pedían por el contrario que se desmantelaran las armas nucleares que consideraban extremadamente peligrosas.[309]

El dilema estratégico para los políticos que debían hacer una elección estaba compuesta por una intrincada red de relaciones, la mayoría amigas, algunas neutrales y otras hostiles entre las diferentes civilizaciones extraterrestres. Hay un buen número de distintas civilizaciones que visitan la Tierra que participaron en los acuerdos secretos descritos en el capítulo Uno. [310] Para complicar aún más las cosas, investigadores señalan una diversidad de facciones entre cada civilización que hace difícil saber conclusivamente sus objetivos a largo plazo y sus agendas. La diversidad de facciones y las guerras entre ellas tiene soporte histórico en términos de textos sumerios cuneiformes registrando las actividades de los antiguos Annunnaki (una raza extraterrestre del misterioso planeta Nibiru) que jugó un papel en la colonización humana de la Tierra.[312]

La diversidad de las relaciones y las facciones extraterrestres hacen difícil valorar las implicaciones estratégicas de trabajar con cualquiera de las civilizaciones puesto que estas relaciones extraterrestres parecen ser fluidas. Había evidencia, por ejemplo, que una raza escondida e indígena de la Tierra, los 'Reptilianos' estaba cooperando con otra raza de 'Reptilianos' alados de Alpha Draconis, con una historia de conflictos y cooperación con los Grises.[313] La relación de los 'Grises' con estas razas de Reptilianos han de ser tenidas en cuenta en cualquier acuerdo ya que los intercambios de tecnología afectarían a las relaciones entre humanos y los Reptilianos indígenas presentes en la Tierra, escondidos.

Se puede deducir que antes de llegar a un acuerdo con los gobiernos nacionales basado en el intercambio de tecnología para experimentos genéticos, los Grises habían alcanzado acuerdos con los Reptilianos que han tenido una larga presencia en la Tierra, quizás anterior a la presencia humana.[314] Esto significa que cualquier acuerdo con los Grises implicaría la cooperación con la raza de Reptilianos que ha ejercido una poderosa influencia, si no el control secreto, sobre las instituciones nacionales clave.[315] Por supuesto, investigadores como Jim Marrs, William Bramley y David Icke, aseguran que ha habido por miles de años un sistema de control secreto.[316]

En lo que fue una decisión trascendental, aunque secreta, la decisión política para el planeta entero, las organizaciones de seguridad nacional de los USA y otros países importantes decidieron formar una alianza estratégica con los Grises y los Reptilianos extraterrestres.[317] El objetivo de esta alianza era permitir a organizaciones clandestinas de seguridad nacional construir una extensa red de 'proyectos negros' con el objetivo de proporcionar la adecuada infraestructura defensiva para el planeta utilizando tecnologías e información extraterrestres. Estos acuerdos secretos han llevado a la construcción de un gran número de bases subterráneas alrededor del planeta unidas por un sistema super avanzado de transporte y servicios de soporte.[318] Algunas de estas son bases conjuntas humanos-extraterrestres en lugares como Dulce, New México, y Pine Gap, Australia.[319]

En el Capítulo dos, se afirmó que tanto los Grises como los Reptilianos trabajaron junto a los trabajadores humanos en la base subterránea conjunta de Dulce bajo contrato de varias compañías y supervisados por una fuerza militar especial USA. Civiles ordinarios fueron objeto de extensivas violaciones de derechos humanos. La alianza significaba que otras razas que estaban más inclinadas a ayudar a las personas a tratar de resolver problemas sociales y del entorno, fueron ninguneadas debido a la falta de importancia estratégica para los políticos que trataban los asuntos extraterrestres. El modelo de las organizaciones de seguridad nacional de los USA solían desarrollar la 'estrategia del éxito' basada en la Realpolitik o 'política de poder'. La 'Política de Poder' fue utilizada con éxito por la Prusia del siglo XIX en desarrollar su capacidad militar e industrial mientras mantenía unidos los principados Germánicos. La Unificación se consiguió sin que sus vecinos Europeos se aliaran para contrarrestar la rápida expansión de Rusia en influencia y poder.

**La 'Política de Poder', los Estados Unidos & Presencia Extraterrestre.**

La 'Política de Poder' se refiere a la Realpolitik practicada por una variedad de líderes nacionales desde el Cardenal Richelieu, Primer Ministro de Francia (1624-1642) pero con más éxito por Otto Von Bismarck último Primer Ministro de Prusia y Primer Canciller de Alemania (1862-1890)[320] La política de poder de Bismarck estaba basada en dos suposiciones acerca de la política internacional. Primero, los estados deben utilizar todos los medios de que disponen para avanzar con sus 'intereses' nacionales. Y segundo, un 'equilibrio de poder' era la clave para guardar la paz y la estabilidad, y los estados necesitaban respetar esto mientras competían sobre sus respectivos 'intereses' nacionales.[321] Los principios éticos y/o universales eran como mucho irrelevantes para la práctica de la política de poder, o, a lo peor, recetas para al desastre nacional.[322] 'Política de poder' era una extensión de la filosofía política del teórico medieval italiano Nicolás Machiavelo, quien propuso un conjunto de principios pensados para extender el poder del Soberano.[323] Machiavelo argumentaba que la moralidad no tenía un valor inherente más que su utilidad para alcanzar el objetivo final: política de poder.

La política de poderío significaba navegar a través de los intereses competidores de los otros estados de forma que gradualmente se incrementara el propio interés nacional a expensas del de otros estados competidores sin provocar que estos últimos se aliarán entre ellos para evitar un cambio de status quo. En el caso de Prusia durante la primera mitad del s.XIX esto significaba expandir la influencia de Prusia en Europa a expensas de Austria y Francia. Esto se debía hacer sin provocar la reacción de la Gran Bretaña y de Rusia que podían liderar una alianza que pusiera en peligro los intereses nacionales de Prusia. En un plazo relativamente corto después de volver a su cargo, Prusia de Bismarck se deshizo de Austria (1866) y Francia (1870-71) en dos guerras cortas. Prusia tuvo éxito en unificar los principados del Norte en 1866 en una confederación dominada por Prusia (1866) y luego absorbiendo todos los principados en el Imperio Germánico en 1871 bajo el rey de Prusia Guillermo I y con Bismarck como Canciller. La habilidad de Bismarck para maniobrar entre los competidores nacionales en una forma que incrementaba gradualmente los intereses de Prusia / Alemania sin provocar una reacción entre los competidores se convirtió en un modelo para como un estado podía estratégicamente utilizar sus activos para convertirse en el actor dominante en la región.

La política de poder de Bismarck ha sido utilizada como modelo ejemplar en el desarrollo de una estrategia para cómo agencias de seguridad nacional en los USA y otros estados importantes responderían a la presencia extraterrestre. Uno de los individuos más responsables para el desarrollo de la política de poder fue Dr. Henry Kissinger, un conocido abogado de la realpolitik en su controvertida carrera pública.[324] Kissinger sirvió en el Cuerpo de Contrainteligencia del Ejército en 1943-46. Al final de la 2ª Guerra Mundial, se mantuvo activo en la ocupada Alemania del Oeste (República Federal de Alemania). Estuvo asignado al 970th Destacamento del Cuerpo de Contra Inteligencia, donde jugó un papel clave en la 'Operación Paperclip' – el reclutamiento de científicos alemanes que habían trabajado en tecnologías avanzadas. El trabajo de contrainteligencia de Kissinger le destacó en los círculos de inteligencia militar como alguien que tenía un intelecto agudo y las habilidades de pensador estratégico que podía manejar los asuntos estratégicos más importantes a los que se enfrentaban los USA – como responder mejor a la vida extraterrestre.[325] Kissinger sirvió a continuación en posiciones clave de consultor en comités clave de seguridad nacional en la administración Eisenhower que trataba las operaciones encubiertas y la respuesta a la vida extraterrestre.[326]

Kissinger era un protegido de Nelson y David Rockefeller quienes le aseguraban escalar a posiciones de liderazgo en los comités secretos desarrollados para gestionar los asuntos extraterrestres, por ejemplo el Majestic -12 /Grupo PI 40.[327] Esto está confirmado en relatos de varios whistleblowers del papel de liderazgo de Kissinger. De acuerdo con William Cooper quien sirvió en el comité de información de la Comandancia de la Flota del Pacífico, él vio documentos que revelaban que Kissinger era uno de los directores de un Grupo de Estudios en 1955 que ayudó a establecer la política sobre la vida extraterrestre.[328] Otra fuente whistleblower para la posición líder en asuntos extraterrestres fue el coronel Steve Wilson que asegura que él sirvió en operaciones de rescate de OVNIs siniestrados.[329] Wilson describe Kissinger como el observador de MJ-12/PI40.[330]

Junto a sus papeles de consultoría y liderazgo en los Grupos MJ-12 y los comités del NSC involucrados en operaciones encubiertas, Kissinger también actuó de forma destacada en organizaciones nacionales e internacionales. Estas incluyen el Consejo de Relaciones Exteriores, la Comisión Trilateral y el Grupo Bilderberg dónde había servido en comités ejecutivos.[331] En el capítulo 4 describí cómo el personal era gestionado en los asuntos extraterrestres a través de varias operaciones encubiertas manejadas por el Grupo MJ-12. Es por tanto importante reconocer el papel de liderazgo de Kissinger en operaciones encubiertas desde 1950. Esto fue revelado por Prouty quien escribió. "Henry Kissinger es la cabeza titular de la facción reactiva de las operaciones clandestinas de la comunidad de inteligencia. Su aparición como el poder en un solo hombre es simplemente debido al hecho que el está al frente del Equipo Secreto y la comunidad secreta de inteligencia."[332]

En suma, la respuesta estratégica que los USA tomaron cara a cara frente la presencia extraterrestre fue una versión de la política de poder, y fue Kissinger el responsable en alto grado. Esto quería decir que los políticos USA vieron otros estados y las diferentes facciones extraterrestres respectivamente como aliados estratégicos / competidores para los recursos y población de la Tierra. El objetivo de la política de poder adoptada por los USA bajo la tutela de Kissinger era para los USA construir sobre el estatus de la 2ª Guerra Mundial la nación más poderosa del planeta, y liderar la forma de responder a la presencia extraterrestre en una forma secreta y coordinada.[333]

Los practicantes de la política de poder buscaban identificar aquellos extraterrestres con los que se podía trabajar mejor para promover sus respectivos intereses nacionales. Mientras, ellos mantendrían un equilibrio de poder que evitara una 'guerra de los mundos' o guerra entre los estados más importantes sobre los asuntos extraterrestres. Principios éticos o universales tales como 'hermandad galáctica', 'paz universal' y la 'ley cósmica' eran o irrelevantes o vistas como recetas para el desastre en términos de intereses nacionales y la defensa global. Estos grupos extraterrestres que practicaban estos principios éticos / universales fueron, en algunos casos, simplemente ignorados. Trabajando con estos grupos no se avanzaría en los intereses nacionales de los estados más poderosos, en opinión de los políticos. En otros casos los extraterrestres éticamente avanzados eran considerados como competidores estratégicos para la lealtad de la ciudadanía del planeta. Métodos sofisticados de contrainteligencia fueron implementados para limitar la capacidad de seducción a los ciudadanos privados de las civilizaciones extraterrestres avanzadas éticamente. Esto incluía desacreditar y desenmascarar pruebas que confirmaban el contacto de ciudadanos privados con civilizaciones extraterrestres en lo que parecía ser una versión galáctica de COINTELPRO.[334] Las civilizaciones extraterrestres que deseaban llegar a acuerdos relativos a derechos de bases conjuntas, intercambio de tecnología extraterrestre, experimentos en material genético humano, y modificaciones d comportamiento, se convirtieron de esta forma en aliados secretos de los USA.

Los políticos que aplican la política de poder al tratar con extraterrestres consideran sus 'intereses nacionales' en una manera estrecha y muy restringida, en términos de las capacidades militares, industriales, y científicas requeridas para construir una fuerza disuasoria efectiva para cualquier intervención extraterrestre en los asuntos humanos. Esto fue visto como la mejor manera de proteger los intereses nacionales de los USA y otros estados importantes. Una sólida prueba de esta política de poder tiene los testimonios de whistleblowers de aquellos que participaron en programas clandestinos de ingeniería inversa no revelados al público general y a los funcionarios público elegidos.[335]

En el caso de una emergencia de los USA, como nación global dominante, los acuerdos serían alcanzados con aquellas civilizaciones extraterrestres que asistieran a los objetivos estratégicos de los USA. Los conflictos militares ocurrirían con aquellos extraterrestres de los cuales se pudieran conseguir activos de importancia estratégica. En el Capítulo Uno revelé que la administración Eisenhower se reunió y llegó a acuerdos con extraterrestres. Describí también la amplitud de aquellos acuerdos en términos de proyectos y actividades de colaboración entre varias entidades corporativas militares y varios grupos extraterrestres.

A pesar de los acuerdos alcanzados con los extraterrestres, como expliqué en el primer capítulo, hubo entre algunos militares de alto rango un resentimiento sobre los términos de los acuerdos. Por ejemplo, el Coronel Phillip Corso, que escribió: "Hemos negociado una especie de rendición con ellos [los ET] por la que no podemos luchar contra ellos. Ellos dictaron los términos ya que ellos sabían que lo que más temíamos era que se desvelaran."[336] El comentario de Corso es muy significativo ya que él sirvió en comités importantes del Consejo de Seguridad Nacional de Eisenhower que trataban con los asuntos extraterrestres.[337] Sus comentarios describen la tensión inherente en acuerdos secretos cuyos términos no eran bien conocidos y actividades que eran constitucionalmente dudosas. El capítulo Dos describe la existencia de instalaciones conjuntas tales como la base de Dulce en New México, en dónde los extraterrestres participaron en violaciones de los derechos humanos. En 1979 ocurrió un mortífero tiroteo por razones que aún no están muy claras, pero que indicaban claramente la tenue naturaleza de los acuerdos gobierno – extraterrestres. Tanto unos como otros violaron aquellos acuerdos / tratados. La raza de extraterrestres conocía por los 'grises' abdujeron secretamente a más sujetos humanos de los que habían informado a las autoridades militares y de inteligencia.[338]

En parte debido a las violaciones de los acuerdos secretos, los militares USA empezaron a tomar como blanco vehículos extraterrestres con avanzadas tecnologías y capturaron sus naves y ocupantes. [339] Hay pruebas de que el Programa Investigación Activa de Aurora de Alta Frecuencia (H.A.A.R.P. High Frequency Active Auroral Research Program) puede ser utilizado como proyector de choros de partículas capaces de generar un escudo global. Los iones de alta velocidad son proyectados en la magnetosfera por la que destruyen los sistemas electrónicos de cualquier nave que intente entrar en la atmósfera terrestre.[340] Esta guerra secreta limitada con visitantes sin anunciar extraterrestres se convirtió en una manera de obtener tecnología extraterrestre sin tener que negociar por ella. Por tanto, como Prusia / Alemania de Bismarck, la política de poder practicada por los USA y sus más importantes aliados buscarían un equilibrio de poder con los visitantes extraterrestres. Esto aseguraría simultáneamente que no hubiera una guerra interplanetaria de mayores proporciones y sólo limitada a conflictos con visitantes extraterrestres específicos. El resultado sería un refuerzo gradual de poder de las posiciones estratégicas de los USA y sus capacidades tecnológicas sin precipitar una catástrofe global.

A nivel global, continúan habiendo esfuerzos para coordinar el uso de la fuerza militar a través de instituciones multilaterales como pasó con la intervención en Irak / Kuwait en 1991; o la intervención militar de la OTAN en Kosovo en 1999. La estrategia de la política de poderío era que la humanidad, a través de los USA y otras naciones importantes serían capaces de tratar la presencia extraterrestre a través de una posición de fuerza. El objetivo último es la construcción de una 'fortaleza planetaria' frente a intervenciones y/o subversión de extraterrestres no deseados.

Hay una clara prueba que la política de poder llevada a cabo por los USA y sus aliados en respuesta a los extraterrestres tiene un componente importante en la construcción de un sistema de vigilancia global y exóticos sistemas de armamento sobre los cielos de la Tierra y los océanos. Las ondas del sonar Activo de baja frecuencia (Low Frequency Active Sonar) utilizado por la Marina USA para controlar las actividades sub oceánicas ostensiblemente de submarinos, pero más precisamente vehículos extraterrestres, tienen un efecto muy nocivo sobre los cetáceos del planeta.[341] Se presentaron demandas para parar las pruebas de la Marina. Permanece cuestionable si la Marina hubiese parado o no tales pruebas. La marina de los USA tiene la necesidad secreta de controlar la actividad de los océanos del mundo ya que estas se perciben como una amenaza potencial. En el libro titulado El Incidente de Las Antillas, un Capitán de la Marina de los USA reveló como los Objetos Sumergibles bajo el Agua (USO Underwater Submersible Objects) están siendo seguidos por el cuartel general de la Marina.[342] Su destructor fue directamente dirigido un lugar específico en el Atlántico central dónde tuvo misiones con OVNI en un periodo de varios días. El destructor de la Marina USA abrió el fuego al OVNI que no fue efectivo. Miembros de la tripulación fueron tomados por los OVNI. Al volver al puerto, el Capitán y la tripulación fueron interrogados y se les pidió que no hablaran del incidente, y el Capitán fue reasignado al Pentágono.

Además del sistema de vigilancia en los océanos del mundo habría un escudo global electromagnético alrededor del planeta. Un prototipo para este escudo es HAARP que puede ser utilizado como generador de partículas para enviar iones a la magnetosfera que rodea rápidamente a la Tierra, en un escudo electromagnético que impide la entrada de naves extraterrestres.[343] El ex físico de Los Álamos, Dr. Douglas Beason ha revelado el rápido desarrollo de las "Armas de Energía Directa" que pueden enviar pulsos electromagnéticos a cualquier parte de la Tierra para fines de vigilancia o para propósitos destructivos.[344] La Tierra, para todos los propósitos se convertiría en una fortaleza planetaria. Las consecuencias estratégicas de la política de 'fortaleza planetaria' sería que sólo los grupos extraterrestres permitidos para 'mostrarse a sí mismos', a la población global serían aquellas que sirvieran a los 'intereses nacionales' de los USA y estados importantes. La elección sería hecha por un restringido número de políticos que gestionarían los asuntos extraterrestres. Esto limitaría la cantidad y calidad de las interacciones extraterrestres en un mundo post-Contacto a aquellos permitidos por aquellos políticos que han desarrollado acuerdos secretos con civilizaciones extraterrestres. Se puede por tanto predecir que las actuales condiciones de un evento de contacto masivo sería restringido o distorsionado de forma que sirviera a los intereses de una élite de políticos y los grupos extraterrestres con los que ellos trabajaban.345

En un libro titulado *An Introduction to Planetary Defense. A Study of Modern Warfare Applied to Extra – Terrestrial Invasion* , Una Introducción a la Defensa Planetaria: Un Estudio de la Guerra Moderna Aplicada a una Invasión Extraterrestre, el Dr. Travis Taylor y sus coautores presentan un caso para el cual cómo se defendería el planeta frente a los extraterrestres.[346] Ellos presentan un argumento estadístico para la existencia de vida avanzada extraterrestre y la probabilidad de que algún día visiten la Tierra. Ellos consideran la probabilidad de que estos extraterrestres avanzados pudiesen intentar la conquista del planeta utilizando su tecnología más avanzada. El Dr. Taylor y los otros coautores presentan entonces una respuesta basada en el desarrollo de armamento, una estrategia de defensa a largo plazo, tácticas asimétricas a ser utilizadas, sugerencias sobre organización, financiación, y respuestas de contrainteligencia.

Dado que el Dr. Taylor y los otros coautores tienen décadas de experiencia como contratados con el Departamento de Defensa, su libro da a la persona de la calle una clara idea de cómo los estrategas de la defensa podían seriamente enfocar el asunto de la vida extraterrestre y la defensa nacional. Este libro da un hipotético argumento para la existencia de vida extraterrestre. No cita la prueba de que los extraterrestres están ya visitando la Tierra y que algunos ya han entrado incluso en acuerdos con el gobierno USA. Sin embargo, su libro muestra como los estrategas de la defensa justificarían un programa de rápido desarrollo armamentista, durante décadas si fuese necesario, con el fin de alcanzar el mismo nivel de paridad con los extraterrestres avanzados. Esta es precisamente la estrategia de defensa a largo plazo que subestima el enfoque a la vida extraterrestre.

## El fracaso de la Política de poder & Defensa Global Centralizada frente la Intervención & Subversión Extraterrestre

La política de poder basada en la experiencia histórica de Prusia / Alemania aparece como muy comprensible e incluso alabable como estrategia básica para preservar la soberanía e independencia de la Humanidad en respuesta a las razas más desarrolladas tecnológicamente. Los modelos históricos tales como la conquista de las Américas son el testimonio del peligro de hacer presunciones no confirmadas acerca de las intenciones benevolentes de visitantes de nuestras costas nacionales más avanzados tecnológicamente.[347] El informe Brookings de la NASA en 1960, apuntaba al potencial colapso de nuestra civilización con la aparición de sociedades extraterrestres más avanzadas tecnológicamente. "Archivos antropológicos contienen muchos ejemplos de sociedades seguras de su lugar en el Universo, que se desintegraron cuando se asociaron con sociedades previamente no familiares que tenían ideas distintas y diferentes formas de vida."[348] Ha habido políticas estratégicas de intereses nacionales avanzados en el trato con civilizaciones extraterrestres en términos de ayuda concreta para un rápido programa de modernización militar y coordinación política entre estados importantes. Esto que parece a primera vista como una forma de ir hacia delante en tratar la diversidad de actores extraterrestres desconocidos y posibles amenazas que plantean a la soberanía humana. Hay pruebas que mucha de la aparente hostilidad detrás de la Guerra Fría estaba ideada para esconder la verdadera estrategia de cooperación que ocurría entre las potencias importantes y la necesidad de mantenerlas en secreto de los respectivos públicos en general.[349] Una suposición clave en esta estrategia de cooperación era que el público global no estaría preparado para manejar las consecuencias sociales, políticas y económicas de la presencia extraterrestre. Una revelación prematura se consideraba como un riesgo para la desintegración de la infraestructura social. Esto llevó a un programa de rápida modernización basado en la tecnología extraterrestre y acuerdos que se tornaron alto secreto de estado. Esto excluía al gran público de obtener cualquier información oficial sobre la presencia extraterrestre. Funcionarios públicos elegidos estaban sólo informados para mantener sus puestos clave o puestos en el legislativo que fueran críticos en el paso de información que afectara a la red de proyectos negros compartimentalizados, y el presupuesto negro que los financiaba.[350]

Esto tenía un paralelismo con la política de poderío practicada por la Prusia / Alemania de Bismarck en dónde el Imperio Germánico era democrático solamente de nombre y donde el parlamento sólo trataba con decisiones no obligatorias en lugar de ejercer el control sobre el proceso de toma de decisiones políticas. El parlamento alemán y por tanto la población, no podía actuar como un freno sobre las aspiraciones del imprudente nuevo emperador Guillermo II una vez que el cauto Bismarck fue forzado a retirarse en 1890. A la postre esto probó ser desastroso y directamente responsable de la escalada de tensión que condujo a la Primera Guerra Mundial. Esto dejó al descubierto los fallos inherentes a la política de poder. La exclusión de la población alemana de tener una influencia real en el proceso de toma de decisiones políticas que era el único modo viable de tener a raya a los temerarios líderes nacionales en un sistema político centralizado.

La explicación convencional para la Primera Gran Guerra era que fue causada por las imprudentes políticas de Guillermo II, y que el más cauto Bismarck no hubiera nunca permitido que se desencadenara la guerra.[351] Esta explicación esconde la causa más profunda, que era el proceso centralizado de toma de decisiones políticas que Bismarck animó y que eliminaba todas las comprobaciones y balances en la forma que a política era llevada a término a nivel nacional. Mientras tal sistema podía funcionar con políticos prudentes como Bismarck en el poder, sería desastroso con políticos menos responsables. La Historia ha demostrado que la política de poder es inherentemente incorrecta como doctrina estratégica ya que anima a un sistema político centralizado donde hay pocas restricciones sobre líderes irresponsables y sus tomas de decisiones políticas.

Parece que la situación se repite ahora por la forma que se ejerce el liderazgo sobre la gestión de la presencia extraterrestre en los USA. La política de poder más cautelosa del estilo de Kissinger basada en su comprensión de la vida extraterrestre está siendo retada por una nueva generación de líderes. Esta nueva generación de políticos que manejan los asuntos extraterrestres es más atrevida y menos reacia al riesgo que la generación de Kissinger. Los horrores de la Segunda Guerra Mundial y la necesidad de evitar que vuelva a ocurrir estaban aún fresca en la mente de los que tomaban decisiones políticas.

Un buen número de whistleblowers discuten el estilo de liderazgo de los grupos responsables de la seguridad nacional y lo describen como 'el Cabal' que tienen un odio xenófobo a visitantes extraterrestres y son proclives a la confrontación militar. De acuerdo con Daniel Salter, antiguo agente de la contra inteligencia, para la Oficina Nacional de Reconocimiento, "una fuerza renegada llamada el Cabal es responsable de los ataques y los rescates de entidades extraterrestres y sus naves"[352] . Como la influencia de Bismarck sobre la política exterior de Alemania que fue eclipsada por una nueva generación de líderes arriesgados bajo Guillermo II, de la misma forma, el enfoque de Kissinger sobre la gestión extraterrestre está siendo eclipsado ahora. Esto traerá consigo un periodo más peligroso dónde pobres alternativas políticas pueden conducir a aventurismos por 'fuerzas renegadas' dentro del sistema de gestión de los asuntos extraterrestres. Esto se reflejó en aventurismos de los neo conservadores de la administración Bush sobre la más cautelosa política de pragmatismo en el partido republicano.[353] Esta forma de aventurismo militar trasplantado a los asuntos extraterrestres plantea una amenaza a largo plazo a la soberanía y libertad humana. En pocas palabras, la estrategia de la política de poder que dominó el sistema de gestión de los asuntos extraterrestres ha puesto los cimientos para una ruptura devastadora en la forma en que se trata la presencia extraterrestre.

El fracaso de la política de poder como una estrategia coherente para responder a la presencia extraterrestre surge de la negación del papel que un público informado puede jugar en cómo se gestiona la presencia extraterrestre. En particular, hay un rechazo a la idea de 'construcción humana' en el sentido de dar poder a los ciudadanos para que sean más responsables y activos en la respuesta a asuntos de importancia global. Proporcionando un activo vital en cómo tratar a los extraterrestres. Este fallo inherente del enfoque de la política de poderío está basada en la suposición de que el gran público ofrece 'un blanco suave' que las razas extraterrestres pueden fácilmente subvertir. En los cálculos de los que toman decisiones políticas, estas subversiones amenazarían cualquier programa de modernización tecnológica en marcha y una respuesta coordinada a la presencia extraterrestre.

Los que toman decisiones políticas han creído que la creación de un sistema de seguridad compartimentalizado sería la mejor salvaguarda frente a la subversión extraterrestre, mientras fueran desarrolladas las capacidades militares, tecnológicas y científicas para responder a la presencia extraterrestre. En otras palabras, un sistema de seguridad nacional compartimentalizado forma un 'objetivo duro' para la subversión en contraste con el público general como 'objetivo blando' para la subversión. Hay pruebas de que en los USA este sistema secreto de seguridad nacional compartimentalizado forma un segundo 'Proyecto Manhattan' que deja pequeño el primer Proyecto Manhattan y la construcción de bombas atómicas.[354]

Desafortunadamente, testimonios de whistleblowers han demostrado la falacia de suponer que un sistema de seguridad secreto y compartimentalizado constituye un objetivo duro para la subversión extraterrestre. La subversión extraterrestre ha ocurrido en: la comunidad militar de inteligencia; corporaciones que han llenado secretamente los contratos que tratan con la presencia extraterrestre; y en instituciones clave de la educación y la investigación.[355] Por ejemplo, Clifford Stone poco después de empezar su servicio en el Ejército, testificó haber visto un extraterrestre 'Gris' en el sótano del Pentágono flanqueado por dos militares antes de quedar aturdido e inconsciente por ello.[356] Esto indica que los extraterrestres Grises teniendo papeles no revelados en instalaciones militares sensibles. Otro whistleblower militar, Charles Hall, describió como él fue testigo regularmente de haber visto a generales de la USAF en presencia de 'Blancos Altos' extraterrestres en la base Nellis de la Fuerza Aérea.[357] Los generales de la USAF podían ser fácilmente manipulados debido a su deseo por adquirir a toda costa tecnología avanzada. Los 'Blancos Altos' utilizan técnicas de control mental avanzadas contra Hall lo que sugiere que podían manipular de la misma forma a los oficiales veteranos.

Otro whistleblower, Phil Schneider, un ex ingeniero civil empleado en proyectos negros, que incluían la construcción de bases subterráneas proporcionó testimonio detallado de la magnitud de la subversión extraterrestre en una serie de conferencias públicas antes de que fuera encontrado muerto en circunstancias controvertidas.[358] Testimonios adicionales de whistleblowers lo han proporcionado investigadores con información del papel histórico y contemporáneo jugado por visitantes extraterrestres en la subversión de los asuntos humanos.[359] Aparte de los testimonios de los whistleblowers hay también los investigadores de la 'teoría de la conspiración' tales como Jim Marrs, William Bramley , David Icke, Lynne Picknett y Clive Prince. Ellos describen como los extraterrestres han podido subvertir a la comunidad de los que toman decisiones políticas a los más altos niveles. Ellos argumentan que esto ha ocurrido no sólo en la era contemporánea sino también históricamente.

La subversión extraterrestre en la era contemporánea ha sido posible por el secretismo y la compartimentalización alrededor de todos los aspectos de la presencia extraterrestre. Más aún, hay pruebas de que la tecnología avanzada incluyendo el control de la mente, implantes, drogas y psicotrónica se han utilizado para el control humano.[361] Testimonios de individuos que han participado en proyectos secretos y compartimentalizados del gobierno ocurridos en Montauk, Long Island, señalan a un uso continuado de estas tecnologías. Describen también el viaje en el tiempo y las tecnologías de clonación utilizadas por algunos de los visitantes extraterrestres en Montauk.[362]

Tales tecnologías proporcionan la oportunidad para la subversión extraterrestre de un proceso de toma de decisiones. Ello requiere el compromiso de sólo un pequeño grupo de decisores de la política para subvertir todo el sistema de seguridad nacional. En efecto, la centralización de la toma de decisiones relativas a la seguridad nacional está animada discretamente por grupos extraterrestres que desean la subversión del proceso de toma de decisiones. Los extraterrestres que entraron en acuerdos secretos pueden tener como objetivo final la subversión de todo el sistema de la seguridad nacional de un país puntero como los USA. Ellos pueden estar fingiendo cooperación cuando su propósito real es subvertir en lugar de proporcionar ayuda en áreas de interés particular para los extraterrestres. Cooperando en una red de proyectos negros secretos compartimentalizados les proporciona la oportunidad para que la subversión ocurra sin que apenas se note. Esto tiene unos costes tremendos a largo plazo para la soberanía y libertad de los humanos.

El tratar el problema de la subversión extraterrestre del proceso de toma de decisiones requiere un extensivo conjunto de comprobaciones y rendiciones de cuentas. Esto es esencial en una democracia robusta basada en la transparencia, la apertura y la responsabilidad. En contraste, un sistema secreto compartimentalizado de seguridad nacional tiene pocas comprobaciones y rendiciones de cuentas. La transparencia, apertura y responsabilidad necesarias para identificar y eliminar la subversión extraterrestre de la sociedad humana no ha sido posible. Esto es debido al continuo secretismo que envuelve la presencia extraterrestre. El proceso democrático que añade una serie de comprobaciones y rendiciones de cuentas para evitar las políticas irresponsables del gobierno, no han estado posibles para desarrollar organizaciones de la seguridad nacional que respondan a la presencia extraterrestre. Esta ausencia de proceso democrático ha facilitado en lugar de evitado, la infiltración y subversión extraterrestre del sistema de seguridad nacional.[363]

Un fallo adicional en la estrategia de la política de poder es que las civilizaciones extraterrestres sin ningún interés en proporcionar tecnologías con potencial de desarrollo de armamento se han considerado estratégicamente irrelevantes. No se las permitió asistir abiertamente en el desarrollo de las capacidades humanas, y los individuos que entraron en contacto con ellas fueron absolutamente desacreditados.[364] Estas civilizaciones muy limitadas como actores significativos en los asuntos humanos, cuyo comportamiento parecían mucho más éticas. Estos extraterrestres 'éticamente avanzados' estaban más inclinados a desarrollar y construir capacidades humanas que en proporcionar asistencia tecnológica con aplicaciones militares para las organizaciones de la seguridad nacional. Su deseo profundo que el desarrollo tecnológico humano había extirpado su capacidad ética de evitar los usos destructivos de tales tecnologías, creando fricciones entre los decisores políticos.[365] Además, parecía que la mayoría de los visitantes extraterrestres comparten esta perspectiva más ética acerca de la habilidad de los humanos a integrar sabiamente tecnologías avanzadas. Aquellos extraterrestres que participaron en los acuerdos de intercambio de tecnología parecía que eran una minoría cuyos motivos son altamente cuestionables.[366]

Un enfoque de política de poder ha llevado a la desafortunada situación en la que los únicos extraterrestres a los que se ha oficialmente permitido interactuar con las sociedades humanas son aquellas que participaron en los acuerdos secretos que sirvieron a los intereses de los estados importantes para desarrollar capacidades militares, industriales y científicas. A juzgar por los numerosos testimonios acerca de las abducciones de humanos los resultados han sido dudosos. Algunos investigadores argumentan que estas abducciones tienen un efecto beneficioso. Otros argumentan que las abducciones violaron repetidamente los derechos de los civiles forzados a participar en aquellos programas extraterrestres.[367] Dan Sherman afirma que dimitió de las Fuerzas Aéreas USA al enterarse de los masivos abusos utilizados en las abducciones.[368] Además, hay pruebas concluyentes que las violaciones de los derechos humanos han ocurrido en bases conjuntas como describí en el capítulo cuarto, indicando un alto grado de complicidad oficial/corporativa.

Interacciones con civilizaciones extraterrestres que tienden al desarrollo de las capacidades humanas han sido limitadas a eventos aislados y no se les ha permitido un mayor efecto en la sociedad humana.[369] El más famoso ejemplo es el de George Adamski cuyos contactos con los Venusianos fueron apoyados por testigos fiables, fotografías, films e incluso muestras físicas.[370] Otro caso bien conocido es el de Eduard "Billy" Meier que tiene pruebas fotográficas, videos, grabaciones de audio de visitantes extraterrestres de las Pleiades desde 1975. El contactado colombiano,

Enrique Castillo, que supuestamente se encontró con extraterrestres de la Pleiades desde 1973 a 1976 y llevó a cabo una serie de iniciativas para expandir la consciencia de las visitas de extraterrestres en Sud América.[372] Otro ejemplo es James Gilliland en el estado de Washington, USA, que también ha proporcionado extenso material fotográfico, films y pruebas sonoras de visitantes extraterrestres. Las interacciones extraterrestres de Adamski, Meier, Castillo y Gilliland dan un ejemplo del tipo de despertar de consciencia y educación que este grupo de extraterrestres introduciría en su 'construcción de la capacidad' de la sociedad humana.

La política de poder que conlleva la respuesta estratégica a la presencia extraterrestre ha llevado a una política de defensa secreta centralizada, compartimentalizada y global. Esta política no utiliza adecuadamente el mejor valor humano frente a la subversión e intervención extraterrestre, una ciudadanía informada y potenciada. Tal ciudadanía auto potenciada tendría un efecto positivo sobre cómo se gestiona la presencia extraterrestre, y en la creación de una viable auto defensa para responder a cualquier contingencia extraterrestre. Una ciudadanía global e informada, ofrece la posibilidad de una defensa global equilibrada utilizando todos los recursos estratégicos disponibles para contrarrestar cualquier subversión extraterrestre y una intervención no deseada. La política de poder falla en que no es una respuesta estratégica adecuada a la presencia extraterrestre. Se requiere urgentemente una alternativa.

## Desarrollo de una Alternativa Estratégica para Responder a la Vida Extraterrestre.

Hasta el momento, los USA y otras naciones importantes tienen acuerdos secretos con diferentes razas de extraterrestres que llevaron al intercambio de tecnologías con aplicaciones militares. Todas las aplicaciones comerciales son reveladas en una pequeña proporción, con sólo un efecto muy marginal sobre la población global, ostensiblemente debido al uso dual de las tecnologías extraterrestres que podían llevar a conflictos a las naciones bribonas implicadas en conflictos regionales. El Coronel Phillip Corso, antiguo jefe del Despacho de la Tecnología Extranjera en el departamento de Investigación y Desarrollo del Ejército, afirma que él lideró un proyecto clandestino con ingeniería inversa recuperada en el siniestro de Roswell de 1947.[374] Él escribió que su proyecto fue exitoso y dejó la secuela de tecnologías extraterrestres útiles tanto para los sectores civiles como militares. Corso afirma que el rápido avance de los últimos 50 años, en fibra óptica, chips de circuitos integrados, equipos de visión nocturna y fibras de alta tenacidad tales como Kevlar fueron un resultado directo de estos proyectos clandestinos.

Un sistema altamente centralizado, compartimentalizado y secreto ha sido colocado para tratar con la presencia y tecnología extraterrestre, y está financiado por ingresos que escapan la contabilidad y auditoría normales de los gobiernos financiados por el gobierno.[375] El propósito del sistema secreto, centralizado y compartimentalizado creado en respuesta a la presencia extraterrestre es desarrollar una defensa efectiva frente a una intervención indeseable extraterrestre que amenace la soberanía nacional y humana. Por tanto, es muy útil explorar si hay una alternativa viable a tal sistema secreto y centralizado de defensa que pueda mejorar la soberanía y libertad de los humanos.

Durante los primeros años de la administración Eisenhower, cuando un grupo de extraterrestres 'éticamente avanzados' se encontraron con altos funcionarios del gobierno apuntaron a tratar con la presencia extraterrestre, los extraterrestres se ofrecieron su asistencia a un buen número de problemas medioambientales, tecnológicos, políticos y socioeconómicos. La única condición fue el desmantelamiento del arsenal nuclear.[376] Cuando los funcionarios declinaron la oferta, este grupo de extraterrestres se retiraron y no jugaron ningún papel en los programas clandestinos del gobierno en ingeniería inversa sobre tecnología extraterrestre para armamento avanzado.

Estos extraterrestres 'éticamente avanzados' han concentrado después sus esfuerzos en la elevación de la consciencia del público general. Ellos han avisado de los peligros de sistemas nucleares y 'exóticos' armamentos creados con la ingeniería inversa a partir de tecnología extraterrestre. Además, los extraterrestres éticamente avanzados han tenido muy poco impacto en proyectos clandestinos; han animado el desarrollo de alternativas al uso de fósiles combustibles como fuente de energía, y han preparado al público general para una eventual revelación de la vida extraterrestre.[377]

Ninguna de estas áreas fue juzgada como estratégicamente significante desde la perspectiva de los decisores políticos que trataban los asuntos extraterrestres. Basaban sus políticas en la política de poderío abogada por Kissinger y otros, y excluyeron simplemente los principios éticos promovidos por algunos grupos extraterrestres,

Algunos antiguos 'whistleblowers' de los militares y del gobierno han revelado las actividades de agencias clandestinas del gobierno e intereses opuestos a la incorporación de tecnología extraterrestre en la arena pública.[378] Estas áreas de asistencia 'primarias' sí tienen una significación estratégica en términos de organizar una defensa social 'primaria' frente a una no deseada intervención y/o subversión extraterrestre en los asuntos humanos. Esta forma de defensa sociales es incluso más relevante dada la probabilidad de que algunos visitantes extraterrestres se hayan ya infiltrado/subvertido organizaciones militares - de inteligencia y comprometido severamente los sistemas de seguridad nacional.[379] Una población global completamente consciente de la diferentes civilizaciones extraterrestres, y equipada con la tecnología primaria para tener en cuenta sus propias necesidades, podrá mantener otro nivel de defensa planetaria. Más aún, una población consciente y auto potenciada sería capaz de proporcionar unas formas más democráticas que daría las comprobaciones y rendiciones de cuentas de la forma cono se trata la presencia extraterrestre.

El fallo de la política de poder como estrategia de éxito para responder a la presencia extraterrestre conlleva a que se pasen políticas irresponsables sobre los extraterrestres. Esto se debe a la ausencia de comprobaciones y rendiciones de cuentas que evitan las influencias extraterrestres indeseables en un proceso genuinamente democrático de toma de decisiones. El desarrollo de una Humanidad consciente y potenciada requiere que la población empiece a trabajar en estas áreas 'estratégicamente no significativas' que han rechazado las organizaciones de seguridad nacional. Lo que se requiere urgentemente es un programa de acción por el cual la ciudadanía de base empiece a trabajar con aquellas razas extraterrestres interesadas en el desarrollo de las capacidades humanas. Al mejorar las capacidades humanas en colaboración con estas razas, se generará mayor consciencia de la absoluta complejidad de la presencia extraterrestre en términos de actividades y de la agenda de las diferentes razas. El desarrollo de las capacidades humanas ayudará a prevenir políticas irresponsables por una generación de líderes más valientes y que impongan su autoridad y que estuvieron comprometidos en sistemas centralizados y compartimentalizados de seguridad nacional que trataban con asuntos extraterrestres. La potenciación de defensas sociales primarias frente a la intervención / subversión extraterrestre en los asuntos globales es la mejor manera de mantener la soberanía y la independencia humanas, un mundo que va despertando poco a poco a la verdad de la presencia extraterrestre.

## Notas finales. Capítulo Cinco

[302] Deseo expresar mi reconocimiento a Hugh Matlock por su hospitalidad, estímulo intelectual e instalaciones de investigación para la finalización de la primera version de este capítulo, que fue publicado online en: http://www.exopolitics.org/Study-Paper-7.htm .

[303] Ver Michael Salla, "A Report on the Motivations and Activities of Extraterrestrial Races – A Typology of the Most Significant Extraterrestrial Races Interacting with Humanity" available online at: http://www.exopolitics.org/Report-ET-Motivations.htm

[304] Para referencia de la presencia extraterrestre en la Segunda Guerra Mundial , ver Michael Salla, *Exopolitics: Political Implications of the Extraterrestrial Presence* (Dandelion Books, 2004) 109-48. Originalmente publicado como: "Foundations for Globally Managing Extraterrestrial Affairs – The Legacy of the Nazi Germany-Extraterrestrial Connection," (Cimientos para una Gestión Global de los Asuntos Extraterrestres – El Legado de la Conexión Alemania Nazi – Extraterrestres) Exopolitics.org, 27 de Julio, 2003. Disponible online en: http://www.exopolitics.org/Study-Paper-6.htm

[305] Dan Sherman, *Above Black: Project Preserve Destiny Insider Account of Alien Contact & Government Cover-Up* (Oneteam Publishers, 1997). Ver también su website en: www.aboveblack.com

[306] Ver Philip Corso, *The Day After Roswell* (Pocket Books, 1997).

[307] Para las diferentes motivaciones de razas extraterrestres, ver Michael Salla, "A Report on the Motivations and Activities of Extraterrestrial Races – A Typology of the Most Significant Extraterrestrial Races Interacting with Humanity" ("Un Informe sobre las Motivaciones y Actividades de las razas extraterrestres - Una tipología de las Razas extraterrestres más significativas que interaccionan con la Humanidad") disponible online en: http://www.exopolitics.org/Report-ET-Motivations.htm .

[308] Para una discusión de los Grises y sus actividades en la Tierra, ver Courtney Brown, *Cosmic Voyagers* (Onyx Books, 1997).

[309] Ver Michael Salla, "Extraterrestrials Among Us," ("Extraterrestres entre nosotros") *Exopolitics Journal*, 1:4 (2006): 284-300.

[310] Ver Michael Salla, "A Report on the Motivations and Activities of Extraterrestrial Races – A Typology of the Most Significant Extraterrestrial Races Interacting with Humanity" ("Un Informe sobre las Motivaciones y Actividades de las razas extraterrestres - Una tipología de las Razas extraterrestres más significativas que interaccionan con la Humanidad") disponible online en: http://www.exopolitics.org/Report-ET-Motivations.htm

[311] Para información sobre las diferentes relaciones entre y dentro las civilizaciones extraterrestres, ver Courtney Brown, *Cosmic Explorers* (Signet 2000).

[312] Ver Zecharia Sitchin, *The Wars of Gods and Men: Book III of the Earth Chronicles* (Las Guerras de Dioses y Hombres: Libro III de las Crónicas de la Tierra) (Avon 1999) y Joseph Farrell, *The Cosmic War: Interplanetary Warfare, Modern Physics and Ancient Texts* (La Guerra Cósmica: Las Guerras Interplanetarias, Física Moderna y los Textos Antiguos) (Adventures Unlimited Press, 2007).

[313] Pruebas de la cooperación entre las diferentes especies de Reptilianos y los Grises se encuentran en el testimonio de whistleblowers en la base subterránea de Dulce discutidas en el capitulo dos. Ver también Branton, *The Dulce Wars: Underground Alien Bases and the Battle for Planet Earth* (Inner Light Publications, 1999); and Val Valerian, *Matrix II: The Abduction and Manipulation of Humans Using Advanced Technology* (Matrix II: La Abdución y Manipulación de Humanos Utilizando Tecnologías avanzadas) (Leading Edge Research Group, 1989/90). información online disponible en http://www.trufax.org/catalog/m2.html.

[314] R. A. Boulay, *Flying Serpents and Dragons: The Story of Mankind's Reptilian Past* (Serpientes Voladoras y Dragones: La historia del pasado reptiliano del hombre) (Book Tree, 1999).

[315] Para una discusión de la presencia Reptiliana, ver Jim Marrs, *Rule by Secrecy: The Hidden History That Connects the Trilateral Commission, the Freemasons, and the Great Pyramids* (Regla de Secretismo, La Historia oculta que conecta la Comisión Trilateral, Los Masones, y las Grandes Pirámides) (Perennial, 2001); and David Icke, *The Biggest Secret: The Book That Will Change the World, Bridge of Love Publications,* (El Secreto más Grande: El Libro que Cambiará el Mundo, Publicaciones Puente del Amor) 2ª ed. (Enero de 1999).

[316] Ver Jim Marrs, *Rule By Secrecy* (Perennial, 2000); William Bramley, *Gods of Eden* (Dioses del Eden) (Avon Books, 1990); and David Icke, *Children of the Matrix: How an Interdimensional Race has Controlled the World for Thousands of Years-and Still Does* (Niños de la Matriz; Cómo una raza interdimensional ha controlado al Mundo durante Miles de Años y aún lo hace) (David Icke Books, 2001).

[317] Ver capítulos Uno y Dos.

[318] Ver Richard Sauders, *Underwater and Underground Bases* (Adventures Unlimited Press, 2001).

[319] Ver capítulo dos y también Whitley Strieber, "The Mystery of Pine Gap," ("El Misterio de Pine Gap") http://www.unknowncountry.com/mindframe/opinion/?id=64 .

[320] Para una descripción de la política de fuerza y cómo se ha desarrollado históricamente de las políticas nacionales del Cardenal Richelieu, ver Henry Kissinger, *Diplomacy* (Diplomacia) (Touchstone Books, 1995).

[321] Hans Morgenthau, *Politics among nations : the struggle for power and peace* (Política entre naciones: la lucha por el poder y la paz) (Alfred Knopf, 1985)

[322] Henry Kissinger, *Does America Need a Foreign Policy?* (¿Necesita América una Política Exterior?) (Touchstone Book, 2001)
[323] Nicolo Machiavelli, *The Prince* (Bantam 1984).
[324] Para las ideas propias de Kissinger acerca de la realpolitik ver, *Diplomacy*. Para la controversia sobre las políticas de Kissinger, ver Seymour M. Hersh, *The Price of Power: Kissinger in the Nixon White House* (El Precio del Poder: Kissinger y la Casa Blanca de Nixon) (Summit Books, 1983).
[325] Para pruebas de la relación entre la Contrainteligencia del Ejército y la presencia extraterrestre, ver el informe desclasificado de 22 de Julio de 1947 relativo al incidente de Roswell. http://209.132.68.98/pdf/ipu_report.pdf
[326] Ver Michael Salla, *Exopolitics*, 59-108. Originalmente publicado como "Political Management of the Extraterrestrial Presence – The Challenge to Democracy and Liberty in America," (Gestión política de la presencia extraterrestre – Los Retos de la Democracia y Libertad en América") www.exopolitics.org (4 de Julio de 2003).
[327] Ver Michael Salla, *Exopolitics,* 59-108. Originalmente publicado como "Political Management of the Extraterrestrial Presence – The Challenge to Democracy and Liberty in America," (Gestión política de la presencia extraterrestre – Los Retos de la Democracia y Libertad en América") www.exopolitics.org (4 de Julio de 2003).
[328] William Cooper, *Behold a Pale Horse* (Contempla un Caballo Pálido) (Light Technology Publishing, 1991) 210-11.
[329] La trayectoria de Wilson y la controversia acerca de sus credenciales fueron discutidas en el capítulo Uno.
[330] Ver entrevista online con Dr Richard Boylan, en http://www.drboylan.com/mj12org2.html
[331] Ver Daniel Estulin, *The True Story of the Bilderberg Group* (La Verdadera historia del Grupo Bilderberg) (TimeDay, 2007)
[332] Fletcher Prouty, *The Secret Team: The CIA and its Allies in control of the United States and the World* (Skyhorse Publishing, [1972) 2008]) 89.
[333] Para una descripción de cómo los mayores estados aliados cooperaron después de la 2ª Guerra Mundial, ver Michael Salla, *Exopolitics,* 109-48. Originalmente publicado como "Foundations for Globally Managing Extraterrestrial Affairs – The Legacy of the Nazi Germany-Extraterrestrial Connection," (Cimientos para una Gestión Global de los Asuntos extraterrestres – El Legado de la Conexión Alemania Nazi y extraterrestres) Exopolitics.org, 27 Julio de 2003. disponible online en: http://www.exopolitics.org/Study-Paper-6.htm
[334] Ver Michael Salla, "GALACTIC COINTELPRO - Exposing the Covert Counter-Intelligence Program against Extraterrestrial Contactees," (COINTELPRO GALACTIC*O*. Revelación del Programa de Contrainteligencia Encubierto Contra los contactados extraterrestres " *Exopolitics Journal,* 2:3 (2008): 167-89. Disponible online en: http://exopoliticsjournal.com/vol-2-3.htm

[335] Ver Phillip Corso, *The Day After Roswell*. (El Día Después de Roswell)
[336] Phillip Corso, *The Day After Roswell*, 292.
[337] Corso sirvió en el Consejo de Coordinación de Operaciones que estaba asociado con el MJ-12, el grupo de control que gestionó los asuntos extraterrestres, ver capítulo 11.
[338] Ver capítulo Uno.
[339] Esto está apoyado en una retirada de dinero en efectivo que ha sido llevada a cabo. Ver Ryan Wood, *Majic Eyes Only* (Wood Enterprises, 2006). Ver también Richard Boylan, "Quotations from Chairman Wolf, (Citas del Presidente Wolf) http://www.drboylan.com/wolfqut2.html ; también Richard Boylan, "Coronel Steve Wilson, USAF (ret.) Revela Proyecto Pounce orientado por OVNI ," http://drboylan.com/swilson2.html .
[340] Ver Nick Begich y Jeanne Manning, *Angels Don't Play This HAARP: Advances in Tesla Technology* (Los Ángeles no tocan este HAAP: Avances en las Tecnologías Tesla) (Earthpulse Press, 1995) Brother Jonathan, "What Is HAARP? What it looks and Sounds Like," Brother Jonathan News 15 de Diciembre de 2000. http://www.brojon.org/frontpage/bj1203.html
http://news.nationalgeographic.com/news/2003/10/1008_031008_whalebends.htm l
[341] Donald Todd, *The Antilles Incident* (Book World Inc., 1998).
[343] Ver Brother Jonathan, "What Is HAARP? What it looks and Sounds Like," Brother Jonathan News 12/15/00
http://www.brojon.org/frontpage/bj1203.html
[344] Douglas Beason, E-bomb: How America's New Directed Energy Weapons Will Change the Way Future Wars Will Be Fought (La bomba E: Cómo las nuevas Armas de Energía Directa Cambiarán el Futuro de la forma en que se lucharán las Guerras) (De Capo Press, 2006).
[345] Para una discusión de escenarios de contacto vea el capitulo final , "The Race for First Contact - Shaping Public Opinion for the Open Appearance of Extraterrestrial Races." ("La Carrera para el Primer Contacto – Moldeando la Opinión Pública para la Aparición Abierta de las Razas Extraterrestres) Una versión anterior está disponible online en: http://www.exopolitics.org/Exo-Comment-9.htm
[346] Travis Taylor, Bob Boan, R.C. Anding, y T. Conley Powell, *An Introduction to Planetary Defense: A Study of Modern Warfare Applied to Extra-Terrestrial Invasion* ( Una introducción a la Defensa Planetaria: Un Estudio de la Guerra Moderna aplicado a una Invasión Extraterrestre) (Brown Walker Press, 2006).
[347] Para una discusión de cómo la Conquista de las Américas está relacionado con la presencia extraterrestre, ver Michael Salla,
"Inviting Extraterrestrial Intervention: Collapse of the 'Berlin Wall' or 'Conquest of the Americas'? (Invitación a la intervención extraterrestre: Colapso del 'Muro de Berlin' o Conquista de las Américas) Exopolitics.Org (Nov 27, 2003) http://www.exopolitics.org/ET-Intervention&Berlin-Wall.htm

[348] *Brookings Institute, Proposed Studies on the Implications of Peaceful Space Activities for Human Affairs,* (Brookings Institute, Estudios Propuestos sobre las Implicaciones de Actividades del Espacio Pacíficas para la Raza Humana) (1960) 215. Para una vision general del Informe Brookings Report, ir a: http://www.enterprisemission.com/brooking.html .

[349] Ver Michael Salla, *Exopolitics,* 109-48. Originalmente publicado como "Foundations for Globally Managing Extraterrestrial Affairs – The Legacy of the Nazi Germany-Extraterrestrial Connection," (Cimientos para una Gestión Global de los Asuntos extraterrestres – El Legado de la Conexión Alemania Nazi y extraterrestres) Exopolitics.org (July 27, 2003) http://www.exopolitics.org/Study-Paper-6.htm

[350] Para una discusión del presupuesto negro y la red de operaciones negras que financia, ver capítulo Tres.

[351] Ver Kissinger, *Diplomacy.*

[352] Ver Daniel Salter, *Life With a Cosmic Clearance* (Vida con un Salvoconducto Cósmico) (Light Technology Publishing, 2003) 128. Ver también Richard Boylan, "Quotations from Chairman Wolf," ("Citas del Presidente Wolf") http://www.drboylan.com/wolfqut2.html

[353] Ver Patrick J. Buchanan, *Day of Reckoning: How Hubris, Ideology, and Greed Are Tearing America Apart* (Thomas Dunne Books, 2007).

[354] Ver el capítulo tres.

[355] Ver M. Salla *Exopolitics,* 149-90. Primero publicado como "Responding to Extraterrestrial Infiltration of Clandestine Organizations Embedded in Military, Intelligence and Government Departments," ("La Respuesta a la Infiltración Extraterrestre en los Departamentos Militares y de Inteligencia) www.exopolitics.org , 30 de Mayo de 2003.

[356] Testimonio del Sargento Clifford Stone, en Steven Greer, ed., Disclosure, 332.

[357] Ver la serie de tres volúmenes de Charles Hall, *Millennium Hospitality.* información Online disponible en: http://exopolitics.org/charles-hall.htm .

[358] Phil Schneider dió en 1995 una conferencia que está disponible en muchas websites y se titulaba, "A Lecture by Phil Schneider – May, 1995" un sitio es http://www.ufoarea.bravepages.com/conspiracy_schneider_lecture.html

[359] Ver capítulo Dos, y Val Valerian, *Matrix II: The Abduction and Manipulation of Humans Using Advanced Technology* (Leading Edge Research Group, 1989/90). Información online disponible en http://www.trufax.org/catalog/m2.html .

[360] Jim Marrs, *Rule by Secrecy: The Hidden History That Connects the Trilateral Commission, the Freemasons, and the Great Pyramids* (Perennial, 2001); David Icke, *The Biggest Secret: The Book That Will Change the World, Bridge of Love Publications,* 2nd ed. (January 1999); William Bramley, *Gods of Eden* (Avon, 1993); and Lynne Picknett & Clive Prince, *The Stargate Conspiracy: The Truth About Extraterrestrial Life and the Mysteries of Ancient Egypt* (Berkley Pub Group, 2001).

[361] Ver Alex Constantine, *Psychic Dictatorship in the USA* (Feral House, 1995); y Nick Begich, *Controlling the Human Mind: The Technologies of Political Control or Tools for Peak Performance* (Earthpulse Press, 2006).
[362] Ver Preston Nichols, *Montauk Project: Experiments in Time* (Sky Books, 1999); Al Bielek y Brad Steiger, *The Philadelphia Experiment and Other UFO Conspiracies* (Innerlight Publications, 1991); Stewart Swerdlow, *Montauk: The Alien Connection* (Expansions Publishing Co. 2002); Wade Gordon, *The Brookhaven Connection* (Sky Books, 2001). Para una entrevista online con Al Bielek, ir a http://psychicspy.com/montauk1.html .
[363] Ver Michael Salla, *Exopolitics*, cap 4. Una versión anterior de este capítulo está disponible online en: http://www.exopolitics.org/Study-Paper-4.htm .
[364] Ver Michael Salla, "GALACTIC COINTELPRO - Exposing the Covert Counter-Intelligence Program against Extraterrestrial Contactees," *Exopolitics Journal* 2:3 (2008): 167-89.
[365] Ver el capítulo Uno para un debate generado por peticiones de extraterrestres para acabar con las pruebas nucleares, y revelación pública.
[366] Ver Michael Salla, "A Report on the Motivations and Activities of Extraterrestrial Races – A Typology of the Most Significant Extraterrestrial Races Interacting with Humanity" available online at: http://www.exopolitics.org/Report-ET-Motivations.htm .
[367] Para encuentros positivos ver John Mack, *Abduction: Human Encounters with Aliens* (Abducción: Encuentros humanos con Alienígenas) (New York: Ballantine Books, 1994); y Mack, *Passport to the Cosmos: Human Transformation and Alien Encounters* (Pasaporte al Cosmos: Taansformación humana y Encuentros con Alienígenas) (Three Rivers Press, 2000). Para encuentros más siniestros ver David Jacobs, *The Threat: Revealing the Secret Alien Agenda* (La Amenaza: Revelando La Agenda Secreta Alienígena) (Simon and Schuster, 1998). Budd Hopkins, *Missing Times* (Ballantine Books, 1990);
[368] Dan Sherman, *Above Black,* 134-38.
[369] Ver Michael Salla, "GALACTIC COINTELPRO - Exposing the Covert Counter-Intelligence Program against Extraterrestrial Contactees," *Exopolitics Journal* 2:3 (2008): 167-89.
[370] Ver Lou Zinsstag y Timothy Good, *George Adamski: The Untold Story* (George Adamski: La historia no contada) (Ceti Publications 1983).
[371] El más famoso de estos era las visitas de Billy Meier, que eran apoyadas por extensivas pruebas fotográficas. Ver Gary Kinder, *Light Years: An Investigation into the Extraterrestrial Experiences of Eduard Meier* (Atlantic Monthly, 1987).
[372] Enrique Castillo, *UFOs: A Great New Dawn for Humanity* (Un Nuevo Gran Amanecer para la Humanidad) (Blue Dolphin Publishers, 1997)
[3]73 Gilliland es autor de, y tiene una website en: Becoming Gods II: Interdimensional Mind Earth Changes & The Quickening UFOs Their Origins and Intentions (Convirtiéndonos en Dioses II: Cambios Interdimensionales en

el Pensamiento de la Tierra & La velocidad de los OVNI, sus Orígenes e Intenciones) (Self-Mastery Earth Institute, 1997) website es: http://www.eceti.org/

[374] Corso, *The Day After Roswell.*

[375] Ver capítulo Tres.

[376] Ver Michael Salla, "Eisenhower's 1954 Meeting With Extraterrestrials," ("La reunión en 1954 de Eisenhower con Extraterrestres") disponible online en: http://exopolitics.org/Study-Paper-8.htm . Ver también : Bill Cooper, Beyond a Pale Horse. In a website article, Cooper wrote: [A] race of human-looking aliens contacted the U.S. Government. This alien group warned us against the aliens that were orbiting the Equator and offered to help us with our spiritual development. They demanded that we dismantle and destroy our nuclear weapons as the major condition. They refused to exchange technology citing that we were spiritually unable to handle the technology which we then possessed. They believed that we would use any new technology to destroy each other. This race stated that we were on a path of self-destruction and we must stop killing each other, stop polluting the earth, stop raping the Earth's natural resources, and learn to live in harmony. These terms were met with extreme suspicion especially the major condition of nuclear disarmament. It was believed that meeting that condition would leave us helpless in the face of an obvious alien threat. We also had nothing in history to help with the decision. Nuclear disarmament was not considered to be within the best interest of the United States. The overtures were rejected.

[377] Para una discusión más detallada de 'extraterrestres que ayudan', ver Michael Salla, Exopolitics, 1-58.

[378] Ver Steven M. Greer, *Extraterrestrial Contact : The Evidence and Implications* (Contacto con Extraterrestres: Las Pruebas e Implicaciones) (Crossing Point Publications, 1999).

[379] Ver M. Salla, *Exopolitics*, 149-90. Publicado primero como Michael Salla, "Responding to Extraterrestrial Infiltration of Clandestine Organizations Embedded in Military, Intelligence and Government Departments," (La Respuesta a la Infiltración de los Extraterrestres en Organizaciones Clandestinas incrustadas en Departamentos Militares, de Inteligencia y de Gobierno) 30 de Mayo de 2003, www.exopolitics.org .

# Capítulo Seis

## La Locura de Utilizar Armamento Espacial frente a la Civilizaciones Extraterrestres

### Introducción

En uno de sus cambios más importantes después de su llegada al poder en Enero de 2001, la administración Bush señaló su intento de dejar el Tratado con Rusia de Defensa de Mísiles Anti Balísticos. El Tratado ABM había estado pensado para evitar el despliegue de armamento en el espacio y disfrutó de un gran apoyo internacional desde su ratificación en 1972 por la administración Nixon. En un discurso en Mayo de 2001, el Presidente Bush argumentó que los 30 años de antigüedad del Viejo Tratado, ABM estaba desfasado y que los U.S. debía formalmente dejar atrás sus limitaciones para tratar las nuevas amenazas a la seguridad:

> Necesitamos un nuevo marco que nos permita construir defensas de misiles para contrarrestar los diferentes peligros del mundo de hoy. Para hacerlo, debemos movernos más allá de las limitaciones del Tratado ABM de 30 años de antigüedad. Este tratado no reconoce el presente ni nos señala el futuro. Sacraliza el pasado. Ningún tratado que trate las amenazas de hoy, que nos prohíba el obtener la prometedora tecnología para defendernos por nosotros mismos, nuestros amigos y nuestros aliados es de nuestro interés o los intereses de la paz mundial.[380]

La administración Bush dio así su aviso formal de la retirada, en Diciembre de 2001, y rápidamente la abandonó seis meses más tarde. La administración Bush se embarcó así formalmente en realizar algunos de los objetivos de la SDI Strategic Defense Iniciative (Iniciativa de Defensa Estratégica) que había sido primero promocionada por la administración Reagan en Marzo de 1983. Reagan había imaginado el desarrollo de sistemas de interceptación en el espacio que podían utilizarse para defenderse de ataques con misiles balísticos a gran escala sobre los USA. El SDI de Reagan fracasó debido a que la Guerra Fría había acabado y el Congreso controlado por los demócratas había pensado en utilizar el 'dividendo de paz' anticipado para mejorar los programas sociales. Además, algunos destacados científicos argumentaban en contra del coste de desarrollar los sistemas SDI del futuro. En Julio de 1999, la Administración Clinton pasó la Ley de Defensa de Misiles nacional que representaba un sistema de misiles anti balísticos más limitado:

> Es la política de los USA desplegar tecnológicamente, tan pronto como sea posible, un sistema Nacional de Defensa con Misiles capaz de defender el territorio de los Estados Unidos frente a ataques limitados con misiles balísticos (sean accidentales, no autorizados, o deliberados) con la financiación sujeta a la autorización de las partidas y las asignaciones anuales de fondos para la Defensa Nacional con Misiles.[381]

La administración Bush pronto se movió formalmente hacia el despliegue de un sistema de misiles anti balísticos como parte del Programa de Defensa Nacional con Misiles.

En Mayo de 2005, la USAF pidió formalmente permiso de la administración Bush para una directiva nacional de seguridad por la cual pudiera "asegurarse el espacio para proteger a la nación de un ataque." La petición de la Fuerza Aérea movió a la administración Bush más cerca de la aprobación de la colocación de armas en el espacio y desencadenando una carrera armamentística del espacio con los competidores estratégicos más importantes, Rusia y China. Estos desarrollos hacia el despliegue de armas en el espacio recibieron una sorprendente objeción cuando el antiguo Ministro de Defensa Canadiense se dirigió a la Conferencia sobre OVNI de Toronto. Él vinculó el despliegue de armas en el espacio no a un posible ataque con misiles balísticos por naciones enemigas o grupos terroristas sino como un medio de apuntar a OVNI que estuvieran pilotados por visitantes extraterrestres.

**Paul Hellyer y la Oposición a los Armamentos espaciales**

El 25 de Septiembre de 2005, el Honorable Paul Hellyer, antiguo Ministro de Defensa Nacional del Canadá dio una conferencia en Toronto sobre el tema de la colocación de armamento en el espacio.[382] El veterano Hellyer, de 82 años de edad, reafirmó en su discurso su oposición de hacia años a cualquier esfuerzo gubernamental para desarrollar armas que pudieran ser apuntadas a, o utilizadas en el espacio. Cuando era Ministro de Defensa en la administración de Lester Pearson en 1963-67, Hellyer había rechazado iniciativas de la administración Johnson para aprobar un sistema de defensa de misiles anti balísticos. En un artículo de 2003 escribió: "Hace casi 40 años desde que el secretario de defensa Robert McNamara me preguntó si Canadá estaría interesada en ayudar a desarrollar una defensa de misiles anti balísticos para Norte América. Yo le pude decir. "Gracias, pero no, Gracias" que era la posición del gobierno Pearson y a la que yo di total apoyo"[383]

Durante su alocución de 2005, Hellyer también se refirió al fenómeno OVNI y describió su época como Ministro de Defensa dónde informes ocasionales sobre avistamientos de OVNIs llegaban a su despacho. Afirma que nunca tuvo tiempo para lo que él consideraba que era un "vuelo de la fantasía", pero retuvo no obstante su interés en el fenómeno OVNI. Cuando era ministro de defensa fue, en 1967, el invitado de honor de la ceremonia de apertura de la primera plataforma de aterrizaje en Alberta, Canadá. Pensó que una idea innovadora para la progresista comunidad canadiense que deseaban pagar su paseo en helicóptero pero que no prestaron mucha atención a los OVNI como dignos de tener serias implicaciones políticas.

La posición de Hellyer sobre los OVNIs cambió dramáticamente después de haber visto el documental especial del difunto Peter Jennings, "Seeing is Believing" ("Ver para Creer") en Febrero de 2005. Hellyer decidió leer un libro que había estado sin ojear por dos años en sus estantes. *The Day after Roswell* de Philip Corso, desencadenó un intenso interés en Hellyer en términos de sus implicaciones políticas, y la hoja de servicios de Corso en el Ejército USA y la administración Eisenhower. Corso, que había conseguido el rango de Tte. Coronel, nombraba gente real, instituciones y acontecimientos en su libro que podían ser comprobados. Intrigado por las implicaciones políticas, Hellyer decidió confirmar si el libro de Corso era real o "una obra de ficción". Se puso en contacto con un General retirado de las Fuerzas Aéreas y habló directamente con él. El General anónimo le dijo simplemente:"cada palabra es verdad y más"[384]

Hellyer prosiguió entonces a discutir el "y más...." con el General y afirmó que le dijeron que cosas muy notables relativas a lo OVNI y la hipótesis de los extraterrestres como visitantes interplanetarios habían estado aquí desde al menos 1947. Hellyer preguntó entonces a un buen número de 'funcionarios', algunos en puestos relevantes, acerca de Corso. De nuevo recibió la confirmación de que las afirmaciones de Corso eran precisas.[385] Convencido finalmente de que el fenómeno OVNI era real, Hellyer decidió dar la cara y hablar públicamente acerca de algo "de un asunto profundo e importante que debía ser tratado."[386]

Entre los asuntos políticos profundos que suscitó Hellyer fue la designación por los militares USA de los visitantes extraterrestres como un 'enemigo'. De acuerdo con Hellyer, esto había llevado al desarrollo del 'laser y las armas de partículas que podían ser utilizadas contra los visitantes del espacio"[387] Es en aquella tomadura como objetivo de los extraterrestres lo que le preocupaba a Hellyer, y preguntó "¿es sensato gastar tanto dinero y tiempo en construir armas para perseguir por el espacio a los visitantes alienígenas?[387] Hellyer plantea mordazmente la cuestión política clave. "¿Son realmente enemigos o meramente visitantes desde muy lejos?"[389] La pregunta de Hellyer plantea una cuestión muy importante en la comprensión de la relación entre civilizaciones extraterrestres que nos visitan y el esfuerzo reciente para desplegar armas en el espacio. Significativamente, la posición que toma Hellyer en el despliegue de armamento en el espacio y u oposición a que sea considerados como posible blanco militar está en flagrante contraste de un hombre que inicialmente le convenció de la realidad extraterrestre: Tte. Coronel Philip Corso.

## El Apoyo del Coronel Philip Corso a la SDI (Iniciativa para la Defensa Estratégica) & Colocación de Armamento en el Espacio

En su libro. *El Día Después de Roswell*, realizado junto con Willia Birnes, el Tte. Coronel retirado Philip Corso declaró que los extraterrestres estaban abduciendo civiles, violando el espacio USA y destruyendo naves aéreas que se enviaban para interceptarles. Corso opinaba que los extraterrestres presentaban una amenaza directa a la seguridad nacional de los USA y declaró: "Durante 50 años, la guerra contra los OVNIs ha continuado ya que intentamos defendernos frente a las intrusiones."[390] En todas partes de *El Día*

*Después de Roswell, Corso* describe la amenaza la seguridad nacional que representaban los OVNIs al llevar a cabo tales violaciones. Él apoyaba explícitamente la SDI del Presidente Reagan. Corso creía que la SDI era la respuesta adecuada a las intrusiones extraterrestres, y que tanto los USA como la USSR sabían que el verdadero propósito de la SDI era:

> Nosotros [USA & USSR], ambos sabemos cuáles eran realmente los objetivos de SDI.... Era los OVNIs, naves de alienígenas que se creen invulnerables e invisibles mientras suben hasta los confines de la atmósfera, descienden en picado cuando quieren y destruyen nuestras comunicaciones con estallidos de EMP, despistan con ruido a nuestras naves, colonizan nuestra superficie lunar, mutilan nuestro ganado en sus propios experimentos horrendos, e incluso abducen a seres humanos para sus test médicos e hibridaciones de especies. Y lo que es peor, les hemos dejado hacer esto porqué no tenemos armamento para defendernos a nosotros mismos.[391]

Un buen número de investigadores de OVNIs han afirmado que estas belicosas declaraciones hacia los visitantes extraterrestres fueron introducidas por el co-autor William Birnes, y que Corso no era tan anti extraterrestre como sugiere *El Día Después de Roswell.* Esto no es exacto como queda claro al leer las notas originales de Corso. Sus notas originales fueron publicadas primero en Italia y contienen muchas declaraciones similares que revelan la animosidad de Corso hacia los visitantes extraterrestres.[392] Por ejemplo, en términos de violación del espacio aéreo, Corso escribió. "Ellos han violado nuestro espacio aéreo con impunidad y realizado actos hostiles. Ya sea intencionadamente o no, han realizado actos hostiles. Nuestros ciudadanos han sido abducidos y muertos".[393] Corso sigue describiendo con detalle la naturaleza de la interacción entre los visitantes extraterrestres y el público en general:

> ..... los alienígenas han mostrado una gran insensibilidad respecto a sus víctimas. Su comportamiento ha sido insidioso y parece como si ellos pueden utilizar nuestra Tierra y manipular la vida de la Tierra. Los escépticos los excusarán y

> dirán que son posiblemente benévolos y que nos quieren ayudar, sin embargo, no hay pruebas de que hayan sanado o aliviado los sufrimientos de los humanos. Por otra parte, han causado dolor, sufrimiento e incluso la muerte.[394]

Corso revela aquí su profunda animosidad hacia los extraterrestres y la información que ha recibido sobre sus actividades intrusivas. Sus declaraciones revelan que tenía una visión escéptica de la 'benevolencia' de los visitantes extraterrestres. Corso apoyó comentarios como las afirmaciones del General Douglas Macarthur en 1955 que "las naciones del mundo tendrán que estar unidas, ya que la próxima guerra será interplanetaria". En términos de cooperación entre los USA y Rusia (antigua USSR) para tratar con los extraterrestres, Corso escribió. "Los USA y la USSR están alineando sus programas espaciales frente a un enemigo común."[395]

Por consiguiente, se puede llegar a la conclusión de que no hay ambigüedad en la creencia de Corso de que los extraterrestres son una genuina amenaza a la seguridad nacional de los USA y que la colocación de armamento en el espacio era una política urgente para tratar "el enemigo extraterrestre". Si estuviera vivo hoy, Corso sería un fuerte defensor de los planes actuales de la USAF de colocar armamento en el espacio, y construir un escudo defensivo global que apuntara a visitantes extraterrestres. En breves palabras, Corso ha demostrado de forma consistente que daba soporte a una solución militar a la presencia de visitantes extraterrestres que en su opinión estaban realizando abducciones y 'otras actividades' que suponían una amenaza directa a la seguridad nacional de los U.S.

## ¿Presentan los Extraterrestres una amenaza a la Seguridad Nacional y Global?

La pregunta que ahora se puede plantear es si los extraterrestres presentan una genuina amenaza a la seguridad nacional de los USA o más generalmente a toda la Tierra. Esta pregunta se ha hecho muy compleja por la gran cantidad de datos en conflicto sobre la presencia extraterrestre desde una gran variedad de fuentes de whistleblowers y testigos cuyos testimonios son muy difíciles de verificar cuando se les compara al caso del altamente condecorado Corso. Responder a tal pregunta política requiere que primero se entienda la naturaleza de la "amenaza para la seguridad nacional" planteada por los extraterrestres. Segundo, se necesita identificar cada uno de los grupos de extraterrestres que pueden estar realizando acciones intrusivas que caigan dentro de la categoría de 'amenaza'. Finalmente, se ha de identificar a los extraterrestres realizando actividades no intrusivas que parece que no plantean una amenaza a la seguridad nacional de los USA y otros países.

En el capítulo Uno examiné testimonios que los USA entraron en acuerdos con razas de extraterrestres. Me referí a considerables pruebas circunstanciales y testimoniales que apuntaban a que el Presidente Eisenhower estaba involucrado activamente en las reuniones y en la consecución de acuerdos con razas de extraterrestres.396 Corso, quien sirvió en la administración Eisenhower, alude a aquellos acuerdos en varios pasajes de *El Dia Después de Roswell.* Por ejemplo, escribió "Nosotros habíamos negociado una especie de rendición con ellos [extraterrestres] ya que no podíamos hacerles frente. Ellos dictaron los términos puesto que lo que más temíamos era su revelación."[397]

Ya he descrito algunos del creciente número de whistleblowers que describen los varios acuerdos alcanzados con los extraterrestres. Estos testigos vieron pruebas directas de los acuerdos durante su participación en proyectos o asignaciones con las más altas calificaciones de secretos. Estos acuerdos incluían el intercambio de tecnología o de información por los extraterrestres a cambio de derechos a establecer bases en territorio de los USA. La existencia de tales bases está desvelada explícitamente en las notas privadas de Corso. Después de describir las diferentes actividades intrusivas realizadas por los extraterrestres, Corso siguió para hacer la sorprendente afirmación: "Los actos de guerra que he descrito arriba, que no serían tolerados a ninguna otra de las fuentes terrestre. Parece que ellos no tolerarían estos actos por nuestra parte en sus propias bases."[398] La implicación aquí es que los extraterrestres tienen bases, probablemente en el territorio de los USA como alegaron otros whistleblowers, y que el gobierno USA era impotente para controlar aquellas bases.

Los extraterrestres que han entrado en los acuerdos o 'rendición negociada' como afirma Corso, han realizado actividades en forma de abducciones, experimentos genéticos y actividades aéreas que llevaron a sospechas de su agenda última. Corso señaló repetidamente que tales acciones intrusivas escalaron hasta un acto de guerra y justificaron una respuesta militar concertada por las autoridades USA. Se ha de señalar que con anterioridad a aquellos acuerdos la mayoría de las interacciones parecían estar en la categoría del benevolente 'hermano del espacio' que emergió en los años 1950.[399] Los contactados individuales sufrieron una variedad de experiencias extraterrestres positivas que inspiraron un rápido crecimiento en el interés público en el fenómeno de las abducciones que surgió del despertar de la consciencia pública con el famoso caso de Betty y Barney Hill en 1961 era un resultado directo de los acuerdos alcanzados con extraterrestres. No hay que decir que las negativas experiencias con extraterrestres o 'abducciones' no ocurrieron antes de los acuerdos. Estos acuerdos permitieron que las abducciones se incrementaran a un ritmo mucho más elevado de lo que las autoridades aprobaron originalmente.

## El Gobierno Secreto, MJ-12 & Acuerdos Secretos con Extraterrestres

Las autoridades del Gobierno que serían responsables de los supuestos encubrimientos es conocido generalmente por los investigadores de OVNI como Majestic-12 o Grupo MJ-12. Pruebas documentales para la existencia de tal organización secreta emergieron en 1987 con el descubrimiento de un memorando del Asistente especial del Presidente Eisenhower Robert Cutler al General Nathan Twining. El memorando se refería a una reunión programada de antemano el 16 de Julio de 1954 y referida a los "Proyectos de Estudios Especiales del MJ-12". El memorando se encontró en los archivos nacionales y se ha visto que eran genuinos.[400] En otro documento 'filtrado' de los investigadores de OVNI y conocido como el Documento Informativo de Eisenhower, MAjestic-12 es descrito como si tuviera control operativo del fenómeno OVNI:

> La Operación Majestic-12 es una operación de Alto Secreto de Investigación y Desarrollo / Inteligencia que responde directa y únicamente al Presidente de los Estados Unidos. Operaciones del proyecto se llevan a cabo bajo el control del Grupo Majestic-12 (Majic-12) que fue establecido por una orden ejecutiva especial del Presidente Truman el 24 de Septiembre de 1947.[401]

El Briefing Document (Documento Informativo) permanece controvertido, pero un análisis exhaustivo por investigadores del archivo apunta a que es auténtico.[402]

El Documento Informativo pone una lista de 12 oficiales importantes y expertos en seguridad nacional como sus miembros entre los que figura Gordon Gray que ocupó varios puestos de defensa incluyendo la de Secretario del Ejército para el Presidente Truman entre 1949 y 1950. Más tarde fue el Asistente Especial para la Seguridad Nacional del Presidente Eisenhower (1958-1961). Significativamente, Gray fue nombrado por Truman para ser el primer director del Consejo Estratégico Psicológico (PSB Psychological Strategic Board) establecido en 1951 y declarado parte de la CIA. En 1953, el PSB fue sustituido por el más poderoso Consejo de Coordinación de Operaciones (OCB o Operations Coordinating Board). Vale la pena ir al detalle de la historia de las actividades de ambas organizaciones ya que están relacionadas con la gestión del fenómeno OVNI. Además, cada organización involucraba al Tte. Coronel Corso, un especialista de inteligencia militar en varias operaciones encubiertas mientras servía en la administración Eisenhower. Es probable que sus servicios en estos Consejos dieran a Corso la información trascendental que formó su opinión sobre los extraterrestres y su apoyo para la instalación de armas en el espacio.

El PSB o Consejo Estratégico Psicológico fue creado "bajo el NSC para coordinar a nivel de todo el gobierno la estrategia de la guerra psicológica".[403] El PSB tuvo su sucesor en el más poderoso Consejo de Coordinación de Operaciones OCB establecido por la orden ejecutiva 10483 del 12 se Septiembre de 1953 con la siguiente misión:

> ... el OCB (1) cuando el Presidente así lo dirija aconsejará a las agencias en lo que concierna la ….. ejecución de cada acción de seguridad o proyecto por el que hará una contribución completa a la consecución del objetivo de seguridad nacional y al clima particular de opinión que los Estados Unidos está buscando conseguir en el mundo….

Inicialmente, la OCB estaba basada en el Departamento de Estado y mientras que formalmente estaba autorizada a informar al Consejo de Seguridad Nacional (NSC e implementaba las decisiones del NSC, era formalmente independiente del NSC, El 25 de Febrero de 1957, la Orden Ejecutiva 10700 incorporaba formalmente en OCB dentro del NSC que quería decir que el NSC tenía una mayor visión de conjunto y control sobre la OCB. LA OCB fue 'abolida' oficialmente por el Presidente Kennedy por la Orden Ejecutiva 10920 el 18 de Febrero de 1961, que revocaba la Orden Ejecutiva 10700.

Ambas, la PSB y la OCB, eran comités inter-agencias responsables de las operaciones encubiertas en las administraciones Truman y Eisenhower, e informaban directamente al NSC, Consejo de Seguridad Nacional. PSB y OCB estaban ambas especializadas en la guerra psicológica mediante la utilización de propaganda, medios de comunicación de masas y desinformación. Estas probarían ser las verdaderas herramientas para negar o ridiculizar al fenómeno OVNI en los USA y sugiere que tanto la PSB como la OCB jugaron un papel clave en esto.

Ha habido especulaciones de que la OCB jugó un papel crítico en la gestión del fenómeno OVNI, y que secretamente sigue jugando este papel a través de otro nombre.[404] Las notas originales de Corso proporcionan la prueba de que el papel de apoyo fue de ambas, la PSB y la OCB. De acuerdo a sus registros militares el Tte. Coronel Corso fue asignado a ambas. La PSB y la OCB cuando sirvió en la administración Eisenhower entre 1953 y 1956. Corso obtuvo numerosos pases de seguridad que le dieron acceso a la información OVNI. En sus notas originales Corso escribió:

> Durante mi carrera militar, de vez en cuando, yo conté hasta nueve, me fueron concedidos pases por encima del "Top Secret". Estos incluían criptografía, códigos e interceptaciones de satélites, pases para operaciones especiales y la categoría de "Eyes Only" ("Sólo para Mirar") de los asuntos de la Casa Blanca (NSC). Me permitieron conocer todos los asuntos dentro del gobierno, incluidos la información "OVNI".[405]

En consecuencia, el servicio de Corso en la PSB y la OCB y su acceso a la información relativa a los OVNI ofrece la prueba de que ambos organismos jugaron un papel crítico en la gestión del fenómeno OVNI a través de operaciones psicológicas encubiertas. Además, la OCB no fue abolida por Kennedy en 1961 como se piensa generalmente hasta que fue revocada por la Orden Ejecutiva 10920 que fue la que dejó la OCB fuera del control y escrutinio de la administración Kennedy. Esto hace a la OCB, una vez más, una organización gubernamental inter – agencias con poder a través de programas psicológicos encubiertos que gestionó, y un importante mecanismo de implementación para el incluso más misterioso Majestic-12.

Debido a su naturaleza clandestina y sus estatus de no auditable, Majestic-12 y las operaciones encubiertas tales como las del OCB que gestionó los asuntos de OVNI son conocidas como el 'gobierno secreto' o en 'la sombra'. El Presidente Clinton fue preguntado una vez por la famosa corresponsal del Washington Post porqué no había hecho más para conocer la verdad acerca de la revelación sobre OVNIs y el presidente le confió: "Sarah, hay un gobierno secreto dentro del gobierno, y yo no lo controlo"[406] Esta es la prueba creciente de que durante décadas desde la formación de los llamados comités embebidos en el NSC, el 'gobierno secreto' se ha transformado en una entidad cuasi gubernamental que está fuera del control de cualquier rama del gobierno USA. Esto ha pasado con la privatización creciente de la investigación y desarrollo de la tecnología extraterrestre. Este proceso de metamorfosis está apoyado por el testimonio de Ben Rich, antiguo CEO (Chief Executive Officer o Presidente Ejecutivo) de la Lockheed Skunk Works como confirmó en privado:

> Hay dos tipos de OVNIs, los que nosotros construimos y los que 'ellos' construyen. Aprendemos tanto de los rescates como de los "hands-me-downs". El Gobierno lo sabía y hasta 1969 tomó parte activa en la administración de tal información. Después de la purga de Nixon de 1969, la administración está dirigida por un Consejo de Administración Internacional en el sector privado.[407]

En consecuencia, el 'gobierno secreto' es una entidad cuasi gubernamental que controla y toma decisiones políticas sobre cómo tratar a los extraterrestres; si constituyen una 'amenaza' o no; y desarrolla acuerdos con algunas civilizaciones extraterrestres.

## La Amenaza a la Seguridad 'Interna' frente a la 'Externa' por los Extraterrestres que nos Visitan

Hay un intenso debate sobre si los extraterrestres involucrados en abducciones y otras acciones intrusivas descritas por Corso (comúnmente descritas como ' Grises' de Zeta Reticulum) tienen una agenda oculta de conquista. Investigadores como el Dr. David Jacobs (autor de *The Thread*, La Amenaza) cree que los 'Grises' tienen un plan secreto para conquistar la sociedad humana mediante la ingeniería de una raza superior.[408] Por otra parte, investigadores como el Dr. John Mack (autor de *Passport to the Cosmos*) creen que los visitantes de las estrellas tienen una agenda 'transformativa' diseñada para mezclar las mejores características de los extraterrestres con la humanidad.[409] Mientras esto es un importante debate, encubre uno de las características clave de la presencia extraterrestre, acuerdos secretos entre extraterrestres y el 'gobierno secreto'. Al considerar el debate 'transformativa' versus 'conquistadora' es vital considerar todos los datos y llegar a una respuesta matizada que tome en consideración las diferentes actividades de las razas extraterrestres. Los visitantes extraterrestres necesitan ser distinguidos sobre la base de estar dentro o fuera de la red secreta de acuerdos alcanzados con el 'gobierno secreto'.[410]

El asunto clave de la política no es si debemos establecer comunicación con extraterrestres para resolver las diferencias que llevan a confrontaciones sobre el número de abducciones u otras actividades intrusivas reportadas por Corso u otros. El asunto clave es la naturaleza precisa de los acuerdos alcanzados con extraterrestres, y como estos son tratados de forma encubierta y no fiscalizable. Por lo que respecta al fenómeno de las abducciones, es muy probable que éstas pudieran ser hechas o ser aceleradas como resultado de acuerdos encubiertos por autoridades del gobierno secreto con una o más civilizaciones extraterrestres.

En consecuencia, la amenaza a la seguridad nacional que representan los extraterrestres es una amenaza encubierta que existe a través de los acuerdos secretos establecidos por gobiernos secretos con algunas razas extraterrestres. Los motivos de los extraterrestres que han entrado en estos acuerdos son muy cuestionables y dan motivos de sospecha de sus intenciones finales. Ciertamente, la gran cantidad de abducciones que han ocurrido dan lugar al escenario de 'conquista' que promueve el Dr. Jacobs y otros investigadores. Una vez se considera la vasta infraestructura secreta creada para desarrollar tecnologías extraterrestres y la financiación ilícita requerida para tal infraestructura, queda claro que la amenaza a la seguridad nacional que presentan los extraterrestres es INTERNA en lugar de EXTERNA.[411] La descripción de Corso de los extraterrestres como una amenaza militar a los USA es por tanto inexacta.

Los extraterrestres que han alcanzado acuerdos con las autoridades del gobierno secreto son cómplices de la creación de un sistema de seguridad nacional basado en el secretismo, no fiscalización y financiación ilegal. Esto amenaza directamente a la seguridad nacional tanto en términos de un escenario encubierto de 'conquista' presentado por los extraterrestres como por una erosión de los principios constitucionales sobre los cuales se basan los Estados Unidos de América. La amenaza real a la seguridad nacional que presentan algunos visitantes extraterrestres es el resultado del deseo del 'gobierno secreto' de adquirir y desarrollar tecnologías extraterrestres a cualquier precio. Esto es así incluso si esta adquisición de tecnología extraterrestre significa dar permiso a un número limitado de abducciones y otras acciones intrusivas.

Por otra parte, los extraterrestres que no han entrado en estos acuerdos de intercambio de tecnología con las autoridades del gobierno secreto se han comportado de forma que han mostrado un gran respeto hacia los individuos que han contactado. Esto lo evidencia el extenso número de informes de 'contactados' o 'hermanos del espacio' desde los años 1950 hasta épocas recientes. Estos extraterrestres que típicamente tienen aspecto humano muestran un gran respeto por la libertad y el libre albedrío humano que demuestra que siguen una directiva clara de no interferencia en los asuntos humanos. Los extraterrestres que han intentado ayudar a la humanidad, como han descritos estos supuestos 'contactados', están siendo objeto de blanco del armamento espacial a fin de capturar su tecnología o a los propios EBE. Esto también incluye a los Grises de Zeta Reticulum quienes estuvieron involucrados en abducciones y que han llegado a acuerdos con el gobierno secreto. Todo parece indicar que la relación entre los Grises y el 'gobierno secreto' es muy compleja y algunos whistleblowers informan de enfrentamientos militares entre humanos y ellos en términos de violaciones de los acuerdos secretos por uno y otro bando.[412]

**Conclusión: La Utilización de Armas en el Espacio es una política inapropiada para los Visitantes Extraterrestres.**

En términos del despliegue de las armas en el espacio, el deliberado apuntar a los visitantes extraterrestres necesita ser dada a conocer. Esto requiere que se informe a los funcionarios legislativos en los USA y en todas partes para que una respuesta política adecuada se pueda desarrollar. Hay necesidad de parar la política actual de los US. de intentar 'cazar' vehículos extraterrestres mediante el despliegue en el espacio y otros tipos de armamento avanzado. Como Hellyer apuntó en su discurso de 2005, "¿Son realmente enemigos o meramente legítimos exploradores de muy lejos?" Lo que hace tan compleja esta política desde la perspectiva de los whistleblowers como Corso, que es representativo de muchos militares informados de la presencia extraterrestre, es que ellos creen que la colocación de armas en el espacio es correcta. Esta política está justificada, en opinión de Corso y otros militares, sobre la base de las prácticas intrusivas de extraterrestres.

El fenómeno de la abducción y las actividades intrusivas relacionadas ha de ser entendida en términos de acuerdos secretos que se alcanzaron entre el 'gobierno secreto' y los extraterrestres. Debemos señalar que militares como Corso no parece que fueron informados de los amigables extraterrestres y de las actividades no intrusivas de estos últimos. En lugar de eso, a Corso le fue entregada información sobre actividades relacionadas con abducciones y otras actividades intrusivas de los extraterrestres que llevaron al marco psicológico para la creación de la 'imagen del enemigo'. Este proceso es descrito por Sam Keen en *Faces of the Enemy (*Caras del Enemigo) que resume certeramente como la creación de imágenes del enemigo ha sido un aspecto vital para combatir en guerras con éxito.413 En breve, lo que ha emergido en los últimos 50 años más o menos es la creación de un 'enemigo extraterrestre' que justifica el desarrollo y despliegue de armas espaciales de acuerdo con Corso y otros militares. Esto nos lleva a las advertencias de la Dra. Carol

Rosin, antigua portavoz del Dr. Werner Von Braun, acerca de la amenaza fingida de los extraterrestres siendo la base de una revelación pública de la vida extraterrestre.[414] Esta amenaza artificial dirigiría las percepciones del público hacia los extr6aterrestrees como no amigos y a una amenaza a la seguridad. Una valoración más matizad basada en 'internas' en lugar de 'amenazas externas' planteada por los extraterrestres es necesaria.

En consecuencia, como respuesta a la profunda pregunta de política planteada por Hellyer de si el despliegue de armas en el espacio es una respuesta política adecuada a los visitantes extraterrestres, la respuesta es NO. No hay necesidad de una respuesta militar a los visitantes extraterrestres. Está claro que los extraterrestres no representan una creíble 'amenaza a la seguridad nacional' en virtud de una serie de acuerdos secretos que hacen posible una conquista encubierta de la vasta infraestructura de proyectos relacionados con extraterrestres que existe en los USA y otros países. Esta amenaza extraterrestre encubierta requiere una solución POLITICA en lugar de una solución MILITAR – la revelación de la vida extraterrestre.

Con la revelación pública de la vida extraterrestre, puede haber la necesaria transparencia y fiscalidad para asegurar que cualquier acuerdo de intercambio tecnológico sea llevado a cabo de forma responsable, y no hacer a la sociedad humana proclive a una 'conquista' por los extraterrestres. Es muy probable que el fenómeno de las abducciones acabaría de ser un problema una vez la transparencia y la fiscalización fueran puestas en su sitio. Los visitantes extraterrestres que realizaran tales actividades podrían ser controlados de cerca y persuadidos de no continuar con cualquier actividad que violara los derechos humanos. Los 'mecanismos persuasivos' llegarían de varias maneras: debate público riguroso sobre las actividades extraterrestres, educación a los extraterrestres sobre los estándares de los derechos humanos, y el apoyo anticipado de muchas civilizaciones extraterrestres en el seguimiento y control de las violaciones por otros extraterrestres.

El Honorable Paul Hellyer llamó a un debate público urgente sobre la adecuación de las actuales políticas dirigidas a los visitantes extraterrestres. La política actual abogada por Corso de despliegue de armas en el espacio y tomar como posible blanco vehículos extraterrestres está apoyada por muchos antiguos militares 'in the loop' acerca de los visitantes extraterrestres. El desarrollo y utilización de las armas colocadas en el espacio frente a visitantes extraterrestres se demostrará una pobre opción política una vez que el 'gobierno secreto' y sus acuerdos con extraterrestres se revelen. Como antiguo Ministro de Defensa, Hellyer está muy familiarizado en la importancia de los asuntos políticos relativas a la utilización de armas militares en la resolución de problemas políticos internacionales. Hay que agradecerle por atraer la atención del público las "profundas e importantes cuestiones políticas que han de atenderse" en relación con la colocación y despliegue de armas en el espacio y la supuesta "caza" de supuestos visitantes extraterrestres.[415]

# Notas finales. Capítulo Seis

[380] "Discurso del Presidente George W. Bush," National Defense University, Washington, 1 Mayo, 2001. Transcripción disponible en: http://www.fas.org/nuke/control/abmt/news/010501bush.html .
[381] Citado en "National Security Presidential Directive/NSPD-23," disponible online en: http://www.fas.org/irp/offdocs/nspd/nspd-23.htm .
[382] "Exopolitics Toronto: A Symposium on UFO Disclosure and Planetary Direction," http://www.exopoliticstoronto.com/archives.html .
[383] Paul Hellyer, "Missile Defense: It Was Wrong Then and It's Wrong Now," (Los Misiles Defensivos. Era un error entonces y es un error ahora) *Globe and Mail*, May 15, 2003. Disponible online en: http://www.commondreams.org/views03/0515-10.htm .
[384] Para más detalles del discurso de Hellyer y verlo online, ir a: http://tinyurl.com/3fv2f7.
[385] Hellyer reveló la existencia de estos funcionarios en una conversación privada con el autor el 8 de Noviembre de 2005, pero solicitó no revelar más detalles de ellos debido a su necesidad de mantener el anonimato.
[386] Citado de la conferencia de presentación de 2005 Exopolitica en Toronto disponible online en: http://tinyurl.com/3fv2f7 .
[387] Citado de la conferencia de presentación de 2005 Exopolitica en Toronto disponible online en: http://tinyurl.com/3fv2f7 .
[388] Citado de la conferencia de presentación de 2005 Exopolitica en Toronto disponible online en: http://tinyurl.com/3fv2f7 .
[389] Citado de la conferencia de presentación de 2005 Exopolitica en Toronto disponible online en: http://tinyurl.com/3fv2f7 .
[390] Philip Corso, *The Day After Roswell* (El Día Después de Roswell) (Simon & Schuster, 1997) 290.
[391] Corso, *The Day After Roswell*, 292.
[392] Philip Corso, *L'Alba Di Una Nuova Era* (Amanecer de una Nueva era) traducción de Maurizio Baiata (Pendragon, 2003). Yo agradezco a Maurizio Baiata el permiso para extraer extractos de citas basadas en su traducción de las notas originales de Corso.
[393] *Dawn of a New Age* (Amenecer de una Nueva era), 77.
[394] *Dawn of a New Age*, p. 98.
[395] *Dawn of a New Age*, 78.
[396] Ver Capítulo Uno. Para una discusión más amplia de las pruebas circunstanciales y testimoniales de tal reunión, ver Michael Salla. "Eisenhower's 1954 Meeting With Extraterrestrials: The Fiftieth Anniversary of First Contact?" (La Reunión de Eisenhower en 1954 con Extraterrestres: El 50º Aniversario del Primer Contacto) Exopolitics.Org (February 12, 2004): http://www.exopolitics.org/Study-Paper-8.htm
[397] *The Day After Roswell*, 292.

[398] *Dawn of a New Age*, (Amenecer de una Nueva era), p. 77

[399] Ver William Hamilton, "California Contactees," ("Contactados en California") disponible online en: http://www.geocities.com/Area51/Shadowlands/6583/et031.html .

[400] Ver Stanton Friedman, *Top Secret/Majic* (2005): 86-102

[401] *Majestic Documents*, 128. Ver también www.majesticdocuments.com

[402] Ver Friedman, *Top Secret/Majic,* 56-85.

[403] Citado en *Foreign Relations of the United States*, 1964-1968, vol. XII , Western Europe, pp. XXXI-XXXV, April 16, 2001. Disponible online en: http://www.fas.org/sgp/advisory/state/covert.html .

[404] Ver "A Nation Deceived," http://www.mega.nu:8080/ampp/roundtable/emchurch.html .

[405] Corso, *Dawn of a New Age,* 31.

[406] Ver http://www.presidentialufo.com/newpage17.htm .

[407] Citado en "Formal announcement from William Louis ("Bill") McDonald, Sr.:", http://www.stealthskater.com/Documents/Andrews_02.doc .

[408] David Jacobs, *The Threat: Revealing the Secret Alien Agenda* (La Amenaza: Revelación de la Agenda Secreta Alienígena) (Simon and Schuster, 1999).

[409] John Mack, Passport to the Cosmos (Pasaporte al Cosmos) (Thorsons, 2000).

[410] Ver Capítulo Uno. Ver también Michael Salla, "The Motivations and Activities of Extraterrestrial Civilizations," ("Las Motivaciones y Actividades de las Civilizaciones Extraterrestres") http://www.exopolitics.org/Report-ET-Motivations.htm .

[411] Ver Capítulo Tres. Una versión anterior fue publicada como Michael Salla, "The Black Budget Report," *Scoop Magazine*, January, 2004, disponible online en: http://www.scoop.co.nz/stories/HL0401/S00151.htm.

[412] Ver Capítulo Cuatro. Una versión anterior fue publicada como Michael Salla, "The Dulce Report," at: http://www.exopolitics.org/Dulce-Report.htm .

[413] Ver Sam Keen, *Faces of the Enemy: Reflections of the Hostile Imagination* (Caras del Enemigo: Reflexiones de la Imaginación Hostil) (Harper Collins, 1991).

[414] Ver la entrevista de Carol Rosin, disponible online en: http://www.illuminati-news.com/ufos-and-aliens/html/carol_rosin.htm .

[415] Citado de la conferencia de presentación de 2005 Exopolitics en Toronto disponible online en: http://tinyurl.com/3fv2f7

# Capítulo Siete

## La Supresión por el gobierno USA de la Industria Espacial Civil

### Introducción[416]

En 1995, Otis T. Carr, un protegido de Nikola Tesla empezó un esfuerzo público altamente visible para desarrollar un prototipo civil de nave espacial que podía ser producido en masa en kits y ser vendido al público. Si hubiese tenido éxito, Carr habría desarrollado la primera nave espacial civil y hubiese revolucionado la industria de la aviación. El vehículo iba a ser propulsado por un generador que extraía la energía eléctrica del entorno y era almacenada en bobinas especiales. La energía eléctrica almacenada habría producido un efecto anti gravitacional para la propulsión.[417] Carr aseguró que había sido enseñado por el famoso inventor yugoslavo Nikola Tesla. Él había residido en New York, en un hotel dónde Carr trabajó por un tiempo mientras completaba sus estudios. Tesla había declarado públicamente en 1915 que él sabía cómo fabricar un vehículo con efecto anti gravitatorio. "Mi máquina voladora no tendrá ni alas ni propulsores. Lo podéis ver en el suelo, y no adivinaríais nunca que aquello era una máquina voladora. Pero podrá moverse a voluntad a través del aire en cualquier dirección con seguridad perfecta."[418], El vehículo volador de Tesla obtendría la potencia por la energía extraída de la atmósfera de la Tierra. Frustrado por la falta de apoyo de la industria, en el curso de tres años Tesla reveló sus ideas radicales al joven Carr.

Tesla enseñó a Carr cómo la energía electromagnética podía ser dominada libremente de la abundante energía en la atmosfera. La posibilidad que la energía eléctrica fuera libre sin necesidad de las caras plantas generadoras, hilos conductores, estaciones repetidoras, palos de teléfono y pérdida significativa de potencia, retó a las compañías de energía convencionales. A Tesla se le dijo que sus ideas radicales nunca serían financiadas. J.P. Morgan y otros industriales no estaban dispuestos a poner contadores a una energía que podía ser fácilmente extraíble de la atmósfera. Pero las ideas de Tesla sacudieron los cimientos de la economía global y el sistema monetario.

Inspirado por el ya anciano Tesla, Carr arrancó comprobando los principios de Tesla en 1937 cuando empezó a crear un modelo de nave espacial.[419] Carr eventualmente se convenció de que podía desarrollar una nave espacial civil que podría viajar en la alta atmosfera, la Luna y que incluso podría alcanzar la velocidad de la luz. Todo esto se puede conseguir siguiendo los consejos de Tesla de aprovechar la energía eléctrica en la atmósfera para dar potencia a la nave espacial, almacenando tal energía en una "bobina regenerativa" especial para vuelos inter espaciales.

**Otis Carr afirma que construye la primera nave espacial civil**

Carr fundó una compañía, OTC Enterprises, Inc. en 1955 en Maryland y empezó a obtener los fondos necesarios y el personal capacitado para construir modelos. Estos podían ser probados para validar un prototipo a escala completa. Estos modelos eran de distintos tamaños. Incluía una versión de 6 pies (1m.83 cms. Aprox.) para probar la factibilidad de sus ideas y planeaba uno de 45 pies. En Noviembre de 1959 Carr patentó con éxito su diseño para una nave espacial civil a escala completa llamado OTC-X1. Tenía un diseño circular que lo hacía similar a un platillo volador (ver fig. 2)

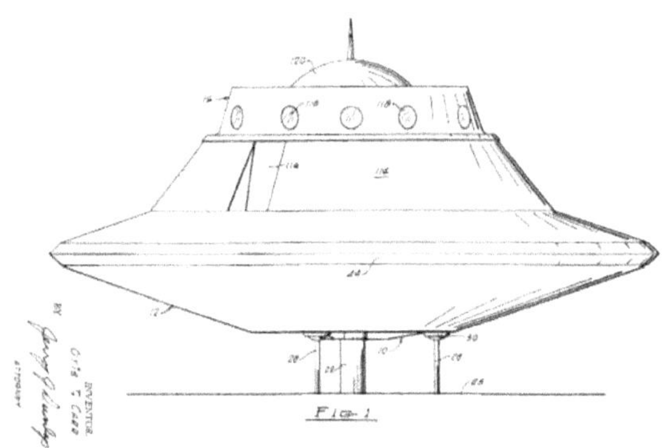

**Figura 2. Esquema de la nave OTC-X1 de la Oficina de Patentes**

Con el fin de obtener la patente para su diseño de la escéptica Oficina de Patentes, declaró que su OTC-X1 era un instrumento de diversión. En la introducción de su patente, asegura: "Este invento está relacionado generalmente con implementaciones en dispositivos de diversión, y más particularmente a un dispositivo de diversión mejorado del tipo donde los pasajeros tendrán la impresión de ir en una nave interplanetaria.

En una entrevista por radio, Carr describió las varias pruebas llevadas a cabo para el desarrollo de su prototipo de nave espacial civil:

> Planeamos construir un modelo de prototipo como un aparato de demostración. Ahora me gustaría declarar que ciertos modelos han sido construidos por mí y probados. Cada uno de ellos era aéreo. Uno se perdió completamente en el espacio. Teníamos un sistema de control y este no funcionó. Este ya está hecho."[421]

El OTC-X1 tendría la potencia por una cantidad de condensadores que Carr llamó "Utrones". En una entrevista a principios de 1957, Carr describe los Utrones como "una celda de almacenamiento de energía eléctrica. En funcionamiento, genera electricidad al mismo tiempo que genera fuerza electromotriz. Este es el sistema de generación central de potencia para nuestra nave espacial."[422] Los Utrones suministrarían a una serie de imanes que girarían en sentido inverso a las agujas del reloj la energía requerida para vencer el campo gravitatorio de la Tierra. Carr describe este proceso así:

> Tenemos placas condensadoras y electroimanes como una parte del sistema. Ahora gira en sentido inverso, los electroimanes giran en una dirección y el acumulador, las baterías giran en el otro sentido. Las placas del condensador giran en conjunción con la batería de forma que tenemos una rotación en sentido del reloj y otra girando en el opuesto. Ahora, el tercer sistema es la cabina que mantiene a la tripulación. Esta no gira, está fija debido al hecho que dos cuerpos están rotando uno en sentido opuesto al otro. Por tanto, el sistema causa que la nave escape de la atracción de la gravedad. La propia nave debido a este sistema tiene aún gravedad interna porqué aún tiene el mismo peso que tenía en el inicio.

El diseño de Carr crearía un nuevo campo gravitacional dentro de la nave que dejaría en suspenso las leyes normales de la inercia. Esto creaba efectivamente un entorno de masa cero que permitiría a la nave alcanzar la velocidad de la luz.[423] También permitiría los ocupantes soportar tremendas aceleraciones y cambio de dirección sin ser pulverizados por la inmensas g-fuerzas [fuerzas gravitatorias] dentro de la nave. Carr detalló el intricado sistema de propulsión electromagnética de la nave en su patente, en 1959. Carr declaró que toda la potencia eléctrica sería extraída de la atmósfera y sería almacenada en cantidades suficientes en "bobinas regeneradoras" para dar potencia a la nave en su viaje interplanetario: "Podemos aquí, por primera vez por lo que sabemos, la utilización de electricidad atmosférica como un sistema de recarga. Esto se hace como una parte principal del funcionamiento de la nave."[424]

Carr enseñó un pequeño modelo en una entrevista como informó el Fate Magazine:

> Otis T. Carr, presidente de OTC Enterprises, INC., detalló sus afirmaciones en una entrevista y demostración de un modelo en crudo de una máquina de movimiento circular que, él dijo, es el principio de una nave espacial que él puede fabricar con la "hoja de metal circular de energía libre" si alguien pone el dinero para fabricarlo. Su aplicación inmediata, Carr dijo, sería en una nave espacial – la cual sería capaz de volar entre los planetas en vuelo controlado. Podría tomar tierra y despegar de la tierra, la luna o de cualquier otro planeta en el sistema solar, dijo. [425]

Carr programó en el tiempo una prueba de un modelo de seis pies en Abril de 1959 para una audiencia aproximada de 400 personas en Oklahoma City a finales de Abril. Dificultades técnicas y una repentina enfermedad contraída por Carr llevó a la cancelación de la prueba. Un artículo publicado en Fate Magazine describe así la prueba fallida:

> La investigación en OVNIs y platillos voladores ha tenido un serio contratiempo en Oklahoma City a finales de Abril cuando un intento de despegue profusamente publicado, por la OTC Enterprises de Baltimore, Maryland, resultó un

> fracaso. Centenares de personas que habían sido invitadas a Oklahoma City por Otis T. Carr para observar su "lanzamiento de un modelo prototipo de seis pies del OTC-X1, una nave espacial que funciona con energía 'utron'." Los que asistieron volvieron disgustados. El platillo volador no voló.[426]

Todo lo que se mostró al público fueron ilustraciones en tres dimensiones de su diseño. Carr no se le pudo encontrar allí. Long John Nebel, un famoso comentarista de radio de New York, localizó a Carr en el cercano hospital Mercy donde había sido ingresado por ocho días debido a una hemorragia de pulmón. Misteriosamente, Carr había enfermado en la víspera del que podía haber sido el mayor golpe publicitario. El proyecto de la nave espacial de Carr se estaba convirtiendo cada vez más envuelto en misterio y controversia.

Los presentes estaban insatisfechos y algunos se quejaron de que no vieron incluso el prototipo a ser probado:

> Yo no sé lo que está pasando pero creo que ellos no tenían ninguna intención de probar a lanzar el modelo. No puedo ver ningún plano del modelo y, de hecho, yo entiendo, que Mr. Maywood Jones sólo presentó lo que él llamó "ilustraciones en tres dimensiones" de las ideas de Carr.[427]

Muchas críticas públicas aceptadas eran de que Carr estaba promocionando su OTC-X1 con el fin de crear interés por su parque de atracciones en Frontier City cerca de Oklahoma City:

> Un reportero de la televisión de Oklahoma City expresó el sentimiento general de la gente de la ciudad: "Esta cosa no se elevará nunca del suelo. Y siento que mucho del jaleo que nos han traído está vinculado al parque de Frontier City. He intentado constantemente entrar para ver el modelo de platillo pero lo han mantenido escondido."[428]

Con esta creciente opinión pública hostil en Oklahoma, Carr decidió desplazar su centro de operaciones a Apple Valley, California, a finales de 1959. Para evitar otro debacle público, decidió no anunciar ningún test por adelantado. Con nuevo soporte financiero y una gran planta de producción, Osbrink, a su disposición, Carr prosiguió con sus planes de desarrollar y probar su nave espacial. El Comandante Wayne Aho, Ex-Oficial de Inteligencia de Combate del Ejército, y principal piloto de Carr, proclamó que "iba a volar a la Luna en un platillo volante el 7 de Diciembre de 1959"[429] Poca cosa se oyó de los esfuerzos y planes de Carr para desarrollar y probar su prototipo a escala completa de 45 pies. No existen informes públicos de pruebas posteriores.

En la obtención de ingresos para su programa de nave espacial, Carr estaba experimentando crecientes problemas con la Comisión de Valores de los USA ( Securities and Exchange Commision) había presentado un mandamiento judicial contra Carr ordenándole que cesara su venta de acciones no regisradas".[430] El 2 de Junio de 1960, Carr contó a una audiencia de 300 personas en California que había una traidora mala interpretación del hecho de decir o inferir que nosotros [OTC Enterprsies] habíamos venido a California a buscar dinero vendiendo acciones."[431]

En Enero de 1961 El Fiscal General de Nueva York, Louis J. Lefkowitz, afirmó que Carr había estafado $50.000. Fue acusado de "el crimen de vender obligaciones sin haberlas registrado."[432] Carr fue sentenciado a 14 años de prisión. Al mismo tiempo, True Magazine tildó a Carr de estafador, por lo que acababa con cualquier simpatía pública hacia él. Después de cumplir parte de la condena, Carr salió de prisión, y desapareció de la arena pública. Sufriendo mala salud y dejado por los que le apoyaban, vivió en la obscuridad hasta su muerte en 1982. Aparentemente, el valiente desarrollo de una industria civil de naves espaciales había fracasado ignominiosamente. Su pionero, un protegido del gran Nikola Tesla, cayó en pública desgracia y tratado como un criminal por haber estafado aparentemente a miembros del público general con sus increíbles historias de construcción de una nave espacial civil, mientras estaba en realidad promocionando un parque de atracciones.

La verdadera historia de lo que sucedió a Carr y su esfuerzo de desarrollar una industria civil de naves espaciales permanecería en secreto durante casi 50 años. Su única aparición en público de uno de los técnicos en quien más confiaba Carr y la verdad sería finalmente explicada de lo que realmente había ocurrido con el esfuerzo de la primera nave espacial civil en el mundo.

**Ralph Ring Emerge para Revelar el éxito de Carr en el desarrollo del OTC-X1**

En Marzo de 2006, un individuo casi desconocido dio la cara para revelar que él era uno de los tres pilotos de una prueba exitosa de un prototipo a escala completa del OTC-X1 de Carr. [433] Ralph Ring afirma ser un técnico que fue reclutado por el equipo de Carr en su intento de construir una nave espacial de 45 pies de la nueva ubicación en California en 1959. Ring entonces era un inventor de talento que había sido frustrado por el desinterés del sector empresarial en principios innovadores relativos a la energía electromagnética. Antes había ayudado al famoso oceanógrafo Jacques Cousteau a desarrollar el aqualung, y más tarde trabajó en una organización llamada Advanced Kinetics que investigaba financiada por el gobierno.

En una serie de entrevistas públicas y presentaciones, Ring describió las condiciones de su marcha de Advanced Kinetics. Afirma que había resuelto dos problemas complejos de ingeniería acerca del electromagnetismo. Confiado en una promoción, Ring, por el contrario, fue reprendido por el director que le espetó que ellos eran una empresa financiada por el gobierno y que "estaban pagados para investigar las repuestas, ¡no en encontrarlas!"[434] Frustrado, Ring se fue y se encontró con Carr a finales de 1959, y quedó rápidamente impresionado por sus ideas, incluyendo un plan para construir una nave espacial civil. En su primera entrevista pública, Ring describe a Carr así:

> Era incuestionablemente un genio. Tesla había reconocido su calidad inmediatamente y le enseñó todo lo que sabía. Estaba inspirado, y – como Tesla – parecía conocer exactamente lo que se debía hacer para conseguir que algo funcionara. Era un hombre reservado y muy metafísico en su manera de pensar. Creo que el hecho de que no estuviera formalmente entrenado en Física le ayudó. No estaba limitado por ninguna idea preconcebida. Puede sonar una locura ahora, pero él estaba determinado a volar a la Luna y realmente creía que se podía hacer. Yo lo creo. Todos lo creíamos.[435]

Ring participó directamente en las pruebas de modelos más pequeños del OTC-X1, nave desarrollada por Carr. Él describió estos habían sido probados con éxito y que exhibían características únicas cuando se alcanzaban determinadas velocidades de rotación:

> ...el metal se volvió gelatinoso. Podías empujar con tu dedo dentro de él. Cesaba de ser sólido- Se volvía otra forma de materia como si no estuviera exactamente aquí en su realidad. Esta es la única forma que lo puedo intentar describir. Era extraño, una de las sensaciones más extrañas que he sentido nunca.[436]

Lo más importante, Ring asegura que el OTC-X1 prototipo desarrollado por Carr estaba completado y probado con éxito en 1959. Ring describía como Carr había sido capaz de mantener las comunicaciones con los tres miembros que pilotaban el OTC-X1, que les habían dado instrucciones para completar una serie de tareas antes de volver al lugar de lanzamiento. Cuando se le preguntó si el OTC-X1 había volado a su destino, Ring dijo:

> Volar no es la palabra adecuada. Atravesó la distancia. Parecía que no tomó tiempo. Estaba con otros dos ingenieros cuando pilotábamos la nave de 45 pies cerca de 10 millas. Yo creía que no se había movido, Yo pensaba que había fallado. Me quedé completamente asombrado cuando nos dimos cuenta que habíamos vuelto con las muestras de rocas y plantas de nuestro destino. Fue un éxito dramático. Fue como un tipo de tele portación.[437]

Ring describe como el vuelo de prueba había sido capaz de cambiar el flujo del tiempo:

> Lo que era más, el tiempo estaba de alguna forma distorsionado. Sentimos que estábamos en la nave cerca de 15 o 20 segundos. Se nos dijo luego que habíamos sido programados en el tiempo como si hubiésemos estado en la nave no más de 3 o 4 minutos. Aún no tengo una idea completa de cómo sucedió.[438]

La parte más notable del testimonio de Ring es lo que concierne al único sistema de navegación utilizado por los pilotos para controlar los movimientos del OTC-X1. De acuerdo con Ring, este sistema de navegación utilizaba el intento consciente de los pilotos en lugar de la tecnología convencional.

> El Utrón era la clave de todo ello. Carr decía que acumulaba energía debido a su forma, y la enfocaba, y también respondía a nuestras intenciones conscientes. Cuando operábamos la máquina, no teníamos que hacer funcionar ningún control. Entramos en un estado meditativo y los tres focalizamos nuestra intención sobre el efecto que queríamos que se alcanzase. Suena ridículo, lo sé. Pero esto es lo que hicimos, y aquello es lo que funcionó. Carr había almacenado dentro de algún principio que no es conocido, en el cual la consciencia se funde con la ingeniería para crear un efecto. No lo puedes escribir en ecuaciones. Aún no tengo ni idea de si funcionaría. Pero funcionó. [439]

El éxito de la primera prueba a escala completa del OTC-X1 significaba que los planes para los vuelos en el espacio exterior y a la Luna estaban siendo seguidos como era debido. Ring dijo a Carr y a su tripulación que trabajaran las 24 horas para completar el programa de pruebas antes de anunciar los resultados al público.

La parte más dramática del testimonio de Ring se refiere a lo que pasó dos semanas despues del éxito de la prueba del OTC-X1. Ring dijo que la operación de Carr estaba cerrada por el FBI y otras agencias del gobierno en una batida secreta que incluía siete u ocho camiones cargados con personal del gobierno. El FBI dijo a Carr que su proyecto estaba cerrado "debido a su amenaza en liquidar el sistema monetario de los Estados Unidos de América."[440]

En efecto, el éxito las pruebas de Carr de una nave espacial civil, si la hubieran dejado tirar adelante, habría revolucionado el sector de la energía y de la industria aeroespacial. La energía convencional utilizando combustibles fósiles para generar energía eléctrica y la industria de la aviación habrían quedado obsoletas de la noche a la mañana. Los grandes intereses de las empresas en el sector de la energía habrían perdido substanciales inversiones. La falta de beneficios empresariales hubiera echado al paro a millares de personas. El efecto financiero de una industria espacial civil utilizando la energía eléctrica de la atmósfera para la obtención de potencia, habría en efecto puesto bajo enorme presión sobre el sistema monetario de los USA y posiblemente causar su colapso.

En una serie de entrevistas y presentaciones públicas, Ring asegura que el FBI confiscó todos los equipos incluyendo el prototipo del OTC-X1. Interrogaron a todos los empleados de Carr, les pidieron que permanecieran en silencio sobre lo que había ocurrido, e hicieron que Carr firmara acuerdos de no revelación. El testimonio de Ring, si es verdad, revela lo que realmente pasó con el radical proyecto de una nave espacial civil de Otis Carr. En lugar de que Carr fuera un fraude que engatusó a un gran número de inversores, que financiaron sus ideas radicales de naves espaciales civiles. Carr había tenido éxito. Su éxito amenazaba los intereses enraizados en el sector de la energía, que su operación había sido cancelada con la aprobación total y conocimiento de un selecto número de agencias gubernamentales preocupadas con el impacto financiero sobre el sistema monetario de U.S. El propio Carr fue obligado a soportar falsos cargos urdidos para desacreditarle, y acabar su valiente esfuerzo para desarrollar una industria civil del espacio.

## ¿Cuán creíble es el testimonio de Ralph Ring?

¿Cuántas pruebas hay para corroborar el testimonio de Ring? Ring es una persona muy afable y un individuo sincero que ha impresionado a audiencias con su genuina franqueza. Bill Ryan y Kerry Cassidy, fundadores del proyecto Camelot, un sitio web que presenta video-entrevistas de whistleblowers, fueron los primeros que entrevistaron a Ralph Ring en Marzo de 2006.[441] Después de una serie de entrevistas ellos llegaron a la conclusión: "no hay ninguna duda en nuestra cabeza que Raph Ring es 100% genuino. Todos los que le han conocido y oído su historia en persona están completamente de acuerdo."[442] Esto es algo que puedo verificar por mí mismo ya que pude escuchar a Ring presentar sus ideas en el Congreso Internacional sobre OVNI en 2007. También tuve la oportunidad de entrevistarle más tarde en Hawaii cuando aceptó una invitación para asistir a una conferencia que yo co-organicé.[443] Estoy de acuerdo con Ryan y Cassidy que las cualidades personales de Ring lo hacen muy creíble. Parece estar motivado por el simple deseo de decir la verdad acerca de los acontecimientos que sucedieron hace casi 50 años que podían haber revolucionado la vida en nuestro planeta.

Ring ha proporcionado un buen número de fotografías del OTC-X1 desarrollado por Carr. Estas fotografías no habían sido publicadas anteriormente y muestran que Carr en efecto tuvo éxito en la construcción de varios modelos incluyendo el prototipo de nave espacial de 45 pies (ver figura 3)[444] las fotos disipan la opinión de que Carr fracasó en el desarrollo del prototipo a escala completa de la nave espacial. Las fotos de Ring son prueba material de que él efectivamente colaboró con Carr en el OTC-W1, como él asegura.

Quizás lo más significativo es lo que le ocurrió a Ring poco después de dar la cara y revelar en 2006 sus experiencias con Otis Carr. Bill Ryan describe lo que pasó:

> Un poco después, Ralph fue al hospital para una operación rutinaria de remplazamiento de la rodilla. Recibió accidentalmente un tratamiento erróneo y casi muere tres veces. En la hora que escribo (Julio de 2006) ha salido de la UCI, muy débil pero está decidido a contar su historia. Antes de esto había disfrutado de una salud perfecta durante 71 años.[445]

**Figura 3. El OTC-X1 a escala completa**

En sus presentaciones en muchas conferencias Ring describe cómo lo tomaron en ambulancia a un hospital alejado 25 millas. Pasando de largo un hospital adyacente a donde él estaba.[446] Ring rondó la muerte como resultado de un mal tratamiento y del largo trayecto en ambulancia. ¿Fue la aplicación accidental de la medicación de otro paciente, y el pasar de largo hospitales más cercanos, parte de una tentativa encubierta de acabar con la vida de Ring? Las circunstancias son realmente sospechosas e indican un esfuerzo por silenciar a Ring. Esta serie de eventos "accidentales" que casi se llevan la vida de Ring poco después de su aparición pública proporciona una prueba circunstancial en apoyo de sus afirmaciones.

**Implicaciones en la Política Pública**

Podemos ahora juntar los diferentes elementos relativos al proyecto del OTC-X1 de Otis Carr y el testimonio de Ralph Ring. El exitoso desarrollo por Carr de una nave espacial civil a escala normal con la radical utilización de propulsión y sistemas de navegación electromagnéticos llevó a una respuesta brutal por parte de las agencias del gobierno federal. Agencias lideradas por el FBI hicieron una batida por las instalaciones de Carr, confiscaron los equipos, intimidaron a los empleados para que guardaran silencio, y desacreditaron públicamente a Carr mediante falsos cargos orquestados desde la Comisión del Mercado de Valores. El testimonio público y las pruebas fotográficas aportadas por Ring de la existencia del OTC-X1, dan fe de la existencia de que elementos dentro del gobierno USA suprimieron una industria totalmente civil de naves espaciales. Varios motivos para la supresión se pueden aducir.

La primera y principal para la supresión por el gobierno fue proteger los intereses industriales de los USA en el sector de la energía que hubiera sido amenazada por el conocimiento de que como se podía extraer energía eléctrica gratuita de la atmosfera. Las grandes empresas de los USA dominaban el sector de la energía en todo el planeta, y la aparición de tecnologías de "energía libre" hubiera hecho estragos en el valor de las acciones.

Un segundo motivo relacionado con el anterior es el efecto de las tecnologías de "·energía libre" sobre el sistema monetario de los USA- la explicación dada por los agentes del FBI en la redada a la planta de Carr. El desarrollo de las tecnologías de energía libre habría dejado obsoletas las empresas del sector energético convencional que probablemente hubiese llevado al colapso del US$.

Un posible tercer motivo es evitar el desarrollo de una industria espacial totalmente civil que pudiera viajar en el espacio exterior y otros planetas con una mínima o ninguna regulación por el gobierno. Tal industria espacial civil permitiría viajar a los planetas más cercanos para confirmar si formas de vida inteligente habían nunca existido o continuaban existiendo en la Luna. Marte y otros planetas pero que ha estado suprimido por los gobiernos más importantes.[447] Muchos análisis de las fotografías de la NASA de la Luna y Marte ponen de manifiesto estructuras artificiales y fenómenos anómalos bajo control inteligente. A pesar del extenso interés público en estos casos, la NASA rehúye la investigación seria de tales pruebas y muchos han llegado a la conclusión que está siendo llevado a cabo un encubrimiento.[448]

Un cuarto motivo para suprimir el proyecto del OTC-X1 de Carr es mantener en secreto la tecnología que ya se había desarrollado en proyectos secretos. El trabajo de Carr no se le dio la suficiente importancia para clasificarlo como secreto y por tanto él y sus técnicos pudieron seguir trabajando en el desarrollo de sus ideas de una nave espacial que pudiera viajar a la Luna a la velocidad de la luz. Su proyecto fue cancelado, Carr desacreditado y sus técnicos intimidados para mantener el silencio. Esta es la explicación obvia para la respuesta por las personalidades del gobierno involucradas.

La razón para el trato dispensado a Carr y sus técnicos fue que las autoridades del gobierno no tenían necesidad de las ideas de Carr sobre la manera de desarrollar una nave espacial capaz de ir a la velocidad de la luz, y que pudiera atrapar en energía eléctrica libre disponible en la atmósfera de la Tierra. Autoridades responsables del gobierno no tenían necesidad de un sistema de navegación desarrollado por Carr para su OTC-X1 que utilizaba tecnología de la mente como interfaz entre los pilotos y la nave. Esto no era porqué las autoridades del gobierno no estuviesen interesadas en aquellas ideas. Estas autoridades ya tenían un proyecto secreto para una nave anti gravitatoria capaz de ir casi a la velocidad de la luz y con la potencia obtenida por extracción de la energía eléctrica del medio natural.[449] Esto está apoyado por las pruebas testimoniales relativas a los acuerdos con vida extraterrestre y la recuperación de vehículos extraterrestres siniestrados discutidos en los capítulos primero y cuarto. Los principios de casi la 'velocidad de la luz' de vuelos por el espacio estaban tan bien conocidos que los esfuerzos de los inventores civiles simplemente no eran necesarios en proyectos anti gravedad secretos. La conclusión es que en los años 1950 el gobierno de los USA tenía ya un buen número de naves espaciales que eran capaces de alcanzar casi la velocidad de la luz, y podían extraer energía eléctrica de la atmosfera terrestre que podía ser almacenada para un viaje espacial.

Un posible motivo final para clausurar el programa de nave espacial de Carr es que un grupo exclusivo de autoridades quasi gubernamentales o "gobierno en la sombra" con relaciones muy fuertes con corporaciones que no querían alertar a los militares corrientes y/o las autoridades gubernamentales de la existencia de tal avanzada tecnología. Yo describí anteriormente una entrevista que el Dr. Steven Greer y el antiguo astronauta Edgar Mitchell mantuvieron con el Vicealmirante Tom Wilson en 1997 cuando éste era J-2, jefe de la división de inteligencia de la Junta de Jefes de Estado Mayor. Cuando se le advirtió de ciertos programas secretos que posiblemente incluían tecnología extraterrestre, Wilson le fue negado el acceso a ellos ya que no tenía el pase 'necesita saber (need to know)'[450] Una tal acción sin precedentes restringiendo al propio jefe de inteligencia en funciones de la Junta de Jefes de Estado Mayor del Ejército, demostraba que un grupo de autoridades del 'gobierno en la sombra' mantiene a la tecnología avanzada fuera del alcance de los militares y autoridades regulares del gobierno. La existencia de tal "gobierno en la sombra" ha sido sugerida por un buen número de importantes políticos de los USA. Es interesante repetir lo que el Senador Daniel K. Inouye comentó: "Hay un Gobierno en la Sombra, con su propia Fuerza Aérea, su propia Marina, su propio mecanismo de financiación y su habilidad de seguir con sus propias ideas de lo que es el interés nacional, libre de comprobaciones y auditorías, libre de la misma ley"[451] Derribando la nave espacial civil de Carr, negarían a los militares y autoridades gubernamentales ordinarias el conocimiento y el acceso a tales tecnologías avanzadas. Esto sitúa a los militares regulares en gran desventaja en el control de lo que está ocurriendo en los proyectos de negro profundo (deep black) que involucran tecnología avanzada controlada por las agencias del gobierno en la sombra fuera de la regular cadena de mando.

La misteriosa enfermedad de Carr anterior a su prueba frente al público de sus modelo de 6 pies en 1959 y la casi muerte de Ralph Ring en 2006 después de dar la cara para revelar su testimonio, sugieren operaciones encubiertas para evitar demostraciones públicas y conocimiento de tecnologías avanzadas. Las agencias del gobierno encubierto han ido históricamente observadas apuntando a los inventores de tecnología avanzada y a investigadores trabajando en tecnologías avanzadas.[452]. El descrédito, el silenciar o la eliminación de inventores y/o whistleblowers parece que sigue.

**Conclusiones**

En 1959/1960, Otis Carr y su equipo habían tenido éxito en desarrollar la primera nave espacial civil en el mundo. Este hecho notable fue brutalmente cancelado, y Carr fue encarcelado con falsos cargos en 1961. La implicación de algunos elementos del gobierno USA en suprimir la aparición de una industria espacial civil emerge como un hecho histórico clave. Las grandes corporaciones en el sector energético, conscientes del ambicioso programa de Carr, fue probablemente un factor clave de esta cancelación.

Las implicaciones del testimonio de Ring y los hallazgos de Carr son de suma importancia para la Humanidad. En lugar de ser un criminal que estafaba al gran público con ideas radicales de naves espaciales civiles, Carr fue un inventor heroico que tuvo éxito, bajo circunstancias horrendas en construir la primera nave espacial civil del mundo. Carr y su equipo han de ser reconocidos y honrados por sus esfuerzos pioneros. El Congreso ha de iniciar inmediatamente investigaciones para averiguar lo que le ocurrió a Carr. El FBI y otras agencias gubernamentales implicadas en la redada a las instalaciones de Carr y en la confiscación de su equipo han de revelar lo que sucedió. El papel de las corporaciones USA cómplices en estas acciones agresivas también han de ser investigadas a fondo. Se necesita desarrollar una legislación apropiada para prevenir que esto no suceda en el futuro, que investigadores avanzados y pioneros no sean el blanco de las agencias gubernamentales que actúan por orden de intereses creados.

La revolución tecnológica que saldrá con la investigación de los logros de Carr ha de ser aprovechada no ocultada al público general. Las agencias del gobierno en la sombra y de las compañías responsable de la supresión al publico de la emergencia de tal tecnología, incluso al extremo de negarlo a las fuerzas armadas regulares, deben ser reveladas y hacerlas auditables. La Humanidad está en el umbral de unos notables hallazgos, el desarrollo de una industria espacial civil barata que puede realizar el viaje a otros planetas en nuestro y otros sistemas solares. Intereses financieros encubiertos y grupos cuasi gubernamentales que acumulan tal tecnología no se les puede ya permitírseles que retengan este notable avance.

## Notas finales. Capítulo Siete

[416] Muchas gracias a Jack Davis por su lectura de prueba y edición de una versión anterior de este capítulo. El testimonio de Ralph Ring emergió inicialmente a través de Bill Ryan y Kerry Cassidy del Proyecto Camelot que hizo disponible su entrevista en format de video, y suministró varios documentos online. Ellos merecen el crédito por sus esfuerzos en traer al público el testimonio de Ring, y de los whistleblowers e investigadores que arrojaron luz sobre muchos temas exóticos. Su website es http://www.projectcamelot.net .

[417] El principio de almacenar energía electrica que produce efectos anti-gravedad fue patentado por el inventor Thomas Townsend Brown y ha sido por ello llamado el Efecto Biefeld-Brown Effect. Ver Thomas Valone, *Electrogravitics II: Validating Reports on a New Propulsion Methodology* (Electrogravedad II: Informes de Validación sobre una Nuevo Método de Propulsión) , (Integrity Research Institute, 2005).

[418] Nikola Tesla, entrevistado en el *The New York Herald Tribune*, 15 de Octubre de 1911.

[419] Ver la entrevista de 1957 con Long John Nebow dónde Carr describe cómo él empezó a crear modelos con sus ideas: http://www.keelynet.com/gravity/carr4.htm .

[420] US Patente # 2,912,244, Dispositivo de Diversión (10 de Noviembre de 1959).

[421] Transcripción de la entrevista de Radio : "Long John" Nebow & Otis Carr, *et al.* (WOR Radio, NY, 1959). Disponible online en: http://www.rexresearch.com/carr/1carr.htm.

[422] Citado en: http://www.keelynet.com/gravity/carr4.htm .

[423] La opinión científica que la velocidad de la luz representa un obstáculo insuperable para la presencia física de visitantes extraterrestres ha sido puesta en duda de forma creciente por nuevas teorías relativas a los viajes a velocidades mayores de la de la luz. Ver James Deardorff, y otros "La teoría de la Inflación. Implicaciones para las visitas de extraterrestres" *Journal of the British Interplanetary Society*, 58 (2005): 43-50. Disponible online en: http://www.ufoevidence.org/news/article204.htm

[424] Citado de la Entrevista de 1957 con Long John Nebow, disponible en: http://www.keelynet.com/gravity/carr4.htm .

[425] Fuente original: ¿ Máquina de Gravedad ? *FATE magazine* (May 1958) p. 17. copia online disponible en: http://www.keelynet.com/gravity/carr1.txt .

[426] W. E. Du Soir, "The Saucer that didn't Fly," ("El platillo que no voló") *FATE magazine,* (August 1959) p. 32. Citado online en: http://www.keelynet.com/gravity/carr3.htm .

[4]27 Du Soir, "The Saucer that didn't Fly." Citado en: http://www.keelynet.com/gravity/carr3.htm .

[428] Du Soir, "The Saucer that didn't Fly." ("El platillo que no voló") Citado en: http://www.keelynet.com/gravity/carr3.htm .

[429] Citado online en: http://www.keelynet.com/gravity/carr3.htm. Información Biográfica sobre Wayne Aho está disponible en: http://www.answers.com/topic/wayne- sulo-aho .

[430] Citado en la web del Proyecto Camelot: http://www.projectcamelot.net/ralph_ring.html

[431] Du Soir, "The Saucer that didn't Fly." ("El platillo que no voló") Citado en: http://www.keelynet.com/gravity/carr3.htm .

[432] Citado en OTIS T. CARR, PLAINTIFF IN ERROR, v. STATE OF OKLAHOMA, DEFENDANT IN ERROR. Case No. A-12907. 11 de Enero de January de 1961. Disponible Online en: http://tinyurl.com/4uqog5 .

[433] Ring se encontró primero con Bill Ryan y Kerry Cassidy en Marzo de 2006 para revelar su notable historia.

[434] Ralph Ring, conferencia de presentación del Congreso International OVNI , Laughlin, Nevada, 2007. DVD disponible en: http://www.ufocongress.com/index.php/category/2007-ufo-congress/ .

[435] Citado del Proyecto Camelot entrevistas con Ralph Ring: http://www.projectcamelot.net/ralph_ring.html

[436] Citado del Proyecto Camelot entrevistas con Ralph Ring , http://www.projectcamelot.net/ralph_ring.html

[437] Citado del Proyecto Camelot, entrevistas con Ralph Ring , http://www.projectcamelot.net/ralph_ring.html

[438] La referencia del Proyecto Camelot se refiere a 15 minutos, en una conversación privada con Ralph Ring el 25 de Marzo de 2007, él corrigió esto a 15 segundos: http://www.projectcamelot.net/ralph_ring.html .

[439] Citado del Project Camelot. Entrevistas con Ralph Ring , http://www.projectcamelot.net/ralph_ring.html

[440] Ralph Ring, conferencia de presentación en el Congreso Internacional OVNI , Laughlin, Nevada, 2007.

[441] Más información sobre el Proyecto Camelot disponible en: http://www.projectcamelot.net

[442] Citado del Proyecto Camelot entrevistas con Ralph Ring , http://www.projectcamelot.net/ralph_ring.html

[443] Ralph Ring habló en la Conferencia de Transformación de la Tierra de 11-13 de Mayo de 2007. Detalles disponibles online en: http://earthtransformation.com/speakers-2007.htm

[444] Fotos disponibles online en: http://projectcamelot.org/ralph_ring.html

[445] Citado del Proyecto Camelot, entrevistas con Ralph Ring , http://www.projectcamelot.net/ralph_ring.html

[446] La conferencia de presentación de Ring fue en el Congreso International de OVNI en Laughlin, Nevada in Marzo de 2007. Fue seguido por una

presentación similar en la Conferencia de Transformación de la Tierra en Kona, Hawaii en Mayo de 2007.

[447] Ver Michael Salla, *Exopolitics: Political Implications of the Extraterrestrial Presence* (Dandelion Books, 2004); Steven Greer, *Disclosure: Military and Government Witnesses reveal the Greatest Secrets in Modern History* (Crossing Point Press, Inc., 2001).

[448] Ver Richard C. Hoagland, *The Monuments of Mars: A City on the Edge of Forever*, 5th Edition (North Atlantic Books, 2003); y Fred Steckling, *We Discovered Alien Bases on the Moon* (G.A.F. International, 1990).

[449] Para una discusión de tecnología antigravedad y clasificación (de secreto) del Gobierno de tal principio, ver Nick Cook, *The Hunt for Zero Point* (La búsqueda del Punto Zero) (Broadway Books, 2001).

[450] Steven Greer, *Hidden Truth, Forbidden Knowledge* (Verdad Oculta, Conocimiento Prohibido) (Crossing Point, Inc., 2006) 158-59.

[451] Inouye hizo su afirmación en las vistas orales del juicio Iran-Contra llevadas a cabo por el Senado de USA. Citado online en: http://www.sourcewatch.org/index.php?title=Shadow_Government

[452] Ver G. Cope Schellhorn, "Is Someone Killing Our UFO Investigators," ("¿Alguien está asesinando a nuestros investigadores OVNI"?) http://www.metatech.org/ufo_research_magazine_evidence.html

# Parte C

# La Exopolítica como Nuevo Paradigma para la Comprensión de la Vida Extraterrestre

La Exopolítica es una nueva disciplina que busca comprender los asuntos políticos públicos asociados a la vida extraterrestre. Una perspectiva Exopolítica ayuda mucho a identificar las políticas extraterrestres escondidas que subyacen en muchos asuntos contemporáneos internacionales. El primer reto con el que se encuentran los practicantes de la Exopolítica es preparar al gran público para la revelación de la política del gobierno secreto en lo concerniente a la vida extraterrestre. Esto requiere que sea explicado en primer lugar los conceptos más importantes y los enfoques que constituyen la Exopolítica, y la perspectiva única que aporta a los asuntos políticos públicos internacionales. Los tres capítulos que componen la parte C intentan cubrir este objetivo.

El Capítulo Ocho explica cómo la Exopolítica es un paradigma académico emergente que examina los asuntos políticos públicos sobre la vida extraterrestre. Este capítulo señala que no es necesario creer en la existencia de extraterrestres con el fin de desarrollar las ideas y enfoques de la Exopolítica. Un buen número de documentos históricos adoptan el enfoque de la Exopolítica a pesar de las declaraciones que la califican de falta de pruebas empíricas que prueben la existencia de vida extraterrestre.

El siguiente capítulo examina la evolución del concepto de Exopolítica desde las conspiraciones de los platillos volantes de los años 50 a los modelos explícitos que se han desarrollado más recientemente. Se describen los individuos y organizaciones clave involucradas en la evolución de los conceptos de la Exopolítica. Este capítulo muestra cómo la Exopolítica evoluciona rápidamente a un paradigma que puede retar al status quo del secretismo respecto a la vida extraterrestre.

El Capítulo Diez proporciona una perspectiva exopolítica sobre las operaciones de bandera falsa. El capítulo muestra cómo la Exopolítica subraya importantes asuntos de política pública. Examinando el 911 (11-S), operación de bandera falsa desde la perspectiva de la política pública convencional se muestra deficiente. Sólo una perspectiva exopolítica aporta un enfoque preciso al alcance pleno de los principales actores y procesos detrás de las operaciones de falsa bandera detrás de los ataques del 11-S.

# Capítulo Ocho

## Exopolítica, Disciplina Optativa para los Asuntos Políticos Públicos Relativos a la Vida Extraterrestre

### Introducción[453]

La existencia de vida extraterrestre ha sido objeto de intensa especulación y acalorados debates públicos. La especulación se ha centrado en los más de 200 mil millones de sistemas solares que se calcula que existen en nuestra Vía Láctea y cifras similares en otras galaxias, que podrían albergar vida extraterrestre avanzada. Esto es un ejemplo de las estimaciones de la posibilidad de vida extraterrestre en nuestra galaxia realizadas por el Proyecto OZMA (precursor del Search for Extraterrestrial Inteligence – SETI o Búsqueda de Inteligencia Extraterrestre) que en una reunión en 1961 sobre la ecuación de Drake, éste salió con una cifra aproximada de 10.000 civilizaciones avanzadas repartidas por nuestra galaxia.[454] Tales estimaciones han permitido a futuristas y escritores de ciencia ficción especular sobre cómo estas vidas serían y cómo afectarían a nuestra sociedad humana en una fecha futura. La especulación científica ha tomado la forma de estimaciones de las posibilidades de vida extraterrestre avanzada evolucionando por nuestra galaxia, y los niveles de avance científico que éstas pudieran haber alcanzado. El astrónomo ruso Nikolai Kardashev, por ejemplo, especuló que las civilizaciones extraterrestre avanzadas podrían ser distinguidas por la cantidad de energía que utilizaban. Podían ocurrir a nivel planetario (Tipo I), nivel estelar (Tipo II) o nivel galáctico (Tipo III).[455]

El debate público relativo a la vida extraterrestre ha sido enfocado sobre la visualización extensiva, seguimientos por radar y fotografías de OVNIs (UFO Unidentified Fying Objects) que perecen estar bajo control inteligente. Muchas observaciones de OVNIs han sido reconocidas por funcionarios gubernamentales como no explicables en términos de aviones conocidos o fenómenos naturales, e incluso se les ha observado que dejan muy atrás los aparatos más avanzados en posesión de las naciones industrializadas. Por ejemplo el anterior Presidente de la Junta de Jefes de Estado Mayor en los Estados Unidos. General Nathan Twining hizo la siguiente declaración sobre el fenómeno de los "discos volantes" de 1947 "El fenómeno que se forma es algo real y no visionario o ficticio."[456] Tales comentarios por militares de similar rango o funcionarios del gobierno han llevado a la hipótesis extraterrestre que los OVNI son de origen extraterrestre, como explicación posible.[457] Más recientemente, un número creciente de militares y funcionarios del gobierno y de empresas han dado la cara al desvelar su experiencia directa de los OVNI y de la vida extraterrestre, y de la supresión por el gobierno de los datos que la corroboran.[458]

Mientras la especulación y el debate continua alrededor del tema de la vida extraterrestre y su relación con los avistamientos de OVNIs, hay una creciente controversia acerca de cómo ha de ser el enfoque dado el montón de datos disponible de dominio público, principalmente a través de Internet. Los datos comprenden muchos relatos tanto de individuos privados, antiguos ejecutivos de compañías, y funcionarios del Ejército y de la Administración, quienes han aportado testimonios personales, fotografías, videos y documentación acerca de la vida extraterrestre. Los gobiernos nacionales también han contribuido significativamente a la creciente cantidad de datos de fuente abierta disponible. El gobierno USA, por ejemplo, ha puesto disponible muchos documentos a través de las peticiones acogidas a la Ley de Libertad de Información (Freedom of Information Act) que están ahora disponible a través de Internet. De forma similar, gobiernos como el de Francia y Gran Bretaña en 2007 y 2008 han colgado en Internet miles de ficheros casos de OVNI.[459]

Una aproximación a la base de datos pública ha sido enfocarlo primariamente sobre las pruebas relativas a OVNI y realizar con ellas rigurosos análisis científicos para determinar su credibilidad. Otro enfoque más reciente que está ganado popularidad ha sido extraer las implicaciones públicas de las pruebas relativas a la vida extraterrestre. Estos enfoques son conocidos generalmente como 'UFOlogía' y Exopolítica respectivamente. Los seguidores de cada enfoque abogan por distintas metodologías para tratar los datos disponibles en el dominio público. En este capítulo contrasto estos dos enfoques a los datos relativos a los OVNIs en términos de su validez para la comprensión completa de las implicaciones públicas de la vida extraterrestre.

## Ufología y el Énfasis del Estudio Científico de la Pruebas Físicas

El campo de la Ufología es generalmente aceptado que empezó con los avistamientos de lo que inicialmente se llamó 'platillos volantes' por Kenneth Arnold en Junio de 1947. La frecuencia de los informes sobre los platillos volantes en los USA llevó rápidamente a un estudio secreto de la USAF con la asistencia inicial del FBI en 1948. Han aparecido documentos que confirman que la Fuerza Aérea puso para ello especialistas técnicos de su División de Técnica Aérea de la Base de Wright Patterson para llevar a cabo una detallada investigación. La investigación resultante de 300 casos aproximadamente produjo un estudio de alto secreto llamado 'La estimación de la Situación' en Septiembre de 1948, cuya conclusión inicial fue que se apoyaba la hipótesis extraterrestre. La estimación y su notable conclusión circuló hasta la más la jerarquía de las Fuerzas Aéreas, el despacho del Jefe del Estado Mayor General Hoyt Vanderberg quien, según informes no confirmados, lo rechazó y dejó claro que el apoyo para una hipótesis extraterrestre no era una conclusión aceptable por razones relacionadas con la Seguridad Nacional.[460]

De acuerdo con el Capitán Edward Ruppelt, quien inició y estuvo a cargo del Proyecto Blue Book, la investigación oficial de la USAF del fenómeno OVNI:

> El general dijo que causaría una estampida... ¿Cómo podemos convencer al público de que los alienígenas no eran hostiles cuando no lo sabemos ni nosotros mismos? .... El general ordenó que el análisis secreto fuese quemado. Pero una copia se conservó – El comandante Dewey Fournet y yo lo vimos en 1952.[461]

Si es exacto, la declaración de Ruppelt sugiere que la hipótesis extraterrestre no era un problema científico neutral para ser determinado por especialistas técnicos, sino un asunto de la más alta importancia para la preocupación por la seguridad nacional. Claramente, las implicaciones públicas de la vida extraterrestre, falseaba cualquier estudio científico neutral del fenómeno. No podía asumirse que las conclusiones de una genuina investigación de los

OVNIs sería entregada al público en general. El subsiguiente estudio oficial de OVNIs por la USAF.

El Proyecto Blue Book fue perseguido por las críticas de los investigadores de OVNIs de que las pruebas importantes habían sido pasadas por alto. El crítico más conocido era el Comandante Donald Keyhoe quien escribió una serie de libros relacionados con los 'platillos volantes' [462.] Él eventualmente, se convirtió en el Jefe del NICAP o National Investigation Committee for Aerial Phenomenon (Comité Nacional de Investigación para el Fenómeno Aéreo) que fue creado en 1956 para iniciar la investigaciones civiles sobre los OVNIs y presionar a la USAF para llevar a cabo investigaciones más profundas. Keyhoe y NICAP emplearon científicos e ingenieros de sólida reputación y ex funcionarios, para construir una impresionante base de datos que confirmó la realidad de los OVNI y el apoyo que esto dio a la hipótesis extraterrestre. A pesar de los esfuerzos de Keyhoe y NICAP, las actitudes de la USAF y del gobierno oficial fueron desdeñosas e incluso recomendaron el desenmascaramiento de los informes sobre OVNIs en base a la seguridad nacional.

En 1953 el Panel Robertson, patrocinado por la CIA, publicó un informe, el Informe Durant, que recomendaban la ridiculización del fenómeno de los platillos volantes y la posibilidad de vida extraterrestre, por razones de seguridad nacional. El informe declaró:

> El objetivo del "desenmascaramiento" resultaría en una reducción del interés público en los "platillos volantes" que hoy evoca una fuerte reacción psicológica. Esta educación podría ser lograda por los medios de masas tales como la televisión, las películas, y artículos populares…. Tal programa tendería a reducir la presente credulidad del público y su consiguiente susceptibilidad a propaganda hostil inteligente.[463]

El desenmascaramiento subsiguiente por los funcionaros del gobierno y los militares culminaron en que Keyhoe y algunos investigadores de OVNI concluyeran que existía una conspiración del gobierno para encubrir la información. El libro de Keyhoe en 1955, La Conspiración de los Platillos Volantes (*The Flying Saucer Conspiracy*) detalla la extensión hasta la que llegaron los militares a silenciar al personal y que no revelaran lo que habían visto y que se abstuviesen de corroborar las pruebas físicas.[464]

Otros investigadores de OVNI, por contraste, insistieron en que el gobierno había simplemente "estropeado" su estudio sobre los OVNIs y que no existía ninguna conspiración. El consenso entre los dos grupos de investigadores de OVNI era que se debía dar más énfasis en establecer el mérito científico de las pruebas de OVNI, para contrarrestar el esfuerzo de desenmascaramiento por los funcionarios del gobierno y miembros del público. Las implicaciones de la política pública de los datos que confirmaban la realidad de los OVNIs y la probabilidad de la hipótesis extraterrestre debían ser pospuestas para una fecha futura cuando las pruebas fueran tan concluyentes que despejaran todas las posibles dudas.

Sin embargo, la Ufología como campo de estudio se concentró en el análisis científico de los datos físicos asociados a los OVNI y minimizaba la especulación sobre los orígenes de los mismos y la hipótesis extraterrestre. Esto está mejor demostrado en una famosa definición por el Dr. Allen Hynek, quien definió el estudio científico de los OVNI así:

> Podemos definir los OVNI simplemente como la percepción que se rumorea de un objeto o luz vista en el cielo o sobre el suelo, la apariencia, trayectoria, situación, y la dinámica general y el comportamiento luminiscente que no sugiere una explicación lógica y convencional que no es sólo la mistificación de los perceptores originales pero permanece sin identificar, si alguna es posible.[465]

Ufólogos importantes como el Dr. Hynek no eran receptivos a la idea que las entidades el gobierno estaban manipulando sistemáticamente las pruebas e intimidando a los individuos para silenciarlos. Cualquier encubrimiento del gobierno estaba limitada a guardar silencio sobre pruebas que confirmaran a los OVNI, y no admitiendo errores en los estudios oficiales sobre OVNIs. De esta forma los 'encubrimientos' o 'pifias' de acuerdo con los ufólogos, podrían ser superados por estudios más científicos y detallados.

La opinión de que un encubrimiento 'duro' existía en términos de alterar e intimidar testigos por medidas de seguridad draconianas estaba descartada. La idea de un encubrimiento 'duro' habría seriamente minado el mérito de un método científico encabezados por ufólogos en búsqueda de la verdad. Eminentes ufólogos fueron científicos con estudios en ingeniería, astronomía, meteorología, física y/o análisis de imágenes. Ellos eran "técnicamente capaces de hacer una identificación con sentido común", y rechazaron la idea de un 'encubrimiento duro' como una teoría de la conspiración sin corroborar. Por consiguiente, ni los datos sobre OVNIs que señalaban la existencia de vida extraterrestre, ni las pruebas de un encubrimiento a alto nivel sobre la base de la seguridad nacional, serían discutidos en términos de su implicación política pública.

La UFOlogía es un campo de estudio que no era receptivo a los análisis de las implicaciones de la vida extraterrestre que era considerada prematura y demasiado especulativa. En lugar de esto, un buen número de medidas de políticas públicas fueron adoptadas en términos de comunicados de funcionarios del gobierno y los medios masivos en la necesidad de un estudio serio de los OVNI dada la calidad de las pruebas. Esta actitud no ha cambiado apreciablemente en los 60 años de investigación de los OVNI por entidades oficiales y privadas. Esta está bien ejemplarizada en documentos tales como "La Mejor Prueba Disponible" que circuló en una iniciativa política por Laurence Rockefeller que puso al corriente a la administración Clinton de los OVNI a principios de los años 1990.[467].

Más recientemente, en Noviembre de 2007, una Conferencia de Prensa en el Club Nacional de Prensa en Washington DC presidida por el antiguo Gobernador de Arizona Fife Symington, se entró exclusivamente en testigos expertos de avistamientos de OVNIs.[468] La hipótesis extraterrestre fue deliberadamente excluida de las discusiones por Symington y los organizadores.

## El Informe Brookings y las Implicaciones de Política Pública de la Vida Extraterrestre

Mientras los ufólogos evitaban el análisis de las implicaciones de la política pública de la vida extraterrestre, documentos oficiales irían poco a poco emergiendo detallando tales implicaciones. Sin duda, el documento más importante que salió a la luz pública es el estudio de 1961 del Instituto Brookings comisionado por la NASA de parte del Congreso. Titulado

" Estudios Propuestos sobre la Implicaciones de Actividades Pacíficas para los Humanos en el Espacio", el Informe Brookings dedicaba muchas secciones a discutir el impacto potencial de vida extraterrestre o 'artefactos' que se encuentran en cuerpos planetario cercanos. El Informe declaraba:

> Mientras encuentros cara a cara con ella [vida extraterrestre] no ocurrirán en los próximos 20 años, artefactos dejados en algún punto en el tiempo por estas formas de vida podían posiblemente ser descubiertos por nuestras actividades espaciales en la Luna, Marte o Venus.[469]

El Informe describe la imprevisibilidad de las reacciones sociales al descubrimiento de artefactos extraterrestres:

> Pruebas de su existencia [extraterrestre] podría también ser encontrada en artefactos dejados en la Luna u otros planetas. Las consecuencias para las actitudes y los valores son imprevisibles, pero podrían variar profundamente en diferentes culturas y entre grupos dentro de sociedades complejas, un factor crucial sería la naturaleza de la comunicación entre nosotros y los otros seres.[470]

El Informe también mencionaba como cité antes, que podían ocurrir efectos devastadores a la sociedad con el contacto con sociedades más avanzadas tecnológicamente.[471] El Informe Brokings siguió y presentó la posibilidad de suprimir cualquier anuncio de vida extraterrestre o artefactos por razones de seguridad nacional: ¿Cómo se debía presentar tal información, bajo qué circunstancias, ser presentada o preservada del público?"[472] De forma significativa, el Informe Brookings señalaba que "de todos los grupos, científicos e ingenieros podía resultar los más devastados por el descubrimiento de criaturas relativamente más superiores ya que estas profesiones son las más claramente asociadas al dominio de la naturaleza."[473]

El Informe Brookings proporciona el primer análisis autorizado de las implicaciones de política pública del descubrimiento de vida y/o artefactos extraterrestres. El Informe confirma la imprevisibilidad de la respuesta social alrededor del planeta, y plantea la posibilidad de un colapso social. La conclusión clara es que el descubrimiento de vida extraterrestre y/o artefactos sería de gran preocupación para la seguridad nacional. Además, el Informe Brookings alude la posible deseabilidad de mantener en secreto para el público cualquier descubrimiento relativo a la vida/artefactos extraterrestres en base a la seguridad nacional. Ha de señalarse que el propio Informe Brookings, aunque no era secreto se mantuvo misteriosamente alejado del gran público hasta 1993 cuando fue descubierto en el Archivo Federal en Little Rock, Arkansas.[474] Las conclusiones del Informe Brookings y su no disponibilidad durante casi 30 años, ayuda a confirmar que un esfuerzo oficial estaba bien en curso para desanimar la discusión de las implicaciones de política pública de la vida extraterrestre.

El Informe Brookings junto con el Informe Durant hizo posible identificar diez cuestiones significativas en relación a la vida extraterrestre que salen de estos documentos oficiales:

1. ¿Está justificado un encubrimiento de la vida extraterrestre en base a la seguridad nacional?
2. ¿Hasta qué punto desestabilizaría la revelación oficial de vida extraterrestre a la opinión pública?
3. ¿Qué segmentos de la sociedad americana y de la sociedad global sería más afectada por la revelación de vida extraterrestre?
4. ¿Hasta qué punto deben ser utilizadas las herramientas de guerra psicológica tales como el desenmascaramiento y el descrédito de testigos para descartar la seriedad de los datos sobre OVNI y vida extraterrestre?
5. ¿Hasta qué punto se utilizan los medios masivos para promocionar el encubrimiento de la vida extraterrestre?
6. ¿Cuál es la posición constitucional de órdenes ejecutivas secretas relativas a la vida extraterrestre?
7. ¿Hasta qué punto afecta el 'derecho a conocer' en los esfuerzos oficiales de limitar la información sobre vida extraterrestre en base al 'necesito conocer'?
8. ¿Hasta qué punto un encubrimiento de información sobre la vida extraterrestre involucran medidas draconianas sobre la seguridad nacional?

9. ¿Hasta qué punto deben los principios científicos o tecnologías obtenidas de la vida extraterrestre ser compartidas con el público general?
10. ¿Deben las decisiones de política pública respecto a la vida extraterrestre o tecnologías, ser decididas en comités elegidos en secreto a salvo del escrutinio público o hacerlos transparentes en un proceso de alta visibilidad?

Estas cuestiones de política pública y los asuntos a los que se dirige demandan directamente unas investigaciones oficialmente autorizadas, el Informe Durant y el Informe Brookings. Los asuntos de política pública relacionados no necesitan la aceptación de los datos que confirmen la realidad de la vida extraterrestre, sólo la *posibilidad* de que la vida extraterrestre realmente exista.

Por consiguiente, hay una importante necesidad de estudiar sistemáticamente tales asuntos de política pública utilizando una serie de enfoques disciplinarios incorporando tanto métodos cuantitativos como cualitativos sobre las pruebas públicamente disponibles sobre la vida extraterrestre y los OVNI. Esto necesita ser hecho de forma que satisfaga dos circunscripciones que difieren fuertemente sobre la cuestión de si el mínimo umbral de apoyo con pruebas para la realidad extraterrestre se ha conseguido. La primera circunscripción comprende individuos y grupos que no aceptan que se ha alcanzado el mínimo umbral de pruebas para probar que existe vida extraterrestre más allá de cualquier duda razonable. Ejemplos destacados incluyen los seguidores del SETI, Search for Extraterrestrial Inteligence (Búsqueda de Inteligencia Extraterrestre), que argumentan que la posibilidad de exista vida extraterrestre es suficiente para justificar la inversión de importantes recursos en buscar pruebas mediante transmisiones de radio. Tales individuos y grupos aceptan ampliamente el trabajo de Frank Drake y sus colegas del SETI en calcular la probabilidad de que la vida extraterrestre exista en la Vía Lactea.[475] Muchos partidarios del SETI, no obstante, retan abiertamente las pruebas propuestas por los investigadores de OVNI que ya han probado la existencia de vida extraterrestre.[476]

Un segundo grupo es el de individuos o grupos que argumentan que un mínimo umbral de pruebas ya se ha alcanzado pero que el gran público y muchos otros científicos no son conscientes de esto. Este grupo cree que son necesarios potentes programas de educación para informar al público las pruebas disponibles, mucha de las cuales han sido ignoradas por los medios de comunicación masivos, universidades y funcionarios públicos. Más importante, esta segunda circunscripción argumenta que el análisis de la política pública es necesario para seguir utilizando las pruebas disponibles.

**Exopolítica y la Política Pública Relativa a la Vida Extraterrestre**

Históricamente ha habido un buen número de intentos para tratar los asuntos claves de política pública relativos a la evidencia de vida extraterrestre desde la perspectiva de investigaciones oficiales inadecuadas y supresión gubernamental de los datos sobre OVNI.[477] Estos asuntos de política pública ha levantado de una manera sui generis en el contexto de propuestas o de investigaciones sobre OVNI sin un intento de tratar sistemáticamente estos asuntos políticos.[478] Esto ha resultado en principio en intentos de los investigadores de OVNI de conseguir que los gobiernos nacionales inicien oficialmente negociaciones y crear los cuerpos nacionales necesarios para acabar la tarea. En esto hay un ejemplo en la Decisión de la Asamblea General de la ONU de establecer una agencia de las Naciones Unidas para investigar los informes sobre OVNI y la posibilidad de vida extraterrestre. El párrafo 2 de la Decisión de la Asamblea General de la ONU 33/246 declara:

> [L]a Asamblea General invita a los Estados Miembros interesados a tomar los pasos apropiados para coordinar a nivel nacional la investigación científica y la investigación sobre la vida extraterrestre, incluyendo los objetos volantes no identificados, e informar al Secretario General de las observaciones, investigaciones y evaluaciones de tales actividades.[479]

Mientras era alabada entonces como un gran logro por los investigadores de OVNI, hasta la fecha la ONU no ha implementado esta decisión, ni ha hecho ningún esfuerzo para estudiar los asuntos políticos públicos asociados con las pruebas.

Lo más cerca que ha estado la comunidad internacional de examinar los asuntos políticos público relativos a la vida extraterrestre es el estudio de las actividades gubernamentales, militares y comerciales concernientes al espacio exterior. Estudios del espacio exterior han enfocado asuntos tales como las armas en el espacio, basura espacial, satélites, programas naciones del espacio, y turismo espacial. Esto ha llevado a la introducción del término 'astropolítica' como una nueva disciplina erudita para cubrir los asuntos políticos del espacio. El propio término fue utilizado en primer lugar en 1994 de una manera arrogante para referirse a la política oculta de la astrofísica.[480] Un enfoque más serio empezó en 2003 con la creación de una revista que describe sus objetivos y perspectivas como dedicada " al análisis interdisciplinar de las actividades civiles, comerciales, militares, y de inteligencia espacial."[481] Hasta la fecha, *Astropolítica: La Revista Internacional del Espacio Políticas & Estrategias* no ha incluido ningún artículo que examine las pruebas relativas a los OVNI o a la hipótesis extraterrestre. Esta evidente omisión demuestra cómo la astropolítica, tal como es definida y entendida, no está interesada en tratar los asuntos políticos públicos asociados con las pruebas disponibles de la vida extraterrestre. En consecuencia, hasta fecha reciente, no ha habido ningún intento de estudiar sistemáticamente los asuntos políticos públicos relativos a la vida extraterrestre.

La 'exopolítica' ha sido propuesta como un enfoque distinto, interdisciplinario que intenta proporcionar un estudio sistemático de la vida extraterrestre. La primera referencia a 'exopolítica' como un enfoque distinto para estudiar los temas de política pública asociados con la vida extraterrestre aparecieron en un escrito trascendental por Alfred Webre J.D. dónde escribió:

> Ningún político de la corriente dominante ha definido la presencia extraterrestre como un asunto político vivo o de política pública. Ningún número considerable de ciudadanos de ninguna nación de la Tierra se ha movido para llamar a sus políticos o al proceso político para conectar con la presencia extraterrestre, o estudiarla, o incluso conocerla oficialmente……La Exopolítica es un proceso social y gubernamental fundamental que organiza, hace de mediadora, en nuestro espacio interplanetario e interdimensional.[483]

La necesidad de una discusión de asuntos de política pública relativos a la presencia extraterrestre mediante el establecimiento de una nueva disciplina, llamada 'exopolítica' fue propuesta más formalmente en un documento de Enero de 2003 dónde yo discutí que las pruebas de vida extraterrestre:

> Llevaría al nacimiento de un nuevo campo de política pública, 'exopolítica' que podría definirse como la política que debate sobre las opciones que gobiernos y poblaciones, necesitan tomar en la formulación e implementación de respuestas legislativas y políticas a la presencia de ET en los asuntos humanos."[484]

Más recientemente, se ha propuesto una definición para ayudar a formalizar mejor la exopolítica como una rama de la ciencia política.

> *Exopolítica es el estudio de los actores políticos, instituciones y procesos asociados con la vida extraterrestre.*[485]

La ventaja de esta definición es que posibilita una discusión de asuntos de política pública sin que necesariamente se tenga que aceptar que la vida extraterrestre ha sido descubierta y/o es encubierta por razones de seguridad nacional. Esto ayuda a acallar las críticas de que la exopolítica hace a priori suposiciones que existe la vida extraterrestre, que podrían estar dirigidas a las otras definiciones alternativas. Por ejemplo, el Informe Brookings puede ser citado como un documento que hace varias declaraciones exopolíticas relativas a las implicaciones de políticas públicas de la vida ET, sin aceptar su realidad. De forma similar, los investigadores del SETI que especulan acerca de los protocolos para manejar los contactos con la vida ET están implícitamente analizando temas exopolíticos.[486]

Finalmente, proponentes de "astropolítica" que están enfocando sobre los asuntos de política pública relativa al espacio exterior, pueden también incorporar temas exopolíticos al considerar seriamente las implicaciones políticas de una vida ET.[487] La mayoría de los seguidores de la exopolítica aceptan que la existencia de vida ET ha sido abundantemente demostrada por un vasto y creciente fondo de pruebas acumuladas durante los últimos 60 años proporcionada por testigos oculares, whistleblowers, científicos, 'experiencers [N.T. personas que han tenido experiencias]' y documentos filtrados del gobierno. En consecuencia, la mayoría de partidarios del análisis exopolítico afirman que es finalmente la hora de enfocar sobre aspectos de la política pública de esta evidencia acumulada. Lo dicho está ejemplificado en el caso de Paul Hellyer, el antiguo Ministro de Defensa de Canadá, quien ha hablado en numerosos acontecimientos de exopolítica sobre lo que el describa como "los asuntos políticos más profundamente importantes que se deben atender," [488]

Alternativamente, si es posible, como ya he mencionado antes, para los aspectos de política pública de la vida ET a ser analizados sin que se acepte necesariamente la veracidad de las pruebas que apoyan esta vida. Por consiguiente, mientras el análisis exopolítico a menudo sigue desde la aceptación de la persuasividad de esta evidencia que establece la realidad de la vida ET y/o artefactos, la exopolítica no requiere tal aceptación como una condición necesaria. Una condición suficiente para el estudio de la exopolítica es aceptar que la *posible* existencia de vida ET tiene significativas implicaciones de política pública.

La mayoría de los analistas exopolíticos contrastan su enfoque con la de los ufólogos quienes continúan apoyando la acumulación de más pruebas para probar a los escépticos que los OVNI son reales y que la hipótesis de vida ET es un foco legítimo de investigación científica. Los analistas exopolíticos concluyen que gran parte del escepticismo relativo a los OVNI y vida ET cruza la frontera conceptual entre la crítica objetiva y el desenmascaramiento.[489] Esto ha llevado a afirmaciones que los desenmascaramientos realizados por críticos a la Ufología y la exopolítica es parte del esfuerzo de ridiculizar y desenmascarar recomendado por el Informe Durant, e implícitamente legitimado por el Informe Brookings y sus hallazgos. En pocas palabras, la discusión de los asuntos de política pública relativos a la vida ET es en si mismo sujeta a desenmascaramiento como pone de relieve los 30 años de secretismo alrededor del Informe Brookings. Esto ha evitado el desarrollo de un campo de exopolítica por casi cinco décadas desde que la investigación de los OVNI empezó en 1947.

El intento de levantar una discusión de política pública de la vida ET ha traído mucho debate y controversia. Seguidores de la exopolítica han sido objeto de continuas críticas por proponer discusiones serias de política pública de las pruebas disponibles. Muchos 'ufólogos' siguen muy críticos con la exopolítica como un enfoque disciplinar a los asuntos políticos públicos relativos a la vida ET. Ufólogos y otros escépticos tienen dificultades para entender que la Exopolítica es la precursora de una disciplina académica que puede estar anticipando las que serán eventualmente establecidas en cada gran Universidad para un estudio sistemático de aquellos asuntos políticos. Los críticos de la Exopolítica a menudo tienden a concentrarse en algunos de los pioneros del pensamiento exopolítico en términos de sus métodos e ideas, en lugar de identificar los méritos en demarcar los límites conceptuales para un enfoque erudito a los problemas de política pública relativos a la vida ET.[490]

## Exopolitica como Disciplina Optativa

La situación histórica presente es análoga de alguna forma a la del siglo XIX dónde había mucho debate sobre cómo preparar a los individuos para el estudio de los asuntos de política pública en relación a las carreras de diplomacia internacional, funcionarios públicos y/o profesores universitarios. Caballeros extraídos de la clase aristocrática formaban el único conjunto de eruditos amateurs que ponían el énfasis en los estudios clásicos como la mejor preparación para tratar los asuntos políticos públicos. Ellos recomendaban los trabajos históricos de Cicerón, Josefo, Herodoto, Thucidides y otros autores antiguos; y tenían como requisito saber latín, griego clásico o lenguas clásicas similares.[491] Los 'caballeros' amateurs, como se les ha descrito, prescribían un amplio tiempo libre para el estudio de los problemas de política pública y criticaban a aquellos que requerían una remuneración por sus estudios. Sin embargo, principalmente de los departamentos de Historia de muchas Universidades, la nueva disciplina de la Ciencia Política empieza a emerger en los años 1860; y estas están ocupadas por profesionales asalariados entrenados en los últimos métodos de erudición política y pedagogía.[492] La Ciencia Política desarrollada como una disciplina académica ya que llena una necesidad funcional: la necesidad del estudio sistemático de los asuntos políticos públicos, y cómo los individuos pueden ser preparados a tratarlos profesionalmente.

La ciencia política es ahora una disciplina optativa para aquellos que quieren estudiar sistemáticamente los problemas políticos públicos y ser entrenados profesionalmente a trabajar con éstos en varias carreras. De forma similar, la exopolítica será una disciplina optativa para aquellos que deseen estudiar asuntos de política pública asociada con la vida ET, ya que también esto llena una necesidad funcional. La necesidad funcional es entender cómo la vida ET afecta a los asuntos políticos públicos y preparar profesionalmente a individuos a tratarlos. La exopolítica será la primera que se establezca en departamentos de ciencia política como un legítimo sub campo, como es ahora el caso con 'política internacional', 'política exterior', 'Política comparativa', 'política económica', etc. en muchos departamentos de ciencia política. El precursor de tales estudios académicos es el Programa de Certificación Exopolítica creado con facultad sacada del instituto de Exopolítica. Eventualmente, la exopolítica emergerá como un departamento distinto con un enfoque interdisciplinar abarcando asuntos políticos públicos relacionados no sólo con la ciencia política sino a la *exo*ceincia, *exo*religión, *exo*diplomacia, etc.

Los desenmascaradores, ufólogos, investigadores del SETI y otros críticos de la exopolítica son pobres estudiantes de historia que no han observado como las disciplinas académicas y los sub-campos están siendo desarrollados para llenar necesidades funcionales. Tales individuos son remisos al no observar como la exopolítica llenará las necesidades funcionales para el estudio sistemático de los problemas políticos públicos relacionados con la vida ET. La elección de la palabra 'exopolítica' para representar la naciente disciplina académica tiene un valor estratégico a largo plazo debido a las necesidades funcionales que llena. La exopolítica complementará la disciplina aún emergente de la astropolítica que está enfocada en la política del espacio exterior el cual es probable que surja dentro de una rúbrica para exopolítica y enfoques disciplinarios al espacio exterior. Exopolítica es el término optativo para tratar los asuntos políticos públicos identificados antes, y otros que surgirán de los documentos y pruebas relativos a la vida ET y tecnologías.

Tanto los dedicados a la ufología como del SETI se volverán obsoletos como campos de estudio ya que las necesidades funcionales a las que sirve cada una de ellas pronto estarán solucionadas tan pronto como la vida ET esté aceptada. La realidad de los OVNI será discutible una vez se haya públicamente identificado como 'extraterrestre', 'interdimensional', o 'extratemporal' en origen. Los OVNI de origen ET no formarán más una categoría conceptual única de objetos volantes no identificados, sino que será identificada como vehículos ET (ETVs). De forma similar los continuos esfuerzos para 'buscar inteligencia extraterrestre' se volverá obsoleta. Discernir la existencia de vida ET mediante comunicaciones por radio dejará de tener una necesidad funcional una vez esta vida haya sido confirmada. Finalmente, los proponentes de la astropolítica estarán forzados a incorporar mucha de la hasta ahora ha sido evidencia ignorada de la vida ET dadas las implicaciones obvias de los asuntos del espacio exterior.

A los que se dedican a la ufología, al SETI y la astropolítica están perdiendo una gran oportunidad de contribuir a establecer legítimos parámetros conceptuales para el estudio de la exopolítica. Expertos en estos campos de estudio pueden ayudar aportando claridad a las implicaciones políticas públicas de un fenómeno del que ellos también están interesados. La exopolitica está aquí para quedarse como una disciplina optativa para la comprensión de las implicaciones de las políticas públicas de la vida ET. La exopolítica como nueva rama del saber revolucionará los estudios académicos y el mundo tal como lo conocemos.

## Notas finales. Capítulo Ocho

[453] Mis más sentida gratitud a Dana Tomasina por su lectura de prueba de una versión anterior de este artículo publicado en el *Exopolitics Journal* 2:4 (July 2008): 268-83. Una version anterior apareció también en *World Affairs: The Journal of International Affairs,* 12:2 (Verano de 2008).
[454] Ver Frank Drake, "The Drake Equation: A Reappraisal," in *First Contact: The Search for Extraterrestrial Intelligence*, eds. Ben Bova & Byron Preiss (Bryon Preiss, 1991) 115-17.
[455] Kardashev, N. S. "Transmission of Information by Extraterrestrial Civilizations," *Soviet Astronomy*, 8:2 (1964) 217-21.
[456] "Carta del General N.F. Twining al Comandante General, Fuerzas del Aire del Ejército", 23 de Septiembre de 1947." Disponible online en: http://everything2.com/index.pl?node_id=679398
[457] Para comentarios por ex militares y funcionarios del gobierno relativos a los OVNI ver Don Berliner con Marie Galbraith y Antonio Huneus, *UFO Briefing Document: The Best Available Evidence* (UFO Research Coalition, 1995) 153-208.
[458] Ver Steven Greer, Disclosure: Military and Government Witnesses Reveal the Greatest Secrets in Modern History (Crossing Point Inc., 2001). Website: www.disclosureproject.com
[459] Los ficheros OVNI de Francia están disponibles online en: http://www.cnes-geipan.fr . Los Ficheros OVNI del Ministerio de Defensa del Reino Unido están disponibles en: http://www.mod.uk/DefenceInternet/FreedomOfInformation/PublicationScheme/SearchPublicationScheme/UnidentifiedAerialPhenomenauapInTheUkAirDefenceRegion.htm
[460] Para un análisis detallado de lo que pasó con la inicial "Estimación de la Situation," ver Michael Swords, "Project Sign & Estimate of the Situation," *Journal of UFO Studies*, 7. Available online at: http://www.ufoscience.org/history/swords.pdf
[461] Donald Keyhoe, *Aliens from Space* (Signet Books, 1973) 14.
[462] El primer libro de Donald Keyhoe fue *The Flying Saucers are Real* (Los Platillos Volantes son Reales) (Fawcett Gold Medal, 1950).
[463] Citado de la versión online del Panel Robertson en: http://www.cufon.org/cufon/robertdod.htm
[464] Donald Keyhoe, *The Flying Saucer Conspiracy* (Henry Holt & Co. 1955).
[465] Allen Hynek, *The UFO Experience: A Scientific Inquiry* (La experiencia OVNI; Una Encuesta Científica) (Henry Regnery Company, 1972), 10.
[466] Allen Hynek, *The UFO Experience,* 10.
[467] Ver Don Berliner, et al., *UFO Briefing Document.*
[468] Para la cobertura de los medios del 12 de Noviembre de 2007 de la Conferencia del Club National de Prensa sobre OVNI ir a:

http://cficoverage.wordpress.com/
[469] Informe Brookings , 215. Para una visión general del Informe Brookings, ir a: http://www.enterprisemission.com/brooking.html
[470] Informe Brookings, 215.
[471] Informe Brookings, 215.
[472] Informe Brookings, 215.
[473] Informe Brookings, 225.
[474] Ver Richard Hoagland y Mike Bara, *Dark Mission: The Secret History of NASA* (Feral House, 2007) 81.
[475] Ver Frank Drake, "The Drake Equation: A Reappraisal," in *First Contact,* eds. Bova & Preiss, 115-17.
[476] See Isaac Asimov, "Terrestrial Intelligence," & Arthur C. Clarke, "Where Are They" in *First Contact,* eds., Bova and Preiss, 29 & 310.
[477] See Donald Keyhoe, *Aliens from Space.*
[478] Para una discusión de una evolución en enfoques a los asuntos de política pública relatives a la vida extraterrestre, ver Michael Salla, "The History of Exopolitics: Evolving Political Approaches to UFOs and the Extraterrestrial Hypothesis" *Exopolitics Journal* 1:1 (2005) 1-17. Disponible online en: http://exopoliticsjournal.com/Journal-vol-1-1.htm .
[479] Ver la Decision de la Asamblea General de la ONU 33/426, 1978 . Disponible online en:
http://www.ufoevidence.org/documents/doc902.htm
[480] Eric J. Chaisson, *The Hubble Wars: Astrophysics Meets Astropolitics in the Two-Billion-Dollar Struggle over the Hubble Space Telescope* (Las Guerras de los Hubble: La Astrofísica se encuentra con la Astropolítica sobre el Telescopio Espacial Hubble) (Harper Collins, 1994).
[481] Ver objetivos y alcance de, *Astropolitics: The International Journal of Space Politics & Policy,*
http://www.informaworld.com/smpp/title~content=t713634457
[482] El único artículo que hacía una referencia significativa a la vida extraterrestre era de John Hickman, "Problems of Interplanetary and Interstellar Trade," *Astropolitics: The International Journal of Space Politics & Policy*, 6:1 (2008): 95-104.
[483] Publicado primero en Junio de 2000 y republicado en el *Exopolitics Journal* 2:2 (2007): 142-50.
http://exopoliticsjournal.com/vol-2/vol-2-2-Exp-Webre.htm
[484] Ver, Michael Salla, "The Need for Exopolitics, Implications of Extraterrestrial Conspiracy Theories for Policy Makers and Global Peace," *www.Exopolitics.Org* (January 2003):
http://exopolitics.org/Study-Paper1.htm . Documento publicado como capítulo Uno en *Exopolitics: Political Implications of Extraterrestrial Life* (Dandelion Books, 2004).

[485] Esta es una versión revisada de una definición estándar que yo propuse en 2005 en una versión anterior del capítulo nueve, "La Historia de la Exopolitica" *Exopolitics Journal* 1:1 (2005) 1-17.

[486] Ver Michael Michaud, "A Unique Moment in Human History,"("Un Momento Único en la Historia de la Humanidad") en *First Contact*, eds., Bova and Preiss, 243-61.

[487] En un contexto limitado, esto fue hecho en un artículo de John Hickman, "Problems of Interplanetary and Interstellar Trade," (Problemas del Comercio Interplanetario e Interestelar) *Astropolitics: The International Journal of Space Politics & Policy*, 6:1 (2008): 95-104.

[488] Ver capítulo Seis.

[489] Ver capítulo Once.

[490] Por ejemplo, ver Kevin Randle, Exopolitics. Disponible online en: http://kevinrandle.blogspot.com/2005/11/exopolitics.htm .

# Capítulo Nueve

## La Evolución de Exopolítica: Un Paradigma Transformativo en Estudio de los OVNI y Vida Extraterrestre

El estudio de la vida ET ha sido desfavorecida por el uso del término OVNI (o UFO, Objeto Volante No identificado). Introducido al uso generalizado por el Capitán Edward Ruppelt en 1952, el término OVNI ha sido eventualmente el cambio del más popular 'fying saucer o platillo volante' que fue inicialmente utilizado para describir lo que estaba siendo observado por los individuos.[494] El término 'platillo volante' inmediatamente connotaba la idea de vida ET volando en una nave tecnológicamente avanzada. La comunidad científica deseaba una forma más neutral de describir lo que era atestiguado o registrado de manera creciente por una gran cantidad de individuos tanto en sus capacidades privadas como públicas. El principal inconveniente del término OVNI, sin embargo, era que encuadraba el fenómeno que estaba siendo visto y seguido por incontables millares de individuos como primariamente sin identificar. Esto pasaba por alto la prueba que el fenómeno que se estaba observando y registrando había sido en efecto identificado por un selecto grupo de funcionarios de la seguridad nacional. Ellos habían implementado una política de mantener esta información fuera del alcance del público en general y de la mayoría de los demás funcionarios públicos. El término OVNI por consiguiente se tornó parte de una política implementada por la seguridad nacional para desenmascarar los informes y pruebas de vida ET. Por ejemplo, un funcionario podía asegurar con certeza que los OVNI "no presentaban ninguna amenaza a la seguridad" y que eran por tanto sin importancia desde la perspectiva de la seguridad nacional. En realidad, el funcionario era perfectamente consciente que los "Objetos Volantes Identificados" en forma de naves espaciales tecnológicamente avanzadas representaban una amenaza a la seguridad. El término OVNI ha tenido por consiguiente un efecto lateral de ayudar implícitamente a la política de seguridad nacional en mantener fuera del dominio público la verdad de la vida ET. Por tanto es necesario un nuevo término para describir la posibilidad de vida ET que vive o reside en la Tierra en naves espaciales tecnológicamente avanzadas, y este término es exopolítica.

Señalé en el Capítulo Nueve cómo la exopolítica es un término utilizado de forma creciente por muchos investigadores de OVNI y activistas como consecuencia de un buen número de sitios web, libros y conferencias que han tomado un enfoque distintivo al fenómeno OVNI y la posibilidad que la vida ET esté visitando o resida a/en la Tierra. A finales del 2008, ha habido unas diez conferencias que se han enfocado explícitamente sobre la exopolítica[495] ; tres libros acerca de ella[496]; el establecimiento de organizaciones no gubernamentales dedicadas a la exopolítica[497] ; una respetable revista internacional (*World Affairs*, Asuntos del Mundo) que dedicó un número a ella [498], una revista, Revista de Exopolítica [499], y un Programa de Certificación de Exopolítica.[500] Este capítulo describe el concepto de Exopolítica y su historia en términos de los pioneros iniciales que empezaron a enfocar sobre los aspectos políticos del fenómeno OVNI y la posibilidad de vida ET. Esto ha culminado en que el término 'exopolítica' sea utilizado extensamente. Esto ayudará a identificar algunas de las principales ideas en el campo de la exopolítica y los retos que se plantean en un próximo futuro, ya que la exopolítica es utilizada de modo creciente con diferentes significados y diferentes fuentes de pruebas-.

Empiezo por definir la exopolítica, sus fundadores y pioneros en el campo, como un enfoque político distinto al fenómeno de los OVNI y la vida ET. Una clara definición nos permitirá identificar entre los investigadores de OVNI iniciales que empezaron primero a seguir los asuntos exopolíticos. Propuse en el Capítulo Ocho la siguiente definición estándar para la exopolítica: "*Exopolítica es el estudio de los actores políticos, instituciones y procesos asociados con la vida ET.*"

Esto hace posible distinguir entre el término 'exopolítica' y el concepto de exopolítica. Mientras el término es relativamente nuevo, estando acuñado en el 2000 y obteniendo una amplia utilización en 2003, el concepto de exopolítica ha estado implícito en términos tales como la "Conspiración del platillo volante", "el encubrimiento de los OVNI", "Watergate Cósmico", etc. que han sido una parte estándar de la literatura sobre OVNI durante seis décadas.

La exopolítica es distinta a la investigación sobre OVNI, que se concentra en el análisis empírico de los OVNI. Deja a un lado cuestiones sobre la vida ET hasta que haya las suficientes pruebas empíricas sobre los avistamientos de OVNI que se han acumulado para que corroboren sin lugar a dudas una presencia ET. Como citamos antes, el Dr. Allen Hynek definió el estudio científico sobre los OVNI como "la percepción reportada de un objeto o luz visto en el espacio o sobre el suelo cuta apariencia, trayectoria, y dinámica general y comportamiento lumínico del cual no sugiere una explicación lógica o convencional…"[501]

Vida ET visitante fue oficialmente propuesta en primer lugar como una explicación para los avistamientos de OVNI / Platillos Volantes por un estudio secreto iniciado por la USAF en 1948. Como he mencionado antes, el estudio secreto de 300 casos aproximadamente produjo una 'Estimación de la Situación' en Septiembre de 1948, concluyendo que estos eran de naturaleza interplanetaria. La notable conclusión del estudio fue rechazada por el Jefe del Estado Mayor de la USAF General Hoyt Vandenberg. Dejó claro que la aceptación de visitantes de vida ET no era una aceptable conclusión por razones que concernían a la seguridad nacional.[502]. El rechazo a la Estimación de la Situación y la consiguiente destrucción del informe inicial encontró su camino en investigadores privados de OVNI tales como el Comandante Donald Keyhoe quien concluyó que era una prueba del encubrimiento al más alto nivel de los militares USA y del gobierno. Keyhoe fue informado confidencialmente por el Capitán Edward Ruppelt acerca de la decisión del General Vandenberg de rechazar el original de la Estimación de la Situación.[503]

Los subsiguientes escritos e investigaciones de Keyhoe de cómo la explicación de vida visitante ET estaba siendo menoscabada deliberadamente por las agencias de seguridad nacional y los militares, marcan el nacimiento de la exopolitica como un enfoque distintivo al fenómeno OVNI. El enfoque de Keyhoe era un análisis exopolítico de las agencias clave y los individuos detrás del encubrimiento de los OVNI es una fuente trascendental del pensamiento exopolítico. Describiré la exopolitica en términos de las cuatro fases que independientemente continúan hasta el día de hoy.

**Exopolitica - Fase 1 (1948-) : La conspiración del Platillo Volante**

Los cimientos de la exopolitica descansan en un buen número de investigadores que empezaron a explorar seriamente las pruebas de un alto nivel de conspiración por varias agencias del gobierno y departamentos militares para esconder la verdad acerca de los OVNI y la vida ET. Estos investigadores y sus libros surgieron a principios de los 50 como quedó claro que los departamentos militares y las agencias de seguridad nacional no hacían ningún esfuerzo genuino para investigar seriamente los avistamientos de OVNI y las pruebas que apoyaban la existencia de vida ET. Esto se aceleró cuando fue filtrada la noticia del rechazo de Vandenberg del original de la Estimación de la Realidad.

Un acontecimiento crítico en este proceso fue el Panel Robertson de Enero de 1953. Un grupo de científicos presididos por el Dr. H.P. Robertson y financiado encubiertamente por la CIA, recomendó que los avistamientos de OVNI fueran desenmascarados debido a su potencial de que estos acontecimientos fueran manipulados por 'potencias extranjeras' de manera que pudiese perjudicar la seguridad nacional de los USA. El panel recomendaba un "programa de educación" para evitar que el público general pidiera una investigación seria sobre los avistamientos de OVNI. Como cité anteriormente, el programa incluía el desenmascaramiento de los informes sobre OVNI mediante los medios de comunicación de masas. [504]

En Marzo de 1954 al Panel Robertson le siguió un pasaje secreto de la Junta de Jefes de Política del Ejercito, la Marina, y la Fuerza Aérea (JNAP) 146 que consideraba una ofensa que los militares de servicio o pilotos aéreos revelaran información sobre los OVNI que se hubieran publicado y fueran objeto de una 'investigación' oficial.[505] Otro documento crítico fue el Informe Brookings que fue preparado en 1960 por el Instituto Brookings para el comité de la NASA. En una sección titulada, "Las Implicaciones de un descubrimiento de Vida ET," el Informe describe los devastadores efectos sociales que podrían surgir del anuncio de un tal descubrimiento:

> El conocimiento que existe vida en otras partes del Universo podría llevar a una mayor unidad de los hombres en la Tierra,

> basada en la "unicidad " del hombre o en la suposición antigua de que cualquier extranjero es amenazador … Si los terrícolas se inspirarían por los todos los esfuerzos fuera en el espacio por tal descubrimiento es una cuestión discutible. Los archivos antropológicos contienen muchos ejemplos de sociedades, seguras de sus lugar en el universo, que se desintegraron cuando se asociaron a sociedades no conocidas que adoptaban ideas diferentes y diferentes formas de vida; otras que han sobrevivido tales experiencias usualmente lo hicieron pagando el precio de cambios en valores y en actitudes y comportamiento.[506]

El Informe Brookings dibuja las implicaciones de la seguridad nacional de la humanidad abiertamente en asociación con vida ET tecnológicamente avanzada. El Informe apoya una política de seguridad nacional que encubra las pruebas que hay una vida ET visitando a o con base en la Tierra.

Es el encubrimiento político de la información acerca de los OVNI que verifica la vida ET que ha llevado a la noción de un 'platillo volante' o conspiración OVNI. Autores y libros que comentan la conspiración OVNI han venido de dos fuentes complementarias pero distintas: investigadores y 'que han tenido experiencias'. Cada una tiene un enfoque diferente de la exopolitica basada en la forma en que la información es obtenida y evaluada. La primera se concentra en los procesos políticos que envuelven el estudio de los OVNI y la vida ET. El segundo enfoque comprende los procesos políticos utilizados por las propias civilizaciones ET.

El primer enfoque está basado en el estudio sistemático de la mejor prueba disponible de los casos OVNI a fin de formular las conclusiones acerca de la realidad del fenómeno, y la existencia del encubrimiento de los OVNI. Este enfoque incluye el investigador transcendental de OVNI tales como Donald Keyhoe quien escribió un buen número de libros que identificaban un encubrimiento político de las pruebas, que corroboraba la existencia del fenómeno OVNI como real, y las pruebas que apoyaban la vida ET. Keyhoe fue un investigador especialmente significativo ya que empezó siendo un escéptico. Como consecuencia de sus investigaciones de campo se llegó a convencer de la realidad del fenómeno OVNI y la vida ET. Keyhoe no utilizó el término 'exopolitica' pero en su lugar usó el término 'conspiración del platillo volante' para resaltar los procesos políticos y de seguridad nacional que estaban ocurriendo, manteniendo lejos del público general la verdad de la vida ET. Los libros más importantes de Keyhoe que mostraban su promoción implícita del concepto de exopolitica fueron *The Fying Saucer Conspiracy,* La Conspiración del platillo volante (1955). *Fying Saucers Top Secret*, El Alto Secreto de los Platillos Volantes (1960); y *Aliens from Space* o Alienígenas del Espacio (1973). En estos libros, Keyhoe delineó minuciosamente cómo los varios departamentos militares y las agencias de la seguridad nacional están involucrados en una conspiración al más alto nivel para encubrir sistemáticamente las pruebas que apoyan los avistamientos de OVNI y la vida ET.

Keyhoe utilizó un amplio abanico e recursos para sus conclusiones. Utilizando amistades y redes de sus días de militar, fue capaz de procurarse información 'filtrada' a él por militares en lo relativo a los avistamientos de OVNI. También fue capaz de acceder a una gran cantidad de datos obtenidos por investigadores de campo quienes investigaban los avistamientos desde civiles, militares y de la industria de la aviación. Keyhoe también estuvo a la cabeza del Comité Nacional de Investigación para los Fenómenos Aéreos (NICAP) en 1959 y basó meticulosamente sus ideas exopolíticas o "conspiración OVNI" sobre el sólido material empírico de pruebas que había estado descubriendo. Estas pruebas fueron sistemáticamente desacreditadas, desenmascaradas o ignoradas por los departamentos militares, agencias nacionales de seguridad e instituciones gubernamentales.

Keyhoe se concentró en varias formas en que la verdad acerca de los OVNI y especialmente del OVNI gigante (o 'nave madre') del que se dio información en 1953/54, podía haber llevado a importantes autoridades de los USA a concluir que la revelación causaría un pánico generalizado y pérdida de confianza en las autoridades militares USA [507] Esto, cree Keystone, puede ser la razón real para el encubrimiento. En su libro final, *Aliens From Space* o Alienígenas del Espacio, Keyhoe identifica con firmeza a la CIA y a la USAF como las instituciones clave detrás del encubrimiento y responsables del descrédito de los investigadores y testigos de OVNI, y por el sabotaje de las iniciativas con el Congreso por tener el fenómeno OVNI seriamente estudiado. En particular, Keyhoe describe los acontecimientos alrededor de los esfuerzos por el Comité Nacional de Investigaciones de los Fenómenos Aéreos (NICAP) para iniciar las audiencias del Congreso en 1961. NICAP compiló los mejores avistamientos de OVNI en un informe confidencial a los representantes del Congreso para una audiencia en el Comité de Ciencia y Astronáutica en la Cámara de Representantes. [508] La audiencia planificada del Congreso fue abortada después de la impactante dimisión del Almirante Hillenkoetter antiguo director de la CIA, del Comité de Gobernadores del NICAP a principios de 1962. El informe confidencial del NICAP, fue eventualmente publicado como *The UFO Evidence* , La Prueba del OVNI, documentando 700 casos que apoyaban la realidad del fenómeno de los OVNI. [509] Keyhoe estaba convencido que la dimisión de Hillenkoetter fue causada por la intervención a alto nivel del gobierno para evitar que la vista del Comité de la Cámara progresara.

Las ideas de Keyhoe de la conspiración de los OVNI se difundieron aún más entre los investigadores de OVNI después de la publicación del Informe Condon en 1969, desmentida ampliamente por los investigadores OVNI como un blanqueo designado a permitir a la USAF echar por tierra una investigación seria de los avistamientos OVNI.[510] La finalización del Proyecto Blue Book sobre la base de que los avistamientos de OVNI no tenían ningún interés científico o no correspondía a la seguridad nacional fue para muchos prueba de que la conspiración del gobierno sí existía. Su papel era minimizar el significado del fenómeno OVNI desmintiendo o desacreditando las pruebas, como recomendó el Panel Robertson en 1953.

La ideas de un encubrimiento de la seguridad nacional y ‘conspiración al más alto nivel del gobierno fueron tomadas acto seguido por una serie de autores quienes analizaron objetivamente los avistamientos de OVNI y filtraron informes de declaraciones. *Above Top Secret: The worldwide UFO Cover Up* o Por Encima del Alto Secreto: El Encubrimiento Mundial de los OVNI (1987) de Timothy Good es uno de los más influyentes y mejor escritos y expone como el fenómeno de los OVNI ha sido sistemáticamente encubierto en los países más importantes para esconder la realidad acerca de la vida ET. Otro libro significativo sobre el encubrimiento de los OVNI ha sido *UFO and the National Security State*, o Los

OVNI y la Seguridad Nacional del Estado (2000) de Richard Dolan. El libro de Dolan ofrece un análisis detallado de cómo el fenómeno OVNI ha sido sistemáticamente encubierto en los USA al más alto nivel por los militares y las agencias de seguridad nacional. Los análisis de Good y de Dolan ofrecen ideas profundas dentro de las agencias clave y los departamentos responsables de encubrir las pruebas que apoyan la realidad de los OVNI y la vida ET.

Un segundo enfoque de la conspiración de los OVNI se refiere a los individuos que aseguran haber tenido una experiencia directa de contactos con ET. Ellos ofrecen una asombrosa prueba de la existencia de vida ET en términos de sus extraordinarias experiencias. Estos 'experimentados' o 'contactados' aseguran que existe un esfuerzo sistemático del gobierno / los militares para desacreditar a estos 'contactados' y testigos que corroboraban y en desenmascarar las pruebas que confirman la vida ET. Ha habido un gran número de supuestos 'contactados' que fueron muy destacados en los años 50 y 60 pero que cayeron en desgracia por un vigoroso desenmascaramiento de las pruebas y el descrédito de los testigos por los medios masivos, la USAF y los investigadores de OVNI.

Algunos de estos primeros 'contactados' – George Adamski, Daniel Fry, Howard Menger, y George Van Tassel – describen como las agencias del gobierno y departamentos militares mantuvieron esta información alejada del dominio público. Muchas de las pruebas de la veracidad de los informes de estos contactados continúan estando fuertemente disputados, pero algunos de los investigadores han encontrado las pruebas persuasivas. Por ejemplo, el veterano investigador de los OVNI, Bill Hamilton, examinó los casos de un buen número de 'contactados de California' y argumenta que había mucho de valor en estos casos que los investigadores convencionales prefieren ignorar.[511] Estos primeros 'contactados' relacionan mucha información acerca de la política, filosofía, economía y las prácticas legales de las civilizaciones ET entre ellas mismas, y con mundos en desarrollo como la Tierra. Las experiencias de los 'contactados' sugieren que las agencias gubernamentales no deseaban que la información supuestamente obtenida directamente de las civilizaciones ET llegara a la arena pública. Un sofisticado programa de contra-inteligencia, COINTELPRO Galáctico, era puesto en marcha posteriormente para interrumpir y neutralizar la amenaza planteada a la seguridad nacional por los 'contactados'[512]

Más recientemente, contactados como Billy Maier, Sixto Paz Wells, 'Adrian' y Carlos Díaz, han suministrado muchas pruebas para corroborar sus contactos ET. Muchas fotografías y avistamientos de testigos independientes han sido ofrecidos para corroborar sus declaraciones, y un buen número de investigadores han llegado a la conclusión favorable sobre la autenticidad de cada una de las afirmaciones de los contactados.[513] Sin embargo, la controversia continua sobre la autenticidad de estos casos y las pruebas aportadas por ellos corroborando a la hipótesis ET (ETH) y la conspiración del gobierno en el encubrimiento de las pruebas. Los informes de estos 'contactados' supuestamente dan una idea de los procesos políticos utilizados por los propios ET en sus relaciones entre ellos y con la Tierra. Si sus experiencias son genuinas, se puede llegar a la conclusión que una conspiración para encubrir el proceso político utilizado por los ET supuestamente controlando e interactuando con la Tierra, existe.

**Exopolitica: Fase 2 (1974- ): FOIA, Documentos Filtrados y el Watergate Cósmico**

La investigación exopolitica siguió a otra escala de desarrollo con la aprobación de la Ley de Libertad de Información por el Congreso de los USA en 1974 (revisada de la versión original de 1966). Esta fase se concentraba en las pruebas documentales sobre los OVNI y su proceso asociado de encubrimiento. [514] El paso de la FOIA llevó la aparición de organizaciones tales como la Ciudadanos Frente el Secretismo de los OVNI con el objetivo de utilizar el proceso legal para extraer la prueba documental referente a los avistamientos de OVNI y su encubrimiento. Formada a finales de 1970 por Peter Gersten, junto con W.T. Zechel y Brad Sparks, CAUS logró la mayor prominencia pública al iniciar pleitos contra la Agencia Nacional de Seguridad , National Security Agency (NSA) y la Agencia Central de Inteligencia, Central Intelligence Agency (CIA).[515] Estos pleitos produjeron un número limitado de documentos que fueron dados a conocer y que probaban de manera concluyente que los OVNI eran un asunto que traía gran preocupación a las dos grandes agencias. En su conjunto, CAUS y otros individuos metidos en la investigación bajo la FOIA, se encontraron con un gobierno y unos departamentos militares muy evasivos y sin ánimo de ayudar al responder a las peticiones legítimas bajo FOIA. El libro de Lawrence Fawcett y Barry Greenwood de 1984, *Clear Intent* o Claro Intento, discute en detalle mucha de la actividad de CAUS bajo la FOIA, sus pleitos, y sus éxitos en poner de manifiesto el proceso político de encubrimiento de las pruebas relativas a los OVNI y la vida ET.

Otro libro significativo que discute cómo las pruebas de los OVNI están encubiertas por las instituciones gubernamentales y militares es el de Clifford Stone, *UFO are real* o los OVNI son reales, de 1997. Stone examina documentos clave obtenidos por peticiones bajo requerimientos de la FOIA, que demuestran la existencia de varios programas secretos e incidentes que trataron con el fenómeno OVNI, y las agencias y departamentos militares que estaban involucrados. Stone demuestra convincentemente que las agencias del gobierno mienten a los investigadores en lo que respecta a la información sobre OVNI.

Uno de los más asombrosos desarrollos de la exopolitica fue la filtración de un serie de documentos conocidos como Majestic Documents que fueron inicialmente enviados a Jaime Shandera en 1984 y anunciados públicamente por William Moore.[516] Estos documentos surgieron de los esfuerzos de investigadores de OVNI tales como Shandera, Moore y Tim Cooper para comunicarse con 'insiders' [o infiltrados]' a fin de obtener la información para un posible documental.[517] El Dr. Robert Wood logró un éxito apreciable al demostrar que tres documentos eran auténticos y / o réplicas de documentos históricos.

Otro investigador, Stanton Friedman, examinó los documentos "Majestic" filtrados y propuso la existencia de un "Watergate cósmico" creado para mantener el secreto sobre las pruebas que apoyaban la hipótesis ET (ETH). Friedman a través de un detallado y erudito trabajo, proporciona autentificación convincente para un buen número de documentos Majestic.[518] él concluye a favor de la autenticidad de los documentos que describen la creación del Grupo Majestic 12 para controlar las pruebas relativas los asuntos ET. Estos documentos incluyen el "Documento de Comunicación de Eisenhower" que relata la historia de vehículos ET siniestrados (ETV) y la captura de entidades biológicas ET (EBE); y el "Manual de Operaciones Especiales" que bosqueja los procedimientos de recuperación de los ETV y los EBE.[519]

En su conjunto, los Documentos Majestic describen los actores principales, las instituciones, procesos asociados con la presencia ET que se sabe que existe desde al menos 1947. Los Documentos Majestic filtrados ofrecen una prueba sorprendente de un encubrimiento generalizado de los OVNI y la vida ET. En conclusión, la investigación a través de la FOIA y los documentos del gobierno filtrados constituyen una importante vía de investigación exopolitica en el encubrimiento por el gobierno de las pruebas que apoyan la vida ET.

**Exopolitica: Fase 3 (1992) Activismo Político y el Encubrimiento de los OVNI**

La Operación Derecho a Saber. Operation Right to Know (ORTK) estuvo activa en 1992-1995 y organizó demostraciones por el derecho del público general a saber la verdad acerca de los OVNI y para que ocurriera la revelación pública. Patrocinada por Ed Komarek y Mike Jamieson, la ORTK organizó la primera protesta sobr6e OVNI en Washington D.C. en Junio de 1992.520 ORTK 'sacudió' la comunidad de ufólogos tradicional por el empleo del activismo político en lugar del más tradicional estudio científico del fenómeno OVNI. Organizó 10 demostraciones en los USA y la Gran Bretaña antes de su desbandada en 1995. ORTK fue una significativa expresión de activismo político dirigido contra el encubrimiento político del fenómeno OVNI.[521] ORTK puso los fundamentos de los esfuerzos siguientes de movilizar una amplia masa basada en la acción para poner fin al "Watergate Cósmico".

Al mismo tiempo que la ORTK era activa, otro esfuerzo clandestino se estaba gestando para promover la revelación de los OVNI. Este estaba orquestado por Laurance Rockefeller en 1993 y comprendía un esfuerzo confidencial para poner al corriente al presidente Clinton sobre los asuntos de OVNI para que pudiera tomar la iniciativa para una completa revelación pública. La iniciativa de Rockefeller incluía el contactar con el asesor de ciencia de Clinton, el Dr. Jack Gibbons, y enviarle las pruebas más convincentes de la realidad del fenómeno OVNI. Rockefeller organizó más tarde una mesa redonda informal de un buen número de destacados investigadores de OVNI incluyendo el Dr. Scott Jones, el Dr. John Mack, el Dr. Bruce Maccabee, el Dr. Leo Sprinkle, Linda Moulton Howe, y el Dr. Steven Greer quienes se reunieron para compartir información con miembros de la oficina de Gibbons.[522] La iniciativa de Rockefeller empezó a perder el apoyo después de que Gibbons se opuso a ello y avisó al Presidente Clinton acerca de la cooperación con la iniciativa. Después de una sesión informativa por Laurance Rockefeller , presuntamente al Presidente Clinton y a Hillary Clinton en Agosto de 1995, la iniciativa colapsó debido a las preocupaciones de que la búsqueda de una política pro revelación podría representar problemas políticos insuperables para el Presidente Clinton. Las mejores pruebas de los OVNI entregadas al Dr. Gibbons y al Presidente Clinton en forma de estudios de casos fueron eventualmente entregadas a miembros del Congreso y otros cuerpos legislativos, y finalmente publicadas como The Best Available Evidence (Las Mejores Pruebas Disponibles).[523]

Una iniciativa independiente y complementaria para la revelación política empezó con el Dr. Steven Greer. En contraste a la iniciativa de Rockefeller y con la información anterior preparada por el NICAP en 1961 – 1964 que se basaban en los mejores casos de avistamientos de OVNI para el inicio de investigaciones legislativas, en lugar de esto Greer lo centró en los testimonios de whistleblowers. Greer había empezado a entrevistar sistemáticamente a un buen número de 'whistleblowers' quienes aseguraban haber participado en proyectos secretos que involucraban tecnologías ET y/o entidades biológicas ET (EBE). Aparte de cooperar con la iniciativa de Rockefeller para informar al Dr. Gibbons y al Presidente Clinton acerca de los OVNI, Greer empezó un esfuerzo público para informar a funcionarios de rango de la administración Clinton tales como el Director de la CIA James Woolsey, basándose en las fuentes 'profundas' de Greer. Greer montó una impresionante base de datos de testimonios de whistleblowers quienes resumieron cómo las autoridades militares y las agencias de seguridad nacionales estaban encubriendo sistemáticamente las pruebas que confirmaban tanto la realidad de los OVNI como de la vida ET.

La base de datos de Greer llevó eventualmente al inicio del Disclosure Project, Proyecto Revelación, con una Conferencia de Prensa en Mayo de 2001 en la que aparecieron destacados funcionarios de una serie de entidades gubernamentales, militares y corporativas revelando su conocimiento de los OVNI y de la vida ET.[524] El Proyecto Revelación de Greer combinaba testigos y whistleblowers que habían visto OVNI y/o jugado un papel en el control de esta información. Era una especie de réplica del trabajo de los investigadores de OVNI tales como Donald Keyhoe. El Proyecto de Greer también presentaba a individuos que aseguraban haber participado en proyectos secretos tales como rescates de OVNI siniestrados e ingeniería inversa en ETV (vehículos ET)

El Proyecto Revelación de Greer era único en activismo político para poner fin al secretismo de los OVNI. Resaltaba el papel de los whistleblowers que habían participado en proyectos secretos que incluían EBE (entidades biológicas ET) y la ingeniería inversa sobre ETV. Su concentración en los whistleblowers de proyectos altamente secretos incluyendo EBE y ETV, le llevó a ser criticado por muchos investigadores de OVNI que lo atacaron por falta de documentación corroborando las extraordinarias afirmaciones hechas por tales whistleblowers. Sin embargo, las credenciales, la integridad y la consistencia de muchos de estos whistleblowers convencieron a muchos de que existía una red de proyectos altamente secretos que incluían EBE y ETV que están ocultos al público en un Watergate Cósmico.

Otra expr6esión de activismo político dirigido al secretismo de los OVNI fue la candidatura de Stephen Bassett en las elecciones del Congreso de 2002. Bassett se presentó a un puesto en la Cámara por Maryland e intentó llevar el asunto del secretismo de los OVNI dentro del curso político convencional. Aunque Bassett no era el primero que se presentaba con una plataforma explícita de los OVNI en una elección al Congreso o una campaña electoral, era el primer candidato de proponer el asunto en un votación de Noviembre en unas elecciones al Congreso, después de haber promovido abiertamente el tema de los OVNI. Bassett se presentó bajo el eslogan de cambio en el debate sobre los OVNI "from lights in the sky o de las luces en el cielo" a "lies on the ground o mentiras en suelo" Bassett como muchos investigadores / activistas antes que él, estaba convencido por los numerosos datos, del encubrimiento político. Él estaba destinado a jugar un papel importante en la promoción de la Exopolitica como un enfoque distinto a los datos sobre OVNI.

En conclusión, aquellos que están metidos en varias formas de activismo político para acabar con el encubrimiento de los OVNI estaban implícitamente promocionando un enfoque exopolítico a los datos sobre OVNI y la vida ET. Mientras el término 'exopolitica' no había sido utilizado aún, los individuos anteriores habían entendido todos implícitamente el concepto de exopolitica como un proceso político asociado al encubrimiento de las pruebas relativas a los OVNI y la vida ET.

**Exopolitica Fase 4: - La Exopolitica surge como un Enfoque Distinto a las Pruebas de los OVNI**

La Exopolitica es un enfoque distinto a los datos sobre OVNI y creció de las tres fases antes descritas; el análisis político y el activismo se focalizan en procesos que encubren la prueba que corrobora la realidad de los OVNI y la vida ET. El término exopolitica aún no había alcanzado una utilización amplia. Fue en 2000 que el término exopolitica fue utilizado seriamente por primera vez, y sólo fue en los años después de 2003 que el término 'exopolitica' empezó a tener amplia utilización.[525]

Aquellos que apoyaban explícitamente la exopolitica como un enfoque disciplinario distinto a la vida ET, contrasta con el estudio empírico de los avistamientos de OVNI que se concentraban en mejorar las técnicas de investigación y análisis de las mejores pruebas disponibles que corroboraban la realidad del fenómeno OVNI y la vida ET. Mientras los estudios sobre los OVNI han estado dominados por los científicos físicos con una afinidad por el análisis cuantitativo de los datos empíricos sobre los datos de OVNI, los investigadores exopolíticos tienen tendencia a la ciencia social dónde el análisis cualitativo sobre los OVNI y la vida ET ocurre más a menudo. No es por tanto sorprendente que aquellos que apoyaban explícitamente el término 'exopolitica' tienen una formación en ciencias sociales.

Hay dos maneras de definir la exopolitica como un enfoque distinto a los datos sobre los OVNI y la vida ET. La primera, un enfoque más convencional, se concentra en los procesos políticos asociados a la vida ET en la medida que estas afectan a la política global. Este enfoque refleja lo que ocurrió en las tres primeras fases del desarrollo histórico de la exopolitica como he discutido antes. La segunda forma de definir la exopolitica involucra el examen de los procesos políticos entre las propias civilizaciones ET y cómo estas se relacionan con los asuntos humanos.

Yo era el primero que definía explícitamente la exopolitica en términos de procesos políticos convencionales asociados con la vida ET en la política global con una serie de papeles de estudios online que empezaron en 2003. Estos culminaron en el primer libro sobre exopolitica, *Exopolitica: Implicaciones Políticas de la Presencia Extraterrestre* (2004). Este libro define exopolitica como el "debate político sobre las opciones de los gobiernos y las poblaciones necesitan hacer en la formulación e implementación de repuestas políticas y legislativas a la presencia de ET en los asuntos humanos."[526] En mi libro, yo propuse que la gran colección de datos relacionados con la vida ET han de ser clasificados en términos de su poder de persuasión, y los datos más fuertes analizados en términos de sus implicaciones exopolíticas. El libro ofrece además un análisis exopolítico basado en los actores políticos clave, las instituciones y procesos que tratan explícitamente con la vida ET.

Mi libro ofrece una visión general de las diferentes fuentes de pruebas, las instituciones políticas y los procesos creados para gestionar globalmente la información sobre OVNI y la vida ET; y analiza la política internacional convencional desde la perspectiva de la vida ET. Mi confianza en los whistleblowers y otras fuentes de pruebas tales como los Documentos Majestic llevan a una mayor controversia con los investigadores convencionales de OVNI quienes rechazan ampliamente la credibilidad de los testimonios de los whistleblowers relativos a los proyectos secretos que involucran ETV y EBE. En el Capítulo Once mostraré como estas críticas cruzan a menudo la línea entre la crítica objetiva y el desenmascaramiento demostrando los prejuicios metodológicos contra el testimonio de los whistleblowers.

Además, hay un continuo debate sobre la autenticidad de los Documentos Majestic y su utilización para la comprensión de cómo los datos de los OVNI y la vida ET son anulados y desacreditados sistemáticamente.[527] Mis debates subsiguientes con muchos veteranos de la investigación OVNI demuestra que hay una clara línea divisoria entre nosotros. Yo creo que el Watergate Cósmico involucra la manipulación sistemática y la eliminación de documentación y las pruebas que corroboran los testimonios de los whistleblowers; mientras muchos investigadores de OVNI piden documentación y pruebas duras para corroborar los testimonios de los whistleblowers.[528] Este debate que aún continúa incluye diferentes enfoques disciplinarios a los muchos datos sobre los OVNI y la vida ET.

Esto me lleva a la segunda manera de definir la exopolitica. La primera persona que utilizó el término 'exopolitica' fue Alfred Webre, J.D. quien en 2000 escribió un e-libro o 'tratado online' que era de 22.000 palabras de extensión y que se podía bajar gratuitamente en Internet. Su e-libro estaba titulado ·Exopolitica: Hacia una Década de Contacto"[529] Webre expandió a continuación su e-libro y lo publicó en 2005 como: *Exopolitica: Política, Gobierno y Ley en el Universo*. Webre había estado empleado en 1977 en el Stanford Research Institute, Instituto de Investigación de Stanford (SRI). Su proyecto era establecer los protocolos de comunicación con los ET. Patrocinado por la Casa Blanca del Presidente Carter, y que fue cancelado de forma abrupta por las presiones del Pentágono.

En su e-libro online, Webre define la Exopolitica como "el estudio del proceso político y gobernación en la sociedad interestelar". Su definición de exopolitica está basada en sus descubrimientos de investigación sobre la existencia de una 'sociedad universal' de razas ET altamente organizada en una federación universal. Su política adoptada de no interferencia en relación a la humanidad ha colocado a la Tierra bajo 'cuarentena' debido a la propensidad de la humanidad a utilizar armas destructivas en la resolución de sus problemas geopolíticos. El enfoque de Webre a la exopolitica refleja la información entregada por los primeros 'contactados' tales como Adamski, Menger y Van Tassel que describían la política, la ley y los sistemas económicos de las razas visitantes ET. Webre no utilizó los informes de estos contactados en el desarrollo de sus análisis. En lugar de ello, utilizó una forma de razonamiento descrito en su e-libro como el "método de conocimiento intuitivo":

> Un enfoque más apropiado la sociedad del Universo es el método de conocimiento intuitivo. Este enfoque intuitivo de nuestro Universo no es lo que el sistema científico humano establecido quiere que sigas. Desde tiempo inmemorial, nuestra cultura ha utilizado la intuición para sobrevivir. Nuestra Guía del Usuario utiliza el método inductivo, intuitivo para construir un modelo operativo de lo que realmente es el Universo.

En su libro de 2005, Webre elabora aún más su "método intuitivo" de información psicológica obtenida a través de métodos tales como la "visión remota científica". Webre ha sido una fuente importante de activismo (exo)político para evitar la colocación de armas en el espacio y estimular a las Naciones Unidas a tomar una posición proactiva en preparar la comunidad del mundo para la vida ET.[530] El foco primero de Webre sobre el "método intuitivo de conocimiento" se ha visto fortalecido recientemente por su inclusión de testimonios de whistleblowers y contactados que señalan la existencia de una floreciente sociedad interestelar con procesos políticos organizados. El enfoque de Webre a la exopolitica promete ser muy significativo en el futuro en la medida que la existencia de vida ET está siendo aceptada más ampliamente; y los procesos políticos utilizados por las civilizaciones ET reciben un mayor escrutinio. Un uso más amplio del "método intuitivo" de recoger la información y comunicación, el enfoque ET, ocurrirá en el futuro para obtener una base de datos más completa sobre la vida ET.

Otro pionero que apoyó explícitamente el término exopolitica fue Stephen Bassett organizador de una serie de "Expos de Exopolitica" en el área metropolitana de Washington D.C. en Abril de 2004 y 2005.[531] Los Expos de Exopolitica de Bassett fueron las primeras conferencias sobre OVNI que se centraron explícitamente en las implicaciones exopolíticas del encubrimiento de los OVNI y la vida ET. en las conferencias, Bassett puso énfasis en su eslogan en sus primeras campañas para el Congreso: "no es acerca e luces en el cielo, es acerca de mentiras en el suelo". Bassett ensambló una alineación de distinguidos oradores de la investigación de OVNI y también pioneros en la investigación exopolitica que proporcionaron una oportunidad única al publico general para atestiguar la emergencia de la exopolitica como y un enfoque distinto al fenómeno OVNI y la vida ET.

Además de Webre, Bassett y yo mismo, quienes dieron el impulso inicial a la 'exopolitica', hay un número creciente de investigadores de OVNI, organizadores y activistas, apoyando la investigación exopolitica. Estos incluyen la veterana investigadora de OVNI Paola Harris quien investigó y apoyó la credibilidad de whistleblowers clave como el Coronel Philip Corso, el Sgto. Clifford Stone, y el Dr. Michael Wolf. Harris ha salido explícitamente en apoyo del término exopolitica y patrocinó un buen número de seminarios en Italia. En los inicios de 2007 ella ha publicado su primer libro en el que explícitamente discute exopolitica.[532] Ella también fue elegida, en 2006, Directora Internacional para el Instituto de Exopolitica, y es una de los instructores del curso en el programa de Certificación de Exopolitica.[533]

También ha habido conferencias promocionando explícitamente la exopolitica. Estos incluyen el Dr. Roberto Pinotti, un veterano investigador de OVNI italiano que es el organizador del Primer Simposio Anual sobre Exobiología y Exopolitica en la Universidad de Calabria, Italia, en Octubre de 2005. Y también el Simposio de Exopolitica de Toronto organizado por Victor Viggiani y Michael Bird el 25 de Septiembre de 2005 que presentó al antiguo Ministro Canadiense de Defensa, Paul Hellyer.[534] Hellyer confirmó la autenticidad del testimonio del Coronel Corso sobre los OVNI y la vida ET, y se refirió a la gestión del gobierno de esta información como "el encubrimiento con mayor éxito en la historia del mundo"[535]. Yo, junto con la asistencia de otros pioneros en la exopolitica, puse en marcha un Instituto de Exopolitica para el estudio y activismo sobre los asuntos ET, y una revista *Exopolitics Journal*.[536] Finalmente, el programa de Certificación de Exopolitica que ofrece al público general medios para una educación más formal en exopolitica.[537]

## Conclusión: El nuevo marco del debate sobre la Vida Extraterrestre y el Reto de la Exopolitica.

Las pruebas que apoyan la existencia de vida extraterrestre son abrumadoras y multifacéticas en su alcance. Son necesarios análisis detallados de los actores, instituciones y procesos asociados con la vida ET. El término OVNI necesita ser descartado como insuficiente para esta tarea ya que enmarca el debate público sobre la vida ET en términos de un fenómeno que es "no identificado". Esto pasa por alto lo que la evidencia sugiere de manera convincente que son naves espaciales tecnológicamente avanzadas que han sido identificadas, y que su información es mantenida fuera del dominio público sobre la base de la preocupación por la seguridad nacional. Amplia utilización del término OVNI da soporte implícito al Watergate Cósmico en lo que concierne a la vida ET. Transformar el debate público sobre la evidencia relativa a la vida ET requiere la introducción de una nueva terminología. Se necesita un programa educativo global sobre un enfoque exopolítico a la vida ET.

La exopolitica es un término que continuará recogiendo apoyo tan pronto como el encubrimiento de la evidencia que corrobora la vida ET se convierta en más difícil de sostener con una población global que está mejor informada. Mientras crece la exopolitica en popularidad hay la posibilidad de tres debates principales entre los investigadores atraídos por esta ciencia recién definida.

Primero habrá un debate en cómo se define mejor la exopolitica. Un enfoque sería mi definición en términos de procesos políticos nacionales y globales que conciernen la vida ET. Otro enfoque es la definición de Webre que focaliza sobre los procesos políticos y las propias instituciones de las civilizaciones ET. Al aparecer con datos más fiables, relativos a la vida ET, es probable que estos dos enfoques se junten. Hasta entonces, es mi opinión que la investigación exopolitica debería empezar con actores, procesos e instituciones globales relativos a la evidencia de vida ET que visitan o residen en la Tierra.

Un segundo debate concierne al uso aceptado del término OVNI. Muchos veteranos de la investigación de los OVNI desean preservar los actuales enfoques, el estudio de los OVNI como una ciencia física. Ellos no aceptan enmarcarlo, y a los fenómenos subyacentes de la vida ET, en un marco político abierto. Esto requerirá entender cómo un enfoque exopolítico ha estado implícito en la investigación pionera de los trascendentales investigadores OVNI tales como Donald Keyhoe. Esto será importante ya que muchos investigadores OVNI intentan marginalizar la exopolitica como 'investigación lateral' sin ninguna raíz histórica. Esfuerzos por analizar OVNI y vida ET han atendido históricamente factores políticos. Esto, sin embargo, ha sido secundario al primer objetivo de acumular suficientes pruebas empíricas para persuadir a científicos escépticos. Un enfoque más orientado políticamente a la investigación de los OVNI y la vida ET, llevaría a un intenso debate entre los investigadores de OVNI y de exopolitica.

El tercer debate será la identificación de la metodología apropiada para evaluar las fuentes de pruebas utilizadas en la investigación exopolitica. Una metodología de ciencia social se utiliza a menudo por los investigadores exopolíticos para evaluar los posibles datos. Esto es debido a que los investigadores exopolíticos observan un esfuerzo deliberado del "gobierno secreto" para eliminar, tergiversar y destruir pruebas, e intimidar a testigos. Esto lleva al debate con investigadores de OVNI que desean usar exclusivamente metodologías de la ciencia física dónde se usan las pruebas duras y la documentación para apoyar cualquiera de sus afirmaciones. Los investigadores de OVNI subvaloran la magnitud que tiene el gobierno secreto y que interfiere con las pruebas que corroboran la vida ET. El debate sobre la metodología apropiada traerá de nuevo mucho debate entre los investigadores de OVNI y los exopolíticos.

El cuarto debate se refiere a los métodos distintos utilizados en astropolítica y exopolitica como disciplinas emergentes. Como expliqué en el Capítulo Ocho, la astropolítica se concentra en la política del espacio exterior y hasta la fecha ha evitado cualquier examen de las pruebas relativas a la vida ET. Al ser las pruebas de la vida ET más ampliamente aceptadas, los autores de la astropolítica empezarán presumiblemente a cubrir las mismas áreas que los investigadores exopolíticos pero presumiblemente intentarán restringir las discusiones sobre la base de metodologías competidoras. Esto llevará a disputas sobre los mejores métodos y ámbitos de los estudios académicos formales de la vida ET y sus implicaciones políticas. Los investigadores de la exopolitica serán capaces de recoger una base de datos más diversa de material de pruebas relativas a la vida ET. En contraste, los investigadores astropolíticos usarán una base de datos más restrictiva. Esto llevará probablemente a mucho debate sobre cual base de datos, la 'exopolitica' o la 'astropolítica' es más útil para los que toman decisiones políticas.

Adicionalmente a estos debates sobre cómo definir e investigar en exopolitica, hay también un debate público político fundamental, lo que yo llamo el "reto de la exopolitica". Esto concierne al debate de política secreta sobre cómo y cuándo revelar la verdad de la vida ET y el acuerdo con el gobierno asociado a él en lo concerniente a aquella vida. Posible reacciones negativas del publico general en términos de un colapso social, y la pérdida de seguridad y confianza en las instituciones gubernamentales son centrales en este debate político. El reto de la exopolitica requiere que se trascienda los acuerdos históricos que contribuyen a presentar políticas públicas y eventuales respuestas públicas a la vida ET.

## Notas finales. Capítulo Nueve

[494] Ver Edward J. Ruppelt, *The report on unidentified flying objects* (El informe sobre Objetos Volantes No Identificados) (Doubleday, 1956).
[495] Stephen Basset organizó las Expos Anuales de Exopolitica en 2004 y 2005 en el area de Washington DC; un Simposio de Exopolitica fue organizado en la Universidad de Toronto el 25 Sept de 2005, conferencias adicionales que se centraban en asuntos exopolíticos fueron hechas en Hawái en 2006, 2007 y 2008 que fueron co-organizadas por Dr Michael Salla y Angelika Whitecliff, más conferencias organizadas por Stephen Bassett que trataban con la exopolitica fueron hechas en 2007 y 2008. Varias conferencias / simposios sobre Exopolitica fueron organizadas en Italia en 2006-2008 que fueron patrocinadas respectivamente por Dr. Roberto Pinotti y Paola Harris.
[496] Los tres libros son Michael Salla, *Exopolitics: Political Implications of the Extraterrestrial Presence* (Dandelion Books, 2004); Alfred Webre, *Exopolitics: Government, Politics and Law in the Universe* (Universe Books, 2005); and Paola Harris, *Exopolitics: How Does One Speak to a Ball of Light* (Authorhouse, 2007).
[497] The "Exopolitics Institute" fue lanzado el 4 de Julio de 2005. La principal website es : www.exopoliticsinstitute.org .
[498] *World Affiars: The Journal of International Issues* 12: 2 (Summer 2008).
[499] El"*Exopolitics Journal*" fue lanzado el 1 de Octubre de 2006. La principal website es: http://exopoliticsjournal.com .
[500] El Programa de Certificación de Exopolitics fue lanzado en 2006/2007, ver: http://exopoliticsinstitute.org/certificates .
[501] Allen Hynek, *The UFO Experience* (1972), p. 10.
[502] Ver Michael Swords, "Project Sign & Estimate of the Situation," http://www.ufoscience.org/history/swords.pdf
[503] Ver Donald Keyhoe, *Aliens from Space* (1973) 14.
[504] Citado de la version online del Panel Robertson en: http://www.cufon.org/cufon/robertdod.htm
[505] Ver: http://www.cufon.org/cufon/janp146c.htm
[506] Instituto Brookings , *Proposed Studies on the Implications of Peaceful Space Activities for Human Affairs*, (1960) 215. Para una vision general y online del Informe Brookings Report, ir a: http://www.enterprisemission.com/brooking.html .
[507] Ver the *Flying Saucer Conspiracy* (1953).
[508] Ver Keyhoe, *Aliens from Space*, 76-86.
[509] NICAP, *The UFO Evidence* (1964), ed. Richard Hall.
[510] Ver "The Condon Report: A Whitewash,"("El Informe Condon. Un encubrimiento") http://mimufon.org/1960%20articles/CondonRptWhitewash.htm
[511] William Hamilton, "California Contactees",

http://www.geocities.com/Area51/Shadowlands/6583/et031.html

[512] Ver Michael Salla, "GALACTIC COINTELPRO - Exposing the Covert Counter-Intelligence Program against Extraterrestrial Contactees," *Exopolitics Journal,* 2:3 (2008): 167-89. Disponible online en: http://exopoliticsjournal.com/vol-2-3.htm .

[513] Ver Gary Kinder: *Light Years: An Investigation into the Extraterrestrial Experiences of Eduard Meier* (1987); John Mack, *Passport to the Cosmos* (Three Rivers Press, 1999) and Randolph Winters, *The Miami Contacts* (The Pleiades Project, 1995) VHS.

[514] Para la Guia del Congreso de la FOIA, ir a: http://www.fas.org/sgp/foia/citizen.html

[515] Ver website para más detalles: http://www.caus.org .

[516] Website con documentos es: www.majesticdocuments.com .

[517] Ver Robert Collins y Richard Doty, *Exempt from Disclosure* (Peregrine Publications, 2005).

[518] *Top Secret/Majic* (1996).

[519] Ver Stanton Friedman, *Flying Saucers and Science* (New Page Books, 2008).

[520] Ver informe online en: http://www.presidentialufo.com/washington_demonstration.htm

[521] Para más información ir a : http://www.destinationspace.net/ufo/editorial/ORTK.asp .

[522] Para una discusión de la iniciativa de Rockefeller, ver: http://www.presidentialufo.com/part1.htm .

[523] Don Berliner, *UFO Briefing Document: The Best Available Evidence* (2000).

[524] For more information, go to: www.disclosureproject.com

[525] Alfred Webre introdujo el término 'exopolitica' en 2000. Recibió amplio eco en los medios debido a una serie de artículos que publiqué a través de mi website Exopolitics.Org . Desde su lanzamiento en Enero de 2003, Exopolitics.Org ha sido la website más popular en términos de visitantes y mecanismos de búsqueda hasta la fecha de su clasificación.

[526] Michael Salla, *Exopolitics* (2004) 2. También disponible online en: http://www.exopolitics.org/Study-Paper1.htm

[527] Ver Stanton Friedman, *Top Secret/MAJIC* (Marlowe and Company, 2005).

[528] Ir a: http://www.exopolitics.org/Exo-Comment-32.htm

[529] Copia archivada disponible en: http://web.archive.org/web/20010129030900/www.universebooks.com/exoone.html

[530] Ver Instituto para la Cooperación en el Espacio, http://www.peaceinspace.com

[531] Bassett continuó ofreciendo conferencias similares en Septiembre de 2007 y Abril 2008 aunque con diferentes títulos que no incorporaban explícitamente el término exopolitica.

[532] Este fue titulado *Exopolitics: How Does One Speak to a Ball of Light* (Exopolitica: ¿Cómo se puede hablar a una Bola de Luz?) (Author House, 2007), ver: http://www.paolaharris.com/books.htm
http://www.paolaharris.com/final_exopolitics.htm
[533] Ver http://exopoliticsinstitute.org/board.htm
[534] Visite: http://www.exopoliticstoronto.com
[535] Citado en Michael Salla, http://www.exopolitics.org/Exo-Comment-38.htm
[536] Visite: www.exopoliticsinstitute.org y www.exopoliticsjournal.com .
[537] Ir a: http://exopoliticsinstitute.org/certificates/index.htm .

# Capítulo Diez

## Las Operaciones de Bandera Falsa y el 11 de Septiembre: Una Perspectiva Exopolitica

### Introducción[538]

En el sexto aniversario de los ataques del 11-S un número significativo de ciudadanos norteamericanos continúan dudando de las versiones oficiales de los ataques y la credibilidad del informe de la Comisión para el 11-S. Según la encuesta Zogby presentada el 4 de Septiembre de 2007, el 31,2% de los encuestados creían que los miembros de la administración Bush dejaron que ocurriera (26,4%) o hicieron que ocurriera (4,8%) Muy significativo fue que un pasmoso porcentaje de encuestados, 67,2% creía que la Comisión del 11-S debería investigar el misterioso colapso del Edifico 7 del World Trade Center . Una encuesta nacional anterior, de la Universidad Howard/Ohio llevado a cabo en Agosto de 2006 encontró que el 36% de los americanos creía que el 11-S era un 'trabajo interno' con las agencias del gobierno cómplices de lo que ocurrió.[540] Ha habido una constante corriente de autores, periodistas, investigadores y personalidades de los medios que han sido valientes para declarar que el 11-S fue un 'asunto interno'. Alguno de los más destacados incluyen el teólogo Dr. David Ray Griffin autor / editor de un buen número de libros sobre el 11-S incluyendo *The New Pearl Harbour Revisited: 9/11, the Cover-up, and the Exposé* (El nuevo Pearl Harbour revisitado: 11-S, el Encubrimiento, y la Revelación) (2008); Michael Ruppert autor de *Crossing the Rubicon: The Decline of the American Empire and the End of the Age of Oil* (Cruzando el Rubicon: El declive del Imperio Americano y el Final de la Era del Petróleo) (2004), y el actor Charlie Sheen quien salió al público con sus opiniones en Marzo de 2006.[541] Finalmente fue creada la página web por un comité de expertos criticando la explicación oficial y también argumentando que el 11-S fue un 'trabajo interno'.[542]

Con el creciente número de los que decían que el 11-S era un trabajo interno y que había un encubrimiento oficial, no es sorprendente que ahora muchos opinen que los ataques del 11-S forma parte de un histórico patrón de gobierno que utiliza operaciones de falsa bandera para vencer la oposición a sus objetivos políticos. La mejor manera de describir una operación de bandera falsa es una operación encubierta llevada a cabo por "gobiernos, empresas u otras organizaciones, que están diseñadas para aparecer como si fueran realizadas por otras entidades."[543]

Un creciente número de libros y vídeos están ahora discutiendo las históricas operaciones de falsa bandera en relación al 11-S. El más destacado incluye el de David Griffin, *The New Pearl Harbour* (2004 & 2008); el de Barry Zwicker *Towers of Deception: The Media Cover-up of 9/11* o Las torres de la Decepción: El Encubrimiento del 11-S por los medios (2006); el video de Alex Jones: *TERROSTORM: a History of Govern sponsored Terrorism(2006)* TERROSTORM: Una Historia de Terrorismo operaciones de patrocinio por el Gobierno. Griffin Zwicker y Jones examinan las operaciones históricas de " bandera falsa " para presentar el contexto histórico para el análisis de los acontecimientos que rodearon al 11-S y la inventada "guerra al terror". En operaciones históricas de ' bandera falsa' tales como el incendio del Reichstag en 1933, el golpe de estado de Irán en 1953, el incidente del golfo de Tonkin en 1964, los operativos de inteligencia desde los acontecimientos preparados por el gobierno, serían cargadas las culpas a grupos predestinados de forma que facilitaría las políticas del gobierno para incrementar su poder para derribar gobiernos extranjeros. De un modo más controvertido, Griffin argumenta que el ataque a Pearl Harbor fue una operación de bandera falsa y que esto demuestra la magnitud de las operaciones de bandera falsa que pueden llevarse a cabo.[544]

Zwicker y Jones discuten como los Nazis se beneficiaron directamente por la quema del Reichstag orquestada encubiertamente y la culpa sobre los comunistas. De forma similar ellos describen como la política de los USA y Gran Bretaña se beneficiaron de las operaciones de bandera falsa dirigidas al popular Primer Ministro de Irán, Muhammad Mossadeq, quien fue acusado de simpatías pro comunistas. Esto trajo consigo un golpe en 1953 por el cual el Shah del Irán pudo asumir poderes dictatoriales y dar marcha atrás a las nacionalizaciones políticas de Mossadeq. El incidente de 1964 del Golfo de Tonkin de acuerdo con Zwicker, Jones y Griffin fue otra operación de bandera falsa por la cual el comunista Vietnam del Norte fue culpado de dos ataques a los barcos de guerra USA. Documentos dados a conocer posteriormente demostraron que el segundo ataque nunca ocurrió. Describen también los incidentes fracasados de bandera falsa tales como el ataque al USS Liberty por la fuerza aérea israelí en 1967 durante la guerra de los 6 días. Ellos aseguran que el hundimiento del Liberty habría colocado a los USA bajo enorme presión para entrar en la guerra apoyando a Israel que planeaba pasar la responsabilidad sobre Egipto.

Griffin, Zwicker y Jones han citado todos los documentos de la operación Northwoods que mostraban que la Junta de Jefes de Estado Mayor había aprobado operaciones de bandera falsa a principio de los años 60 que involucraba ataques terroristas contra las infraestructuras e incluso ciudades americanas. Estas operaciones encubiertas habrían colocado las culpas sobre Cuba y utilizadas para justificar una invasión militar pero habían de ser aprobadas por la administración del Presidente Kennedy.[545] Griffin, Zwicker y Jones utilizaron esto y otros casos como pruebas que las operaciones de bandera falsa tenían una larga historia en las acciones encubiertas de muchos gobiernos, incluidos los US.

Habiendo presentado pruebas convincentes que los gobiernos ya habían utilizado antes operaciones de bandera falsa, Griffin Zwicker y Jones giraron su atención al ataque del 11-S; y en varias formas, un buen número de otros 'ataques terroristas' en la Gran Bretaña, España y Bali. En todos estos casos Griffin Zwicker y Jones presentaron pruebas que eran operaciones de falsa bandera. Citan documentos históricos, entrevistaron whistleblowers, identificaron inconsistencias en las versiones oficiales y pruebas circunstanciales que todas señalaban a que todos estos ataques eran operaciones de bandera falsa. En términos del ataque 11-S y del 7 de Julio del 2005 (7-7) en Gran Bretaña, examinaron las medidas de seguridad que llevaron a una gran confusión en las fuerzas de seguridad que permitieron lapsos de seguridad que pudieron permitir que ocurrieran los ataques. Zwicker y Jones argumentan que tales medidas son una característica de operaciones de bandera falsa dónde es crítico tener las fuerzas de seguridad no involucradas en cada operación concreta que estén quietas (stand down). Presentaron pruebas convincentes de que la guerra al terror está afectada por el objetivo de privar a los ciudadanos en los USA y a las democracias del Oeste de sus libertades civiles, y neutralizar la oposición doméstica a la guerra de Iraq.

**¿Quién está realmente detrás del 11-S y los ataques terroristas, y por qué?**

Respecto a la cuestión de quién estaba detrás del 11-S y de otros ataques terroristas un buen número de autores sobre el 11-S proporcionan lo que ellos creen que son los factores reales que dirigieron la guerra artificial contra el terrorismo. Concentraré en cuatro que representan el mayor empuje de los argumentos sobre el 11-S: Griffin, Zwicker, Jones y Ruppert simplemente son referidos colectivamente como los 'autores del 11-S' En varios niveles estos autores señalan los esfuerzos liderados por los USA y la Gran Bretaña para capturar los recursos de petróleo de 'naciones perversas' tales como Iraq con el fin de controlar la industria del petróleo. Capturando Iraq, que subiría el precio del petróleo, los intereses empresariales en los USA y Gran Bretaña llegarían a tener enormes beneficios a corto plazo. A medida que subiera y llegara a un máximo la producción de petróleo, una idea apoyada por Ruppert, esto asegura que los intereses empresariales de USA/Gran Bretaña estaban en el sitio del conductor para unos beneficios a largo plazo de los precios del petróleo en gran subida mientras naciones como India y China generaban una creciente demanda de petróleo. El control sobre una industria tan vital permitiría por tanto las grandes corporaciones USA dominar los mercados financieros globales más allá de la siguiente generación. Esto haría que China e India, potenciales competidores futuros dependieran de la dominación global de los USA, y ser más sumisas sus políticas.

Los autores del 11-S argumentan que no es sólo la búsqueda de los beneficios derivados del petróleo los beneficios de las guerras en Iraq, sino también las industrias de armamento en los USA que son, con mucho, las principales suministradoras de armamento. Esencialmente, las empresas contratadas necesitan una guerra artificial sobre el terrorismo para continuar vendiendo sus productos militares para el Pentágono que necesita llevar a cabo misiones punitivas contra las naciones perversas. El razonamiento final de las industrias de armamento está dirigido por la codicia empresarial de aprovechar las amenazas a la seguridad para mantener una perpetua economía de guerra que está fundamentada a expensas del pagador de impuestos ordinario. El famoso discurso de despedida de Eisenhower advirtiendo de los peligros del complejo militar-industrial es la cita más comúnmente empleada como prueba de tal peligro.

Además del dominio financiero de los USA y la codicia de las empresas, los autores del 11-S ofrecen su último razonamiento para la guerra preparada sobre el terrorismo. Esta es la teoría de la Pax Americana que orienta la política US. Es la necesidad de establecer la hegemonía de los US. en todo el planeta. Griffin Jones, Ruppelt y Zwicker argumentan que por la primera administración Bush que afirmaba que los 'países perversos' están 'cobijando terroristas' y desarrollando armas de destrucción masiva (Weapons of Mass Destruction o WMD) que entregarían a los terroristas, los USA tienen la forma de razonar de que hay que iniciar guerras preventivas y establecer el control sobre las naciones que se oponen al dominio de los USA. Ellos citan a figuras neo-conservadoras asociadas al Proyecto del Nuevo Siglo de América como exponentes de esta agenda imperialista para establecer el dominio global de los USA.[546]

En consecuencia, la guerra de Iraq estaba justificada utilizando la tesis WMD que Saddam Hussein estaba aliado con grupos terroristas que los habrían utilizado como satélites para lanzar tales armas sobre los USA mientras la hegemonía global de los USA estaría justificada sobre la base de la necesidad de liberar al mundo para la democracia, el razonamiento verdadero, según los autores del 11-S es hacer al mundo más provechoso para las grandes corporaciones de los USA aliadas con las industrias del petróleo y de las armas.

Las valoraciones de los autores del 11-S de operaciones de bandera falsa de estar enraizadas en la codicia por el petróleo y las industrias armamentistas, y los designios imperialistas de los neo-conservadores continúa atrayendo mucho soporte. Muchos desencantados con las explicaciones oficiales de los ataques terroristas sobre USA y la Gran Bretaña; el producto derivado de los datos de inteligencia utilizados para justificar la guerra de Iraq; y los enormes beneficios generados por las compañías involucradas en las industrias del petróleo y las armas están de acuerdo todos los autores del 11-S. Esto se entiende ya que los análisis de Griffin, Jones y Zwicker de las operaciones de bandera falsa es útil para identificar el catalizador para las políticas del gobierno que resultan en la disminución de libertades civiles y las guerras preventivas ostensiblemente dirigidas a "proteger la democracia". En realidad tales políticas proporcionan ganancias inesperadas para las grandes compañías. Los análisis de los autores del 11-J se concentran en el imperialismo USA. Estos análisis ayudan a identificar la enorme influencia que tenían los neo-conservadores en la primera administración Bush al dictar la política oficial del gobierno. Hay sin embargo una perspectiva que falta en el análisis del complejo industrial, y el imperialismo de los USA. Una perspectiva que da un nivel más profundo de análisis para a lo que realmente dirige las políticas de los USA en el Oriente medio y en cualquier parte del planeta. Los autores del 11-S olvidan la perspectiva exopolítica.

## Comprendiendo la Perspectiva Exopolítica

He demostrado en los dos capítulos anteriores que la exopolítica es un enfoque disciplinario distinto a la extensiva evidencia que civilizaciones ET están visitando la Tierra. Este libro ha revelado además como las pruebas están sistemáticamente encubiertas por las agencias del gobierno y departamentos militares en los US. y otros importantes naciones. El encubrimiento fa sido descrito por investigadores de OVNI veteranos como un "Watergate Cósmico".[547] *The Structrure of Scientific Revolution,* La Estructura de la Revolución Científica (1962) de Thomas Kuhn sugiere que nuestra comprensión de la Ciencia sufre periódicamente un cambio de paradigma. La Exopolítica representa un cambio de paradigma en el pensamiento político acerca de las fuerzas subyacentes que pilotan nuestros asuntos domésticos e internacionales.

No sólo son las pruebas de las visitas ET en la era contemporánea están siendo encubiertas; sino, y quizás mucho más importante, las pruebas de una presencia extraterrestre que ha patrocinado pasadas civilizaciones humanas también están encubiertas. Esto significa que tanto el conocimiento como la tecnología de los extraterrestres que nos visitan ahora, se ha convertido en una preocupación para la seguridad nacional que se mantiene oculta al público general. La verdadera magnitud de las implicaciones en la seguridad nacional referente a una presencia ET es revelada en un estudio del Instituto Brookings para la NASA en 1960 afirmando que el descubrimiento público de una inteligencia

ET podría llevar al colapso de la civilización del Oeste [NT: civilizaciones terrestres avanzadas]. [548] El efecto de una presencia ET y sus implicaciones para la política, la ciencia, la economía y la cultura, podría muy rápidamente conducir a un colapso de las instituciones vitales para cada país en el planeta por la cual amenazaría la soberanía de las naciones importantes. Más aún, de acuerdo con un buen número de antiguos militares whistleblowers, los OVNI han sido capaces de inhabilitar o destruir misiles con cabezas nucleares en varias ocasiones.[549] Esto revela en parte que el secreto preocupa a los que toman decisiones políticas sobre los visitantes ET. En otras palabras, las implicaciones a la seguridad nacional debido a la presencia ET pasa por encima de cualquier otro asunto de seguridad nacional, y es la Piedra de Roseta para la comprensión de la verdadera dinámica que subyace en la política global y las finanzas internacionales.[550]

Pruebas del encubrimiento de la presencia extraterrestre es extensa y convincente. Cientos de whistleblowers creíbles han surgido desde los sectores militares, gubernamentales y corporativos para atestiguar y describir el encubrimiento de varios aspectos de los OVNI y de la hipótesis ET. Los testimonios de muchos de estos whistleblowers del gobierno están disponibles a través de organizaciones privadas tales como el Proyecto Revelación.[551] Además, documentos secretos filtrados han revelado aspectos críticos del sistema de seguridad nacional creados para tratar con la vida ET. Muchos de estos documentos están disponibles a través de la popular web "Documentos Majestic".[552] Numerosos sitios web, libros y organizaciones han presentado pruebas y testimonios de millares de testigos, 'contactados' investigadores y whistleblowers que revelan la magnitud de las visitas ET a la Tierra.

Loa autores del 11-S no atinaron en identificar un buen número de factores políticos clave detrás de las operaciones de falsa bandera. Estos factores tienen que ver con el sistema de gestión política creado para los asuntos ET; la tecnología y el conocimiento acerca de los ET están ubicados en diferentes gobiernos extranjeros; y con el 'presupuesto negro' para financiar operaciones encubiertas basadas en la adquisición de tecnologías e información ET. Dada la naturaleza altamente secreta de los asuntos ET, todas estas actividades ocurren sin ningún control del Congreso o legislativo y otras naciones importantes tales como la Gran Bretaña, Rusia y

China. Examinaré ahora cinco factores exopolíticos que han de ser considerados cuando se analicen las operaciones de bandera falsa en general.

**Cinco factores Exopolíticos y Operaciones de Falsa Bandera**

El primer factor es la existencia de una telaraña encubierta de agencias gubernamentales y militares entrelazadas en los USA y alrededor del mundo creadas para gestionar los asuntos ET. A menudo descritos como el 'gobierno secreto', esta organización opera en paralelo con los sistemas políticos mas convencionales comprendiendo representantes elegidos, y funcionarios designados del gobierno. Esto es similar a la distinción de Lewis Lapham entre 'gobierno provisional' y el 'gobierno permanente' por el cual el primero está compuesto de funcionarios elegidos mientras que el segundo comprende grupos de interés especial extraídos de las compañías, los militares y del sector educativo.[553]

Individuos en el sector convencional del gobierno, el "gobierno provisional de Lapham, son solamente informados en base en "necesito saberlo" y no debido a su rango o posición. En consecuencia, ha sido demostrado que los Presidentes en activo se les puede mantener fuera del circulo como ocurrió en los casos de los presidentes Carter y Clinton.[554] Como dijo el Presidente Clinton a una veterana periodista de la Casas Blanca Sarah McClendon: "Sarah, hay un gobierno secreto dentro del gobierno, y Yo no tengo el control sobre él." [555] El gobierno secreto que gestiona los asuntos ET se sienta en lo más alto del vértice del "gobierno permanente" no elegido y ha sido descrito como MJ-12 o PI-40.[556]

Las grandes operaciones de bandera falsa como la del 11-S casi ciertamente involucran al"gobierno secreto" que utiliza tales operaciones como parte de una agenda más amplia en la gestión de los asuntos ET. Es muy improbable que las transiciones en el "gobierno provisional" tales como la elección de Georges Bush en 2000, y el nombramiento de neoconservadores en cargos destacados fuera capaz de producir operaciones de bandera falsa de la magnitud del 11-S. La ascensión de los neo-conservadores a altos cargos del gobierno no sería suficiente para permitir las operaciones de bandera falsa que siguieran su curso debido a la potencial oposición de muchos burócratas de carrera y funcionarios gubernamentales. Solamente una gestión duradera y a más largo plazo fuera la rotación de los funcionarios elegidos puede esperar refrenar los burócratas de carrera y funcionarios del gobierno. En consecuencia, dada la magnitud de los ataques del 11-S, esto podía haber ocurrido sólo con el asentimiento del gobierno secreto (permanente) que utilizaba a los nuevos neoconservadores nombrados para las altos cargos de la administración Bush (el 'gobierno provisional') como los instrumentos para conseguir los objetivos políticos de los primeros. El apoyo no crítico de destacados gobiernos como los de Gran Bretaña y Australia en las políticas que se adoptaron después por la administración Bush, es debido al, 'gobierno secreto' de aquellas naciones coordinados en sus políticas en un sistema de gestión global creado para los asuntos ET. Esto involucra a muchas organizaciones cuasi gubernamentales tales como la Comisión Trilateral, el Grupo Bilderberg, y el Consejo de Relaciones Exteriores que suministraban los recursos y el liderazgo para dictar políticas gubernamentales a largo plazo alrededor del planeta.[557]

El segundo factor a considerar para las operaciones de bandera falsa es la necesidad del gobierno secreto de mantener un control exclusivo de toda la tecnología ET y las pruebas encontradas en todo el mundo. Esto incluye la supresión de cualquier prueba física de la existencia de visitantes ET del conocimiento público, y la reubicación de laboratorios secretos de los USA y otras naciones importantes. Hay numerosos ejemplos de vehículos ET siniestrados alrededor del planeta que han sido documentados y analizados en un libro reciente de Ryan Wood *Majic Eyes Only* o Sólo para los ojos Majicos. [558] En todos estos casos, los gobiernos se esperan que cumplan o con sobornos o con sanciones con estos esfuerzos encubiertos dirigidos por el gobierno secreto que es global en su ámbito de acción. Los líderes nacionales que no se avienen corren el gran riesgo de ser expulsados de sus cargos.

Por ejemplo, el golpe que sacó del poder al Primer Ministro de Granada, Sir Eric Gairy, fue una operación de bandera falsa. Estaba diseñada para evitar que Gairy consiguiera que la ONU se moviera seriamente en la investigación de los asuntos de OVNI. Gairy sólo fue instrumental en el patrocinio de Grenada de la única Resolución de la ONU que trataba sobre OVNI (pasada en 1978). Estaba programado su encuentro con el Secretario General el 13 de Marzo de 1979 para discutir más iniciativas sobre los restos de material ET descubiertos y recuperados en Grenada.[559] Al mismo día del encuentro, su gobierno fue echado del poder por un golpe liderado por Maurice Bishop. El caso de Gairy sugiere que los golpes de estado consecuencia de operaciones de falsa bandera promovidos por élites disgustadas pueden ser el resultado de una política de sacar de en medio lo líderes nacionales que no cumplan los mandatos del sistema global. Tales líderes son expulsados y reemplazados por individuos más complacientes que pueden ser sacados o desacreditados más fácilmente en el futuro.

El tercer factor exopolítico es la necesidad de obtener control de cualquier territorio que en su día albergó civilizaciones pretéritas que contienen artefactos que pueden proporcionar información o tecnología valiosa dejada por los ET. Estas civilizaciones antiguas han enterrado en sus ruinas mucha información e incluso tecnología obtenida mediante la intervención ET que presuntamente ocurrió hace miles de años. Por ejemplo, hay muchas pruebas que la antigua civilización Sumeria estaba patrocinada por una civilización ET conocida por los Anunnaki.[560] Sumeria, conocida como la cuna de la civilización occidental, estaba situada al sur de Iraq y fue objeto de una serie de excavaciones arqueológicas apoyadas por el régimen de Saddam Hussein.

Hay pruebas crecientes que desde el 1991 al 2003 los USA llevaron a cabo intervenciones militares en Iraq con el objetivo de acceder a algunas de las antiguas excavaciones arqueológicas para encontrar información y tecnología relativas a los Annunnaki.[561] La fabricación de datos de inteligencia relativa a las Armas de Destrucción Masiva (WMD) y la alianza con organizaciones terroristas era una operación de falsa bandera orientada a justificar la intervención militar de los USA en 2003 con el fin de asegurar que el régimen de Saddam Hussein no pudiera explotar aquellos activos o que cayeran en manos de competidores como Rusia y China. Las pruebas de esta fabricación vinieron en el Informe de Septiembre de 2006 por la Comisión de Inteligencia del Senado que confirma que los datos de inteligencia utilizados para justificar la guerra de Iraq eran 'exagerados' [562]

El cuarto factor exopolítico e refiere a si la tecnología sobre la modificación que el antiguo Secretario de Estado William Cohen confirmó que existían en 1997. [563]. Las operaciones de falsa bandera utilizando tecnologías de modificación del clima fueron utilizadas para desviar la culpa a los factores ambientales 'imprevisibles' cuando de hecho aquellas tecnologías se estaban utilizando como instrumento de política nacional. Tales tecnologías pueden ser utilizadas para crear desastres naturales o acontecimientos que coaccionan a las naciones a cumplir con el sistema de secretismo global relativo a los asuntos ET. Este sistema global de secretismo asegura que la información relativa a los ET no se hace pública a los medios. Por ejemplo, el Tsunami de Asia de Diciembre de 2004 afectó a varias naciones incluyendo al subcontinente indio. En aquellos tiempos, la India estaba a la cabeza de una serie de descubrimientos relativos a las visitas de ET.[564] Las revelaciones estaban basadas en una serie de fuentes dentro del sistema militar hindú que aparecieron estar filtrando encubiertamente información acerca de acontecimientos de ET en el Himalaya.[565]

Si las filtraciones estaban ciertamente emanando desde la India, es posible entonces que el Tsunami de Asia sirviera como advertencia a la India que las tecnologías de modificación del clima podían ser utilizadas si la India proseguía con sus políticas de revelación. Subsiguientemente, la administración Bush firmó en Julio de 2005 y un acuerdo extraordinario para ayudar a la India a desarrollar su industria nuclear, y continuar permitiendo a las industrias de los USA hacer outsourcing en la India. Esto sugiere que una mezcla de sobornos y sanciones utilizando las tecnologías del cambio de clima están siendo utilizadas para ganar la obediencia de las naciones emergentes tales como India que de otra forma retaría el sistema global de secretismo.

El factor exopolítico final se refiere al presupuesto negro 'no oficial' en los USA que Estimaciones oficiales sobre los presupuestos negros por la Federación de Científicos Americanos (FAS) se concentra en las revelaciones de la CIA de la verdadera magnitud del presupuesto que financia las actividades de todas las agencias de inteligencia USA. Revelado por la CIA ser 26.700 millones de US$ para el año fiscal 1997, este dinero aparece en una sola línea en el presupuesto del Pentágono, y ha sido estimado por la FAS ser de 30.100 millones para el año 2007. El sentido común dice que el 'presupuesto negro' es financiado por el Pentágono que crea proyectos falsos y exagera los costes de los gastos de defensa actuales (por ejemplo, asientos de toilette) y canaliza todos estos fondos a proyectos 'negro profundo'. Sin embargo, la dimensión real del presupuesto negro estaba estimado en el Capítulo Tres de ser mayor que 1 trillón (un millón de millones) para el año fiscal 2009 que es el doble del presupuesto total del Pentágono, de 515.000 millones de US$. [566] Esta enorme suma de dinero es el acumulado por la CIA que no asegura los beneficios de las grandes corporaciones ni para la dominación financiera, sino para financiar una red secreta de proyectos en negro profundo, que constituyen el segundo Proyecto Manhattan.[567]

En su libro, *The Dark Alliance* o La alianza Obscura, Gary Webb revela pruebas convincentes de que la CIA estaba involucrada en el tráfico de drogas, y que las agencias de aplicación de la ley estaban deliberadamente socavando sus esfuerzos de capturar el mayor número de jugadores importantes en el tráfico de drogas debido a la intervención de la CIA. Las pruebas de esto han sido acumuladas por Michael Ruppert en su anterior sitio web "From the Wilderness" (Desde lo Salvaje) y su libro, *Crossing the Rubicon* o Cruzando el Rubicón.[568] Si la CIA es cómplice en la canalización de droga a los USA con el fin de generar un enorme montón de fondos ilícitos, el principal propósito de los cuales no es enriquecer a los 'barones de la droga' o corromper a políticos, sino financiar un segundo Proyecto Manhattan. Más aún, los beneficios generados del armamento, petróleo y otras industrias, tanto legales como ilegales, son acumulados por las compañías frontales de la CIA que también desviaban a los proyectos en negro profundo que escapan del escrutinio del Congreso. Esta financiación inmoral de actividades es tolerada sobre la base de la seguridad nacional que está preocupada en esconder la verdadera extensión de los proyectos relacionados con ET creados en respuesta a una presencia ET.

## Conclusión: La Incorporación de la Perspectiva Exopolítica sobre el 11-S y las Operaciones de Bandera falsa

Las operaciones de bandera falsa pueden llevar a la intervención militar en áreas que pueden ayudar a mantener el tráfico de droga que la CIA utiliza para generar la financiación para proyectos de presupuesto negro. Operaciones de falsa bandera tales como en incidente de Tonkin y el ataque del 11 de Septiembre llevaron a una intervención militar en áreas vitales para el tráfico de drogas: Indochina y Afganistán. Según Zworkin y Jones, el incidente de Tonkin fue orquestado para asegurar que los USA entrasen en la guerra de Vietnam para mantener la hegemonía global de los USA mediante esfuerzos militares para evitar la expansión de los comunistas en Indochina, y proporcionar nuevos pedidos a las industrias armamentistas. Sin embargo, la guerra de Vietnam desempeñó propósitos exopolíticos más profundos para los USA y uno de ellos fue ayudar a la CIA a aprovecharse de las lucrativas operaciones de tráfico de drogas. Esto es algo que el propio Ruppert identifica pero se opone a una perspectiva exopolítica debido a au rechazo a considerar las pruebas que corroboraban a los OVNI.[569] De manera similar, la intervención de los USA en Afganistán estaba también motivada, de acuerdo con Ruppert, por el deseo de restablecer el tráfico de droga que había sido amenazado por las políticas de los fundamentalistas del régimen talibán que había hecho todo excepto eliminar el ciclo de producción de heroína.[570]

Los autores del 11-S proporcionan un caso contundente que los recientes ataques terroristas en los USA, la Gran Bretaña y otros países tienen las características que distinguen las operaciones de falsa bandera que han estado utilizadas en el pasado por los gobiernos para apuntar potenciales oponentes, crear amenazas falsas, y erosionar libertades civiles. Los varios libros y videos que tratan del 11-S como una operación de falsa bandera son advertencias poderosas de la extensión dónde los gobiernos pueden llegar a ir con el fin de aumentar su poder. Al explicar el objetivo final de estas operaciones de falsa bandera, el nivel de análisis de los más conocidos autores del 11-S: Jones, Zwicker, Ruppert y Griffin no profundizan lo suficiente hasta revelar la verdadera agenda y los beneficiarios.

Según Jones, Zwicker y muchos otros, los últimos beneficiarios de las operaciones de falsa bandera son los barones de las grandes corporaciones detrás las industrias del petróleo y del armamento, y los designios imperialistas de los neoconservadores de los USA que dominaban la administración Bush. Esto proporciona supuestamente una explicación convincente de quién está en última instancia detrás de la guerra contra el terrorismo y el porqué está siendo seguida. En lugar de la codicia de las grandes corporaciones e intenciones imperialistas que dirigen la guerra al terrorismo, hay factores aún más profundos que se refieren a las políticas encubiertas que involucran proyectos de elevadísimo secreto que incluyen tecnologías ET financiados por fuentes con presupuestos negros ilegales que utilizan compañías frontales en las industrias del petróleo y armamentistas. Esto es dónde las explicaciones del 11-S ofrecidas por Griffin, Jones, Ruppert y Zwicker no van lo suficientemente lejos en identificar los verdaderos parámetros del 'trabajo interno' que llevó al 11-S. La codicia de las grandes corporaciones y el imperialismo neoconservador no son las fuerzas motrices detrás de la guerra contra el terrorismo, sino son los vehículos usados para generar fondos para un segundo Proyecto Manhattan que superan todos las demás preocupaciones de seguridad nacional en los USA y otras importantes naciones.

Con Internet y las crecientes comunicaciones que socavan el sistema global de secretismo encubriendo pruebas que confirman la existencia de vida ET, la guerra contra el terrorismo proporciona una forma de distraer al público y desacreditar investigadores que buscan sacar estas pruebas a la luz. La guerra contra el terrorismo también proporciona una útil cobertura para continuar generando enormes ingresos para el segundo Proyecto Manhattan que escapa a la supervisión del gobierno, y que incrementa el poder del gobierno secreto en el control de la distribución de estos ingresos. Los autores e investigadores asociados a la tesis de que el 11-S fue un 'trabajo interno' nos ha dirigido en la dirección justa en términos de complicidad del gobierno. Ellos se merecen el crédito de haber abierto los ojos del público americano de lo que realmente transpiró en el 11-S como se puso de manifiesto en la reciente encuesta de Zogby y Scripps.

La principal objeción al trabajo de los autores sobre el 11-S es que no identifican los diferentes factores exopolíticos que revelan la agenda más profunda detrás de las operaciones de bandera falsa. Esto se entiende dada la forma en que los defensores de un "Watergate Cosmico" pueden ser fácilmente percibidos por algunos como medios para poner en peligro la consideración de estudios objetivos del 11-S. Peor aún, considerando factores exopolíticos pueden incluso llevar a acusaciones de desinformación que pueden echar fuera de la pista a los investigadores sobre el 11-S. Sin embrago, los sondeos tales como el de 2002 de Roper Poll muestran que aproximadamente un 70% del público americano cree que el gobierno no está diciendo la verdad acerca de los OVNI y los visitantes ET.[571] Esto sugiere que hay un gran beneficio en conectar el 11-S con los encubrimientos sobre los OVNI para entender mejor los factores e instituciones clave involucradas en operaciones de falsa bandera y posibles factores exopolíticos. Es únicamente a través de una comprensión sistemática de la perspectiva exopolítica que los verdaderos motivos detrás de la 'guerra al terror' y la naturaleza del 'gobierno secreto' pueden ser calibrados completamente, y encontrar una solución durable que evite en el futuro las operaciones de falsa bandera.

## Notas finales. Capítulo Diez

[538] Estoy agradecido a Hugh Matlock por sus serias ideas y sugerencias para mejorar el contenido substantivo y la organización de este documento, e identificar varios errores tipográficos.
[539] "Encuesta Zogby: 51% de los Americanos Quieren que el Congreso investigue a Bush/Cheney en relación con los ataques del 11-S; Sobre un 30% Buscan Acusación Inmediata " disponible online en: http://www.zogby.com/news/ReadNews.dbm?ID=1354 . Una versión anterior de la encuesta Zogby (Mayo de 2006) found that 42% of Americans believed that official explanations and the 9-11 La Comisión estuvo encubriendo la verdad. Ir a
http://www.911truth.org/images/911TruthZogbyPollFinalReport.htm
[540] Ir a: http://www.scrippsnews.com/911poll
[541] Para el testimonio de Charlie Sheen ir a:
*http://www.prisonplanet.com/articles/march2006/200306charliesheen.htm*
[542] La website de los originales especialistas de la Verdad del 11-S fue dividida debido a los diferentes enfoques de destacados seguidores. Sus principales ramificaciones incluyen: http://911scholars.org and
http://www.ae911truth.org .
[543] Citado del http://en.wikipedia.org/wiki/False_flag .
[544] Para un artículo que discute las opiniones de Griffin's sobre Pearl Harbor y las operaciones de falsa bandera ir a:
http://bohemian.com/bohemian/06.14.06/david-ray-griffin-0624.html .
[545] Disponible online en http://www.gwu.edu/~nsarchiv/news/20010430/
[546] Para información sobre el Proyecto del Nuevo Siglo Americano Century ir a: http://www.newamericancentury.org
[547] Stanton Friedman, *Flying Saucers and Science: A Scientist Investigates the Mysteries of UFOs* ( Platillos Volantes y Ciencia: Un Científico Investiga los Misterios de los OVNI) (New Page Books, 2008) 103-28.
[548] Para información sobre el Informe Brookings ir a la entrada de Wikipedia en: http://en.wikipedia.org/wiki/Brookings_Report .
[549] Ver Robert Salas y James Klotzhttp, *Faded Giant* (Gigante que se Desvanece) (BookSurge Publishing 2005). Details available online at: www.ufopop.org/Special/FadedGiant.htm .
[550] See Michael E. Salla, *Exopolitics: Political Implications of the Extraterrestrial Presence* (Dandelion Books, 2004). Artículos online están disponibles en: http://www.exopolitics.org
[551] http://www.disclosureproject.org .
[552] http://www.majesticdocuments.com .
[553] Ver Lewis Lapham, "Lights, Camera, Democracy" ("Luces, Cámara, Democracia"), Harper Magazine, August 1996, están disponibles extractos en: http://fdt.net/~aabbeama/PJB_from_left.html .

[554] Para más información ir a: http://presidentialufo.com .
[555] http://www.presidentialufo.com/part5.htm .
[556] http://www.exopolitics.org/Study-Paper-5.htm .
[557] Ver Jim Marrs, *Rule by Secrecy: The Hidden History That Connects the Trilateral Commission, the Freemasons, and the Great Pyramids* (La Regla del Secreto: La Historia escondida que conecta a la Comisión Trilateral. Los Masones libres y las Grandes Pirámides) (Harper, 2001).
[558] http://www.majiceyesonly.com .
[559] Para el relato de Gairy sobre lo que pasó, ver Wesley Bateman, "Sir Eric Gairy, Prime Minister of Grenada: His UN UFO Meeting and his E.T. Secret," (Sir Eric Gary Primer Ministro de Grenada, Su reunión UN OVNI y su secreto E.T.) *UFO Digest* (March 12, 2008):
http://www.ufodigest.com/news/0308/gairy.html
[560] Ver el libro de Zecharia Sitchin *The Twelfth Planet* (El Doceavo Planeta) y otros de sus series de Crónicas de la Tierra, disponible en:
http://www.sitchin.com .
[561] Ir a: http://www.exopolitics.org/Study-Paper2.htm .
[562] Ver "Postwar Findings about Iraq's WMD Programs and Links to Terrorism and How they Compare with Prewar Assessments" ("Hallazgos post guerra acerca de los Programas WMD de Iraq y lazos con el Terrorismo y Como lo comparan con las Afirmaciones pre-guerra") , disponible en: http://intelligence.senate.gov/phaseiiaccuracy.pdf.
[563] http://www.fas.org/news/usa/1997/04/bmd970429d.htm .
[564] Para varias historias relativas a la emisión de información de la India sobre los OVNI y extraterrestres ir a: http://www.indiadaily.com .
[565] "Más pruebas de contactos extraterrestres con Gobiernos y Militares Indios," disponible en: http://www.indiadaily.com/editorial/12-19c-04.asp.
[566] "Fiscal 2009 Department of Defense Budget is Released," ("El presupuesto del Departamento de Defensa para el año fiscal 2009 ha sido dado a conocer") *Defense Link*, February 04, 2008. Disponible online en:
http://www.defenselink.mil/releases/release.aspx?releaseid=11663.
[567] Ver capítulo Tres. Una version anterior fue publicada como Michael Salla, "The Black Budget Report,"
http://www.scoop.co.nz/stories/HL0401/S00151.htm .
[568] Ver Michael Ruppert, *Crossing the Rubicon: The Decline of the American Empire at the End of the Age of Oil* (Cruzando el Rubicón: El Declive del Imperio Americano y el Final de la Era del Petróleo") (New Society Publishers, 2004) y su anterior website: http://www.fromthewilderness.com.
[569] Ver "Michael Ruppert Responds to Victor Thorn's Ten Questions" ("Michael Ruppert Responde a las Diez Preguntas de Victor Thorn") : http://www.fromthewilderness.com/10questions.shtml.
[570] Ver Michael Ruppert,
http://www.fromthewilderness.com/free/ww3/10_10_01_heroin.html.
[571] Ver: http://www.scifi.com/ufo/roper.

# Parte D

# Superación de los Retos de la Exopolítica

El primer reto con el que se enfrenta la Exopolitica es preparar al gran público para la revelación de la política del gobierno secreto relativo a la vida ET. Esto requiere la revelación de pruebas que confirman la realidad de la vida ET de forma que el público pueda participar de una manera informada en futuros debates sobre las políticas apropiadas sobre aquellos asuntos. Muchas de estas pruebas y sus implicaciones en la política pública se dio a conocer en la Parte A. Otro aspecto del reto de la exopolitica es persuadir a los que toman decisiones políticas que la revelación ET es la política más sensible a tomarse a pesar de los riesgos que plantea en términos de una pérdida de confianza del público y la credibilidad en las instituciones del gobierno. La Parte B se concentró en criticar las respuestas políticas que han sido implementadas secretamente para tratar la vida ET. Los capítulos en la Parte C empezaron el proceso de educación de preparar al público para la revelación de los complejos asuntos de política pública relativos a la vida extraterrestre. La Parte D esboza la significación de la percepción del público en lo relativo a la vida ET, y cuan importantes son las actitudes del público en superar los retos de la exopolitica.

El Capítulo Once proporciona una crítica detallada de los métodos de desacreditar utilizados por aquellos críticos con los testimonios de los whistleblowers frecuentemente utilizados por los investigadores exopolíticos. El ser capaces de distinguir entre una crítica objetiva y los métodos del descrédito común proporciona una herramienta conceptual frente a los esfuerzos de rechazar los testimonios de whistleblowers clave. Los testimonios de los whistleblowers, tales como los del Tte. Coronel Philip Corso, ofrecen importantes ideas en las políticas del gobierno sobre la vida ET, y ayuda a movilizar al gran público a tomar la acción.

El Capítulo Doce da una idea de las posibles reacciones del público frente a la revelación de las políticas del gobierno a la vida

ET. El capítulo se basa en una encuesta online que calibra las reacciones del público a la serie de asuntos asociados con el encubrimiento del gobierno a la evidencia de vida ET. El capítulo da una visión dentro de los errores que surgirán cuando los asuntos políticos relativos a la vida ET y las respuestas del gobierno sean debatidos por el gran público.

El capítulo final de este libro describe las tres maneras en las que es conformada la opinión pública para el 'Primer Contacto' con los extraterrestres. Este capítulo argumenta que el asunto principal es no si la revelación de los ET ocurrirá sino 'como' ocurrirá. Agencias del gobierno y departamentos militares que compiten entre sí para promocionar su propia visión de la presencia ET para moldear las percepciones del público. La influencia sobre estas percepciones será crítica en cuanto al sistema de gestión actual, Manhattan Dos, y el presupuesto negro que lo financia continúan operando a los niveles actuales. El objetivo es animar el desarrollo de una ciudadanía potenciada e informada que pueda manejar constructivamente los problemas suscitados por una presencia ET no declarada, y desarrolle soluciones viables.

# Capítulo Once

## El Paso del Rubicón. Tte. Col Philip Corso y sus críticos

En 1997, un Tte. Col. Retirado del Ejército de los USA, Philip Corso, escribió un libro, *The Day After Roswell*, El Día Después de Roswell, que rápidamente escaló en la lista de ventas del New York Time con sus revelaciones relativas a su papel en un proyecto secreto para diseminar tecnologías ET en el sector privado.[572] Corso tenía una distinguida carrera como oficial de la Inteligencia Militar. Sirviendo en puestos destacados durante la Segunda Guerra Mundial, la Guerra de Corea, y en la administración Eisenhower. Fue durante su destino como 'Asistente Especial' al Tte. General Arthur Trudeau, quien era el jefe de Investigación y Desarrollo del Ejército del cual Corso llegó a ser jefe del Despacho de Tecnología Foránea recién creado. Durante este destino entre 1961 a 1963, Corso asegura haber pasado regularmente a varias compañías, 'tecnologías foráneas' clave que eran, de hecho, de origen ET. Esto condujo a avances en el desarrollo de circuitos integrados, tecnología de visión nocturna, fibra óptica, fibras de alta tenacidad, láser y otras tecnologías punta. El libro de Corso detalla un caso notable; un antiguo militar de alto rango surgió como whistleblower para revelar información acerca de proyectos secretos que incluían vehículos ET (ETV) o entidades biológicas ET (EBE).

Desde la publicación de su libro, ha habido mucha controversia entre aquellos que creen que Corso estaba revelando actividades secretas incluyendo la diseminación a la industria privada de tecnologías ET, y aquellos que creen que Corso maquilló su distinguido servicio militar para asumir un rol histórico mucho más allá de sus logros reales. Los más críticos con Corso creen que él estaba inclinado a dar brillo a su hoja de servicios. La mayoría de las críticas se centran alrededor de declaraciones públicas hechas que parecen ser inconsistentes con lo que se puede verificar en documentación pública. El caso de Corso es importante ya que representa el tipo de testigo cuyo testimonio no dice lo máximo acerca de las políticas secretas del gobierno relativas a la vida ET.

En este libro, he introducido numerosos testimonios por testigos, Corso incluido, cuya principal credibilidad viene de sus antecedentes como militares y / o ejecutivos de compañías que sirvieron en puestos donde ellos afirman que han visto acontecimientos y documentos secretos. Es por tanto importante familiarizarse con los esfuerzos de algunos en calumniar la credibilidad y rechazar el testimonio de tales testigos. En mi investigación exopolitica en curso, he encontrado que esto es el obstáculo más difícil con el que se enfrentan los investigadores que intentan entender y exponer las políticas secretas del gobierno sobre la vida ET – los continuos esfuerzos de calumniar y rechazar los testimonios de testigos clave. He optado por tanto por analizar los argumentos principales utilizados para rechazar el testimonio de uno de los testigos más creíbles y fiables que surgieron que confirmaba la existencia de políticas del gobierno y militares sobre la vida ET – el Tte. Col. Philip Corso.

Las afirmaciones más significativas de Corso que han sido objeto de intensas críticas son: 1.- él sirvió como miembro del Consejo de Seguridad Nacional del Presidente Eisenhower, 2.- era el jefe del despacho de Tecnología Foránea en Investigación y Desarrollo del Ejército durante dos años; 3.- diseminó tecnología ET a la industria privada; 4 él fue testigo de una entidad biológica ET (EBE) que fue llevado en un avión desde la Base Aérea de Roswell a la Base Wright Patterson de la USAF. Otras críticas incluyen la afirmación de Corso de haber estado asociado con un grupo de control encubierto para supervisar el fenómeno OVNI, MJ-12, de haber servido como comandante de batallón en White Sand de Misiles de alcance; de haber inventado una supuesta confrontación con el director de operaciones encubiertas de la CIA; y de haber sido promovido a Coronel a su retiro.

Discutiré cada una de estas críticas con el fin de valorar su validez; el daño a la credibilidad de Corso como whistleblower; discrepancias con la documentación disponible; y el impacto en esta afirmación central de haber sido parte de un esfuerzo de alto secreto por el Ejército USA de diseminar tecnologías ET en industrias civiles. La credibilidad de Corso como distinguido oficial militar que se presentó para revelar su papel en tales programas secretos muy poco antes de su muerte es en el centro del debate de si sus afirmaciones son válidas o no.

Las afirmaciones de Corso colocaban a un buen número de veteranos investigadores del fenómeno OVNI en una situación poca cómoda de rechazar el testimonio de un oficial altamente condecorado. La documentación lo puso en lugares y destinos dónde los eventos que afirma podían haber ocurrido como él describía. Sin embargo, ha habido algunas inconsistencias que se encontraron entre lo que él afirma y lo que se pudo documentar. Esto ha traído un intenso debate entre los que consideran menores aquellas inconsistencias y los que creen que las inconsistencias son suficientemente significativas para hacer que se rechace la credibilidad y su testimonio por completo.

Algunos de los críticos de Corso han ido tan lejos como tildar a Corso de un fraude y un 'embaucador literato' [573]. Los críticos más fuertes incluyen al veterano investigador de OVNI Stanton Friedman, el Dr. Kevin Randle y Brad Sparks que han expresado colectivamente su escepticismo. Muchas de las críticas hechas a Corso cruzan el Rubicón entre la crítica objetiva y el descrédito directo. Esto invita a la especulación de los motivos de los críticos de Corso quienes han tomado este descrédito de forma concertada frente a un militar muy condecorado y whistleblower cuyas revelaciones hacen mucho para clarificar el fenómeno OVNI.

Ficheros de Corso obtenidos mediante FOIA incluyen su hoja de servicios y un informe del FBI desclasificado.[574] Para ayudar a mi evaluación yo utilicé declaraciones de una versión italiana de las notas originales de Corso que fueron publicadas en Italia como *L' Alba di una nuova* Era [el Alba de una Nueva Era]. [575] Estas notas no han sido publicadas aún en inglés. Comprenden las creencias 'en bruto' de Corso en un buen número de asuntos de OVNI antes de su colaboración con el coautor William Birnes en *The Day After Roswell.* Examino cada uno de las críticas más significativas surgidas contra la credibilidad de Corso como whistleblower, y valoro si los críticos de Corso cruzan la línea entre la crítica objetiva y el descrédito. Primero describiré la diferencia entre ambas para establecer alguna guía maestra para determinar cuando los críticos de Corso cruzan el Rubicón y se convierten en desacreditadores.

## 1. Críticas Objetivas frente a Descrédito

El fenómeno OVNI ha llevado a numerosas afirmaciones por muchos individuos relativo a varios aspectos de este complejo fenómeno. El análisis de estas afirmaciones requiere un enfoque objetivo de las pruebas y no estar influenciado por las propias creencias de los investigadores. Yo intento distinguir entre la crítica realizada tras una investigación objetiva de las pruebas y críticos que utilizan sus criticas para promocionar sus propias creencias establecidas. El Dr. Bernard Haiasch define el escepticismo, lo que yo considero aquí ser 'crítica objetiva', como:

> ... quien practica el método de juicio en suspenso, se mete en un razonamiento racional y desapasionado como se ejemplifica por el método científico, muestra la voluntad de considerar explicaciones sin prejuicio basados en anteriores creencias, y quien busca pruebas y escruta su validez.[576]

Esta definición contrasta con el desprestigio que está guiado por un prejuicio del investigador basado en creencias anteriores, y esfuerzos no ingenuos de manipular las pruebas para promover una conclusión particular. Vale la pena señalar que el desprestigio fue sancionado oficialmente por el Panel Robertson como medio de desacreditar un gran número de afirmaciones relativo a los OVNI. En Enero de 1953, un grupo de científicos presididos por Dr. Howard P. Robertson y financiado encubiertamente por la CIA, recomendó que los avistamientos de OVNI fueran desacreditados dado el potencial de manipulación de esta información por 'potencias extranjeras' de una forma que pudiese socavar la seguridad nacional de los USA. El panel recomendaba un "programa de educación" que evitara quitar el interés del gran público y pidiera una investigación seria sobre los avistamientos de OVNI: "el objetivo del 'descrédito' daría como resultado un reducción del interés del público en los 'platillos volantes' que provocan hoy una fuerte reacción psicológica "[577] En consecuencia, una política de desprestigio de los informes sobre OVNI aprobada por la CIA había empezado. Esto hay que considerarlo cuando se examinan las críticas de las afirmaciones relacionadas con los OVNI o sus testigos.

La crítica objetiva puede ser fácilmente distinguible del desprestigio de tres maneras cuando se hace referencia a los testimonios de los whistleblowers. Primero, el crítico objetivo desea "considerar explicaciones alternativas" si se encuentra cualquier inconsistencia en lo que el whistleblower afirma y lo que se puede verificar objetivamente. En contraste, una persona que desprestigia rechaza automáticamente las explicaciones alternativas y rechazará las afirmaciones relativas a OVNI si se encuentra cualquier inconsistencia. Segundo, el crítico objetivo escrutará las inconsistencias y buscará juzgar cuan significativa son en relación a las afirmaciones hechas por el whistleblower. En contraste, el que desprestigia resaltará tales inconsistencias, exagerando su importancia en relación a la integridad y fiabilidad del whistleblower. Tercero, el crítico objetivo evaluará los pros y contras en un testimonio del whistleblower y alcanzará una evaluación equilibrada. En contraste, el que desprestigia se concentrará en los contras y argumentará para rechazar el testimonio del whistleblower, a pesar de los pros.

**2. ¿Era el Col. Corso un miembro del Consejo de Seguridad Nacional?**

En la descripción biográfica encontrada en El Día después de Roswell, Corso afirmaba que sirvió en el Consejo de Seguridad Nacional de Dwight D. Eisenhower como teniente coronel", En todas las partes de su libro, Corso declara que estaba "en el personal del NCS"[578]; y asegura que en su quinto año él pidió personalmente al Presidente Eisenhower dejar su cargo en el Consejo de Seguridad Nacional (NSC) para poder coger su propio mando militar en New Mexico.[579] En sus notas, asegura que en 1953-57 era "un miembro del Consejo de Seguridad Nacional"[580] Según Corso, el Tte. General Trudeau le había enviado a servir al NSC bajo el Presidente Eisenhower. En su libro dice que "estaba trabajando en algunas de las áreas más secretas de la inteligencia militar, revisando información altamente secreta por orden del General Trudeau."[581].

Ha habido dos importantes críticas a las afirmaciones de Corso en relación a su servicio en el NSC. Una por Stanton Friedman y el Dr. Randle quienes critican a Corso por afirmar haber servido en el propio NSC en lugar de ser un oficial de enlace en un comité del NSC. La segunda crítica por Brad Sparks afirma que ni el Consejo Estratégico Psicológico (PSB) o el Consejo de Coordinación de Operaciones (OCB) en los cuales sirvió Corso, eran parte del NSC, Estas críticas todas llegan a la conclusión que Corso embelleció su preciso rol con el NSC y su testimonio entero por tanto se convierte en no fiable. Yo trato, a su vez, cada una de estas críticas.

Los registros militares de Corso confirman que de 1953 a 1956, le dieron destinos de personal de inteligencia tanto en el Consejo Estratégico Psicológico (PSB) como en el Consejo de Coordinación de Operaciones (OCB). Esto es consistente con un Informe del FBI que declara que "Corso fue asignado al OCB, del Consejo de Seguridad Nacional (NSC),"[582] por tanto se puede confirmar que Corso fue asignado como un miembro del personal de inteligencia en al menos dos comités, que realizaron importantes funciones de guerra psicológica dentro de la administración Eisenhower. Dos de estos comités, el PSB y el OCB casi con certeza manejaron la gestión de la respuesta pública a la información OVNI. Las críticas de Friedman salen de la declaración jurada de Corso dos meses antes de su muerte en Julio de 1998. En la declaración jurada Corso afirmó que "era un miembro del Consejo Nacional de Seguridad del Presidente Eisenhower."[583]

Friedman llevó a cabo una investigación en la Librería Eisenhower en las afirmaciones de Corso da haber sido un 'miembro del NSC'. Friedman dice que el archivero nunca encontró ninguna prueba de que Corso sirvió como un miembro del NSC o estuvo en alguna reunión del NSC. Esto le llevó a rechazar la afirmación de que Corso había servido en el NSC. Esto es lo que Friedman me escribió durante un debate online sobre la credibilidad:

> Ud. quiere creer que Corso estaba en el Consejo de Seguridad Nacional. Si Ud. hace alguna comprobación…. Encontrará que el ser miembro del NSC está determinado por Estatutos. Él no tuvo ninguno de los puestos que le habrían permitido ser nombrado como miembro. ¿Tiene Ud. alguna razón para afirmar que la Librería Eisenhower estaba mintiendo cuando ellos dijeron que él no era un miembro y que no estuvo en ninguna reunión? Una carta de referencia acerca de él deja claro que era un hombre de enlace… no un miembro.[584]

El problema en resolver este asunto es exactamente ¿qué parte del NSC afirmaba Corso que era un miembro? ¿Era el comité de nivel de gabinete presidido por el Presidente generalmente conocido por NSC? Alternativamente, era uno de los comités inter agencias formalmente y / o funcionalmente asociados al NSC. Estos comités inter agencias formaban lo que se conoce generalmente como el sistema NCS. En el vértice del NSC son oficiales a nivel de gabinete y jefes de varios departamentos y agencias reuniéndose regularmente para discutir asuntos de seguridad nacional. Durante la administración Eisenhower, el NSC estaba compuesto de los siguientes:

> …. Cinco miembros estatutarios: el Presidente, Vicepresidente, Secretarios de Estado y Defensa, y el Director de la Oficina de la Movilización de la Defensa. Dependiendo del tema de discusión, una muestra de otros miembros de rango el Gabinete y consejeros, incluyendo el Secretario del Tesoro el Presidente del JCS (Junta de Jefes de Estado Mayor) y el Director de la Central de Inteligencia (CIA) asistían y participaban."[585]

Corso no afirmó nunca, en su libro o notas, haber sido un miembro del NSC como el descrito antes, pero que había estado en el personal del NSC. Esto sugiere que la declaración jurada, firmada sólo dos meses antes de su muerte, a los 83 años de edad, que contenía la referencia de él habiendo sido miembro del NSC, puede ser atribuido a un error humano. Corso, de avanzada edad y enfermo, tuvo un fallo al no insertar la palabra calificadora de 'staff' antes de la frase "miembro del Consejo de Seguridad Nacional del Presidente Eisenhower."

Concerniente a en qué parte del NSC trabajó Corso, sabemos de la asociación OCB con la NSC en la siguiente descripción de cómo el NSC discutió su agenda e implementó sus decisiones durante el servicio de Corso:

> Presidente Eisenhower creó el Consejo de Coordinación de Operaciones (OCB) para seguir todas las decisiones del NSC. La OCB se reunía regularmente los miércoles por la tarde en el Departamento de Estado, y estaba compuesto por el

> Subsecretario de Estado para Asuntos Políticos, El Secretario Adjunto de Defensa, los Directores de la CIA, USIA [US. Information Agency] ….y los Asistentes Especiales del Presidente para los Asuntos de Seguridad Nacional y la Coordinación. La OCB era el brazo coordinador e implementador de la NSC de todos aspectos de la implementación de la política nacional de seguridad. Los papeles de la acción del NSC fueron asignados a un equipo desde el seguimiento de la OCB. Más de 40 grupos de inter agencias que trabajaban fueron establecidos con expertos para varios países y temas. Este staff de 24 miembros de la OCB apoyaron estos grupos de trabajo en los que funcionarios de varias agencias se reunían con cada uno de los otros la primera vez.[586]

Además del OCB que era responsable de la implementación de las decisiones del NSC, era también obligatorio informar a la NSC como estaba estipulado en la orden ejecutiva que la creó. El papel de la OCB está descrito en la historia oficial de la NSC que declara de la OCB: "Establecida como una agencia independiente por la EO (Orden Ejecutiva) 10483 de 2 de Septiembre de 1953 para informar a la NSC sobre el desarrollo, por las apropiadas agencias de las ramas Ejecutivas, de los planes operativos para las políticas de seguridad nacional de importancia internacional."[587] Mientras que formalmente era independiente, la OCB y la PSB eran funcionalmente parte del sistema NSC, ya que se requería que ambas informaran al NSC e implementaran las decisiones del NSC.

En consecuencia, se puede concluir que Corso sirvió en su capacidad de personal de apoyo a la NSC en lugar de ser un miembro de la NSC propiamente. NSC era la última entidad del gobierno al que la OCB o Consejo de Coordinación de Operaciones tenía que informar e implementar las decisiones que recibía de él. Este enfoque de que la OCB era una parte del NSC fue confirmada por el informe del FBI y es verdad por tanto que Corso sirvió en el staff del NSC. El origen del juramento de Corso que él había sido un miembro del NSC se basa en su pertenencia como miembro de uno de sus comités subordinados – el OCB y su predecesora la PSB.

Friedman ha tomado a Corso bastante literalmente como si sirviera en la NSC cuando está claro del contexto de su libro, notas y entrevistas que Corso sólo se refería a su pertenencia como miembro a la OCB (Consejo de Coordinación de Operaciones) y otros comités ligados al NSC. Esto ha llevado a Friedman a la conclusión de que Corso estaba ofreciendo declaraciones equivocadas de servir tanto al NSC y asistiendo a reuniones del NSC involucrando al Presidente y a otros funcionarios de nivel de Gabinete. Esto explica porque el archivero de la Librería Eisenhower no podía encontrar ninguna prueba de que Corso hubiese sido un miembro de la NSC o hubiera asistido a reuniones del NSC, Friedman estaba mirando a un comité erróneo en términos de la pertenencia de Corso como miembro y asistencia. Claramente, Corso asistió a reuniones del OCB y del PSB (Consejo de Estrategia Psicológica), por tanto la declaración de Friedman que no pudo encontrar registros que confirmaran la asistencia de Corso reuniones del NSC es falsa. Corso asistió claramente a las reuniones del OCB y del PSB durante sus cuatro años de destino en la administración de Eisenhower y al NSC.

Un mal entendido similar del papel de Corso en el NSC es la declaración de Randle en la siguiente discusión que tuve sobre la credibilidad de Corso:

> A la Biblioteca Eisenhower le faltaba los registros para corroborar las afirmaciones de Corso, no porqué los registros fuesen incompletos sino que simplemente estos nunca existieron en primer lugar. Aquí hay otra discrepancia significativa que Ud. opta por ignorar diciendo puede ser o, posiblemente, quizás, pero no tiene pruebas para incluso empezar una simple investigación, más allá de la palabra de una persona que ha sido cogida muchas veces haciendo afirmaciones falsas.[588]

Randle está también llegando a una conclusión acerca de la veracidad de Corso como whistleblower basando su enfoque sobre una declaración hecha por Corso en su declaración jurada, y sacándola fuera del contexto para inferir algo negativo acerca de la trayectoria de Corso. Antes Corso había aclarado tal posible confusión en su libro y durante entrevistas subsiguientes. Randle se equivoca al examinar el rol preciso que Corso jugó en el NSC y los varios comités a los que asistió, y cómo la NSC es una institución multijerárquica. Corso estaba claramente asignado al personal militar tanto de PSB como de OCB que eran parte del sistema NCS desarrollado en la administración Eisenhower.

Otra crítica la ha hecho Brad Sparks quien afirma que la OCB no se convirtió formalmente en una parte de la NCS hasta 1957 como resultado de una Orden Ejecutiva 10700 que incorporó a la OCB dentro de la NSC. Sparks afirma que Corso maquilló su hoja de servicios afirmando que había servido en la más prestigiosa NSC como opuesta a la menos prestigiosa OCB. Sparks escribe:

> Corso sirvió como miembro del staff de una "agencia independiente", algo llamado OCB desde el 24 de Febrero de 1954 al 20 de Octubre de 1956, de acuerdo a los registros, 'no' como miembro del staff del NSC …. la OCB y su predecesora la PBS no eran parte de la NSC …. [589]

La crítica de Sparks es incorrecta en varias formas. Primero, la OCB era funcionalmente parte del NSC de su inicio debido a que informaba e implementaba las decisiones del NSC. La incorporación formal de la OCB en el NSC en 1957 se hizo por razones de organización, y no cambió su función principal como un comité inter agencias que era parte del sistema NSC. Segundo, un informe del FBI se refiere a Corso habiendo prestado servicios en OCB NSC, confirmando con ello que es ampliamente conocido que la OCB era una parte de NSC desde su comienzo. Tercero, el testimonio bajo juramento de Corso en la "Vista del Congreso antes del Asunto sobre POW/MIA" en 1992, puso en la lista a Corso como "Tte. Col. Phillip Corso (USA, Retirado) staff del Consejo Nacional de Seguridad, administración Eisenhower". Cuarto, Robert Cutler escribió una historia oficial para la CIA acerca de su experiencia mientras prestaba sus servicios como Asistente Especial de Eisenhower para los Asuntos de Seguridad Nacional. Cutler prestó servicios en el Consejo de Estrategia Psicológica ( PSB) en los años 1951-58. Cutler describe el papel de la OCB en la implementación de políticas aprobadas por el NSC como sigue:

> Finalmente, el Presidente aprueba, modifica, o rechaza las recomendaciones del Consejo, transmite aquellas políticas que él aprueba a los departamentos y agencias responsables de la planificación de su ejecución, como regla –en lo que

> concierne a asuntos internacionales – él solicita al OCB del NSC que ayude a estos departamentos y agencias en la coordinación de sus planes respectivos para la acción bajo las políticas aprobadas.[590]

Un fallo significativo en el argumento de Sparks es que él no es consistente en sus críticas. Su crítica más reciente contra Corso es una vuelta atrás de su posición previa que el PSB era parte del NSC y que Corso había sido asignado al NSC mientras servía en la administración Eisenhower. En su 'exposición' definitiva del libro de Corso, escrita en Agosto de 1998, Sparks escribió: "el PSB era una división del Consejo Nacional de Seguridad (NSC), no de la CIA, y no existía en 1947. El PSB fue creado el 4 de Abril de 1951. Corso debía conocer esto de su viaje de servicio en el NSC a principios de los 50."[591]

La pruebas documentales e históricas apoyan la opinión que él sirvió como miembro del staff del NSC mientras estuvo en el OCB y el PSB. Además, la crítica de Sparks sobre Corso falla al no ser consistente. Sparks ha sido el más desdeñoso de todos los críticos en lo que atañe a las credenciales de Corso y su trayectoria. Ha menospreciado a Corso a pesar de las pruebas documentales apoyando las afirmaciones de Corso. En el caso de Friedman y el Dr. Randle, ambos menospreciaron a Corso enfatizando su supuesta afirmación en su declaración jurada de haber servido en el mismo NSC. Ellos ignoran las declaraciones repetidas por Corso, hechas antes, de haber sido uno del staff asignado al NSC. Ellos pusieron gran énfasis en lo que es un obvio descuido por parte de Corso que puede ser atribuible a su mala salud. Ignoran entrevistas previas y escritos los cuales afirman consistentemente que Corso había servido en la plantilla del NSC Esto sugiere que tanto Friedman como Randle menospreciaron el testimonio de Corso sobre enfatizando inconsistencias en su testimonio. Los fallos de Randle, Sparks y Friedman en no considerar explicaciones alternativas para tales inconsistencias, su sobre énfasis en la significación de tales inconsistencias y su falta de esfuerzo para alcanzar una conclusión equilibrada sobre los pros y los contras del testimonio de Corso, sugieren que ellos han cruzado el Rubicón desde la crítica objetiva al descrédito.

**3. ¿Trabajó el Col. Corso con Majestic-12?**

Según Randle, Corso había hecho algunas declaraciones públicas de haber estado oficialmente vinculado son el Grupo secreto Majestic 12 (MJ-12), creado para gestionar el fenómeno OVNI.[592] Randle llega a la conclusión que la falta de apoyo documental para tales afirmaciones sugieren que Corso era propenso a maquillar su trayectoria militar, por tanto su testimonio no es fiable. Randle desdeñoso escribe: "Yo encuentro que las referencias a su involucración personal en el MJ-12 son el humo de la pistola acerca de la credibilidad de su libro."[593]

Pruebas documentales de una relación oficial entre Corso y el MJ-12 se encuentran en su hoja de servicios oficial. Los registros de Corso señalan que sirvió en el Consejo de Estrategia Psicológica (PBS) en 1953; y también en su sucesor, el Consejo de Coordinación de Operaciones (OCB) en 1953-56. Durante el servicio de Corso, estos comités estaban ambos ubicados en el Departamento de Estado, y su cabeza era el Secretario Adjunto de Defensa. Corso describe su papel en PSB/OCB y la información OVNI a la que tuvo acceso como sigue:

> Durante mi carrera militar en algún momento, yo conté nueve pases que me fueron otorgados por encima del "Top Secret". Estos incluían criptografías, satélites, codificación e interceptación, pases para operaciones especiales y la categoría de "Ojos sólo" de los asuntos de la Casa Blanca (NSC). Ellos pusieron a mi disposición todos los asuntos dentro del gobierno incluida la información de "OVNI". Mis colegas del NSC no sabían de mis pases especiales. Sólo C.D. Jackson, mi superior, el ayudante especial del Presidente y el Presidente Eisenhower sabían mis pases.[594]

Corso esta afirmando aquí que mientras estaba en servicio como miembro del personal del NSC de Eisenhower, le dieron acceso a la información 'OVNI'. Afirmaciones atribuidas a Corso por Randle que Corso sirvió con Majestic-1 se puede explicar por el rol preciso jugado por el OCB. El OCB era el sucesor del PSB que había sido creado inicialmente por Gordon Gray, un antiguo Secretario del Ejército, en 1951. De acuerdo con Stanton Friedman, Gray fue un miembro del Grupo Majestic 12 original mencionado en el

Documento de Información de Eisenhower. [595] Dado el alto nivel de seguridad asociado a las actividades del MJ-12 se puede pensar que el PSB fue creado para realizar ciertas funciones para el Grupo secreto MJ-12. Aún se ha de confirmar el documento 'Majestic' supuestamente filtrado por personas enteradas que declara que el PSB fue creado por el MJ-12 para desarrollar políticas sobre el fenómeno OVNI.[596]

PBS fue creado "bajo el NSC para coordinar la estrategia de guerra psicológica de todo el gobierno."[597]. PSB y OCB, ambos, estaban basados en el desarrollo estrategias de guerra psicológica. Dado el rol recomendado por el Panel Robertson de desacreditar los avistamientos OVNI y el papel original de Gordon Gray en el establecimiento de PSB, se puede concluir que una de las funciones de OCB era desarrollar la estrategia de guerra psicológica apropiada para tratar la respuesta pública al fenómeno OVNI. Corso se refería más probablemente a su servicio en el PSB/OCB como la base de sus afirmaciones más tardías de haber estado asociado con el MJ-12. La trayectoria de Corso como oficial de inteligencia militar lo habría entrenado bien para servir en un comité (PSB/OCB) llevando a cabo funciones de guerra psicológica autorizadas por el MJ-12 a manipular la respuesta pública al fenómeno OVNI. La crítica contra Corso de que ha maquillado su hoja de servicios al afirmar que ha estado asociado al MJ-12 no está, por tanto, apoyada por las pruebas documentales. La falta de esfuerzo de Randle para encontrar una explicación plausible a la afirmación de Corso respecto a estar asociado al MJ-12 sugiere que una vez más ha cruzado el Rubicón de la crítica objetiva al descrédito.

### 4. ¿Estuvo el Col. Corso a la cabeza de la Oficina de Tecnología Foránea en la Investigación & Desarrollo del Ejército durante 2 años?

Otra crítica al Col. Corso es de las opiniones del Dr. Randle y Stanton Friedman que Corso sirvió sólo 90 días como jefe del Despacho de Tecnología Exterior bajo el General Trudeau, y que él maquilló su hoja de servicios afirmando que él "durante dos increíble años" estaba al frente del despacho de Tecnología Foránea en la Investigación & Desarrollo del Ejército. [598] La hoja de servicios del Col. Corso confirma que sirvió como jefe de la División de Tecnología Exterior desde el 18 de Abril de 1962 al 16 de Julio del mismo año. Antes de este periodo estuvo asignado como Oficial de Estado Mayor en la División de Tecnología Exterior desde el 26 de Junio de 1961 a Abril de 1962. Además, del 18 de Julio de 1962 a su retiro el 1 de Marzo de 1963, estuvo una vez más asignado como Oficial de Estado Mayor en la División de Planes de Investigación & Desarrollo del Ejército. Es un periodo completo de servicio a la I+D del Ejército que Corso describe como "dos años increíbles"· de encabezar el Despacho de Tecnología Exterior.

En las notas de Corso, declara que a su retorno de Alemania en 1960 dónde fue Inspector General para el 7º Ejército de los USA, se convirtió en "Ayudante Especial del Jefe de I+D del Ejército Tte. General Arthur Trudaeau".[599] Afirmó que en la "I+D del Ejército" tuvo el título de Jefe de la División de Tecnología Extranjera.... Yo era siempre el jefe del equipo que tomaba todas las decisiones."[600] La afirmación de Corso está apoyada por su estrecha relación con Trudeau y sus anteriores puestos destacados como comandante de batallón en White Sands e Inspector General del 7º Ejército.

Una corroboración independiente que Corso sirvió como jefe del FTD, a pesar de su hoja de servicios que confirmaba esto por sólo un corto periodo de tres meses, fue establecida por el Col. John Alexander en su propia investigación de la trayectoria de Corso.[601] Alexander descubrió en su investigación que Corso tuvo otro oficial nominalmente por encima de él en la organización jerárquica pero de Corso era conocido que estaba a cargo de la Tecnología Extranjera creada bajo el General Trudeau. Esto fue confirmado a Alexander por funcionarios militares al corriente del trabajo de Corso con Trudeau. El FTD era una unidad pequeña posiblemente compuesta únicamente por Corso. Alexander descubrió que el FTD fue creado cuando Corso empezó con I+D del Ejército, y su oficina fue abolida cuando se retiró, junto con Trudeau. Esto confirma la afirmación de Corso que el FTD se creó para él por Trudeau después de sus llegada al Pentágono y requirió varios pases de seguridad.[602] Esto apoya el testimonio de Corso de que estaba a cargo de la Tecnología Extranjera en el periodo 1961-63, y no solamente por los 90 días confirmados en su hoja de servicios. El gran énfasis en esta discrepancia entre lo que afirmó Corso y lo que figura en su hoja, muestra una vez más como sus críticos erraron en identificar posibles explicaciones para esta inconsistencia. Un buen número de explicaciones plausibles existen para estas inconsistencias sin socavar la afirmación central de Corso de que era el jefe de FTD. En consecuencia, el énfasis exagerado de esta inconsistencia entre las afirmaciones de Corso y su hoja de servicios, una vez más revela que críticos como Randle y Friedman cruzan el Rubicón entre la crítica objetiva y el descrédito.

**5. ¿Tuvo Corso un papel en la diseminación de Tecnología ET en la industria privada?**

Ha habido muchas críticas a las afirmaciones de Corso de diseminar tecnologías ET en industrias privadas. Las tecnologías civiles engendradas por su programa de diseminación incluyen: Fibra Óptica, Intensificadores de Imágenes, Fibras de Super Tenacidad, Láseres, Circuitos Integrados, y alimentos irradiados. Críticos como Stanton Friedman argumentan que:

> Corso parece que está siendo reconocido por la simple introducción de un conjunto completo de nuevas tecnologías en la industria Americana. Todo esto es supuestamente derivado del siniestro de Roswell sobre el cual le fue dado el control por el General Trudeau---- Él NO es definitivamente un científico, pero la suposición de que en menos de 3 años pudo cambiar la tecnología del mundo….. No es muy probable, en mi opinión.[603]

De forma similar, Brad Sparks es muy crítico con las afirmaciones de Corso respecto a la diseminación de tecnologías ET y concluye: "no hay necesidad de ir realmente al resto de sus confabulaciones acerca de su papel heroico en meter a la industria US. en la "ingeniería inversa" de microchips, fibra óptica, láseres, Kevlar, etc. De su fantasía de la nave espacial de Roswell."[604]

Se ha de señalar que Corso dio el, crédito consistentemente al programa encubierto a sus superior, Tte. General Arthur Trudeau. Corso escribió que desde el periodo 1947 – 1958 que "la I+D militar estaba muy desorganizada" y que fue bajo su superior, el General Trudeau, que la "época dorada (1958-1963) de la I+D floreció"[605] Debido a las agencias gubernamentales en competencia, Corso aseguró que los "datos de la I+D que surgieron de áreas 'fuera de este mundo' hubieron de estar escondidas cuidadosamente y la información mantenida dentro de un selecto grupo de elegidos."[606]

Como antiguo oficial de inteligencia que sirvió con Trudeau, exjefe de la Inteligencia Militar del Ejército (G-2), Corso estaba encargado de la tecnología ET para difundirla en las industrias civiles. Él probablemente realizó su encubierta función con la misma resolución que TUVO en su distinguida carrera militar. Sin embargo, Corso concedió sistemáticamente a su jefe el crédito del mérito del programa encubierto de diseminación de la tecnología ET y no a sí mismo. Pero es atacado por sus críticos por ejemplificar su endiosamiento. Por ejemplo, Brad Sparks asegura en su 'exposición': "Corso no puede resistirse a ponerse a él mismo en el centro del escenario de los grandes eventos de la Historia, acompañado por grandes nombres como Robert Kennedy y su "viejo amigo" Edgar Hoover (el "otro libro" de Corso se titula "Yo anduve con Gigantes"), y él es siempre el héroe poderoso."[607]

Los críticos de Corso han intentado cargar el endiosamiento sobre él sin apreciar las implicaciones de las circunstancias únicas que había colocado en su papel tan delicado. Como el ayudante personal de confianza del jefe del I+D del Ejército, Corso estaba en el puesto preciso para jugar su parte en un programa encubierto que pudo haber tenido un efecto enorme en la sociedad humana. Este es una declaración que de hecho está apoyada por documentación, en lugar de la vanidad en la cual se basan las conjeturas de los críticos. Por consiguiente, los ataques 'ad hominem' sobre las reflexiones de Corso acerca de la relevancia de su papel histórico en un programa secreto del Ejército para difundir entre industrias civiles la tecnología ET son a lo sumo una distracción. En el peor de los casos, tales ataques 'ad hominem' son una mejor prueba del paso del Rubicón, por sus críticos, de la crítica objetiva al descrédito.

## 6. ¿Vio Phillip Corso un EBE (Entidad Biológica ET ) cuando estaba destinado en Fort Riley, Kansas?

Corso aseguraba que mientras estuvo destinado en Fort Riley, Kansas, el 6 de Julio de 1947 vio una Entidad Biológica ET (EBE) que la trasladaban desde Roswell, New México, a la que es ahora la Base de la USAF de Wright Patterson en Dayton, Ohio. En El Día Después de Roswell, describió como fue informado acerca de un envío misterioso desde Fort Bliss que contenían restos "de algún accidente en New México", Corso escribió:

> Lo que ellos habían embalado de esta forma, era un féretro, pero no cualquier féretro que yo hubiera visto antes. El contenido, encapsulado en un contenedor de grueso cristal, estaba sumergido en un espeso líquido azul… el objeto estaba flotando, realmente suspendido, y no sentado en el fondo, con un fluido hasta arriba, era un suave y brillante vientre de un pez. Al principio creí que era un niño muerto que ellos trasladaban a algún lugar. Pero no era un niño. Era una figura de 4 pies (1,22 metros) de forma humana con brazos, delgadas piernas, pies y una cabeza abombada y sobredimensionada de luz incandescente que parecía estar flotando sobre un globo en góndola por mentón.[608]

La hoja de servicios de Corso da credibilidad a su historia del EBE. Estaba destinado en Fort Riley, Kansas desde el 21 de Abril de 1947 al 12 de Mayo de 1950, con el rango de comandante. Los eventos que él describe como supuesto oficial de guardia en la noche que el EBE llegó a Fort Riley de camino a la Base Wright Patterson, están corroboradas, en parte, por su hoja de servicios militar.

La historia de Corso ha sido puesta en entredicho por críticos tales como Stanton Friedman. Friedman ha puesto en duda si algo tan importante como un EBE hubiera sido trasladada desde la base de Roswell de la USAF a Dayton, Ohio. Friedman escribe:

> Yo personalmente no entiendo porqué el cuerpo habría sido transportado en camión (con guardia las 24 horas) en lugar de en avión, y por qué vino de Ft. Bliss que está al Suroeste de Roswell aunque creo que era el cuartel general de los científicos de cohetes en la base de Misiles de Alcance de White Sands. Corso habló de la ruta 40 que era la sola autopista importante EW (Este Oeste) en 1947, y bien al Norte de la autopista 40, y no la ruta más directa a la Base Wright."[609]

Friedman está en un error acerca de la accesibilidad a la Ruta 40 desde Ft. Riley y equivocado en su declaración de que Ft. Riley no es la ruta más directa a la Base Wright Patterson. Como demuestran los mapas históricos (ver el mapa de la Ruta 40), la Ruta 40 era sin duda la principal vía terrestre para viajar de la costa oeste a la costa este. Desde Atlantic City a San Francisco.[610] Segundo, Ft. Riley está situado en la actualidad muy cerca de la ruta 40 y es descrita como parte del camino Smoke Hill seguida de la ruta 40 para las actividades militares y comerciales. “[611] Fort Riley está situado cerca de la ciudad de Junction City, que es exactamente donde la ruta 40 pasaba históricamente.[612] Para la mayor parte del Estado de Kansas (desde Oakley Kansas a través de Junction City y más adelante a Kansas City, la ruta 40 coincide con la autopista Interstate 70, exactamente donde Ft. Riley está situado.[613]

Fig. 4. Ruta 40 – Mediados de los años 1950

En consecuencia, el argumento de Friedman que Fort Riley se encuentra “bien al Norte de la autopista 40” es un craso error. Más aún, Fort Riley era utilizado como una parada militar para las maniobras entre las costas Este y Oeste, como confirmó un informe del presidente Eisenhower, cuando prestaba servicio como Capitán en las pre-Guerra Mundial II “encontró a su comandante perdido de barro de primavera cerca de FT. Riley, Kansas, durante una maniobra costa a costa.”[614] Por tanto, Fort Riley estaba ciertamente sobre la ruta más directa entre las costas Este – Oeste, aunque no en la ruta más directa desde Fort Bliss.

Friedman pregunta por qué el convoy vino de Fort Bliss que está al sudoeste de Roswell, en lugar de haber seguido directamente al norte a la ruta 40 y más adelante a Fort Riley y la base de Wright Patterson, la ruta más directa. Reconociendo que Fort Bliss era los cuarteles generales de los científicos alemanes trabajando en la base de misiles de White Sands, comete un error al no identificar la obvia respuesta del motivo de por qué los artefactos OVNI eran transportados allí. Los Científicos Alemanes, expertos en tecnologías de aviación avanzadas y trabajando con el montón de antiguos cohetes V2 en White Sands, fueron consultados para identificar los artefactos de los siniestros de New México en Roswell / Corona y 'llanos de San Agustín'. Su conocimiento de los sistemas avanzados de la aviación nazi habría sido vital en determinar los orígenes del material del siniestro de Roswell. Esto es sugerido en el filtrado Documento Majestic: "la incapacidad de los científicos alemanes de Fort Bliss y el Campo de Pruebas de White Sands de realizar una identificación positiva de un arma secreta V Alemana de aquellos discos." [615] Friedman está en lo cierto sin embargo que la ruta más directa desde Ft. Bliss podía incluir otra ruta, la ruta 66 que era en aquel tiempo otro corredor importante Este – Oeste (ver mapa debajo).

Si el convoy venia de Fort Bliss como sugiere Corso, ¿por qué no tomó la ruta más directa por el norte a la US 66, entonces al Este a St. Louis Missouri, luego sobre la US40 para el resto del viaje a la base de Wright Patterson? Una respuesta puede ser que Ft. Riley era una importante parada del viaje Este-Oeste como ha sido probado en las maniobras pre-2ª guerra por el general Eisenhower. Otra respuesta es que la ruta 66 podía no ser la adecuada para un cargamento militar tan sensible. Fort Riley ofrecía sin duda muchos beneficios como puesto de parada de etapa y sería la opción lógica para un largo viaje por carretera desde Ft. Bliss a Wright Patterson.

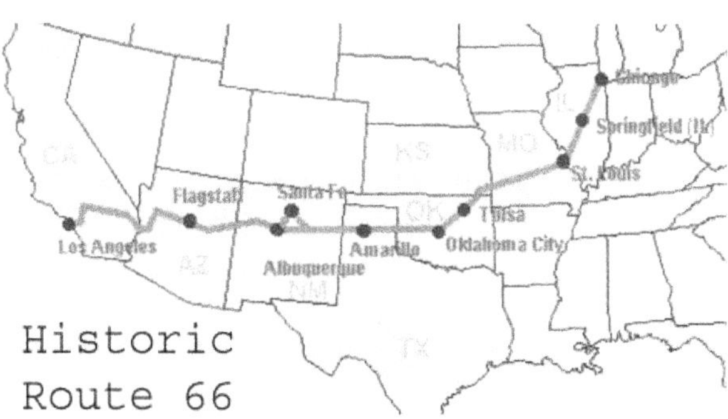


Fig. 5. Ruta 66 histórica

Friedman ha cuestionado también las fechas que Corso cita en el supuesto incidente de Fort Riley y escribió:

> Me pregunto cuando supo que la fecha de Kansas City era 6 de Julio…. ¿Estaba en sus notas, en su diario? Estaba evasivo… Para mí la explicación más simple era que ….. las descripciones de base vinieron del siniestro en Corona …. Los cuerpos de Plains podían haber sido tomados el 6 de Julio, pero ¿no habrían ido más probablemente a una de las bases más cercanas, y estudiadas allí o enviadas fuera por vía aérea?

La fecha proporcionada por Corso es consistente con la que es conocida acerca del siniestro del platillo volante que supuestamente fue dispersado en dos lugares: Roswell / Corona y las Llanuras de San Agustín. De acuerdo con varias fuentes, ambos lugares fueron descubiertos independientemente el 3 de Julio.[616] Mientras sólo restos de chatarra del vehículo se encontraron en la granja de Mac Brazel, cuatro EBE fueron supuestamente hallados en el segundo lugar de siniestro, San Agustín. Esto está confirmado en parte por el Documento de Información de Eisenhower que se refiere a dos lugares de siniestros y declara que "cuatro seres de parecido humano habían sido aparentemente expulsados de la nave antes de que explotara."[617] Friedman postula que los cuerpos de St. Augustine Plains podrían haberse recogido el 6 de Julio como afirma Corso, pero sugiere que hubiera sido más razonable haberlos estudiado en una base militar cercana y luego transportados por aire. Como se mencionó antes, Fort Bliss era una opción lógica dado que estaban las instalaciones para los científicos alemanes y otros trabajando en el programa White Sands. En cuanto a si los cuerpos no fueron transportados por aire desde Fort Bliss en lugar de por carretera, las preocupaciones por la seguridad podían haber dictado que la ruta terrestre era preferible al envío aéreo. El siniestro de un camión hubiese llevado un daño mínimo a un EBE una urna mientras que un siniestro aéreo habría supuesto la destrucción absoluta de este valioso cargamento. Por supuesto, se podía haber decidido enviar los EBE o por aire o por tierra ya que Corso asegura que sólo vio el cuerpo.

En conjunto, en su crítica a la historia de Corso relativa a un EBE muerto, Friedman es erróneo y engañoso en varias cosas. Primero, comete un error básico en lo que concierne a la proximidad de Fort Riley a la ruta 40. Segundo, él despista en términos de que la ruta 40 es la más directa a Wright Patterson. Tercero, pasa por alto una plausible explicación del porqué los artefactos recuperados de Roswell / Corona y los Llanos de San Agustín fueron llevados a Fort Bliss. Finalmente, pasa por alto porqué Fort Riley era una opción lógica como punto de parada para un convoy que empezó en Fort Bliss y que viajaba a la base Aérea de Wright Patterson. En consecuencia, la afirmación de Friedman que Corso "casi con certeza" maquinó el incidente de Fort Riley no tiene validez. Friedman ha marrado de nuevo una crítica objetiva y ha caído en el descrédito a las afirmaciones de Corso.

**7. ¿Se enfrentó Corso a la CIA mientras servía en el Despacho de Tecnología Foránea?**

En su detallada 'exposición' accesible por Internet en Agosto de 1998, Brad Sparks señalas un buen número de inconsistencias en el libro de Corso y concluye que estas "prueban que Corso era un embaucador con categoría literaria." [618] Una de las más importantes inconsistencias, en opinión de Sparks, es la descripción de Corso de un supuesto enfrentamiento con el ex – jefe de las operaciones encubiertas de la CIA Frank Wisner algún tiempo después de que Corso empezara a trabajar bajo el General Trudeau en el Pentágono, en mayo de 1961. En su libro, Corso describe el incidente en el que entró en el despacho de Wisner y pidió que pusiera fin a los agentes que le seguían [a Corso]. Esto, de acuerdo con Corso, había ocurrido antes, mientras él servía en la administración Eisenhower.

> He dicho a Wisner en su cara, que ayer fue el último día que caminaba alrededor Washington sin una pistola. Y yo puse mi .45 automática sobre su mesa. Le dije que si veía su rastro sobre me, le encontrarían en el Potomac al día siguiente con dos agujeros manchados de sangre por ojos. Wisner dijo "Ud. no hará esto coronel." Pero yo le recordé mordazmente que sabía dónde estaban enterrados todos sus cuerpos, la gente que había muerto por su propia ineptitud... Contaría su

> historia a todo el mundo que conocía en el Congreso. Wisner claudicó. [619]

Sparks escribe:

> El problema es que Frank G. Wisner (no "Wiesner") había estado hospitalizado y reemplazado como operador máximo encubierto cerca de tres años antes, en Agosto de 1958... Peor aún, La oficina de Wisner no estaba en los USA sino en Londres en 1961. Wisner había sido enviado allí para ocupar el puesto menos exigente de la Jefatura de Estación de la CIA en Londres en la primavera de 1962 y dimitió completamente de la CIA en 1962.

Es muy probable que en la comunicación de Corso con su coautor, William Birnes, la fecha precisa del enfrentamiento en primavera de 1962, fue atribuida por error de ser mediados de 1961 cuando Wisner estaba en Londres. Es concebible que hubiese tomado algún tiempo a Corso para darse cuenta de que era seguido después de haber tomado su nuevo puesto en el Despacho de Tecnología Extranjera, y determinar la persona responsable de él para ser seguido. Wisner conocía a Corso en el tiempo del servicio del último en la administración Eisenhower, donde eran antagonistas. Es muy probable también que Wisner jugara un papel en lo que estaba ocurriendo con Corso, o posiblemente que Corso asumió por error que éste era el caso. El punto importante es que Wisner estaba en Washington DC al mismo tiempo en el que Corso ocupaba el despacho de Tecnología Extranjera. Esto hace posible que la reunión tuviera lugar en Primavera / Verano de 1962, y no durante la mitad del 1961, como se cita en el libro.

Sparks señala también que la afirmación de Corso de que Wisner se suicidó en Londres en 1963, es incorrecto y que Wisner realmente se quitó la vida en su granja familiar en Maryland en Octubre de 1965. Sparks concluye: "estos no son errores menores de hechos históricos abstractos."[620] El problema mayor con la crítica de Sparks es que las circunstancias de la muerte de Wisner fueran hechos abstractos que Corso intentaba recordar después de más de 30 años. Por lo que concierne a su supuesto enfrentamiento, Corso muy probablemente recordó mal las fechas pero esto no presupone que las circunstancias y el diálogo en el enfrentamiento que describe fuesen falsos.

Sparks ignora los hechos históricos que apoyan el testimonio de Corso. Wisner era un antiguo antagonista en la CIA que era jefe de programas encubiertos mientras Corso trabajaba simultáneamente con la Inteligencia Militar (G2) bajo el Tte. General Arthur Trudeau. Esto era la época de mayor enfrentamiento entre Allen Dulles (Director de la CIA) y Trudeau hasta que este fue relevado de su jefatura. Los detalles de este conflicto están aún por esclarecerse por completo pero no hay duda de que Trudeau gozó aún el apoyo del Ejército que lo ascendió en 1958 a una nueva posición como responsable de la I+D del Ejército. Corso, por consiguiente, sirvió bajo Trudeau en un puesto muy delicado en el Despacho de Tecnología Extranjera, al que la CIA habría tenido interés en controlar. Finalmente, de la Primavera hasta Agosto de 1962, ambos, Wisner y Corso estaban en Washington DC al mismo tiempo, un hecho que Sparks ignora.

En conclusión, la crítica de Sparks a Corso está centrada principalmente en detalles históricos que el último escribe mal en su libro. Esto puede ser debido a la forma en que Corso se comunicaba con su coautor, William Birnes, o detalles insuficientes en sus notas personales o memorias. En el tiempo de su colaboración con Birnes al escribir El Día Después de Roswell, Corso tenía casi 80 años y su salud se estaba deteriorando. Él ciertamente hubiese podido comprobar todos los detalles en sus memorias y comunicaciones con Birnes, dadas las décadas que habían pasado desde sus experiencias. La inclusión de Sparks de la historia de Wisner como un ejemplo de que Corso era "un embaucador de rango literario" es una prueba más de la poca disposición de Sparks de considerar la explicación alternativa para las inconsistencias de las afirmaciones de Corso. No considerando la explicación alternativa de que Corso tuvo errores en algunas fechas y detalles en sus recopilaciones debido a su mala salud y / o notas mal apuntadas, Sparks está una vez más cruzando el Rubicón de una crítica objetiva a la desacreditación.

### 8.- ¿Fue Corso Jefe de Misiles de Alcance en White Sands?

Corso ha sido acusado por el Dr. Randle de maquillar su hoja de servicios de varias maneras; una de ellas relacionada con el servicio de Corso en Misiles de Alcance de White Sands, Randle dice lo siguiente acerca del testimonio de Corso en una conferencia de prensa en 1997:

> Lo observé en la conferencia de prensa de Roswell donde afirmó que él había sido el Comandante en la base de White Sands de Misiles de Alcance. No ha sido un Comandante de batallón sino el Comandante. He visto la cinta muchas veces, y claramente afirma que fue "El Comandante". El sitio web de la base de Misiles de Alcance de White Sands da la lista todos los oficiales comandante y Corso no está entre ellos. De nuevo, esto no es un fallo que puede atribuirse a Birnes.[621]

En sus notas originales Corso se describe a sí mismo como si estuviese "al mando de la base de Misiles de Alcance de White Sands, en Red Canyon, New México, parte de los Terrenos de Prueba de White Sands."[622] En su libro, afirma que obtuvo su comandancia como resultado de una promesa hecha por el Presidente Eisenhower:

> Ike me había prometido una comandancia propia cuando retorné de Corea y fui destinado a la Casa Blanca. Y en 1957 surgió la posibilidad, una jugosa asignación en una base de alta seguridad con codiciosas lengüetas verdes y demás parafernalia: entrenar y estar al frente de un batallón antiaéreo para utilizar el más secreto de los misiles superficie – aire del ejército.[623]

En su libro y notas originales, Corso afirma claramente que era el comandante de un batallón con base en White Sands. Su hoja de servicio confirma que en Junio de 1957 empezó su nuevo destino como Comandante de Batallón en los Terrenos de Prueba de White Sands. Su hoja de servicios corrobora las afirmaciones de Corso que hace en su libro y en sus notas originales.

En sus críticas a Corso, Randle se refiere a la entrevista de Roswell de 1997 donde Corso se refiere a sí mismo como "el Comandante" en lugar de "un Comandante" en la base de Misiles de Alcance de White Sands. Randle continúa concluyendo que Corso estaba maquillando deliberadamente su hoja de servicios. Randle no aporta ninguna transcripción de lo que Corso precisamente dijo ni proporción el contexto completo para comentarios finales. Mientras Randle afirma haber escuchado la entrevista repetidamente, no da el contexto de la discusión donde se ha estado refiriéndose a sí mismo como "el Comandante" del batallón en White Sands, en lugar de "el comandante de White Sands". Si es la primera, entonces Randle comete fallo por no identificar correctamente la intención de Corso en hacer el comentario y el contexto correcto para los comentarios de Corso. Si Corso se refería a sí mismo como "el Comandante" en White Sands entonces él puede haber cometido simplemente un error en identificar correctamente su puesto, en lugar de intentar maquillar deliberadamente su hoja de servicios. En 1997, Corso tenía 82 años y su salud se deterioraba rápidamente. Su detallado recuerdo de los acontecimientos y puestos serían cuestionables en una entrevista. Pero en su libro y sus notas originales aquí no hay ambigüedad: Corso se identificó a si mismo correctamente como el Comandante del Batallón en White Sands, en lugar del Comandante de White Sands.

Al hacer su afirmación de que Corso estaba maquillando su hoja de servicios, basándose en una entrevista, en lugar de sus notas originales más precisas y su libro para describir su puesto, Randle va muy lejos en su crítica. En el peor escenario, Corso puede haber cometido simplemente un error en la entrevista y Randle es correcto en señalar la inconsistencia. Pero este posible error es algo que Randle no ha probado y ha meramente afirmado de sus recuerdos. Más importante aún, Randle necesita salir con más ejemplos donde Corso repite tal error, en lugar de en una entrevista aislada. En consecuencia, la afirmación de Randle de que Corso deliberadamente maquilló su hoja de servicios no es una crítica objetiva, más bien una forma de desacreditar.

**9. ¿Era Corso 'poco fiable' como afirmaba el FBI?**

Un informe del FBI sobre el Col. Corso contiene una descripción no especialmente generosa de él como "bizco", una "rata" y "un parásito". Estas descripciones vienen de su involucración en rumores de que Lee Harvey Oswald era un informador a sueldo del FBI, y por sus últimos esfuerzos en buscar e identificar Socialistas Fabianos in varias agencias gubernamentales.[624] Incluso el jefe anterior, Tte. General Arthur Trudeau que era la cabeza de la Inteligencia Militar del Ejército (G-2) durante los años 1950, recibió comentarios despectivos en el Informe del FBI por su rol y el de Corso en la búsqueda e identificación de Socialistas Fabianos mientras estaba en el G-2 y en la I+D del Ejército. En 1955, Trudeau y Corso habían reunido una lista de supuestos Socialistas Fabianos y pasaron la lista a diferentes agencias gubernamentales. Esto condujo a una seria confrontación entre el G-2 y la CIA que culminó en la eventual sustitución de Trudeau en el G-2. Pasajes destacados del FBI demuestran la notable hostilidad hacia Corso y Trudeau sobre ambas agencias, el FBI y la CIA, en 1965:

> De sus entrevistas con Corso el 10 de Febrero de 1964 Ud. sacó la impresión de que era un individuo bastante bizco que se creía un gran experto en inteligencia…. Trudeau tiene un fetiche en la seguridad y el trabajo de inteligencia y no puede tener las manos fuera de estos asuntos…. El Director [J. Edgar Hoover] anotó: "Corso es una rata" ….. [la] CIA lo caracteriza como un parásito que nunca ha producido ninguna inteligencia por sus propios esfuerzos, pero que se ha aprovechado de la información desarrollada por centenares de dedicados agentes e investigadores del Gobierno.[625]

Finalmente, al rechazar los esfuerzos de Corso en la investigación de la relación entre el FBI y Oswald, el FBI se refería despectivamente a la "tremenda cantidad de trabajo que su chismorreo ha causado al FBI."[626]

Las críticas anteriores son notables dada la experiencia en inteligencia militar como antiguo jefe del G-2 y el rol de Corso en algunos de los comités más sensibles en la Administración Eisenhower involucrado en operaciones encubiertas de contra – inteligencia. Claramente, Corso y Trudeau se habían granjeado poderosos enemigos en varias agencias del gobierno por sus esfuerzos en identificar 'Socialistas Fabianos' y 'simpatizantes de comunistas'. Como parte de la rutina de comprobación de seguridad, el FBI pasó esta dañina información al subcomité de Inmigración y Nacionalidades de la Cámara de Representantes en 1965 que estaba considerando dar un empleo Corso. El Informe efectivamente frustro su solicitud. Algunas partes del informe secreto fueron incluso filtradas por el FBI a un reportero quien escribió una historia sobre Corso siendo rechazado por el FBI.

El trasfondo del adverso informe del FBI era debido no sólo al trabajo de Corso con Trudeau en entregar la lista de supuestos Socialistas Fabianos en 1955, sino también su acusación de que Lee Harvey Oswald era un informador a sueldo del FBI. Corso había sido avisado por un informador de la CIA, más tarde identificado como Frank Hand, que Oswald tenía conexiones con el FBI. Corso rechazó divulgar su fuente en la CIA. Esto condujo a relaciones tensas con el FBI que pidió saber quién estaba sembrando aquellos rumores. El FBI estaba furioso con la negativa de Corso a revelar sus fuentes. En nombre del Senador Richard B. Russell, un miembro del Senado en la Comisión Warren, Corso investigó la efectividad de la propia investigación de la Comisión Warren en el asesinato de Kennedy. Corso y Russell estaban buscando pruebas del papel Cuba / Comunistas en el asesinato. El FBI negó denodadamente cualquier conexión con Oswald y luchó para acabar con los rumores que sugerían lo contrario. En efecto, el informe final de la Comisión Warren discutió explícitamente si Oswald era un agente / informador pero concluyó que no habían pruebas suficientes para apoyar este extremo.[628] El FBI por tanto tenía un especial interés en mostrar a Corso negativamente, y evitar su nombramiento en algún comité del Congreso.

El FBI nombró a una ayudante de Hoover, Cartha DeRoach, quién llevaba a cabo misiones especiales para Hoover, el caso de Corso. Esto era la prueba de que Corso era tenía un papel importante en la investigación de la Comisión Warren y que el FBI le tomó muy seriamente. En consecuencia el informe del FBI sobre Corso ha de ser contemplado como un esfuerzo del FBI de mancillar a un individuo que creía que amenazaba directamente la reputación del FBI. Cogiendo la crítica del FBI a Corso como 'no fiable', Sparks, Randle y otros críticos sugieren que esta crítica 'imparcial' arroja dudas en el testimonio hecho más tarde sobre OVNI y apoya su opinión de que Corso 'mintió'. Esto ignora el contexto del informe virulento del FBI sobre Corso, e ignora el interés directo del FBI en desacreditarlo, debido a su investigación de la conexión FBI-Oswald y su trabajo previo en el G-2.

En una detallada respuesta a las acusaciones que Corso mintió y que el informe del FBI era la prueba de ello, Alfred

Lehmberg demostró que Corso ciertamente cometió errores en su testimonio pero que esto no era tan grave como para tacharle de metiroso.[629] El no revelar el interés en desacreditar a Corso, sus críticos perpetuaron el asesinato del personaje iniciado por el FBI. Corso tuvo impacto en la investigación de la Comisión Warren en el asesinato de Kennedy y amenazó directamente la reputación del FBI. Una vez más, no considerando la explicación alternativa que el informe del FBI era tendencioso al desacreditar a Corso, sus críticos han cruzado el Rubicón de una crítica objetiva al descrédito.

**10. ¿Fue el Tte. Coronel Corso ascendido a Coronel a su retiro?**

En El Día Después de Roswell, Corso afirma que el "era un Tte. Coronel del Ejército que llevaba la jefatura de la Oficina de Tecnología Exterior."[630] Su hoja de servicios militar verifica que tuvo este rango mientras estaba a cargo de la Oficina de Tecnología Exterior, y que este fue su rango final cuando dejó el Ejército. Corso era un oficial de la reserva de los USA que había estado en activo durante 21 años hasta su retiro en 1963. La 2ª Guerra Mundial había traído una enorme expansión, la más grande en la historia del Ejército USA y muchos de los oficiales en la Reserva, como Corso, continuaron el servicio en un servicio activo extendido después de la 2ª Guerra Mundial. Había diferencias en el proceso de promoción para los Reservistas si lo comparamos con los oficiales del Ejército Regular, que hace más difícil para los primeros escalar puestos. En un esfuerzo para ayudar a los Reservistas, el Congreso había aprobado la Ley de Promoción de los Oficiales de la Reserva en 1954. De acuerdo con el Comandante David Cannon: "los oficiales de carrera en la Reserva en servicio activo extendido no recibían igual consideración para el ascenso que los oficiales regulares. Por tanto, para hacer enmiendas, la Ley de Promoción de los Oficiales de la Reserva permitió a estos oficiales recibir un ascenso final al rango siguiente en el que se retiraron."[631] Bajo la Ley de Promoción, Corso era elegible y aparentemente recibió su ascenso a su retiro, para compensar la falta de oportunidades de ascenso que tuvo durante su servicio activo extendido. Ya que este ascenso no era parte del servicio activo de Corso en su DA 66, el registro de su promoción es probable que haya sido documentado en otra parte, de acuerdo con el General David Bockel (ret.) que es en la actualidad el Director Adjunto de la Asociación de Oficiales de la Reserva.[632]

La crítica más importante de la afirmación de Corso de que fue ascendido al retirarse es el Dr. Randle que es actualmente Comandante en la Guardia Nacional de Iowa. Dada la trayectoria militar de Randle, su crítica tiene mucho peso. Esto es lo que él afirma en relación a su ascenso a Coronel:

> Primero, cuando se le preguntó el porqué en la cubierta de su libro figuraba "Coronel" en lugar de "Teniente Coronel", Corso contestó que había sido ascendido a Coronel en la Reserva y por tanto el título era apropiado. Yo no mencionaré aquí que los editores a menudo hacen suposiciones y el error puede ser atribuido a ellos. Pero en su lugar, Corso optó por mentir acerca de ello. Su hoja de servicios indica claramente que su rango máximo que tuvo era de Teniente Coronel. (y no voy incluso a comentar como él llegó a Comandante en 1945 y retirarse a principios de los años 1960 con sólo Tte. Coronel).[633]

Ahora hay dos puntos a ser tenidos en consideración aquí. Primero, Randle afirma que Corso mintió ya que en su DA 66 no se menciona el ascenso. Segundo, Randle hace un comentario despectivo sobre el hecho de que mientras Corso consiguió el rango de Comandante en 1945 (la fecha real era 1947), se retiró en 1963 con sólo un puesto más alto en el escalafón. Aparentemente, esto parece como si fuera una carrera militar vulgar y arroja dudas en algunas de las afirmaciones de Corso de que había estado a cargo de proyectos militares muy delicados. El problema de las críticas de Randle es que no menciona, por error, las más dificultosas oportunidades de promoción para los oficiales en la Reserva en servicio extendido. Más en este punto, él se equivoca al no mencionar la existencia de la Ley de Ascensos de los Oficiales en la Reserva. Bajo esta Ley, Corso podría haber sido automáticamente ascendido a su retiro, pero no necesariamente figuraría en su DA 66.[634] En lugar de la falta de cualquier registro en su supuesta promoción a Coronel en su DA 66 se indica definitivamente que Corso mintió. Esta ausencia demuestra más bien como Randle comete un fallo al no considerar explicaciones alternativas. Randle salta a las duras conclusiones respecto a las afirmaciones de Corso que reflejan sus propios prejuicios. Por tanto, una vez más, la falta de explicaciones alternativas prueba que Randle ha cruzado el Rubicón de la crítica objetiva al descrédito.

**11. ¿Engañó Corso al Senador Strom Thurmond?**

En la cubierta de la versión de tapas duras de El Día Después de Roswell, aparecía un prefacio de Strom Thurmond. A continuación, el prefacio fue retirado supuestamente debido al Senador Strom Thurmond que no era consciente de que saldría en su libro acerca de OVNI y Roswell. Un buen número de críticos de Corso han aprovechado este incidente como prueba de que Corso no es ético. Por ejemplo, Randle argumenta, en Mayo de 2001:

> "El Senador Thurmond estaba muy enfadado por la introducción ya que Corso había sacado el viejo señuelo y tiró de él. Thurmond pidió que la introducción se sacara porque el libro no era lo que Corso le había dicho que iba a escribir ¿Qué se puede decir de la integridad de este hombre?[635]

De forma similar, Stanton Friedman escribió en 1997: "Ciertamente, hay algunas cuestiones éticas acerca de una introducción por el Senador Strom Thurmond, ahora en sus 90, escrito antes para un libro de memorias que definitivamente estaba planeado por Corso,"[636]

Los críticos de Corso han repetido esta crítica que desde que Thurmond no sabía que Corso iba a utilizar su prefacio para un libro sobre Roswell y los OVNI, que a Corso le faltó integridad. Sin embargo, esta crítica fue refutada por la reimpresión de una entrega firmada por Strom Thurmond en Octubre 2001 de la edición del *UFO Magazine* o Magazine OVNI. Aquí es como el investigador francés sobre OVNI declaró la significación de la entrega y las primeras críticas que Corso recibió de Thurmond:

> El artículo del UFO Magazine por Don Ecker muestra la reproducción de la entrega firmada por el senador Strom Thurmond, que daba al Tte. Coronel Corso el "derecho irrevocable y permiso para utilizar y para publicar el material descrito abajo, en cualquiera y todas las ediciones del libro titulado en el presente Roswell Book…" Por tanto, esta

> autorización fechada el 7 de Febrero de 1997, claramente referida a Roswell, aunque no era el título final 'El Día Después de Roswell'. Thurmond sabía que Corso escribía sobre Roswell! [637]

El hecho de que Thurmond había firmado una entrega mencionando explícitamente el libro de Corso sobre Roswell echa por tierra la crítica que Corso 'había puesto el viejo cebo y tiró de él' sobre Thurmond que Randle afirma. A pesar que la entrega de Thurmond se había vuelto de dominio público en Octubre de 2001, Randle, sin embargo, continuó afirmando que Corso había engañado a Thurmond y que, por tanto, no tenía integridad. Por ejemplo, Randle escribió en Diciembre de 2005, "Corso echó un cebo y tiró de él sacando el prefacio, lo cual no es muy ético. " En el caso de Friedman, no replicó nunca a la nota pública de Bourdais de la reimpresión de UFO Magazine con la firma de Thurmond, nunca se retractó de su crítica de las "cuestiones éticas" de Corso sobre el episodio del prefacio.

Lo anterior demuestra la propia falta de ética de Randle al continuar difamando a Corso repitiendo una crítica que se había demostrado carecía de base. De manera similar, una respuesta ética de Friedman hubiera sido reconocer su propio error al suscitar "cuestiones éticas" sobre Corso pero hasta la fecha no ha ocurrido. Por tanto tenemos destacadas críticas de Randle y Friedman contra Corso sobre la base de una alegación que se demostró carente de base. Esto demuestra hasta dónde ha llegado la falta de ética de veteranos de la investigación OVNI en desacreditar a Corso. Esto demuestra convincentemente el claro prejuicio de Randle y Friedman en criticar a Corso, su falta de objetividad y sus esfuerzos por ignorar las pruebas que es contraria a su opinión declarada de que Corso voluntariamente despistó o mintió en su testimonio.

**Conclusiones**

Al llegar al final de este capítulo vale la pena recordar lo que describí originalmente como 'crítica objetiva' basándome en el trabajo del Dr. Haiash:

> ... alguien que practica el método de juicio en suspenso, se mete en razonamientos racionales y desapasionados como se

> ejemplariza por el método científico, muestra voluntad a considerar explicaciones alternativas sin prejuicios basados en creencias a priori, y quien busca pruebas y escrutiniza su validez.[639]

En esta voluntad de "considerar explicaciones alternativas sin prejuicios" que ayudan a identificar el Rubicón conceptual entre "crítica objetiva" y "desacreditación". Mi análisis de los críticos contra Corso muestra que ellos rechazan rutinariamente explicaciones alternativas a muchas inconsistencias en las afirmaciones de Corso, y por los errores que cometió. Analizando las numerosas afirmaciones hechas por Corso, y haciéndolas objeto de crítica detallada, ellos ignoran la opinión de sentido común que explica fácilmente la mayoría de los errores e inconsistencias y tiene en cuenta la avanzada edad y la precaria salud de Corso que causó su muerte doce meses después de la publicación de su libro en 1998 a los 83 años de edad. Mientras que Corso previsiblemente se concentraba en comunicar la substancia de sus experiencias e información, los detalles se harían cada vez más borrosos que tres décadas atrás. Aunque es deseable tener detalles correctos cuando se discuten los extraordinarios acontecimientos que desveló Corso, y es muy importante tener en cuenta que Corso recordaba hechos sucedidos más de treinta años atrás. Es muy probable que cometiera errores en recordar detalles cuando da cuenta de incidentes y puestos en su libro y entrevistas. Este es especialmente el caso dado el extraordinario nivel de secreto de la información que estaba revelando y la preocupación lógica de no revelar alguna cosa que pudiese afectar negativamente a la seguridad nacional de los USA.

En este análisis de los críticos de Corso lo que sale a la luz es un patrón por el cual ellos se focalizan en cualquier inconsistencia o errores cometidos por Corso en su libro y en sus entrevistas, y sugieren que estas hacen a Corso no fiable como testigo. Al rechazar explicaciones alternativas del porqué Corso pudo haber cometido fallos tales como el puesto correcto para sus designaciones como un 'miembro de staff' y no como 'miembro' del sistema NSC en la administración Eisenhower; como un 'comandante de batallón' y no "el comandante" en la base de Misiles de Alcance de White Sands; los críticos de Corso no mostraron una crítica objetiva pero se enzarzaron en el descrédito. Más aún, en hacer declaraciones erróneas al discutir rutas posible tomadas por el convoy del Ejército de New México a la base Wright Patterson, por qué Fort Bliss era una opción lógica para el siniestro de Roswell / Corona/ San Agustín, y porqué un viaje por carretera era una precaución de seguridad, críticos como Friedman muestran falta de objetividad. La encendida retórica sobre los errores de Corso al recordar los detalles correctos relativos a su reunión y la muerte de su antagonista en la CIA en 1961-62 muestra la falta de objetividad de Sparks. Las referencias hechas por Sparks, Randle y otros, a un informe del FBI sobre Corso, ignoran el papel de éste en la investigación, en nombre de uno de los miembros de la Comisión Warren, de un vínculo entre el FBI y Lee Harvey Oswald, y cómo ésta amenazaba directamente la reputación del FBI. El episodio final relativo al supuesto engaño de Corso al senador Thurmond ha sido demostrado ser carente de base. Pero Randle continúa dándole vueltas a esta crítica como si fuese válida, y Friedman no ha retirado públicamente sus comentarios que el asunto Thurmond suscitó 'cuestiones éticas' acerca de Corso.

Al argumentar que el Comandante Kevin Randle, Stanton Friedman y Brad Sparks han cruzado como rutina el Rubicón de la crítica objetiva al descrédito, he citado la prescripción del Dr. Haiash que la ciencia trabaja valorando un conjunto de explicaciones alternativas para las inconsistencias de cualquier fenómeno sujeto a investigación científica. No lo es menos en el caso para el fenómeno de las ciencias sociales tal como las extraordinarias afirmaciones del testimonio de un whistleblower, y posibles inconsistencias y errores cometidos por Corso; Randle, Friedman y Sparks se han metido en lo que parece ser un deliberado descrédito de un whistleblower muy importante. Al desacreditar a Corso, cada uno en distintos grados, han mostrado un notable grado de prejuicio relativo a la utilidad del testimonio de Corso. Este prejuicio ha llevado a que concluyan que Corso es un embaucador literario, un mentiroso y/o un fraude.

Los tres críticos al Tte. Coronel Philip Corso anteriores han voluntariamente obstaculizado un examen objetivo de las substantivas opiniones relativas a la diseminación de información OVNI mediante su focalización en detalles menores, inconsistencias o errores cometidos en su testimonio. Más aún. Estos veteranos investigadores de OVNI con una experiencia conjunta acumulada de 100 años, han ignorado deliberadamente las pruebas que apoyan las afirmaciones de Corso como se puso de manifiesto en el asunto del prefacio de Thurmond. Como mínimo, cada uno de estos investigadores merece ser censurado por su descrédito voluntario a Philip Corso, y por el daño incalculable que han causado a su reputación, y por el retraso de la investigación OVNI durante años por ignorar el importante testimonio aportado por Corso. Mientras buscaban arrojar dudas sobre la integridad de Corso, lo que han conseguido sus críticos es sembrar dudas sobre su propia integridad como investigadores objetivos del fenómeno OVNI.

Me he referido antes a los métodos para desacreditar que han sido recomendados por el Panel Robertson patrocinado por la CIA para disminuir el interés del público en los informes sobre platillos volantes. Desde al menos 1953, la CIA, a través de su extensa red de agentes, activos e informadores, ha desacreditado activamente informes sobre vehículos y vida extraterrestres. En este esfuerzo, la CIA ha sido ayudada por otras agencias para disminuir el interés en la vida ET en lo que he llamado en algún lugar, COINTELPRO Galáctico.[640] El hecho que estos veteranos investigadores de OVNI están utilizando métodos de desacreditar contra destacados whistleblowers militares suscita la posibilidad perturbadora de que uno o más pueden estar asociados a al programa histórico de desacreditación de la CIA. Si es así, esto sugiere que la CIA se ha infiltrado en la comunidad OVNI y reclutado activos para desacreditar importantes whistleblowers relativos a la vida y tecnología ET. Basado en estos métodos voluntarios de desacreditación, yo creo que uno o más de los críticos de Corso caen en efecto en esta categoría.

Las credenciales de Corso han sido bien documentadas. Todos los investigadores de OVNI admitirían que él es un importante whistleblower, sin que necesariamente acepten todo lo que afirmó. Sin embargo, dada la documentación disponible que corrobora muchas de las afirmaciones de Corso en términos de su puesto en el Ejército y responsabilidades, hay una buena razón para suponer que mucho de sus testimonios relativos a tecnología ET y EBE están basados en hechos reales. Su testimonio muestra claramente que el alcance en que varios gobiernos y entidades militares han formulado e implementado varias políticas en relación a la vida ET. Aunque hay ciertas inconsistencias y errores en el testimonio de Corso, estos se refieren a detalles que tienen poco que ver con la substancia de sus afirmaciones de que estaba a cargo de un proyecto encubierto del Pentágono para diseminar en industrias civiles las tecnologías extraterrestres, y que fue testigo de un EBE del siniestro de Roswell en 1947.

La trayectoria documentada de Corso inspira confianza en la credibilidad de su testimonio. Intentar desacreditar a Corso en un esfuerzo por desacreditar su testimonio, sus críticos merecen ser amonestados por distraer a los investigadores de OVNI su tarea de identificar la verdad en el notable testimonio de Corso, y de otros testimonios de destacados whistleblowers. Lo que queda por hacer es un análisis auténtico y objetivo del testimonio de Corso, y sus implicaciones relativas al alto nivel gubernamental del encubrimiento de la información sobre OVNI y EBE. Más importante aún, admitiendo pasados errores en la evaluación de testimonios de whistleblowers tales como el del Coronel Corso, los críticos de muchos de los whistleblowers examinados en este libro, pueden jugar un papel más constructivo. Se hace especialmente importante cuando salgan a la luz las políticas gubernamentales sobre la vida ET debido a los testimonio de individuos que desean parar y arriesgar su reputación, sus carreras y sus finanzas, al desvelar lo que han sido testigos.

## Notas finales. Capítulo Once

[572] El libro se escribió con la ayuda de William Birnes. Philip Corso, The Day After Roswell (El día después de Roswell) (Simon and Schuster, 1997).
[573] Ver Stanton Friedman, http://www.virtuallystrange.net/ufo/updates/2005/may/m19-006.shtml; Dr Kevin Randle, http://www.virtuallystrange.net/ufo/updates/2005/may/m18-006.shtml ; y Brad Sparks; http://www.virtuallystrange.net/ufo/updates/2005/aug/m04-007.shtml [Nota: En 2007 el previo libre acceso a los Archivos de Actualizaciones de OVNI cambiaron a ser sólo un servicio al subscriptor]
[574] Ver http://www.cufon.org/cufon/corso_da66.htm. * Agradezco a Paola Harris y Jan Aldrich por pasarme información de FOIA disponible sobre Dr Phillip Corso que me fue de gran ayuda en la valoración de la validez del testimonio de Corso y las críticas vertidas hacia él.
[575] Philip Corso, L'Alba di una Nuova Era: I Segreti Alieni Nascosti dal Pentagono (El Alba de una nueva era: El secreto de los alienígenas Conocida por el Pentágono), tr. Maurizio Baiata (Pendragon, 2003). Agradezco a Paola Harris por darme generosamente una copia de la versión italiana de Maurizio Baiata de las notas originales de Corso.
[576] Citado online en: http://www.ufoskeptic.org.
[577] Citado de la versión online del Panel Robertson en: http://www.cufon.org/cufon/robertdod.htm.
[578] The Day After Roswell, 62.
[579] The Day After Roswell, 38.
[580] L'Alba Di Una Nuova Era, 127.
[581] The Day After Roswell, 2.
[582] Ver: http://foia.fbi.gov/corso_philip_j/corso_philip_j_part01.pdf.
[583] Ver: http://www.ufocom.org/UfocomS/CorsoAffidavit.htm.
[584] El debate incluia una serie de puetas al dia sobre el forum de la Actualizaciones de OVNI Updates forum durante Mayo 2005. Ver: http://www.virtuallystrange.net/ufo/updates/2005/may/m12-001.shtml.
[585] Ver: http://www.fas.org/irp/offdocs/NSChistory.htm#Eisenhower.
[586] Citado online en: http://www.fas.org/irp/offdocs/NSChistory.htm#Eisenhower.
[587] Citado online en: http://www.archives.gov/research/guide-fed-records/groups/273.html.
[588] La discusión sobre las actualizaciones sobre OVNI ocurrió en Mayo de 2005 y está registrado online en: http://www.virtuallystrange.net/ufo/updates/2005/may/m16-001.shtml.
[589] Citado online en: http://groups.yahoo.com/group/exopolitics/message/220.
[590] Citado online en: http://www.cia.gov/csi/kent_csi/docs/v03i4a05p_0003.htm.
[591] Citado online en:

http://www.virtuallystrange.net/ufo/updates/1998/aug/m11-001.shtml.
[592] Ver: http://www.virtuallystrange.net/ufo/updates/1997/jan/m17-016.shtml & http://www.virtuallystrange.net/ufo/updates/1997/feb/m25-007.shtml.
[593] Ver: http://www.virtuallystrange.net/ufo/updates/1997/jan/m17-016.shtml.
[594] L'Alba Di Una Nuova Era, 31.
[595] Ver Stanton Friedman, Top Secret/Majic (2005) 56-85.
[596] "Majestic Twelve Project: 1st Annual Report," (Proyecto Majestic Doce) The Majestic Documents, ed., ) Robert Woods, 110
[597] Citado en Relaciones Exteriores de los Estados Unidos, 1964-1968, vol. XII, Western Europe, pp. XXXI-XXXV, April 16, 2001. Available online at: http://www.fas.org/sgp/advisory/state/covert.html.
[598] The Day After Roswell, 1. Para las críticas de Randle ir a: http://www.virtuallystrange.net/ufo/updates/2005/dec/m13-004.shtml. Para las críticas de Friedman ir a:
http://www.geocities.com/Area51/Lair/7676/stanlog.htm
[599] L'Alba Di Una Nuova Era, 29.
[600] L'Alba Di Una Nuova Era, 31.
[601] E-mail Privado del Col Alexander el 20 de Mayo de 2005.
[602] L'Alba Di Una Nuova Era, 44.
[603] Citado online en: http://www.v-j-enterprises.com/sfcorso.html.
[604] Citado online en:
http://www.virtuallystrange.net/ufo/updates/1998/aug/m11-001.shtml.
[605] L'Alba Di Una Nuova Era, 15.
[606] L'Alba Di Una Nuova Era, 16.
[607] Citado online en:
http://www.virtuallystrange.net/ufo/updates/1998/aug/m11-001.shtml .
[608] Corso, The Day After Roswell, 34
[609] Stanton Friedman, "A Review of Col. Philip J. Corso's Book: "The Day After Roswell" (1997): http://www.v-j-enterprises.com/sfcorso.html .
[610] http://www.route40.net/index.shtml .
[611] Citado online en: http://www.route40.net/history/index.shtml .
[612] Ver http://www.route40.net/history/40n-40s.shtml .
[613] US 40 se une a la I-70 across Kansas as described depicted here: http://www.cityofatchison.com/nationalhighwaysystem9d.jpg .
[614] Citado online en: http://www.route66.com/66History.html .
[615] "Air Accident Report on "Flying Disc" aircraft near the White Sands Proving Ground, New Mexico," ("Informe sobre el Accidente de un "Disco Volador" cerca de la base de pruebas de White Sands") The Majestic Documents, ed., Robert and Ryan Wood, 25. Disponible online en: http://209.132.68.98/pdf/airaccidentreport.pdf .
[616] Kevin Randle & Donald Schmidt, UFO Crash at Roswell (Avon Books, 1991) 28-32.

[617] "Eisenhower Briefing Document," (El documento informativo para Eisenhower") The Majestic Documents, ed., Robert and Ryan Wood, 129. Disponible online en: http://209.132.68.98/pdf/eisenhower_briefing.pdf .
[618] Sparks, "El libro bestseller del Coronel Philip Corso y William Birnes Revelado como un Fraude! "
http://www.virtuallystrange.net/ufo/updates/1998/aug/m11-001.shtml.
[619] The Day After Roswell, 94.
[620] Citado online en:
http://www.virtuallystrange.net/ufo/updates/1998/aug/m11-001.shtml .
[621] http://www.virtuallystrange.net/ufo/updates/2001/may/m14-024.shtml .

[622] L'Alba di una Nuova Era, 39.
[623] The Day After Roswell, 38.
[624] Los registros del FBI sobre el Coronel Philip Corso, http://foia.fbi.gov/foiaindex/pjcorso.htm .
[625] Ver M.A. Jones memo a Mr DeLoach, 2 de Noviembre de 1965, http://foia.fbi.gov/foiaindex/pjcorso.htm .
[626] Ver M.A. Jones memo a Mr DeLoach, 2 de Noviembre de 1965, http://foia.fbi.gov/foiaindex/pjcorso.htm .
[627] Para una discusión acerca de Frank Hand y los ficheros del FBI sobre Corso ver: http://www.virtuallystrange.net/ufo/updates/2001/may/m06-018.shtml .
[628] Ver Informe de la Comisión Warren disponible en:
http://www.archives.gov/research/jfk/warren-commission-report/appendix-12.html#usgov
[629] Ver Alfred Lehmberg, "Corso's FBI Files Revisited" http://www.virtuallystrange.net/ufo/updates/2001/may/m06-018.shtml .
[630] Corso, Day After Roswell, 1
[631] Originally posted at:
http://www.dcmilitary.com/airforce/beam/6_09/commentary/5388-1.html . Existe una copia aquí: http://tinyurl.com/4a523h .
[632] Descrito inicialmente en una conversación por teléfono con el autor el 13 de Diciembre de 2005, y confirmado en un mail privado el 31 de Marzo de 2005. Gen Bockel puede ser accedido en: dbockel@roa.org ; tfn: (202) 646-7705.
[633] http://www.virtuallystrange.net/ufo/updates/2001/may/m14-024.shtml
[634] Esto me fue confirmado en correspondencia privada con el General Bockel de la Reserva del Ejército de U.S. desde Marzo - Abril de 2006.
[635] http://www.virtuallystrange.net/ufo/updates/2001/may/m19-024.shtml .
[636] "My Take on Corso," ("Mi postura sobre Corso") http://www.v-j-enterprises.com/sfcorso.html .
[637] http://www.virtuallystrange.net/ufo/updates/2001/oct/m31-002.shtml .
[638] http://www.virtuallystrange.net/ufo/updates/2005/dec/m24-010.shtml
[639] Citado online en: http://www.ufoskeptic.org .

[640] Ver Michael Salla, “Galactic COINTELPRO: Exposing the Covert Counter-Intelligence Program against Extraterrestrial Contactees," Exopolitics Journal 2:3 (2008): 167-89.

# Capítulo Doce

## Respuesta pública a la Revelación de las Políticas del Gobierno sobre la Vida Extraterrestre

### Introducción[641]

Hasta ahora, he presentado pruebas y análisis que muestran como un conjunto de políticas oficiales han estado implementadas secretamente para encubrir la existencia de vida ET. He mostrado como estas políticas se extienden desde acuerdos secretos con la vida ET, la creación de bases conjuntas del gobierno y `ET, la financiación del presupuesto negro de los proyectos ET, y la implementación de estas políticas para mantener el secreto. Un grupo selecto de funcionarios públicos han participado en el desarrollo e implementación de estas políticas. Al desvelar estas políticas públicas relativas a la vida ET, se plantean una variedad de preguntas obvias sobre cómo responderá el público, y lo que ocurrirá a estos funcionarios que han participado en tales políticas. Para responder a estas preguntas, se ha llevado a cabo una encuesta online en un periodo desde el 17 de Marzo de 2006 al 19 de Marzo de 2007 relacionado con las visitas de ET a la Tierra.

Han participado 1099 individuos en la encuesta que incluía preguntas desde la creencia de las visitas de ET a la Tierra, a respuestas sobre posible políticas gubernamentales. La encuesta es muy útil en el desarrollo de una idea de la respuesta pública a algunos de los asuntos de política pública que han sido implementadas secretamente en relación a la vida ET. Al desvelarse estas políticas sobre la vida ET, la encuesta ofrece una manera independiente de juzgar cómo el público podría responder. Más importante aún, la encuesta ayuda a los investigadores exopolíticos y a los activistas a desarrollar la estrategia óptima para asegurar que la revelación de las políticas gubernamentales continúa en una forma transparente y auditable, mientras se minimiza el trastorno potencial a la sociedad.

Resultados clave de la encuesta son los siguientes:

1. Un 85% de los encuestados creen que las civilizaciones ET están visitando la Tierra;
2. Un 86% creen que los US. y otros gobiernos están " encubriendo información acerca de los visitantes ET;"
3. Un 73% estarían "entusiasmados y esperanzados" si los gobiernos anunciaran la existencia de visitantes ET.
4. Un 57% decían que "entenderían" una política oficial de encubrimiento de las visitas de ET en base a la seguridad nacional";
5. Un 48% se mostrarían "muy indignados y pedirían el castigo a los funcionarios responsables" si acuerdos con ET estuvieran fuera de los procesos congresuales;
6. Casi un 62% no daría soporte a la utilización de armas en el espacio contra los visitantes ET;
7. Y, un 85% desearían que los ET se mostraran" y que "sin ninguna duda probaran su existencia al mundo".

**Objetivo de la Encuesta**

La "Encuesta online sobre las Visitas ET" fue llevada a cabo para valorar las actitudes sobre varios asuntos relacionados con la "hipótesis ET" – que los OVNI tienen un origen interplanetario - y que varias autoridades gubernamentales han estado ocultando esta información durante cinco décadas. La encuesta utiliza como población-muestra a los usuarios de Internet familiarizados con alguna literatura sobre OVNI y ET para obtener una información sobre los asuntos clave relativos a la forma como ha sido manejada históricamente la información sobre las visitas ET La encuesta también proporciona el feed-back sobre la adecuación de las preguntas para futuras encuestas de opinión destinadas a ser llevadas a cabo offline con el gran público que no está al corriente de la literatura sobre OVNI/exopolítica disponible en Internet. El objetivo principal de la encuesta es obtener información sobre las opiniones del gran público sobre asuntos importantes relativos a las visitas ET que incluyen el encubrimiento de tales vidas, y la implementación de políticas secretas por varios funcionarios públicos. Estos asuntos emergerán probablemente de forma rápida en los debates públicos principales cuando las políticas del gobierno sobre vida ET estén reveladas con más amplitud.

**Método de la Encuesta**

Las preguntas de la encuesta están sacadas después de revisar las que se plantearon en dos encuestas anteriores. La Encuesta Roper que encuestó a 1021 adultos se llevó a cabo en 2002 sobre el tópico "OVNI y Vida Extraterrestre": Las Creencias de los Americanos y Experiencias Personales."[642] El sondeo de la revista "National Geographic " que encuestó a 1000 individuos adultos se realizó en 2006 por el Centro de Investigación de Encuestas y se enfocó sobre el tema de la vida ET en el Universo. [643] El informe salió a la luz el 13 de Marzo de 2006 a los Miembros del Instituto de Exopolitica para reacción y valoración. Basado en éstos, se desarrolló un conjunto definitivo de preguntas y presentado a través de una compañía profesional de sondeos por Internet, QuestionPro Internet Services.[644] Esto proporcionó una tabulación independiente de las respuestas a la encuesta. QuestionPro permitía a los encuestados entrar directamente sus respuestas online; utilizó un formato que animaba a los usuarios a responder una vez y no estimulaba las respuestas repetidas. La encuesta está llevándose a término aún. Esta política desestimula la duplicación y el posible sesgo de los resultados. El sondeo aún se está aún haciendo, por lo cual hay una más amplia muestra de usuarios de Internet familiarizados con información sobre ET.

La encuesta fue lanzada públicamente el 17 de Marzo de 2006 y fue promocionada a través de sitios web y foros asociados con el Instituto de Exopolitica y Exopolitcs.org así como foros populares sobre OVNI. Los visitantes de las webs clicarían sobre un link que les invitaba a participar en la encuesta online.[645] A la finalización podrían ver los resultados acumulados.[646]

A fecha de 19 de Marzo de 2007, el sondeo tenía un total de 1099 individuos que lo habían completado online. Un total de 1312 individuos empezaron la encuesta con 213 que salieron antes de completarlo en diferentes niveles. El porcentaje de finalización fue por tanto del 83,77%. El tiempo medio de contestación fue de 6 minutos. Los encuestados podían introducir comentarios al final de la encuesta que dio algunas ideas de lo adecuado de las preguntas y su posible revisión.

**Análisis de la Encuesta**

La encuesta online contenía 10 preguntas que comprobaban las opiniones del público sobre una serie de preguntas relacionadas con las visitas de ET. Con el fin de evaluar mejor los resultados de la encuesta, utilicé encuestas anteriores del Roper Poll y el National Geographic como comparación. Las mayores diferencias entre los sondeos era que ambos utilizaban muestras al azar sacadas de los USA. Por contraste, la encuesta del Instituto de Exopolitica estaba basada en los que responden en Internet y por tanto sacados de una audiencia internacional y además eran individuos que se autoseleccionaban por estar interesados. Lo que sigue a continuación son los resultados en bruto de la encuesta online seguidos por comentarios que contrastan los resultados con la Roper Polls y la National Geographic.

P1 ¿Cree Ud. que la vida de civilizaciones extraterrestres avanzadas está actualmente visitando la Tierra en OVNI?

| | Respuesta | Votos | Porcentaje |
|---|---|---|---|
| 1. | **Si** | **1021** | **85.44%** |
| 2. | No | 64 | 5.36% |
| 3. | No sabe | 110 | 9.21% |
| | **Total** | **1195** | **100%** |

Análisis

El resultado afirmativo es significativamente más elevado que en preguntas comparables de las otras dos encuestas. El Roper Poll preguntó a los encuestados si ellos creían que los OVNI eran reales y que han visitado la Tierra de alguna forma. Casi el 48% contestaron sí. Una pregunta muy similar en el sondeo de la National Geographic preguntaba si hay vida en otros planetas aparte de la Tierra, un 59,5% contestaron sí. El resultado más alto estadísticamente en la encuesta del Instituto de Exopolitica puede ser atribuido a que la población objeto estaba más al corriente en literatura sobre civilizaciones ET y que habían tenido experiencias personales directas que corroboraban la hipótesis extraterrestre.

P2. ¿Cree Ud. que nuestro gobierno nacional está encubriendo información acerca de visitantes extraterrestres y / o OVNI?

| | Respuesta | Votos | Porcentaje |
|---|---|---|---|
| 1. | **Si** | **1026** | **86,31%** |
| 2. | No | 68 | 5,71% |
| 3. | No sabe | 95 | 7,98% |
| | **Total** | **1191** | **100%** |

Análisis

Una pregunta similar aparecía en el Roper Poll que preguntaba si ellos creían que "el Gobierno no cuenta todo lo que sabe acerca de los OVNI y la vida extraterrestre." El resultado fue que un 72% y un 68% respectivamente dijeron que el gobierno está encubriendo información sobre los OVNI y la vida extraterrestre. El mayor porcentaje en la encuesta del Instituto de Exopolitica (86,31%) puede ser atribuido a los siguientes factores: Uno, es la creciente consciencia pública de los encubrimientos de información por el Gobierno. Dos, los usuarios online interesados en asuntos de OVNI y extraterrestres están más dispuestos a creer el encubrimiento del Gobierno. Y tres, una audiencia internacional es más probable que crea en un encubrimiento gubernamental de la información sobre OVNI / extraterrestres.

P3. ¿Cómo reaccionaría Ud. si su gobierno anunciara que había sabido ahora de que los extraterrestres estaban visitando le Tierra?

| | Respuesta | Votos | Porcentaje |
|---|---|---|---|
| 1. | **Excitado y esperanzado** | **857** | **73.31%** |
| 2. | Temeroso y Nervioso | 83 | 7.10% |
| 3. | No sabe | 229 | 19.59% |
| | **Total** | **1100** | **100%** |

Análisis

Una pregunta similar aparecía en la encuesta del National Geographic que pedía las reacciones a cualquier anuncio de vida en otros planetas. Los resultados de esta encuesta fueron que un 72,15% estarían "entusiasmados y esperanzados"; un 19,6% respondieron que estarían asustados y nerviosos, mientras que el restante 19,59% respondieron que no sabían. El resultado similar de la encuesta del Instituto de Exopolitica de que un 73,31% estarían entusiasmados y esperanzados con el anuncio de la vida extraterrestre / visitas sugiere que hay opiniones asociadas a un tal acontecimiento. Esto indica que las actitudes del público hacia las visitas de extraterrestres y/o vida anticipan cambios muy notables tanto sociales como tecnológicos asociados a tal anuncio. En contraste, el relativamente bajo porcentaje del 7,1 % que dicen que estarían asustados y nerviosos es significativamente menor que en la población al azar registrado en el sondeo de la National Geographic, del 19,6 % que sugiere que cuando los individuos están mejor informados acerca de las visitas de los ET, son menos propensos a estar preocupados y nerviosos cualquier revelación pública. También importante, sugiere que cualquier anuncio gubernamental importante que presente la presencia extraterrestre de forma que manipule el temor residual de la población, no sería creído por una proporción significativa de la misma.

P4. ¿Cómo se sentiría si los visitantes extraterrestres se presentaran en grandes cantidades en las ciudades grandes?

| | Respuesta | Votos | Porcentaje |
|---|---|---|---|
| 1. | **Excitado y esperanzado** | **589** | **50.69%** |
| 2. | Temeroso y Nervioso | 313 | 26.94% |
| 3. | No sabe | 260 | 22.38% |
| | **Total** | **1162** | **100%** |

Análisis

Esta pregunta es una continuación de la pregunta 3 y da una idea mayor de que la presencia extraterrestre se tornara un hecho incontrovertible. El resultado sugiere que una prueba física directa de visita extraterrestre conduce a una apreciablemente mayor preocupación pública que el mero anuncio de vida extraterrestre. Sin embargo, la mitad de los encuestados creen que los ET que se muestren llevarían a cambios positivos desde el punto de vista social y tecnológico. Una minoría muy significativa (26,94%) estaría nerviosa y asustada. Esto puede ser explicado de dos maneras. Una, que hay una consciencia pública de lo que ha ocurrido históricamente con el colonialismo cuando una sociedad con una superior capacidad tecnológica aparece en las costas de otra. Dos, los medios que 'pintan' las invasiones de extraterrestres han influido profundamente a un segmento de la población. Este segmento podría ser manipulado fácilmente por individuos o grupos que desean explotar el miedo de una colonización y / o invasión extraterrestre.

P5. ¿Cómo reaccionaría Ud. si su gobierno anunciara que ha estado durante muchas décadas encubriendo la verdad acerca de las visitas de extraterrestres por razones de seguridad nacional?

| | Respuesta | Votos | Porcentaje |
|---|---|---|---|
| 1. | Estaría muy enfadado y pediría el castigo para los funcionarios responsables | 333 | 28.81% |
| **2.** | **Entendería esta política y pediría información del porqué se adoptó.** | **664** | **57.44%** |
| 3. | No querría saber las verdaderas razones por qué esta política fue adoptada. | 83 | 7.18% |
| 4. | No sabe | 76 | 6.57% |
| | **Total** | **1156** | **100%** |

Análisis

Esta pregunta es la primera de las tres que abordan asuntos derivados del presunto encubrimiento de la información sobre visitantes extraterrestres identificados en el Roper Poll y la encuesta del Instituto de Exopolitica P.2 relativa a un encubrimiento oficial del gobierno. Suscita el asunto de la seguridad nacional como una justificación plausible para encubrir tal información. La respuesta sugiere que una clara mayoría (57,44%) entendería las razones de seguridad nacional para tal encubrimiento. Una minoría significativa (28,81%) se mostraría indignada y querría que los funcionarios fuesen castigados a pesar de las razones de seguridad nacional que pudiesen ofrecer. Un pequeño número (7,18%) no les gustaría conocer las verdaderas razones del porqué adoptaron estas políticas los funcionarios públicos responsables sin revelaciones públicas.

P.6 ¿Cómo respondería a un anuncio oficial de los Estados Unidos que anteriores funcionarios gubernamentales hubiesen entrado en acuerdos con visitantes extraterrestres fuera de los procesos descritos por la Constitución de los Estados Unidos?

| | Respuesta | Votos | Porcentaje |
|---|---|---|---|
| 1. | **Estaría muy enfadado y pediría el castigo para los funcionarios responsables** | **549** | **48.28%** |
| 2. | Entendería esta política y pediría información del porqué se adoptó. | 425 | 37.36% |
| 3. | No sabe | 163 | 14.34% |
| | **Total** | **1137** | **100%** |

Análisis

Esta es la segunda de las tres preguntas que abordan temas suscitados por el supuesto encubrimiento de información acerca de visitantes extraterrestres identificados en el Roper Poll y la pregunta 2 de la encuesta del Instituto de Exopolitica. Trata del asunto específico de supuestos acuerdos entre autoridades gubernamentales y visitantes extraterrestres alcanzados fuera de los procesos constitucionales de los USA. La respuesta sugiere que los encuestados están más dispuestos a aceptar un encubrimiento debido a razones de seguridad nacional que para acuerdos alcanzados fuera de los procesos constitucionales. La mayoría de los encuestados (48,28%) actuarían de forma que los funcionarios responsables fueran castigados por violar los procesos constitucionales. Una minoría significativa (37,36%) buscaría una mejor comprensión de las razones para tal desvío de los procesos constitucionales,

P.7 ¿Qué se habría de hacer si fuera descubierto que los funcionarios estuvieran en complicidad en actividades inconstitucionales al tratar con visitantes extraterrestres y guardando este secreto?

| | Respuesta | Votos | Porcentaje |
|---|---|---|---|
| 1. | Los funcionarios deberían ser forzados a dimitir y llevados a juicio. | 440 | 39.22% |
| **2.** | **Se debería dar amnistía a los funcionarios a cambio que dijeran la verdad** | **437** | **38.95%** |
| 3. | Los funcionarios no deberían ser forzados a dimitir o llevados a juicio si realizaron actos que fueron por razones de legítima seguridad nacional. | 169 | 15.06% |
| 4. | No sabe | 76 | 6.77% |
| | **Total** | **1122** | **100%** |

Análisis

Esta pregunta es la última de las tres que abordan asuntos que surgen del supuesto encubrimiento de información de visitantes extraterrestres identificado por el Roper Poll y la pregunta 2. Suscita el asunto específico de actividades inconstitucionales o ilegales por funcionarios públicos en mantener el secreto relativo a visitas de extraterrestres. Las respuestas están divididas entre encuestados que no aceptan justificaciones para realizar tales acciones y aquellos que aceptan las justificaciones de seguridad nacional. Una clara mayoría de aquellos que rechazan las razones de seguridad nacional para tales actividades están divididos a partes iguales entre loa que quieren el castigo de los funcionarios y los que pedirían la amnistía a cambio de la total revelación de sus actividades. Una relativamente pequeña minoría (15,06%) de encuestados aceptarían aquellas actividades bajo razones de seguridad nacional. Esto sugiere que las justificaciones por acciones inconstitucionales basadas en la seguridad nacional no serán ampliamente aceptadas por una gran mayoría del público general.

P8. ¿Está Ud. de acuerdo que armas avanzadas espaciales son necesarias para defender a la Tierra contra visitantes extraterrestres?

| | Pregunta | Votos | Porcentaje |
|---|---|---|---|
| 1. | De acuerdo | 155 | 13.08% |
| **2.** | **En Desacuerdo** | **694** | **61.80%** |
| 3. | No sabe | 274 | 24.40% |
| | **Total** | **1123** | **100%** |

Análisis

Esta pregunta aborda el asunto de la utilización de armamento espacial avanzado contra visitantes extraterrestres. Una clara mayoría (61,80%) rechaza la necesidad de utilizar tal armamento. Una relativamente pequeña minoría (13,08%) apoyaría aquellas armas presumiblemente sobre la base de que los visitantes extraterrestres presentarían una amenaza creíble a la seguridad nacional. Una minoría relativamente grande (24,40%) quedaría indecisa presumiblemente debido a información conflictiva sobre la motivación y las actividades de los presuntos visitantes extraterrestres.

P9. ¿Ud. cree que una "Década de Contacto" supervisada por Naciones Unidas es necesaria para preparar a la población global para la verdad acerca de las civilizaciones extraterrestres que nos visitan?

| | Pregunta | Votos | Porcentaje |
|---|---|---|---|
| **1.** | **Si** | **569** | **51.17%** |
| 2. | No | 323 | 29.05% |
| 3. | No sabe | 220 | 19.78% |
| | **Total** | **1112** | **100%** |

Análisis

Una mayoría simple de encuestados (51,17%) apoyarían que organizaciones multilaterales tales como Naciones Unidas jugaran un papel supervisor en la educación de público global acerca de los visitantes extraterrestres, Una minoría significativa (29,05%) se oponen y presumiblemente desearían o que organizaciones nacionales y /o organizaciones no gubernamentales tuvieran este papel. Esto sugiere que hay una significativa oposición a centralizar cualquier proceso educativo para preparar a la población global para las visitas extraterrestres. Una proporción relativamente grande de encuestados (19,78%) permanecen indecisos de cuál sería la mejor manera de educar a la población global en la visita de extraterrestres.

P10. ¿Desea Ud. que los extraterrestres se manifiesten y se pruebe al mundo su existencia sin ninguna duda?

| | Pregunta | Votos | Porcentaje |
|---|---|---|---|
| **1.** | **Si** | **954** | **85.29%** |
| 2. | No | 63 | 5.69% |
| 3. | No sabe | 100 | 9.03% |
| | **Total** | **1108** | **100%** |

Análisis

La pregunta aborda la posibilidad de que los visitantes extraterrestres tomen la iniciativa en aparecer. En contraste con la pregunta cuatro, que abordaba preferencias individuales si los visitantes extraterrestres se presentaran, esta pregunta busca identificar los niveles de aprobación pública para tal iniciativa tomada por los extraterrestres. Una mayoría aplastante (85,29%) daría tranquilamente el permiso para que salieran a la luz pública. Sólo un 5,69% se opondría a ello. Recordando la pregunta cuatro que un 26,94% se sentiría "nervioso y asustado" si los extraterrestres se mostraran en las ciudades más importantes, este resultado sugiere que la ansiedad individual sobre las visitas extraterrestres no impide que estos individuos les impidan mostrarse en público. La amplia respuesta afirmativa está basada probablemente en tres factores: 1.- el alto nivel de insatisfacción con el encubrimiento practicado por el gobierno; 2.- el deseo de los encuestados de aprobar que manifiesten su presencia; 3.- individuos que desean una acción incontrovertible del fin del encubrimiento por el gobierno.

**Conclusiones**

Basándose en el número de encuestados, el alto grado de finalización y feedback por los encuestados, la encuesta alcanzó sus objetivos principales y dió respuesta a la revelación del gobierno relativo a la vida extraterrestre. Es importante señalar que los participantes en el sondeo eran auto-elegidos, encontrando una relación con la encuesta en los sitios web y foros de discusión de OVNI / extraterrestres. Los que respondieron a la encuesta representan, por tanto, individuos con algo de información disponible en Internet relativa a las posibles visitas de extraterrestres. Los resultados de la encuesta por tanto reflejan una muestra de población relativamente bien informada respecto a la acción de encubrimiento por el gobierno, de la información relativa a las visitas de extraterrestres.

Los participantes en la encuesta mostraban ansia por responder a las cuestiones relativas al posible encubrimiento por el gobierno de las visitas extraterrestres. Para muchos de los encuestados, este era una oportunidad importante para influir el proceso de toma de decisiones políticas relativas a las visitas de extraterrestres y era un valioso ejercicio. El alto grado de cumplimiento sugiere que los participantes encontraron la encuesta como un medio adecuado para expresar sus opiniones sobre la política del gobierno relativa a posibles visitas de ET, un área que aún no se ha abordado en la arena pública. Esta observación queda reflejada en la preguntas dos, cinco y siete, dada una de ellas tuvo menos del 8% de un "No sabe" como respuesta. Un buen número de comentarios de los encuestados confirmaron la naturaleza auto potenciadora de la encuesta. Esto sugiere que es un ejercicio valioso para recabar a los encuestados sobre una variedad de asuntos relativos a la posible visita de ET y la política resultante del gobierno.

Hay también muchas sugerencias para mejorar el sondeo. Primero, los participantes están interesados en un conjunto más matizado de respuestas para tratar la complicidad del gobierno en encubrir información sobre funcionarios del gobierno que violan el proceso constitucional. Muchos encuestados plantean la idea de una "Comisión de la Verdad" para sacar información de los funcionarios cómplices del gobierno. Segundo, un conjunto de respuestas emocionales más matizadas de los extraterrestres mostrándose en público cuando se les requiera. Esto queda reflejado en los porcentajes de "No sé" de las preguntas tres (19,59%) y cuatro (22,38%). Y tercero, muchos encuestados estaban interesados en preguntas más matizadas en las posibles motivaciones y actividades de los extraterrestres. Esto queda confirmado por el relativamente alto porcentaje de respuestas "No sé" en las preguntas ocho (24,40%) y también en parte en la diez (9,03%).

En conclusión, la encuesta indica un alto grado de madurez intelectual y emocional de los encuestados tratando un complejo conjunto de asuntos de política pública relativas a las visitas de extraterrestres y el encubrimiento de las pruebas por parte del gobierno. Los individuos están deseosos de que el gobierno revele la verdad acerca de estos asuntos y tratar de las implicaciones políticas del encubrimiento en una forma que se respete la seguridad nacional. Es muy significativo que un 85% de los encuestados deseen que los extraterrestres muestren su presencia de forma inequívoca. Esto sugiere una amplia oposición a cualquier forma de encubrimiento de la información ET, y un deseo de mayor transparencia en lo que concierne a sus visitas. En general, la encuesta demuestra que el gran público está listo para jugar un papel más activo en conseguir esta mayor transparencia y fiscalización por lo que atañe a las políticas gubernamentales sobre la vida ET.

# Notas finales. Capítulo Doce

[641] Deseo agradecer a los miembros del Instituto de Exopolitica por sus sugerencias en la formulación de las preguntas. Agradezco especialmente a Hugh Matlock por su asistencia en ayudar en el análisis de los resultados de la encuesta, e identificar los errores tipográficos. Finalmente agradezco a Jack Davis por su lectura de pruebas de una versión anterior de este capítulo que fue publicado en la *Exopolitics Journal* 2:1 (Abril de 2007): 50-62.

[642] Encuesta Roper, "OVNI & Vida Extraterrestre: Las creencias de los Americanos y Experiencias Personales" Roper Número: C205-008232. http://www.roper.com

[643] Llevado a cabo en nombre de la National Geographic por el Centro de Investigación y Análisis de Encuestas,
http://www.csra.uconn.edu/

[644] La web de la Compañía es: www.QuestionPro.com .

[645] La Url de la Encuesta es :
http://www.questionpro.com/akira/TakeSurvey?id=391646 .

[646] Url for para los resultados de la encuesta de 19 de Marzo de 2007 es: http://www.exopoliticsinstitute.org/Survey-Results-March-19-07.htm .
25 Nov de 2006 resultados de la encuesta es:
http://www.exopoliticsinstitute.org/Survey-Results-Nov-25-06.htm .

[647] Para la tabla original generada por Questionpro el 25 de Noviembre de 2007 ir a "Encuesta sobre las Visitas de extraterrestres - Feedback Público & Análisis," *Exopolitics Journal* 2:1 (Abril de 2007): 50-62.

# Capítulo Trece

## Spin Político y la creación de Opinión Pública para el 'Primer Contacto'

### Introducción[648]

Ha habido una supresión a nivel mundial de la presencia secreta de ET en la Tierra durante al menos 60 años y mantenida en secreto al público y a los funcionarios públicos elegidos. La revelación pública oficial de vida ET se ha venido especulando como inminente. En una supuesta reunión en 1954 entre el Presidente Eisenhower y una delegación ET, por ejemplo, se informó que la revelación de vida ET era inminente.[649] Los retrasos repetidos han llevado a mucha incertidumbre sobre cuando la presencia ET será revelada. Algunos whistleblowers argumentan de forma convincente que una vez el terrorismo internacional sea una justificación creíble para los gastos de armamento de los militares USA entonces las agencias militar – inteligencia volverán a la presencia ET para justificar tal gasto.[650] Sin embargo, en lugar de ser el 'cuando' un asunto crítico a ser decidido, parece que el problema más importante es el 'cómo' la presencia ET será revelada o 'girada políticamente' Parece que hay un esfuerzo secreto para preparar a la opinión pública para aceptar un escenario particular de 'primer contacto'. Parece que aún se ha de decidir cuándo ocurrirá la revelación al público y cómo se hará el giro para facilitar el continuo control por pequeños grupos clandestinos de funcionarios públicos no gobernados por reglas democráticas usuales sobre transparencia y auditabilidad. Los diferentes escenarios de un primer contacto que han salido a la luz en la arena pública por varios investigadores de OVNI (whistleblowers señalan a una competición entre y dentro de las agencias gubernamentales en cómo el 'Primer Contacto' será anunciado para el consumo del mundo entero). Parece que hay fuertes rivalidades entre facciones dentro de organizaciones clandestinas que tienen sus respectivos mejores escenarios. Son estas rivalidades que pueden ilustrar mejor el largo retraso en la revelación pública de presencia ET.

La preparación del 'Primer Contacto' es una manera de entender el alcance completo de la presencia ET, el secretismo que lo ha acompañado y estar dispuesto por un 'Primer Contacto' incluso si este acontecimiento transforma la vida humana en la Tierra. Hay, sin embargo, una serie de escenarios de contacto que ponen un 'efecto'determinado sobre la presencia ET que permitiría que agencias nacionales clandestinas de seguridad continúen controlando los asuntos extraterrestres de forma secreta y antidemocrática. Cambios significativos en la opinión pública de los ET pueden ser atribuidos no sólo a supuestos comportamientos de los ET y cambios espontáneos en las actitudes del público sino en una competencia secreta entre diversas facciones del 'gobierno en la sombra' que promuevan percepciones que apoyen un particular escenario del Primer Contacto que mejor permita su continua influencia y poder. Empezando en los meses de Octubre / Noviembre de 2003, un escenario alternativo empezó a circular en Internet que ha conducido a la aparición de un nuevo actor en cómo la opinión pública está siendo moldeada para un evento de 'Primer Contacto'. Este nuevo actor está fuera del sistema de comunicación de masas que está ampliamente controlado por grupos de gestión de asuntos ET, y que parece ser únicamente el resultado de una respuesta global al 'cuándo' y el 'cómo' el 'Primer Contacto' debe ocurrir.

El nuevo actor comprende un conjunto de 'grupos de contacto' de rápida aparición que creen que la humanidad ha sido contactada recientemente por razas de extraterrestres que quieren saber si los ciudadanos ordinarios quieren simplemente que se manifiesten y acaben con el secreto sobre la presencia extraterrestre. La rápida emergencia de estos 'grupos de contacto', su impacto en la opinión pública global sobre los ET, y la represión de los portavoces de estos grupos de contacto, dejan entrever que existe una lucha secreta entre múltiples jugadores sobre el 'cuándo' y el 'cómo' ocurrirá el 'Primer Contacto'. En lo que sigue a continuación, examino tres escenarios de Primer Contacto que tienen varios niveles de apoyo y que pueden ser considerados más probables que sucedan. Finalmente, examino cómo la opinión pública está siendo moldeada hacia formas que promuevan escenarios particulares de Primer Contacto, y los papeles respectivos de los extraterrestres, las agencias de seguridad nacionales, investigadores de OVNI / exopolitica, y el gran público.

**Spin Político y Vida Extraterrestre**

William Safire define 'spin político' como un 'sombreado deliberado de la percepción de las noticias'; un intento de control de la reacción política'[651] los términos 'spin político' y 'spin doctors' se empezaron a utilizar en campañas presidenciales de los USA.[652] El siguiente editorial del New York Times refiriéndose a cómo el 'spin político' fue manejado profesionalmente por los altos asesores del Presidente Ronald Reagan poco antes de las elecciones de 1984:

> Una docena de hombres bien trajeados y mujeres en vestidos de seda circularán suavemente entre los reporteros, vertiendo opiniones confidenciales. Ellos no serán meros agentes de prensa intentando impartir un spin favorable a un anuncio de rutina. Serán los Spin Doctors, altos consejeros de los candidatos, y estarán jugando con apuestas muy altas. La manera que hagan su trabajo podría ser tan importante como el trabajo que realicen los mismos candidatos.[653]

En lugar de algo que pertenece solamente al proceso político convencional, el 'spin político' ha sido utilizado para gestionar el fenómeno extraterrestre desde los años 1940 debido al trabajo encubierto de agencias de inteligencia militar cuya tarea ha sido el encubrir la presencia extraterrestre al gran público. Los documentos oficiales filtrados al gran público muestran que una política de secretismo fue iniciada en 1947 bajo la administración Truman.[654] Walter Haut era el Oficial de Información Pública de Roswell del 8 de Julio de 1947 que distribuyó una nota de prensa inicial que hablaba de un siniestro de un platillo volante. Él autorizó la entrega, a su muerte, de una declaración jurada donde revelaba que el siniestro de Roswell implicaba entidades ET, y que el Pentágono había decidido mantenerlo en secreto.[655]

El siguiente pasaje de un 'supuesto documento oficial' filtrado a los investigadores de OVNI, describe detalladamente y con crudeza la política oficial de secretismo que se había desarrollado en Abril de 1954:

> Cualquier encuentro con entidades de origen ET ha de ser considerado como un asunto de seguridad nacional y por tanto clasificado como TOP SECRET. Bajo ninguna

> circunstancia el gran público o la prensa ha de saber la existencia de tales entidades. La política oficial del gobierno es que tales criaturas no existen, y que ninguna agencia del gobierno federal no está metida en ningún estudio de ET y sus artefactos. Cualquier desviación de esta política está absolutamente prohibida.[656]

La política de secretismo oficialmente promulgada estaba apoyada por las agencias de inteligencia militar cuya tarea ha sido desviar la atención del público de la presencia extraterrestre. Posiblemente el logro más importante en el desvío de la atención del público fue el desarrollo del término 'OVNI' que supuestamente fue acuñado por el capitán Edward Ruppelt en 1951 para reemplazar el término menos preciso científicamente de 'platillo volante'. Ruppelt afirmó que "OVNI es el término oficial que yo he creado para reemplazar las palabras 'platillos volantes' ".[657]

Pero como ha descubierto el Dr. Steven Greer en sus consultas con varias personas enteradas del gobierno y los militares, el término OVNI no fue usado ampliamente por todas las personas enteradas. "Hay en realidad los ETV o vehículos extraterrestres relacionados. Ninguno utiliza las palabras OVNI, pongamos un ejemplo. El término OVNI fue acuñado después de que se sabía que no eran no identificables."[658] El término OVNI, por tanto, proporcionaba una útil cobertura para los vehículos ET que eran conocidos en lugar de no identificados. Esta sofisticación de palabras demostró ser muy valiosa para los funcionarios del gobierno y militares que ocasionalmente podían ser grabados en público. Por tanto, en lugar de mentir directamente, estos altos funcionarios que sabían de la presencia ET estaban diciendo la verdad en sentido estricto cuando podían decir por ejemplo, que 'ellos no habían visto pruebas que apoyen la existencia de OVNI.'

Estos desmentidos de la existencia de OVNI o de pruebas que la apoyaban era simplemente inteligencia militar 'spin' basado en conocimiento militar secreto de una nave pilotada por ET que era 'identificada' en lugar de ser 'no identificada'. Según John Maynard, un ex analista de la inteligencia, que ayudó en la tapadera de la presencia ET, esto se hacía a través de lo que él describe como 'desinformación' que tiene una dinámica similar a la de spin político.

> Desinformación o información errónea. El arte de proporcionar información en una forma que tiene una cierta dosis de verdad en la declaración que la hace una respuesta plausible a una pregunta o posible solución del tema. Pero, si es empleado correctamente conducirá a la persona a creer en lo contrario de lo que es correcto, en otras palabras, llegar a conclusiones equivocadas…. [Por ejemplo] Un programa simple, digamos la forma de un objeto, tal como un platillo volante. Declarar el hecho real de lo que se declara, pero añadiendo que tú 'creías que era un de forma de un platillo', y sugieres que la persona que lo está mirando desde un ángulo distinto, puede ver algo así. Tú dijiste que tenia forma de cigarro habano, yo mismo creía que era más de forma de platillo, probablemente el ángulo hacía la diferencia." Si tú vas repitiendo esto, eventualmente ellos creerán que era en forma de platillo. La verdad: una persona vio un objeto en forma de cigarro. Tu cambiaste su idea, y esto es lo que se informará.[659]

Junto con la desinformación, 'spin político' hace factible a altos funcionarios encubrir lo que por décadas sabían, y permitir al gran público que permanezca en la oscuridad acerca de razas extraterrestres visitándonos. En lugar de un nuevo desarrollo, 'spin político' junto con otras estrategias de inteligencia militar tales como la desinformación, han sido utilizadas desde los inicios del fenómeno OVNI, para moldear la percepción del público acerca de la realidad de las razas extraterrestres visitantes y sus vehículos. Yo examino ahora dos escenarios 'oficialmente autorizados' que serán probablemente 'tergiversados' [N.T. traducción de la palabra 'spun'] para preparar al gran público para el 'primer contacto' con razas extraterrestres de forma que ayudará a una agenda a largo plazo de las agencias de seguridad nacional.

**Escenario de Contacto 1: 'Guerra de los Mundos' – El Hostil Extraterrestre**

En 1938, Orson Wells produjo una adaptación para la radio del libro 'Guerra de los Mundos' de H.G. Wells.[660] En la famosa emisión, los oyentes creyeron que estaban escuchando relatos genuinos de un ataque de marcianos sobre la Tierra, y la destrucción de los USA. La retransmisión de Wells conmocionó a los oyentes, dio un ejemplo clásico de cómo la comunicación masiva puede transformar fácilmente la opinión pública sobre las razas ET. Trasladándonos a nuestra era, el Dr. Steven Greer, Director del Proyecto Revelación, ha entrevistado a 450 whistleblowers que son ex empleados o empleados en activo de la comunidad militar – inteligencia, compañías trabajando en proyectos militares, o en la industria de la aviación.[661] En sus entrevistas ha sabido de otro plan secreto que incluye producir otra 'Guerra de los Mundos' como acontecimiento de ' Primer Contacto' por el cual la población global oficialmente de la presencia extraterrestre hasta la fecha en términos de una invasión extraterrestre artificial:

> Para eventualmente justificar el gasto de trillones [N.T. millones de millones] de US$ en armamento espacial, el mundo quedaría decepcionado acerca de una amenaza del espacio exterior que lo uniera así en el miedo, en el militarismo y en la guerra. Desde 1992, yo he vistió desvelado este guión por al menos una docena de personas enteradas. Naturalmente, al principio me reí, creyendo que esto era un absurdo y muy exagerado. La Dra. Rosin dio su testimonio al Proyecto Revelación antes del 11-S. E incluso otros me dijeron explícitamente que cosas que parecían como OVNI pero que estaban construidos y bajo el control de proyectos 'negros' de altísimo secreto y que se utilizaban para simular falsos eventos de apariencia ET. Incluyendo algunas abducciones y mutilaciones del ganado, para sembrar las primeras semillas de miedo cultural relativo a la vida en el espacio exterior. Y en cierto punto, después del terrorismo global, se producirán los acontecimientos que utilizarían los ARV (Alien Reproduction Vehicles o Vehículos de Reproducción Alienígena) o vehículos hechos por hombres de la ingeniería inversa de los OVNI obtenido estudiando una nave ET – ver el libro 'Revelación' por el mismo autor) para fingir un ataque a la Tierra. Cómo en la película Independence Day, un intento de unificar al mundo a través del militarismo y utilizando a los ET como cabezas cósmicas de turco (piensa en los Judíos durante el Tercer Reich).[662]

La falsa invasión extraterrestre ocurriría en el tiempo y en el lugar más adecuado para los intereses de las organizaciones clandestinas que han manejado los asuntos extraterrestres desde la era de la 2ª Guerra Mundial.[663]

Un desarrollo significativo que apoya tal posibilidad era la película de Steven Spielberg, la versión moderna de la 'Guerra de los Mundos', protagonizada por Tom Cruise y con un presupuesto de 130 millones de US$, la nueva versión se estrenó en Junio de 2005. El film, como "Independence Day" (1999) popularizaría en los USA y el mundo la idea de una invasión extraterrestre y la necesidad de una defensa global coordinada. Tal necesidad era algo que el ex presidente Ronald Reagan creía fervientemente que era necesaria basada en su conocimiento secreto de la presencia ET:

> En nuestra obsesión con los antagonismos del momento, olvidamos a menudo cuanto une todos los miembros de la comunidad. Quizás necesitemos alguna amenaza exterior, universal, que nos haga reconocer nuestros lazos comunes. Yo creo a veces cuán rápido nuestras diferencias en todo el mundo se desvanecerían si estuviéramos enfrentados a una fuerza alienígena, de fuera de este mundo. Pero, yo me pregunto, ¿no hay una fuerza alienígena YA entre nosotros? Hay sólo un puñado de hombres que saben la verdad de todo esto.[664]

La asociación de Spielberg con la nueva 'Guerra de los Mundos' es bastante significativa ya que ha habido rumores que su primera película "Encuentros en la Tercera Fase" era un esfuerzo secreto de avanzar la revelación al gran público de la presencia ET.[665]

Una 'Guerra de los Mundos' artificial permitiría a las organizaciones militares y de inteligencia en los USA y en otras partes continuar su vasta red de proyectos secretos que están financiados por presupuestos 'negros' que en el caso de los USA van tan arriba como 1,7 trillones (millones de millones) de US$ anualmente.[666] La 'invasión falsa' permitiría el paso de las leyes estrictas de seguridad nacional que beneficiaría a aquellas facciones dentro de los grupos de gestión nacional y global de los asuntos extraterrestres que desean mantener el pleno control de todos los aspectos de la presencia extraterrestre sin el escrutinio por un proceso abierto y democrático. Los que apoyan más fuertemente esta invasión amañada han sido descritos por anteriores gobiernos y /o enterados dentro de las compañías privadas. Daniel Salter, la Dra. Carol Rosin y el Dr. Michael Wolf, se refieren a una misteriosa facción llamada 'Cabal' dentro del 'gobierno en la sombra' que manejan los asuntos ET, que ha aprobado en el pasado políticas de detección y derribo de naves ET visitantes. Una "fuerza de renegados llamada el Cabal" según Salter "es responsable de atacar y capturar entidades y naves ET.[667] Continua y dice "este puede ser el grupo que está perturbando agresivamente el potencial de contacto entre los ET y la Humanidad"

Según Greer y otro investigador de OVNI, Dr. Richard Boylan, muchos de los informes actuales de abusos de extraterrestres están relacionados con abducciones militares (MILABs). Ellos citan el trabajo del Dr. Helmut Lammer quien ha proporcionado un extenso análisis del papel de las agencias militares – de inteligencia en la experiencia de abducción.[668]

El trabajo de Lammer sugiere que estos MILABs tienen una genuina componente ET en ellos que implican o la cooperación o la conexión con abducciones extraterrestres. Por ejemplo, si sucede una abducción extraterrestre, ésta es monitorizada y la misma 'víctima 'es abducida y examinada por las fuerzas militares-de inteligencia utilizando técnicas médicas y psicológicas intrusivas. Reflexionando entre las abducciones MILAB y las abducciones extraterrestres Lammer escribe: "si uno especula que el núcleo del fenómeno de las abducciones alienígenas es real, la misma gente que está detrás de estos proyectos [de secreto militar] tendría un interés en los procedimientos biológicos / genéticos y del control de la mente alienígenas."[699]

Destacados investigadores de abducciones de OVNI tales como el Dr. David Jacobs, Budd Hopkins y la fallecida Karla Turner han proporcionado estudios de casos detallados de los aspectos abusivos de las 'abducciones' por OVNI.[670] Estos investigadores encontraron pruebas perturbadoras del trato abusivo de los individuos llevados a una nave OVNI y mujeres que estuvieron sujetas a un programa genético destinado a producir híbridos realizando humillantes prácticas sexuales en hembras abducidas . Jacobs argumenta lo siguiente sobre el posible objetivo del programa de abducciones extraterrestres:

> Con la utilización de una tecnología superior, tanto física como biológica, ellos están ocupados en la explotación sistemática y psicológica clandestina, y quizás la alteración, de seres humanos con el propósito de pasar sus capacidades genéticas a sus descendientes quienes se integrarán en la sociedad humana y, sin duda, la controlarán... Al final es posible que haya algún beneficio en nosotros pero si sobrevivimos como especie, el precio de esta caridad será el abandono de la libertad para dictar nuestro propio destino y, más probablemente, también nuestra libertad personal.[671]

Trabajando en informes recientes de encuentros abusivos de humanos con ET, el conocido escritor de temas de OVNI, Whitley Strieber, sugirió que un 'capítulo oscuro' ha empezado por lo que respecta a la presencia ET para todos aquellos que experimentaron un fenómeno de abducción.[672]

Aún más perturbador, cita informes de mutilaciones humanas como testimonio de esta preocupante nueva fase. Un estudio detallado de una de estas mutilaciones humanas puso en evidencia que los que lo perpetraron no les preocupaba la vida de la víctima o dejar pruebas detrás. [673] Además de del fenómeno de las mutilaciones humanas, hay informes de bases subterráneas donde ET realizan varios experimentos sobre humanos abducidos que están retenidos indefinidamente y parecen ser poco más que especies de laboratorio. Lo más perturbador es la prueba de que las agencias de seguridad nacional son conscientes de tales abusos e incluso son cómplices de lo que pasa. [674]

La creciente prueba del comportamiento hostil extraterrestre ha contribuido a cambiar la opinión pública acerca de los ET. Los amigables 'amigos del espacio' de los primeros experimentados tales como George Adamski, han sido reemplazados por los 'visitantes hostiles' que han de ser controlados de cerca e incluso se les han de oponer militarmente por las agencias de seguridad nacional.[675] este crecimiento en los informes de comportamiento extraterrestre abusivo puede tener distintas explicaciones. La primera es que ha habido un incremento de los ET que realizan abducciones y / o que los humanos se acuerdan y dan cuenta de estos hechos negativos, como afirman Jacobs y Strieber. La segunda es que ha habido un rebrote de las abducciones que ha arrojado una capa distorsionadora en los encuentros más benignos humanos – extraterrestres como afirman Greer y Boyland. Es probable que ambas explicaciones sean válidas que explicarían la amplia gama de perspectivas encontradas por aquellos que estudian el fenómeno de las abducciones.[676]

En consecuencia, las pruebas en términos de los informes crecientes de abusos relacionados con el fenómeno de las abducciones señala la conclusión de que ha habido un cambio en la forma en que la presencia ET es gestionada y es 'filtrada' al gran público. Es muy probable que la comunidad militar-inteligencia esté jugando un papel destacado en la 'filtración' que los extraterrestres que nos visitan son hostiles y que regularmente violan a abducidos humanos. Este 'spinning' de datos extraterrestres haría posible un escenario de Primer Contacto donde una invasión extraterrestre es representada o enteramente por las unidades militares – inteligencia, puesta en escena en cooperación con los extraterrestres, o representa un enfrentamiento militar limitado con razas de extraterrestres que realizan abducciones no autorizadas.

Como sugiere Greer, la falsa guerra contra el terrorismo y la invasión de Iraq son escalones de la definitiva 'guerra de los mundos'.[677] El Cabal era muy influyente dentro de la administración Bush como se evidenció por la guerra preventiva en Iraq, y se vio su interés a largo plazo como la que mejor servía a la continuación del estricto sistema de seguridad nacional.[678] La elección en 2008 de Barack Obama ha introducido una nueva administración presidencial pero aún habrá elementos de esta administración con simpatías en mantener una respuesta de la seguridad nacional fuerte a cualquier contingencia futura, especialmente aquellas relacionadas con la vida extraterrestre. Una invasión artificial extraterrestre permitiría a los elementos de 'Cabal' de la nueva administración Obama emitir suficiente información acerca de la presencia extraterrestre histórica para apoyar políticas pasadas de inteligencia militar relativas al encubrimiento de la presencia extraterrestre. Esto aseguraría que los funcionarios anteriores involucrados en la gestión secreta de los asuntos extraterrestres no se les exigirían rendir cuentas de pasadas acciones, y estarían protegidos de persecución legal. Mientras parece que hay apoyo de dentro de la comunidad militar – inteligencia para una 'amañada invasión' hay también una oposición significativa que ha llevado a divisiones en las facciones del 'gobierno en la sombra' responsable de la gestión de los asuntos ET.[679]

Además, parece ser que hay sólo un apoyo débil de las instituciones globales a una 'guerra de los mundos' artificial. Muchas naciones están influidas por un control moderado de grupos asociados con instituciones internacionales tales como el Grupo Bilderberg y la Comisión Trilateral. Según un investigador:

> Los "progresistas" dentro del Grupo Bilderberg y del aparato de la Seguridad Nacional de USA tiene como objetivo que los conflictos del mundo han de acabar, y que así no haya ninguna tentación de poner armamento con tecnología ET, antes que los dispositivos de alta tecnología ET tales como la energía punto cero están permitidos salir a la circulación pública.[680]

Esto queda reflejado en mayor oposición a las políticas en Iraq de la anterior administración Bush que fue una tapadera para un papel de la más agresiva gestión de Cabal imbricada dentro del sistema de seguridad nacional.[681] Parece que hay una lucha de facciones entre el grupo de línea dura que quieren en apariencia tener o crear la impresión de una necesidad de guerra con razas extraterrestres, y la otra facción que busca la cooperación y una forma de revelación más genuina. La elección de Obama en 2008 indica que una ala más cooperante de las élites globales han llegado al poder. Por consiguiente, mientras la amañada 'guerra de los mundos' queda como una posible alternativa de escenario que sería planteado al gran público para su consumo, ha disminuido su apoyo en los grupos de gestión secretos que manejan los asuntos extraterrestres.

**Escenario de Contacto 2: Encuentros Cercanos de la Tercera Fase – El 'Enigmático Amigo ET'**

Este escenario de contacto utilizaría una variante de los guiones popularizados por Steven Spielberg en Encuentros en la Tercera Fase, y las más recientes miniseries de TV *Taken* o Ocupados. Aquí los extraterrestres serían descritos como más amigables aunque a través de luz enigmática como si una raza tecnológicamente avanzada que ha entrado en acuerdos deshilvanados con los USA y posiblemente otros gobiernos nacionales. En estos acuerdos, los extraterrestres intercambiarían su avanzada tecnología son la aquiescencia del gobierno en que los extraterrestres utilizarían material genético humano para mejorar su propia raza. Los acuerdos representan las relaciones y motivaciones tanto de los extraterrestres como de las autoridades del gobierno clandestino como benignas pero que estos acuerdos sufrieron espasmos debidos a las actividades alevosas de un grupo renegado de funcionarios de las ramas militar y de inteligencia – el 'Cabal'.

El secretismo que rodea los acuerdos extraterrestres-gobierno, los abusos de los extraterrestres sobre civiles, el derribo de naves extraterrestres serían presumiblemente atribuidas a las actividades alevosas y desinformación que surgen del 'Cabal' y/o la posible asistencia de grupos 'villanos' extraterrestres.[683] Los funcionarios de las ramas militar y de inteligencia serían instados a dimitir. El guión para este escenario incluiría el mundo celebrando la aparición abierta de los 'amigables' extraterrestres. Estos nos ayudarían a adquirir la tecnología avanzada, purgarían el 'Cabal' de las influencias de la comunidad militar – inteligencia, y/o forzarían la retirada de los extraterrestres 'bribones'. Los restantes extraterrestres serían entonces dibujados con una luz más positiva como entes amigables aunque enigmáticos que pueden ayudar al desarrollo de la civilización terrestre.

Los que apoyan el 'escenario de contacto ' de la visión de Spielberg en Encuentros en la Tercera Fase han filtrado desde hace tiempo las intenciones benignas de los visitantes extraterrestres. Esta información 'filtrada' viene de los 'whistleblowers' o aquellos imbricados en las organizaciones de la seguridad nacional que pueden ser parte de una campaña encubierta que prive a la opinión pública de una inminente revelación pública. Investigadores tales como Steven Greer y Richard Boylan apoyan entusiásticamente esta opinión de que los extraterrestres son amigables y que todas las historias de los comportamientos abusivos son producto de la desinformación alimentada por el 'Cabal'.[684] Greer cita en particular a una impresionante conjunto de whistleblowers que él ha entrevistado quienes testifican la naturaleza benigna de los extraterrestres. Por ejemplo, Clifford Stone que sirvió veinte años en rescates secretos de naves ET, declara lo siguiente en una entrevista con Greer:

> Nosotros tenemos contacto con alienígenas que no tienen su origen en algún país extranjero sino en otro sistema solar. Y yo participo de esto. Lo he trabajado. He estado allí. Y sé que algunas de las cosas que hemos hecho son realmente, realmente, terribles. Ellos no son hostiles con nosotros. Nosotros somos los enemigos en este apartado – sino que somos el enemigo. Me gusta creer, por buenas razones."[685]

Otro whistleblower que Greer entrevistó, Daniel Salter, también atestigua la naturaleza benigna de los extraterrestres: "[Werner] von Braun lo sabía desde 1947 a 1951, nosotros los derribamos, los capturamos y los arrestamos con sus vehículos para poderlos estudiar. Pero los ET nunca han cometido ningún acto agresivo hacia los humanos; los humanos siempre hemos disparado primero."[686] Boylan se basa en entrevistas con (Dr.) Michael Wolf para afirmar las intenciones benignas de los ET.[687]

A pesar de estas claras referencias a la benignidad de los ET, hay también referencias de algunos de los mismos whistleblowers a ET 'villanos' en otras entrevistas no citadas por Greer o Boylan.[688] Por ejemplo, en otra entrevista, Clifford Stone distingue entre 'buenos' y 'malos' ET, y se refiere claramente a uno de estos grupos, 'los Grises', que han cometido flagrantes abducciones y que el gobierno de los USA no está seguro de cómo revelar esto al gran público:

> Los chicos buenos [ETs] son, bien, me gusta referirme a ellos como seres nómadas. Lo que estás diciendo, acerca de la no intervención con otras formas de vida inteligente es una ley universal. Los nómadas la siguen. Los Grises violaban esta ley universal … Yo creo que hay un esfuerzo de los buenos chicos para contactar con la gente dentro de nuestro gobierno, pero creo que lo que ocurre ahora es que el gobierno USA aprendió en 1983 o así, que NO están tratando con los chicos buenos, y realmente no saben lo que hacer.[689]

Michael Wolf también trabajó sobre las motivaciones de las razas ET en una entrevista en la que declaró:

> La mayoría son benévolos. Ocasionalmente algunos atraviesan la barrera alienígena, pero generalmente no vuelven. No regresan una vez han sido localizados e identificados. Una vez que tienen agendas ocultas, una vez están identificados, se les prohíbe volver aquí… Pero aquellos son unos en una de las muchas razas, y son pocos y muy alejados entre ellos.[690]

La idea de que la mayoría de extraterrestres son benévolos, y sólo unos pocos son bribones que forman la minoría problemática en la comunidad galáctica ha sido apoyada por un visionario remoto, el Dr. Courtney Brown que ha llevado a cabo numerosas sesiones de visiones remotas de extraterrestres que nos visitan.[691] Él argumenta, por ejemplo, que los "Reptilianos están metidos en la fabricación de armamento … yo sugiero que estos prototipos están diseñados para abatir naves alineados con la Federación Galáctica, particularmente las naves de los Grises."[692]

La información más intrigante de los whistleblowers relativa a las diferentes facciones de extraterrestres viene de un microbiólogo, (el Dr.) Dan Burisch, que supuestamente trabajó codo con codo con un extraterrestre 'Gris' conocido por J-Rod.[693] Según Burisch él tomó muestras biológicas de extraterrestres que eran de Zeta Reticulum. "Fui informado que J-Rod era un alienígena, específicamente de (Zeta) Retículos 1 y 2 sistema (binario), en concreto del Retículo 4 (cuarto planeta de uno de los soles)."[694] Utilizando el conocimiento y el material obtenido de este trabajo conjunto con J-Rod, Burisch supuestamente trabajó en un proyecto altamente secreto llamado 'Lotus' que estaba concentrado en adquirir el conocimiento de una misteriosa 'Partícula Ganesh' que podía conducir a la regeneración y creación de vida.[695] El caso que involucra a Burisch ha llevado a la salida de información de este proyecto secreto con J-Rod, su trabajo en el Proyecto Lotus y su comunicación con selectos comités del gobierno en la sombra.

Un hecho de gran significación acerca de Burisch es que un buen número de investigadores independientes llevaron a cabo entrevistas cara a cara relativas a sus actividades y la información que estaba distribuyendo cuando afirmó que aún estaba empleado en proyectos secretos. Estos incluyen los conocidos investigadores Linda Moulton Howe, Bill Hamilton, y Paola Harris.[696] En 2004 yo pude tener contacto con Burisch a través de e-mail que discutió sobre aspectos de los proyectos secretos en los que trabajaba antes de vernos en persona.[697] Me reuní personalmente con él en el2007 cuando respondió a mis preguntas y las de otros acerca de sus experiencias con ET.[698] La mayoría de los investigadores que se reunieron con él han detectado algo significativo en el caso de Burisch.

El acceso público sin precedentes de Burisch quien afirmó que estaba metido en proyectos super secretos y las revelaciones hechas por Burisch sugerían que él tenía el apoyo de un insider [N.T. persona interna conocedora].[699] destacados individuos dentro de uno de los comités clave del gobierno en la sombra aparentemente el 'Comité de la Mayoría' le estaban facilitando el acceso, y le permitían la distribución del material de Burisch.[700] Según los que apoyan a Burisch, esto es porqué Burisch insiste en que la información que posee sea conocida por el gran público, de lo contrario él no cooperaría en el Proyecto Lotus. Burisch, se afirmó, era el único microbiólogo con los conocimientos suficientes para entender la partícula Ganesh.

Otro aspecto significativo de la saga Burisch es que hay aparentemente un cisma político dentro del sistema del comité secreto que maneja los asuntos extraterrestres. Mientras Burisch había tenido acceso al gran público y sido capaz de emitir información secreta, hay también supuestamente, esfuerzos para intimidarle y silenciarlo. Las facciones opuestas al proceso de revelación que él estaba participando estaban detrás de estos esfuerzos. Aparentemente, Burisch fue atacado físicamente, le robaron sus memorias y fue enviado a sitios remotos, fue mantenido incomunicado durante largos periodos.[702]

Algunos de los más importantes temas exopolíticos que surgen de la saga Burisch son que hay dos facciones de ET J-Rod. Una aparentemente ayuda a Burisch en su investigación, es benigna, quiere diseminar el conocimiento acerca de la 'partícula Ganesh' de forma que pueda ayudar a la humanidad, y ayudar a los propios Grises/J-Rod en reparar su propio ADN dañado. La otra facción de Grises/J-Rod está de alguna forma causando problemas que conducen a los 'reaccionarios', funcionarios ultranacionalistas de la seguridad nacional (el 'Cabal') a implementar políticas xenófobas hacia los extraterrestres. Evidentemente, el Cabal quiere conseguir el control de la partícula Ganesh con el fin de que pueda utilizarla para el usual razón de poder, codicia y explotación.

La información de Burisch y las entrevistas públicas es la prueba de la lucha entre facciones entre los diferentes grupos de control dentro del sistema de gestión extraterrestre sobre como presentan el escenario del primer contacto.[703] Los 'Controladores Progresistas' son supuestamente en una intensa lucha contra los 'controladores reaccionarios' (el 'Cabal') en establecer las políticas con los extraterrestres y como responder a Dan Burisch. Hay también una división entre los Grises/J-Rod amigable y los bribones en términos de las actividades extraterrestres y en relación con la humanidad. Los individuos que siguen la saga Burisch creen que el destino de la humanidad se está decidiendo mediante una lucha clandestina, y que al gran público se le urge que apoye a Burisch en la publicación de su información y su aparición frente al Congreso.[704] Esto implica apoyar a los progresistas dentro del sistema de gestión en su 'difícil lucha' frente a los reaccionarios y Grises/J-Rod 'bribones'. Tal lucha es aludida por Boylan en su discusión de las facciones de gestión progresiva o reaccionaria en los US. e instituciones globales, y su apoyo a las facciones 'progresistas'.[705]

Se puede sacar la conclusión del material de Burisch que ha sido elaborado por largo tiempo el presentar un escenario creíble buscado por las organizaciones militares / inteligencia que manejan los asuntos extraterrestres. El acceso público sin precedentes de Burisch y su habilidad para revelar información secreta indica que es 'sin saberlo' parte de una campaña de encubrimiento para influir en la opinión pública acerca de la presencia extraterrestre y los proyectos secretos. El trabajo de Burisch con los Grises/J-Rod y su involucración con la 'partícula Ganesh' indica un esfuerzo conjunto gobierno / extraterrestres para dar una imagen más positiva a la presencia extraterrestre y para crear la percepción que sus trabajos biológicos tienen una aplicación beneficiosa tanto para la humanidad como para la raza extraterrestre de los Grises. Al mismo tiempo, la existencia de 'extraterrestres bribones' y un 'Cabal' reaccionario proporciona una base para explicar los aspectos más negativos de la presencia extraterrestre encontrados en numerosas informes de abducciones y testimonios de whistleblowers.[706]

Otra variación del escenario de contacto con extraterrestres de los 'amigos pero enigmáticos' surge de las recientes publicaciones de los testimonios de experiencias de whistleblowers con una raza descrita como "Blancos Altos".[707] Charles Hall estaba destinado a la base Nellis de la USAF en 1965-68 donde su misión era utilizar globos atmosféricos para la Fuerza Aérea desde la ubicación de Indian Springs de la base. Describe las interacciones con los 'Blancos altos' que empezaron en 1965 y como él y otros militares de servicio se encontraron con su perturbadora presencia. Hall describe un catálogo de incidentes donde los 'Blancos Altos' aterrorizaron otros militares que no los entendían, los sorprendían o les amenazaban de una u otra manera. A los 'Blancos Altos' se les describe en términos enigmáticos como una raza que físicamente intimidaron a otros militares, pero fueron capaces de demostrar sincera amistad y aprecio a Hall ya que éste aparentemente salvó la vida a uno.[708] Esto es dónde los 'Blancos Altos' muestran cualidades más positivas tales como amistad y un conocimiento superior que ellos compartieron con Hall y con la USAF. Significativamente, los 'Blancos Altos' empezaron a ser vistos en el desierto de Mojave en 1954 indicando con ello que estaban asociados a los acuerdos alcanzados con los 'Grises altos' y la administración Eisenhower en 1954.[709] Hall sigue en su descripción; les vio regularmente en presencia de generales de la USAF y otros altos funcionarios que reconocieron el estatus de embajador a su líder.[710] Esto indica que un anuncio de revelación ha de ser hecha de forma que justifique los acuerdos del gobierno en la sombra con los 'Blancos Altos' que les ponen como 'amigables pero enigmáticos' ET.

Incluso otra versión de los amigables pero enigmáticos se refiere a un programa de intercambio con alienígenas conocido como Proyecto Serpo por el cual 12 militares fueron llevados al planeta Serpo en la constelación Zeta Retículo. Este proyecto supuestamente fue de 1965 a 1978, cuando algunos del grupo original retornaron. Dadas las similitudes con las escenas finales de Encuentros en la Tercera Fase y los comentarios de Reagan acerca de la verdad sobre el film de Spielberg, muchos aceptaron rápidamente la historia de Serpo como verosímil hasta cierto punto.[711] Después de su surgimiento en el Otoño de 2005, un buen número de ex militares de inteligencia se han atrevido a apoyar la base factual del Proyecto Serpo. Estos incluyen Richard Doty, Gene

Lakes y Paul McGovern quienes trabajaron todos con agencias de inteligencia militar.[712] Doty en particular fue importante en una serie de programas de engaño asociados con Paul Bennewitz y cuyas recientes revelaciones llevan a sospechar de que está de nuevo involucrado en la promoción de programas de engaño. Quizás el Proyecto Serpo es uno de estos.[713]

Como conclusión, el escenario de contacto que está siendo tergiversado para el consumo del gran público está basado en el éxito de una de las facciones de un grupo de control de la gestión ("los progresistas") sobre una facción más reaccionaria (el Cabal). El proceso de revelación pública y la subsiguiente purga del Cabal sería manipulado de una forma que legitimara las políticas y enfoques de la facción de los "progresistas" de los grupos de gestión responsables de los asuntos ET. El escenario de Primer Contacto sería más pacífico que el escenario de la 'Guerra de los Mundos' y llevaría a un relato más genuino de la presencia ET. Sin embargo, aún sería tergiversado en una forma que escondería la auténtica extensión de los abusos ET, la complicidad del gobierno, y la presencia de razas de ET más éticas que no se les ha permitido operar abiertamente en los asuntos humanos.[714] Este escenario de Primer Contacto estaría basado en la cooperación entre los 'progresistas' y los ET que participarían en acuerdos secretos, para esconder la verdadera dimensión de lo que ha ocurrido.[715] El moldeado de las percepciones públicas para un escenario de 'Primer Contacto con 'amigables pero enigmáticos' ET está bien avanzado como lo evidencia el interés público en la saga de Burisch, el fenómeno de las abducciones ET, la popularidad de la mini-serie *Taken*, la reciente publicación de las memorias de Charles Hall y las revelaciones de Proyecto Serpo.

## Escenario 3: Star Trek – ¡La Federación Galáctica se manifiesta ¡

Otro escenario de Primer Contacto podría muy fácilmente haber llegado de la pluma del famoso productor de Star Trek, Gene Rodenberry. Incluye una serie de mensajes telepáticos, supuestamente de razas extraterrestres en contacto con ciudadanos privados. Estos mensajes están dirigidos a ciudadanos corrientes y operan bajo el principio muy semejante al de la 'Directiva Principal' a la que Rodenberry atribuye a la Federación Galáctica de su serie

Star Trek. Bajo la Directiva Principal, los extraterrestres buscan conseguir el permiso para "Manifestarse" y ayudar a la humanidad en los retos globales que se plantean en adelante. Tales extraterrestres aparecen como si estuvieran realizando un programa de educación global en el cual ellos identifican sus preocupaciones acerca del futuro de la humanidad y las irresponsables políticas de las élites globales. Un creciente número de tales individuos ya han dado un paso al frente para divulgar tales mensajes que están circulando de forma creciente a través de Internet.

En 1974, un muchacho peruano, Sixto Paz Wells empezó a recibir mensajes telepáticos de los extraterrestres. Estas comunicaciones fueron seguidos por múltiples avistamientos de OVNI, films, y pruebas fotográficas.[716] Wells afirma que los extraterrestres le dieron a él y a un pequeño grupo lecciones de espiritualidad destinadas a elevar su consciencia, preparándoles para cambios en la Tierra., y revelando al mundo la presencia de extraterrestres benignos que genuinamente nos quieren ayudar:

> Misión Humanidad es un despertar de la consciencia, una llamada a levantarse y un mensaje de advertencia desde las civilizaciones siderales...... Misión Humanidad simboliza la esperanza y el consuelo que somos hermanos y niños en un Universo que es el hogar de muchos.... Misión Humanidad nos tranquiliza que hemos sido adoptados por seres nobles, nuestros Hermanos Mayores, porque creen en nosotros, y saben que hay mucho más de bueno que de malo en la humanidad.[717]

J.J. Benítez, un destacado periodista español, investigó las afirmaciones de Wells y las encontró creíbles. Las historias de Benítez en los periódicos sobre las experiencias de contactos de Wells le hicieron muy conocido en todo el mundo de habla española.[718] Wells fundó entonces una organización, Misión Rama, que se expandió rapidamente por todo el planeta y continúa en varias formas hasta el presente.[719] Wells y su organización en misiones está para preparar a la humanidad para el contacto ET. En 2006 Paz Wells emitió un video titulado el Plan Cósmico que describía como los extraterrestres han estado preparando gradualmente a la humanidad mediante lecciones de espiritualidad para los cambios en la Tierra y el contacto abierto. Wells y otros involucrados en Misión Rama afirman que los avistamientos de vehículos ET serán más manifiestos en todo el mundo, y acabarán en un contacto abierto. Los extraterrestres han ofrecido mostrarse de forma incuestionable y poner fin al sistema de secretismo.

Otro individuo que hace circular mensajes de inminente contacto extraterrestre es James Gilliland quien ha documentado un extenso número de OVNI visitando el área Mt. Adams, estado de Washington. Gilliland afirma que ha experimentado comunicaciones telepáticas con los extraterrestres y que ha tenido contacto con ellos. Ha hecho circular gran cantidad de mensajes de los extraterrestres que describen la situación a la que se enfrenta la humanidad. Por ejemplo, acerca de la naturaleza de los visitantes extraterrestres y su preocupación escribe:

> En lugar de llamarles alienígenas, es más apropiado llamarles miembros de una gran familia de hombres / mujeres. Ellos no están aquí para que les adoremos. No están aquí para conquistar la Tierra y a sus habitantes. No están aquí para tomar nuestros recursos naturales. El simple hecho de que no lo hayan hecho ya muestra que so está en su agenda. Ellos están aquí para inspirar a cada individuo para que haga su propia conexión con Dios y viva según los Principios Universales necesarios para una sociedad y un entorno sanos. Están aquí para ayudar a la Humanidad en el proceso de nacimiento al Quinto Mundo, o 'la Edad de Oro de Dios' a la que se refieren antiguas profecías en todas las culturas de la Tierra. Es un camino turbulento y rocoso con muchos retos individuales y colectivos. Están aquí para aliviar la severidad de muchos acontecimientos en los días que vendrán. Algunos en el pasado se han referido a ellos como Dioses. Otros como ángeles.

Gilliland ha albergado a numerosos científicos e investigadores para investigar los avistamientos y contactos ocurridos en su rancho de Mt. Adams en dónde participantes pueden experimentar la situación de primera mano.[720] Un informe extenso sobre Gilliland y sus pruebas que confirman los numerosos avistamientos ha llegado a la conclusión que las afirmaciones de Gilliland son genuinas. Y por tanto apoyan las frecuentes visitas que regularmente ocurren en Mt. Adams.[721] Yo viajé a su rancho en Agosto de 2006 y pude confirmar personalmente los avistamientos que ocurrían allí.[722] Gilliland cree que los extraterrestres están incrementando sus vuelos y están preparando para manifestarse en masa que sería un catalizador para la revelación pública.

Otro individuo destacado que afirma que ha tenido comunicación telepática con extraterrestres que quieren mostrarse es un francés experto en aviación Jean Ederman quien hizo circular por Internet el mensaje "Cambia el Mundo" que consiguió atención mundial.[723] Los supuestos patrocinadores extraterrestres que se sirvieron de Ederman para transmitir su mensaje querían preguntar a "individuos sin excepción" la pregunta "¿Quieres que nos mostremos?" Los ET describen como han intentado hacerlo anteriormente para alcanzar acuerdos con representantes del gobierno sobre el establecimiento del Primer Contacto pero fueron rechazados:

> Hay dos maneras de establecer un contacto cósmico con otra civilización. Vía sus representantes permanentes o directamente con individuos sin distinción. La primera forma lleva a conflictos de intereses, la segunda forma trae consciencia. La primera fue la elegida por un grupo de razas motivadas por el mantenimiento de los humanos en esclavitud, con la cual podrían controlar los recursos de la Tierra, el pool genético y la energía emocional humana. La segunda manera fue la elegida por un grupo de razas aliadas con el Espíritu de servicio. Nos hemos, en nuestra parte, suscrito a esta causa desinteresada que fue presentada hace unos años a representantes del poder humano quienes rechazaron nuestra mano tendida bajo el pretexto de intereses incompatibles con su visión estratégica.[724]

La referencia a razas ET que han firmado acuerdos secretos con representantes humanos es una precisa descripción de lo que ha ocurrido históricamente. Esto presenta un dilema para civilizaciones ET más 'éticas' que quieren ayudar a la humanidad global pero que estaban limitados por algo similar a la Directiva Principal de Rodenberry.[725] Al explicar como ellos establecerían el contacto mediante la elevación de la consciencia, los extraterrestres escribieron como una respuesta positiva a la pregunta sobre si su manifestación sería el catalizador del escenario del Primer Contacto que ellos tienen pensado. Una simple respuesta puede ser monitorizada y tabulada de alguna forma como parte de la votación de la humanidad global:

> La verdad del alma puede ser leída por telepatía. Tu sólo necesitas preguntarte claramente esta pregunta [¿deseas que nos manifestemos?] y dar tu respuesta tan claramente como desees….. ¡SI o NO INMEDIATAMENTE DESPUÉS DE HACERTE LA PREGUNTA!"[726]

En Noviembre de 2003 yo examiné de cerca el mensaje de Ederman y llegué a la conclusión de que él estaba en una genuina comunicación con las civilizaciones ET.[727] En la fecha que escribo esto, casi seis mil individuos han firmado la petición aprobando que se manifiesten los extraterrestres en el mensaje de Ederman.[728]

Otra posible comunicación telepática ocurrió en Abril de 2006 con Angelika Whitecliff, quien co-organizó una serie de conferencias en Hawái sobre temas relacionados con razas extraterrestres. El mensaje de ella "Necesitamos tu Consentimiento" describió como los extraterrestres eran plenamente conscientes de la verdadera naturaleza de la situación global que enfrentaba a la Humanidad y la urgencia de los individuos de buscar voluntariamente la ayuda ET:

> ¿Quiénes somos nosotros? Nosotros somos tú, tu familia de las estrellas, seres de Dios, de amor y de la más alta integridad. Somos aquellos que te miramos en tus horas de necesidad y te susurramos que todo irá bien. Nosotros inspiramos y ayudamos a tus creaciones desde el reino de lo no visto e incluso somos tan reales como tú, en cualquier manera somos tú. Somos un poco más avanzados espiritualmente, tecnológica y socialmente superiores porque ya hemos recorrido este camino por el que ahora tú caminas. Te ofrecemos nuestra más sincera ayuda en esta hora final, este tiempo cuando los Cambios de tu Tierra pueden y por necesidad destruirán ciertas interpretaciones… La hora de un

> nuevo equilibrio, un equilibrio restablecido está muy cerca, al alcance. Los líderes del mundo cambiarán sus acciones o serán despedidos de sus despachos de las formas más excepcionales. ¿Por qué? Porque el gran cambio está sobre ti, sobre el planeta entero.[730]

Los mensajes anteriores y otros son consistentes con los informes de los contactados sobre las visitas extraterrestres y sus interacciones físicas con la humanidad.

Desde que George Adamski co-escribió *Flying Saucers have Landed* o Los Platillos Volantes han Aterrizado, en 1954, ha habido una sucesión de ciudadanos privados que han asegurado haber sido contactados por razas extraterrestres y mantenido una extensa comunicación e interacciones con ellos.[731] Junto a Adamski, algunos de los contactados iniciales incluyen Howard Menger, Orfeo Angelucci, Paul Villa y Georges Van Tassel.[732] Estas comunicaciones e interacciones con extraterrestres eran contactados individuales para diseminar la información acerca de la su existencia. Estas dependían mucho del contactado. Esencialmente, todos ellos revelaron que los extraterrestres estaban contactando individuos para la información acerca de la su existencia, y la benévola intención.

A lo largo de los años, la lista de 'contactados' ha crecido considerablemente. Los más conocidos en la época actual incluyen Billy Meier, Carlos Díaz, Alex Collier, Enrique Castillo, y Phillip Krapf.[733] Estos 'contactados' han dado seminarios públicos, escrito libros, formado grupos de apoyo , y comunicado con élites clave con el propósito de transportar la información dada por los extraterrestres y convenciendo al público escéptico de la naturaleza amigable de éstos. Los mensajes distribuidos por Paz Wells, Gilliland, Ederman y Whitecliff son muy consistentes con la información distribuida por muchos de los contactados. Ellos comúnmente describen los acuerdos secretos que involucran gobiernos nacionales, engaño por 'bribones' o 'manipuladores' extraterrestres, el uso de tecnologías extraterrestres para propósitos militares, y el extenso daño al entorno global causado por las políticas existentes.

Los mensajes anteriores que describen las ofertas de los extraterrestres de ayudar a la humanidad y de 'manifestarse' está relacionado con los dos primeros escenarios de Primer Contacto tan diferentes que se describieron antes en este capítulo. Estas dos distintas tergiversaciones están creadas por el gobierno en la sombra responsable de los asuntos extraterrestres. Estos muestran mensajes de ayuda tangible el problema político global que tenemos: supresión a nivel mundial de las pruebas que confirman su presencia y la de los acuerdos secretos que existen. El ir directamente a la población general, los extraterrestres detrás de estos mensajes han iniciado un proceso muy distinto para moldear la opinión pública en relación al Primer Contacto. En el momento de escribir esto, continúa habiendo un número creciente de avistamientos de OVNI sobre las mayores ciudades y localidades remotas. Las más destacadas han sido flotas de OVNI sobre grandes extensiones de México, incluyendo Ciudad de México. Éstos han dejado perplejos a observadores que vieron como centenares de OVNI volaban sobre una de las ciudades más grandes del mundo desde Junio de 2004.[734] De forma similar, el retiro de Mt. Adams de Gilliland ha sido testigo de un incremento espectacular en el tráfico de OVNI desde 2006, el cual está siendo documentado.[735]

La gran divulgación de los mensajes que describen a los extraterrestres 'manifestándose' y el entusiasmo que ha generado de un escenario de Contacto alternativo ha tenido un efecto sorprendente sobre la opinión pública a la presencia ET. Grupos de contacto están surgiendo en todo el planeta unido por el entusiasmo por la perspectiva del Primer Contacto, y la promesa de ser un actor nuevo en cómo la presencia extraterrestre es entendida y gestionada.[736] La emergencia de estos grupos de contacto y el impacto en la opinión pública que han generado puede haber sido el propósito primario del mensaje – preparar a la humanidad para interactuar abiertamente con las razas extraterrestres.

**Conclusión: Tergiversación Política y Revelación Extraterrestre**

En un sorprendente testimonio para el Proyecto Revelación, la Dra. Carol Rosin testificó como ella había estado presente en discusiones corporativas confidenciales donde la revelación de la presencia extraterrestre ocurriría, después de que el terrorismo internacional dejara de ser una justificación creíble para la gran cantidad de gastos por los militares USA.[737]

Estos gastos son vitales para las grandes compañías que han tenido un papel importante en desarrollar la vasta red de proyectos dirigidos hacia la presencia ET. En una entrevista, la Dra. Rosin reveló como el Dr. Werner Von Braun con el que tenía un conocimiento íntimo de los grandes proyectos secretos que trataban de los ET, catalogó una lista de futuras 'amenazas' utilizadas para justificar los gastos militares.

> Él [Von Braun] diría empezando donde yo entré en la industria con la supuesta amenaza rusa, pero que no existió nunca en realidad, se hizo a los Rusos nuestros enemigos. Luego fueron los terroristas, amenazas de países del Tercer Mundo, luego las amenazas de asteroides. Incluso nos dirían que intentáramos influir al público en la creencia que hay muchas razones por las que debemos colocar armas en el espacio. Podrían ser razones para proteger nuestras inversiones (activos) en el espacio. Pero la razón real siempre se mantenía oculta y que él [Von Braun] repetiría una y otra vez con sus ojos llenos de lágrimas era que la última carta, la que mantenían en secreto, 'carta alienígena', la carta ET y ninguno de ellos son hostiles.[738]

El finalización de las amenazas convencionales que justificaban el crecimiento de los gastos militares relacionados con proyectos ET es cierta, para dar como resultado una eventual revelación de la presencia de extraterrestres. Más aún, la creciente información relativa a los extraterrestres emitida por Internet apunta a una fase crítica que ya se está alcanzando y que hará inexcusable la revelación. En consecuencia, se puede afirmar con un buen grado de confianza que la revelación pública de la vida ET es inevitable. Lo que queda por decidir es cómo esto ocurrirá. El papel de la precepción pública es clave para comprender 'como' ocurrirá el Primer Contacto y qué tergiversación política será utilizada en el proceso. Hay pruebas de que facciones poderosas dentro de los grupos de control que manejan los asuntos ET están compitiendo para moldear las percepciones públicas de la vida ET de forma secreta, de forma que encaje mejor con las agendas a largo plazo de estas facciones.[739]

Una de estas facciones, descritas como el 'Cabal' representa el enfoque ultranacionalista y militarista a los asuntos extraterrestres basadas en la desconfianza en las motivaciones y actividades ET.

Otra facción, los 'progresistas' representa un enfoque más internacionalista pintando a los extraterrestres como 'amigos pero enigmáticos'. Se espera que las diferentes facciones en los grupos de gestión extraterrestre intenten moldear a la opinión pública dada su larga historia de no-revelación, complicidad en su secretismo y la utilización de la 'tergiversación política'. Sin embargo, la rápida difusión de mensajes diciendo que los ET están a punto de 'manifestarse' ha llegado con una sorpresa mayúscula.

En todo el mundo, grupos de individuos están surgiendo convencidos que tiene un papel a jugar en la gestión de la presencia extraterrestre, y como surge el Primer Contacto. Unificando los principios de 'transparencia', 'apertura' y 'democracia participativa' guiará el cómo los asuntos ET son gestionados. Al comunicarse y relacionarse entre ellos estos grupos tienen el potencial para convertirse en un movimiento global masivo. Este movimiento se convertirá en un jugador importante en la forma como es gestionado lo ET a nivel nacional y global. Ya, un grupo de discusión popular con cerca de 1800 miembros a Septiembre de 2008, 'prepare4contact', ha redactado y votado un documento que resume las aspiraciones y expectativas de ciudadanos privados en cómo se han de comportarse los extraterrestres cuando visiten la Tierra.[740] Además de todo esto, conferencias internacionales organizadas en Kona, Hawái, en 2006 y 2007, emitieron documentos consensuados catalizando la consciencia global en la necesidad de trabajar con los ET para promover la paz global.[741] Finalmente, un consorcio de organizaciones ciudadanas lanzaron una iniciativa para declarar nulos e invalidados todo los acuerdos relativos a la vida extraterrestre. La Declaración del Día de la Libertad Galáctica tiene hasta ahora la firma de 1800individuos que dan su consentimiento a la derogación de todos los acuerdos secretos.[742]

Como consecuencia, hay una competición que ocurre entre dos facciones de los grupos clandestinos que manejan la presencia ET en todo el planeta. Son los 'progresistas' y el ultranacionalista 'Cabal' que de forma ostensible representan las caras 'suave' y 'oscura' de cómo la vida ET será revelada y 'manipulada' para la opinión pública. Un tercer actor en forma de un movimiento masivo emergente que ha sido lanzado a la acción por un grupo desconocido de extraterrestres responsable de iniciar una serie de votaciones globales en cómo han de manifestarse y ayudar a la humanidad a superar los grandes retos que presentan ante ella. Estos grupos de contacto representan una revolución genuina en la gestión de los asuntos ET, que va más allá de las limitadas reformas prometidas por la facción 'progresista'. Estos desean expulsar al 'Cabal' del dominio de la gestión de los asuntos ET, que aún mantienen un elevado nivel de secretismo sobre el verdadero alcance e historia de la vida ET.

El esfuerzo por moldear la opinión pública es probablemente entrar en aguas desconocidas ya que las dos facciones rivales en el sistema de gestión global de lo ET encuentran que la emergencia de un movimiento de amplia base representan una nueva dinámica en el 'cuando' y en el 'cómo' el Primer Contacto ocurrirá. Los escenarios de contacto apoyados por facciones opuestas del gobierno en la sombra son variaciones de dos temas dominantes. Ambos involucran a los ET que han sido parte de otros acuerdos con el gobierno en la sombra. La primera presenta 'ET hostiles' y una 'Guerra de los Mundos' promovido por 'insiders o conocedores privilegiados, reaccionarios' o el 'Cabal'. La segunda es la emergencia de 'amigables aunque enigmáticos ET' que les dan una cautelosa bienvenida por elementos 'progresistas' del gobierno en la sombra. Estos dos tipos de escenarios apoyados por conocedores privilegiados se les ha unido un tercer escenario – una plausible del tipo 'Star Trek' evento de contacto involucrando ET que no han tenido antes acuerdos secretos con organizaciones de inteligencia militar. La emergencia de este grupo de ET sin ningún rastro de acuerdos secretos o interacciones intrusivas con la población está gradualmente conquistando los corazones y mentes de muchos familiarizados con la evidencia de vida ET.

La manipulación política que rodea el Primer Contacto ya está en camino, y es el problema de cada individuo en aprender tanto como le sea posible en lo que queda de tiempo. Esto necesita que suceda antes de que la revelación se produzca o los ET emerjan en la consciencia pública de una forma no prevista. La comprensión y el conocimiento de la vida ET y el Primer Contacto es la mejor manera en que los ciudadanos privados pueden influir en el 'cuando' y el 'como' ocurrirá el Primer Contacto.

La Revelación de las hasta ahora políticas secretas de las varias agencias del gobierno ayudará a preparar a los ciudadanos en la rica complejidad de las intenciones y actividades de los ET.

Tratando con estas complejidades de forma responsable es esencial para transformar nuestro planeta en una sociedad galáctica madura dónde el ocurre el contacto abierto con la vida ET. Ahora es la hora de contribuir a como aquel mundo transformado será moldeado por nuestras expectativas y aspiraciones relativas a la vida ET.

## Notas finales. Capítulo Trece

[648] Agradezco sinceramente a Angelika Whitecliff su apoyo entusiasta y su aliento en la revisión y terminación de este capítulo.
[649] Ver capítulo Uno.
[650] "Testimonio de la Dra. Carol Rosin," disponible online en: http://www.davidicke.net/mysteries/reports/rosinreport.html .
[651] William Safire, *Safire's New Political Dictionary* (Nuevo Diccionario Político de Safire), Edición Revisada (Random House Reference;, 1993).
[652] Para una discusión sobre el desarrollo del spin político, ver Ira Basen, 'The Spin Cycle "Spin": A primer for voters,' (El Ciclo del Spin Político': una primicia elemental para los votantes') CBS News, May 23rd, 2004. Disponible online en: http://www.cbc.ca/canadavotes/analysiscommentary/columns/spincycle230504.html .
[653] Editorial del New York Times de 21 de Octubre de 1984. Citado en Basen, 'The Spin Cycle "Spin": A primer for voters,' 'The Spin Cycle "Spin": Un texto elemental par los votantes'
[654] Para el establecimiento de un comité secreto para tratar los asuntos extraterrestres ver "Presidente Truman al Secretario de Defensa James Forrestal" (24 de Septiembre de 1947), Majesticdocuments.com. Disponible online en: http://209.132.68.98/pdf/truman_forrestal.pdf . Para más correspondencia Presidencial que apoye el inicio de la campaña de secretismo, ver Secretario de Estado Marshall al Presidente Truman" (25 de Septiembre de 1947), Majesticdocuments.com, http://209.132.68.98/pdf/marshall-truman-25sept47.pdf .
[655] El testimonio de Haut fue publicado en el libro de Thomas Carey y Donald Schmidt, *Witness to Roswell: Unmasking the 60-Year Cover Up* (Testigos de Roswell; Revelación del encubrimiento de 60 años) (New Page Books, 2007) 209-218.
[656] Grupo Majestic 12, "Special Operations Manual, SOM1-01 - Extraterrestrial Entities and Technology, Recovery and Disposal," ("Manual Especial de Operaciones, SOM1-01- Entidades Extraterrestres y Tecnología, Recuperación y Rechazo") Abril de 1954 Parte 2 http://209.132.68.98/pdf/som101_part2.pdf .
[657] Ruppelt, *Report on Unidentified Flying Objects* (Informe sobre OVNI) (Doubleday, 1956) 6.
[658] Richard M. Dolan, "Aliens, Coverups, and Free Energy - an interview with Dr. Steven Greer," Phenomena Magazine, Issue #4 ("Alienígenas, Encubrimientos, y Energía Libre – Una entrevista con el Dr. Steven Greer.") (10 de Septiembre, 2004). Disponible online en:

http://disclosureproject.com/PhenomenaMagazineSGInterviewSept102004.htm

[659] John Maynard, "From Disinformation to Disclosure," ("De la Desinformación a la Revelación") *Surfing the Apocalypse,* http://www.surfingtheapocalypse.com/maynard.html

[660] Herbert George Wells, *War of the Worlds* (Guerra de los Mundos) (1898). Para información online ir a: http://www.war-ofthe-worlds.co.uk .

[661] Steven Greer, ed., *Disclosure: Military and Government Witnesses Reveal the Greatest Secrets in Modern History* (Crossing Point Inc., 2001). Ver la web de Proyecto Revelación: http://www.disclosureproject.com .

[662] Steven M. Greer, "Al Qaeda to ET's - The Search For Bogeymen," (de Al Qaeda a los ET- La Búsqueda de los ' hombres del saco') *Global Village News and Resources* Issue 74 (November 17, 2003). Disponible online en: http://www.gvnr.com/74/editorial.htm .

[663] Ver Michael Salla, *Exopolitics: Political Implications of the Extraterrestrial Presence* (Dandelion Books, 2004), cap 2. Versión anterior disponible online en: http://www.exopolitics.org/Study-Paper-5.htm.

[664] Discurso de Reagan a la 42ª Asamblea General de la ONU , 21 de Septiembre de 1987.

[665] Para una discusión de cómo los films más importantes que han sido emitidos que reflejan el tipo de imágenes de extraterrestres han sido favorecidos por el gobierno en la sombra que maneja los asuntos extraterrestres, ver http://www.weirdload.com/disclosure.html .

[666] Ver capítulo Tres.

[667] Daniel Salter, *Life With a Cosmos Clearance* (Light Technology Publishing, 2003) 128. Ver también la entrevista de Richard Boylan con Michael Wolf, "Official Within MJ-12 UFO-Secrecy Management Group Reveals Insider Secrets," citado online en: http://www.drboylan.com/wolfdoc2.html .

[668] Ver Helmut Lammer, *Milabs: Military Mind Control & Alien Abductions* (Milabs: Control Militar de la Mente & Abducciones de alienígenas) (Illuminet Press, 1999). Para un artículo online, ver Helmut Lammer, "Further findings of Project MILAB: Looking behind the alien/military abduction agenda," http://members.aol.com/nymush/correcte.txt .

[669] Helmut Lammer, "Further findings of Project MILAB: Looking behind the alien/military abduction agenda," ("Hallazgos adicionales del Proyecto MILAB: Mirando detrás de la agenda de abducciones de alienígenas / militares") http://members.aol.com/nymush/correcte.txt .

[670] Ver David Jacobs, *The Threat* (La amenaza) (Simon and Schuster, 1998); Budd Hopkins, *Intruders* (Ballantine Books, 1987); & Karla Turner, *Taken: Inside the Alien-Human Abduction Agenda* (Tomados: dentro de la Agenda de las Abducciones de Humanos por Alienígenas) (Kelt Works, 1994).

[671] Jacobs, *The Threat*, (La amenaza) 257.

[672] Whitley Strieber, "Whitley's Journal: Shedding Light on the Dark Side," (El Periódico de Whitley: Arrojando luz sobre el Lado Oscuro) (03-Dic-2003) disponible online en: http://www.unknowncountry.com/news/?id=3366.

[673] Ver G. Cope Schellhorn, "UFO-Related Homicide in Brazil: The Complete Story;" **&** Don Ecker, "The Human Mutilation Factor," & Tim Schwartz, "Are UFOs responsible for mysterious human mutilations?" http://www.think-aboutit.com/mutilations/Human_Mutilations.htm .

[674] Ver capítulo Dos.

[675] George Adamski's, *Inside the Flying Saucers*, (Dentro de los Platillos Volantes) está disponible online en: http://www.universe-people.com/adamsk_e.htm .

[676] Para un surtido de perspectivas sobre abducciones extraterrestres, ver C.D.B. Bryan, *Close Encounters of the Fourth Kind: Alien Abduction, UFOs, and the Conference at M.I.T* ( Encuentros en proximidad del Tercer Tipo: Abducciones Alienígenas, OVNI, y la Conferencia del MIT) (Alfred Knopf, 1995).

[677] Steven M. Greer, "Al Qaeda to ET's - The Search For Bogeymen," *Global Village News and Resources* Issue 74 (November 17, 2003). Disponible online at: http://www.gvnr.com/74/editorial.htm .

[678] Para la discusión de la Guerra preventive en Iraq y el rol del 'Cabal', ver Salla, *Exopolitics*, caps. 5 & 6. Una versión anterior de esta idea está disponible online en: http://www.exopolitics.org/Study-Paper3.htm .

[679] Ver Richard Boylan**, "**Birds of a Feather No Longer: Policy Split Divides "Aviary" UFO-Secrecy Group. Available online at: http://drboylan.com/aviary2.html .

[680] Richard Boylan, "Bilderbergs, ETS and World Peace," http://drboylan.com/bldrbg2.html .

[681] Para la oposición europea a la Guerra preventiva de la administración Bush en Iraq y la dimensión extraterrestre, ver Salla, *Exopolitics,* 227-60. Una versión anterior de esta idea está disponible online en: http://www.exopolitics.org/Study-Paper3.htm .

[682] Para información online sobre estos dos films de Spielberg, ver http://www.spielbergfilms.com .

[683] Para una discusión de las razas de villanos extraterrestres responsable de los problemas en la Tierra, ver Courtney Brown, *Cosmic Explorers: Scientific Remote Viewing, Extraterrestrials, and a Message for Mankind* (Exploradores Cósmicos; Visión Remota Científica, Extraterrestres, y un Mensaje para la Humanidad) (Signet, 2000).

[684] He mantenido intensos contactos con Greer y Boylan que pueden ser leidos online en: http://exopolitics.org/Exo-Comment-44.htm & http://exopolitics.org/Exo-Comment-22.htm .

[685] "Testimonio de Clifford Stone," *Disclosure: Military and Government Witnesses Reveal the Greatest Secrets in Modern History,* ed., Greer, 330.

[686] Salter, *Life With a Cosmos Clearance*, 16.

[687] Ver la entrevista de Richard Boylan con Michael Wolf, "Official Within MJ-12 UFO-Secrecy Management Group Reveals Insider Secrets," citado online en: http://www.drboylan.com/wolfdoc2.html .

[688] Ver Michael Salla, "Exopolitics versus Exospin: A Response to Dr Steven Greer," *Exopolitical Comment* # 44 (May 5, 2006). Available at: http://exopolitics.org/Exo-Comment-44.htm .

[689] Robert W. Boyajian, "Exclusive Interview with Sergeant Clifford Stone, on assignment at Roswell, New Mexico," UFO UNIVERSE (Spring of 1989) disponible online en: http://www.eboards4all.com/866799/messages/23.html .

[690] Paola Leopizzi Harris, *Connecting the Dots ... Making Sense of the UFO Phenomenon* (Conectando los Puntos … Dando Sentido al Fenómeno OVNI) (Wild Flower Press, 2003) 98.

[691] Brown, *Cosmic Explorers*, 211-21.

[692] Brown, *Cosmic Explorers*, 129.

[693] "Whistleblower Microbiologist Speaks Out About Alleged "Alien" Named J-Rod," (El microbiólogo Whistleblower habla acerca del supuesto "alienígena" llamado J-Rod") *Earthfiles* 09/15/2003. Ver también Linda Moulton Howe, "Update About Microbiologist Dan Burisch, Ph.D." 28 de Abril de 2004 (Actualización acerca del Microbiólogo Dan Burisch, Ph.D."). Ambos artículos están disponibles online en: www.earthfiles.com. Para mayor información, ver Bill Hamilton, "Misterio del Dr. Dan Burisch – Inicio del Final" *Rense.com* (10/1/03) http://www.rense.com/general42/mssy.htm .

[694] Linda Moulton Howe, "Entrevista con el microbiólogo whistleblower Dan Burisch" *Earthfiles.com* (June 7, 2003) disponible en: http://earthfiles.com/news/news.cfm?ID=715&category=Real+X-Files

[695] Para más información ver BJ Wolf, "La Partícula Ganesh de Burisch Reconocida por el Caltech," http://www.rense.com/general33/searcasdh.htm .

[696] Recientemente, Burisch se ha ofrecido a dar una serie de entrevistas de radio incluyendo la popular alternativa tal como Rense y el Show de Jerry Pippin. Ver http://www.rense.com/general72/danb.htm and http://www.jerrypippin.com/UFO_Files_b-files.htm .

[697] Ver "Correspondencia entre Dr. Dan Burisch & Dr Michael Salla," *Exopolitical Comment* #13 (13Abril de 2004), http://www.exopolitics.org/Exo-Comment-13.htm; y "Dr. Dan Burisch Responde a la Comunicación de 13 de Abril, y la respuesta del Dr. Salla e," *Exopolitical Comment* #14 (April 20, 2004), http://www.exopolitics.org/Exo-Comment-14.htm .

[698] Agradezco a Paola Harris su ayuda para arreglar mi encuentro con Burisch y otros en el 2007 Congreso International de OVNI de 2007 en Laughlin, Nevada.

[699] El intento más detallado de documentar y corroborar el caso Burisch es el de Bill Hamilton en *Project Aquarius*. Una revisión del libro de *Project Aquarius* está disponible online en: http://exopoliticsjournal.com/Journal-vol-1-3-Rev-Salla-Aquarius.pdf .

[700] Para la discusión de Burisch de este Comité y su papel, ver "Entrevista con el Microbiólogo whistleblower Dan Burisch," *Earthfiles.com* (June 7, 2003) disponible en:
http://earthfiles.com/news/news.cfm?ID=715&category=Real+X-Files

[701] Ver Bill Hamilton, "Misterio del Dr. Dan Burisch - Inicio del Fin" *Rense.com* (10/1/03)
http://www.rense.com/general42/mssy.htm .

[702] Ver Bill Hamilton, "Misterio del Dr. Dan Burisch - Inicio del Fin" *Rense.com* (10/1/03)
http://www.rense.com/general42/mssy.htm .

[703] Ver Michael Salla, "Comentario Exopolitico #12 – Dr. Dan Burisch, Proyecto Lotus y la Revelación de la Presencia Extraterrestre," http://www.exopolitics.org/Exo-Comment-12.htm .

[704] Sterling Allen, "Establishment Fighting Disclosure of Extraterrestrial Presence," (Estableciendo una Revelación de Lucha de la Presencia Extraterrestre) *Greater Things News Service*, April 27, 2004. Disponible online en:
http://www.prweb.com/releases/2004/4/prweb121437.php

[705] Richard Boylan, "Bilderbergs, ETS and World Peace," (Bilderbergs, ETS y Paz Mundial) http://drboylan.com/bldrbg2.html .

[706] Para una discusión sobre los extraterrestres villanos, como los Reptilianos ver Brown, *Cosmic Explorers,* 211-21.

[707] Ver capítulo Seis para una discusión anterior de los Blancos Altos, Tall Whites, . Ver también Charles Hall, *Millennial Hospitality* (Hospitalidad Milenaria) (Firstpublisher, 2002).

[708] Ver Hall, *Millennial Hospitality,* vol 1., 451-54.

[709] Ver capítulo Dos para el acuerdo Eisenhower-Extraterrestres. Para información de dónde fueron vistos por primera vez los Blancos Altos (Tall Whites), ver Hall, *Millennial Hospitality,* vol 1., 236.

[710] Hall, *Millennial Hospitality,* vol 1., 440-54.

[711] Artículos online sobre Proyecto Serpo incluyen, Mark Pilkington, *Fortean Times,* Mayo de 2006, en: http://serpo.org/article5.asp . El Proyecto Serpo tuvo cobertura mediática en la edición de Febrero/Marzo del *UFO Magazine*, en www.ufomag.com . Finalmente, una web popular online es: www.serpo.org .

[712] Para la descripción de estos tres individuos en relación al Project Serpo, ver Robert Collins, *Exempt from Disclosure*, 2$^{nd}$ ed., (Peregrine Communications, 2006): 185-86.

[713] Ver Michael Salla, "Richard Doty and Project Serpo: Public Acclimation or Deception Program" February 18, 2006 at: http://www.exopolitics.org/Exo-Comment-41.htm .

[714] Para una descripción de diferentes razas de extraterrestres y sus motivaciones ver los capítulos Dos y Tres. Una versión anterior apareció como "A Report on the Motivations and Activities of Extraterrestrial Races," ("Un Informe sobre las motivaciones y actividades de las razas extraterrestres") Exopolitics.org (26 Julio de 2004). Disponible online en: http://www.exopolitics.org/Report-ET-Motivations.htm.

[715] Ver capítulo Dos.

[716] Para una descripción completa de tales eventos, ver Sixto Paz Wells, *The Invitation* (1st World Library, 1997).

[717] Sixto Paz Wells, *The Invitation*, 206.

[718] Benitez escribió inmediatamente un libro a su retorno a España sobre su investigación de los avistamientos en el Perú, *OVNIS, S.O.S. a la Humanidad* (Plaza y Janes, 1976).

[719] Paz Wells terminó oficialmente su organización en 1991, pero una nueva pronto emergió en el Perú con el nombre Misión Rahma. La website oficial es: http://www.misionrahma.com/ingles/ingles.htm .

[720] Yo estuve presente en la primera conferencia y presencié personalmente avistamientos de fenómenos anómalos. Mi informe, "Skywatching at Sattva Sanctuary, the 2006 ECETI Conference & Galactic Peace Sanctuaries," (Observación del Cielo en el Santuario de Sattva. La Conferencia ECETI de 2006 & Los Santuarios de Paz Galáctica") *Exopolitics Journal* 1:4 (2006) está disponible online en: http://exopoliticsjournal.com/Journal-vol-1-4-Exp-Salla.htm .

[721] Steve Moreno, "James Gilliland/Mt Adams Investigation," (Investigación de James Gilliland / Mt. Adams) está disponible online en: http://psi-app.com/gillrep.html

[722] Ver Michael Salla, "Skywatching at Sattva Sanctuary, the 2006 ECETI Conference & Galactic Peace Sanctuaries," *Exopolitics Journal* 1:4 (October 2006): pp. 319-30). Available online en: http://exopoliticsjournal.com/Journal-vol-1-4.htm .

[723] "Change the World By the Lever Effect," (Cambia el Mundo por el Efecto Lever), está disponible online en: http://www.geocities.com/changetheworld_now/Changetheworld1.htm .

[724] "Change the World By the Lever Effect," (Cambia el Mundo por el Efecto Lever) está disponible online en: http://www.geocities.com/changetheworld_now/Changetheworld1.htm .

[725] Para una descripción de las diferentes razas de extraterrestres y cómo estas han interactuado históricamente con la humanidad, ver capítulo Seis, "A Report on the Motivations and Activities of Extraterrestrial Races." ("Un Informe sobre las Motivaciones y Actividades de las Razas Extraterrestres")

[726] "Change the World By the Lever Effect," (Cambia el Mundo por el Efecto Lever) , disponible online en: http://www.geocities.com/changetheworld_now/Changetheworld1.htm .
[727] Michael E. Salla, "Mensaje a la Humanidad: Una Comunicación Genuina desde una Raza Extraterrestre - Comentario Exopolitico #7," *Exopolitics.Org.* Disponible online en: http://www.exopolitics.org/Exo-Comment-7.htm . Las afirmaciones de Ederman fueron apoyadas por la publicación de su libro que describía los principios científicos que aprendimos de los extraterrestres, ver Eric Julien (aka Jean Ederman), The Science of Extraterrestrials (La Ciencia de los Extraterrestres) (Allies Books, 2006).
[728] Ver "We Are Ready to Change the World", ("Estamos listos para cambiar el Mundo") http://www.petitiononline.com/readynow/petition.html .
[729] Las websites de la Conferencia son: www.earthtransformation.com and www.etworldpeace.com .
[730] Angelika Whitecliff, We Need Your Consent (Necesitamos tu Consentimiento), disponible online en: http://www.petitiononline.com/ethelp/petition.html .
[731] George Adamski, *Inside the Flying Saucers*, (Dentro de un PlatilloVolante) disponible online en: http://www.universe-people.com/adamsk_e.htm .
[732] Para una discusión de las experiencias de un extenso número de contactados, ver Timothy Good, *Alien Base: The Evidence for Extraterrestrial Colonization on Earth.* (Base Alienígena: La Prueba de la Colonización Extraterrestre de la Tierra)
[733] Ver Gary Kinder, *Light Years: An Investigation into the Extraterrestrial Experiences of Eduard Meier* (Publisher Group West, 1987); Phillip Krapf, "The Challenge of Contact: a mainstream journalist's report on interplanetary diplomacy," (Años-luz: Una investigación en las Experiencias Extraterrestres de Eduard Meier) (Origin Press, 2001). Un artículo online sobre Carlos Diaz está disponible en: http://www.ufoevidence.org/documents/doc1180.htm; Un libro de Collier, Defendiendo el Suelo Sagrado está disponible online en: http://www.exopolitics.org/collier-dsg1.pdf . Finally, see Enrique Castillo Rincon, *UFOs: A Great New Dawn for Humanity* (Blue Dolphin Publishing, 1997).
[734] Santiago Yturria, "Update - Amazing UFO Fleets Over Mexico, (Puesta al dia – Asombrosas formaciones de OVNI sobre México) disponible online en: http://www.rense.com/general66/uupd.htm .
[735] James Gilliland, "UFOs and the Days to Come," ("OVNI y los días que vienen") http://groups.yahoo.com/group/eceti/message/2429
[736] Un grupo de discusión en Internet creado en respuesta al mensaje 'Change the World' se formó el 3 de Noviembre de2004, y en Agosto de 2006 tenía unos 1300 miembros. Ir a: http://groups.yahoo.com/group/prepare4contact/ .

[737] "Testimonio de la Dra. Carol Rosin," disponible online en: http://www.davidicke.net/mysteries/reports/rosinreport.html .

[738] Linda Moulton Howe, "German Scientist Werner von Braun Anticipated Terrorists, Asteroids and ETs on American 'Enemy's List'," (El Científico alemán Werner Von Braun anticipó que terroristas, asteroides y ET están en la lista de 'enemigos' de América) *Earthfiles.Com* (18 de Junio de2004).

[739] Para discusión de estas facciones y su relación con la elección Presidencial de 2004, ver Michael Salla, "The U.S. Presidential Election and Extraterrestrial Disclosure," ("La elección presidencial de los USA y la Revelación extraterrestre") *Exopolitics.Org* (November 2, 2004) http://www.exopolitics.org/Exo-Comment-19.htm .

[740] Distribuido el 9 de Diciembre de 2003 sobre el Foro de discusión http://groups.yahoo.com/group/prepare4contact/. http://groups.yahoo.com/group/prepare4contact/message/1063 .

[741] Ver "Hawaii Declaration on Peaceful Relations with Extraterrestrial Civilizations" ("Declaración de Hawái sobre las Relaciones Pacíficas con las Civilizaciones Extraterrestres") en: http://etworldpeace.earthtransformation.com/Hawaii-Declaration.html , y la "Earth Transformation Declaration" (Declaración de la Transformación de la Tierra) en: http://earthtransformation.com/declaration.htm .

[742] Para más información visite la web Galactic Freedom Day (Día de la Libertad Galáctica) en: http://www.galacticfreedomday.com .

# Acerca del Autor

El Dr. Michael Salla es un experto internacionalmente reconocido en política internacional, resolución de conflictos y política exterior de los Estados Unidos. Ha tenido puestos académicos en la *School of International Service & the Center for Global Peace, American University*, [Escuela de Servicio Internacional & El Centro para la Paz Global, Universidad Americana], Washington DC (1996-2004); el Departamento de Ciencia Política, Universidad Nacional de Australia, en Canberra, Australia (1994-96); y la *Elliott School of International Affairs* [Escuela Elliot de Asuntos Internacionales, Universidad George Washington], Washington D.C., (2002). Tiene un doctorado (Ph.D) en Gobierno por la Universidad de Queensland, Australia. Durante su carrera académica fue autor/editor de cuatro libros incluyendo *The Hero's Journey Toward a Second American Century* [ El viaje del héroe hacia una Segundo Siglo Americano] (Greenwood Press, 2001); *Essays on Peace* [*Ensayos sobre la Paz*] (Central Queensland University Press, 1995); *Why the Cold War Ended* [Porquè acabó la Guerra Fría] (Greenwood Press, 1995); *Islamic Radicalism, Muslim Nations and the West* [Radicalismo Islámico, Naciones Musulmanas y el Este] (1993) . Ha realizado investigación y trabajo de campo en conflictos étnicos que incluyen Timor Oriental, Kosovo, Macedonia, y Sri Lanka. Le han sido concedidas significativas becas financieras del United States Institute of Peace y la Fundación Ford por iniciativas por la paz que incluían participantes de nivel medio y alto del conflicto del Timor Oriental.

El Dr. Salla es más popularmente conocido como pionero en el desarrollo de la 'Exopolitica', el estudio de los principales actores, instituciones y procesos políticos asociados a la vida extraterrestre. Su demoledor *Exopolitics: Political Implications of the Extraterrestrial Presence* [Exopolítica: Implicaciones Políticas de la Presencia Extraterrestre] (Dandelion Books, 2004) presentó el primer marco de expertos para el entendimiento de las implicaciones políticas de la no revelada presencia extraterrestre. Adicionalmente a este libro, tiene otro de aparición en 2009 que revela las investigaciones relacionadas con política internacional: *Galactic Diplomacy* [Diplomacia Galáctica]. Es fundador del *Exopolitics*

*Institute* [Instituto de Exopolítica], y el *Exopolitics Journal* [ Revista de Exopolítica], y Co-Organizador de la *Earth Transformation* [Transformación de la Tierra] series de conferencias en Hawái. Su principal website es: www.exopolitics.org

# Acerca del Exopolitics Institute

El *Exopolitics Institute* es una 501 (c) (3) organización educativa sin ánimo de lucro dedicada al estudio de los actores clave, instituciones y procesos políticos asociados con la vida extraterrestre. El Instituto se encarga del estudio y diseminación de la información y las tecnologías de los 'whistleblowers' [personas informantes calificadas] o ciudadanos privados que afirman tener contacto físico con extraterrestres, o han tenido acceso a programas encubiertos de origen militar o empresarial que involucran tecnologías extraterrestres.

El Exopolitics Institute ha patrocinado numerosas iniciativas exopolíticas tales como el *Exopolitics Journal,* revisado por expertos; conferencias y seminarios de exopolítica en Hawái e Italia desde 2006-2008; proporciona una página web con las últimas noticias y eventos en exopolítica; y ha creado un Programa de Certificación en Exopolitica en el cual los estudiantes pueden completar sus estudios y obtener certificados en exopolitica.

El Instituto de Exopolitica fue creado simultáneamente para dar apoyo a los expertos comprometidos en la investigación exopolítica, whistleblowers que revelaban información sobre proyectos secretos que presumiblemente involucraban extraterrestres o su tecnología y/o individuos que afirman haber tenido experiencias de contactos con extraterrestres.

El Consejo asesor del Instituto de Exopoliticas y el Consejo de Dirección se compones de más de 50 expertos internacionales, periodistas, activistas y 'gente que ha tenido experiencias' que son exponentes principales de la exopolitica. El Exopolitics Institute fue incorporado como una organización sin ánimo de lucro en el Estado de Hawái, U.S.A., el 7 de Abril de 2005; y obtuvo con éxito la exención impositiva completa 501(c)(3) con el Internal Revenue Service de 6 de Marzo del 2007.

Si deseas apoyar el trabajo del Instituto de Exopolitica participando en eventos; comprando productos; haciendo una donación libre de impuestos; o buscando más información, visítanos por favor a: www.ExopoliticsInstitute.org ; o escríbenos a:
PO Box 2199, Kealakekua, HI 96750 USA.

www.ingramcontent.com/pod-product-compliance
Lightning Source LLC
LaVergne TN
LVHW020520100826
845148LV00010B/1294

*9780982290224*